柴辻俊六 著

戦国期武田氏領の研究

軍役・諸役・文書

勉誠出版

はじめに――戦国期研究の概要と課題

はじめに戦国史研究と戦国期研究とは、かなり異質なものであることをまず確認しておきたい。前者は戦国大名を中心に、その大名の人物像・経歴や事績のほか、家臣団の編成論や、他大名との外交関係論などの政治史に主眼を置いた研究が中心であり、具体的には政策論・領国経営論・家臣団編成論や、さらには大名人物論・合戦論・城郭論・鉄砲ほかの武具論などが主要な関心テーマになっている。

対して後者は戦国大名をも含めた戦国期社会を構成していた諸階層のあり方とその関わり方の原則の究明に主眼をおき、大名による権力的な領国の形成過程と、その支配構造を支えた被支配者層である在地構造との関わりを、主として社会経済史な視点より解明しようとするものである。

戦後の研究史からみると、一九六〇年代から八〇年代には、後者による研究成果が主流を占めており、例えば太閤検地論やそれを引き継いだ貫高制論などに関する研究論文や著書が多く発表されている。この時期には理論的な新説の提示や論争も多くあり、戦国期研究は活況を呈していた。

しかしながらこうした問題関心はその後に次第に低調となり、代わってその背景となっていた個々の大名の事実関係の究明が中心になってきており、研究対象は次第に細分化して、より精密な考証を伴ったものになってきている。その方法論としても個別の大名領内での実証研究が主流となり、一次史料としての古文書の発掘や考証は進展したが、反面二次史料の軽視やそれを否定する論調が顕著になり、次第に旧態の戦国史研究と同質の成果への回帰が進んでいるように思われる。その結果、問題意識の不明確なものや、研究成果を総括して一般化し、研究史に位置付ける作業などが不十分なものが多くなってきているように思われる。

こうした状況のもとで、最近の傾向としては、戦国期についての本格的な学術論文や著書の公刊は少なくなり、代わって戦国史としての一般書での啓蒙的な形での研究成果の公表が多くなってきている。それ自体は必要なものであるとは思うが、中には読者の関心に迎合した内容のものが多くあり、出版社主導でまとめられたものも多く目に付く。そうしたものには自説の展開はなく、先行する著書の要点のみを拾い集めて繋ぎ合わせて、リライトしてまとめ直しているものが多いように思われる。

以上がこれまでの戦国史と戦国期研究についての違いについての概観であるが、今後の課題としては、これまでの戦後史研究で得た諸成果を、さらに吟味し直して戦国期の社会論や武家政権論にまで昇華させていくこと、またそれらの基礎となる新史料の発掘や、それらの正確な史料批判と的確な解釈をしていく必要があり、併せて最終的には、その内容の歴史的な位置付けと評価をすることが課題となっている。

戦国期の武田氏領の研究についても、以上のような研究動向は当てはまると思われ、戦国史研究のなかでも、他大名にくらべて武田氏研究は際立った成果をみせている。反面、かつて「恵林寺領検地帳」や「甲州法度之次第」の分析で検討されたような、戦国期武田氏領の支配構造に迫るような研究は影を潜めている。代わって細分化した戦国史としての武田氏に関する個別問題についての成果は、以前にも増して多くなってきている。その背景としては、新史料としての武田氏関係文書が相次いで発掘紹介されていることや、専門誌としての『武田氏研究』が一九八八年の創刊以来、六〇号（二〇一九年三月）まで継続していることなどがある。

筆者も主にこの雑誌に多くの論文を掲載しており、どちらかといえば、戦国史研究の視点での武田氏に関する個別問題についての事例を検討したものが多い。しかし一方で戦国期の武田氏領に関しても、主に武田氏の税制構造や権力構造論としての軍役論や家臣団編成論に関するもののほか、その支配の対象となった在地構造についても、史料の許す範囲ではあるが言及している。また武田氏の領域支配と関連して、武田氏領内での地域史を扱ったものもいくつか発表しているし、これらの研究を進展させるための新史料の発掘や紹介に関する成果もいくつか残している。

本書は巻末の「初出一覧」で明らかにしたように、前著である戦国期の武田氏に関する第五論集の『戦国期武田氏領の地域支配』（岩田書院、二〇一三年）に掲載した以後の論文を、関連性を考慮して三部に分けてまとめ直したものである。未発表のものは四点のみであり、他は学会誌ほかに掲載して戴いたものである。これらについては誤字・誤植などの訂正にとどめ、内容的な修正や補足は行っていない。末筆ながら、ここで改めて本書への転載をご許容戴いた各研究機関に御礼を申し上げたい。

改めてこれらの論文を章節に配列し直してみると、本書も単に既成の論文の集積であって、全体としての問題意識が希薄であるとの批判を受けそうであるが、この点では、全体としての主題が明確でないように思えたので、副題として「軍役・諸役・文書」をおぎなった。これは戦国期の武田氏領の支配構造を究明する上で、必要不可欠な問題と認識したからである。

以下に、本書の構成と目標とした視点を提示しておくと、まず第一部では、近年での武田氏研究の動向を示すものとして、信濃での研究事例を中心にして、研究環境の整備状況や、研究成果の評価の問題、通説や定説への異論の提示による論争の後始末の問題などの必要性を述べている。前述したように、近年での武田氏についての個別研究は活況を呈しており、織田氏の場合を除けば、戦国史研究および戦国大名研究としては最大の成果を得ていると思われる。

次いでこれまでには検討されることのなかった常陸・北浦の武田氏について、その存在状況を実証した。これは武田氏については、まだ未検討な問題が残っていることの一例として取り上げてみたものである。さらにこれまでに、個別問題として論争点となっていた高野山成慶院所蔵の信玄画像の再検討と、第三次川中島合戦の戦場となった場所の新たな比定と、武田氏へ最初の帰属を果たした信濃での最大国衆である真田幸綱宛への、武田晴信書状の真偽問題などについても、論争に関与して新たな見解を提示した。これらは関連史料の厳密な史料批判とその正確な評価が必要との思いからのものである。

次いで近年その史料的評価が見直されている『甲陽軍鑑』について、その合戦記事についてのみの再検証を試みた。少なくとも信玄が権力基盤を固める永禄十年（一五六七）以前の合戦記事については、俗書や家臣団の由緒書上類からの引用部分が多く、事実とは異なる記事の多いことを指摘した。併せて永禄十一年以降については、信憑性が高くなっていると指摘した。これは時代が『軍鑑』の成立時期に近くなってきたことによるものであり、二次史料としての記録や編纂物の活用も必要との思いからのものである。

さらに第一部の最後に、これまでにも武田氏と関連してかなりのまとまりの史料群がありながら、検討されずに放置されている史料群がまだいくつか残されているので、そうしたものの一つとして伊勢神宮の御師を勤めた幸福大夫家文書を取り上げ、武田氏との信仰関係と商品流通を通しての交流状況を検討してみた。武田氏に関しては、まだこうした新たな史料群発掘の可能性が残っており、今後ともその紹介と検討に努めていきたいとの思いからである。

第二部が本書の中核的な部分であり、武田氏の権力基盤を構成していた家臣団と在郷の諸階層について、大名権力との関わりを中心にその実態を明らかにしようとしたものである。まず中核的な家臣団に対する知行制に基づく正規の軍役賦課(地頭層とその家人)の状況を検討した。この問題についてはすでに一定の事例と成果が示されており、その研究史を整理しつつ、その基本となった知行制軍役と対置し、その下での郷村内諸階層を対象とした、大名の諸役賦課・免許体制による軍役衆の新たな創出を重視すべきであると提唱した。

次いでこうした正規の軍役体制を補完する政策として、永禄末年頃よりみられる郷村内諸階層民を新たな軍役衆として動員・組織化する体制が創出されてくるので、その具体例として在地での御印判衆について検討を加えた。また御印判衆とは別に、郷村内から武家奉公人としての足軽・小者として動員されていた下層農民の軍役加担の実態についても、足軽の様態を中心に検討してみた。

さらにこれまでの研究では最も遅れていたと思える、武田氏の行政的な職制に関わる問題として、領内での代官層の諸様態を検討し、各種の代官表示にはその業務内容について、役割分担上での差異があったことを明らかにした。

次いで以上のような武田氏の領国支配状況を具体的に証明する発給文書の状況に関連して、まず当主の自筆文書を確定した後、その行政文書の大部分を担当した右筆について検討し、時期によって担当者の交替のあったことを、その筆跡鑑定から明らかにした。この問題は極めて微細な考証作業が必要となるが、個々の文書の成立経過の検証は、その文書の効力との関係で必要不可欠な要素と思われるからである。関連して家臣団各層の発給文書についても検討を加えた。ここではまず家臣団研究の現状を確認した後、一部の一門衆・重臣層が、当主の発給文書を補完する形のものが多いことと、文書発給階層が極めて限定されていたことを指摘した。併せて一門衆の一人である武田信廉（信綱）の発給文書について検討し、無年号文書の正確な年代比定を試みた。

第三部では武田氏領の崩壊過程と、徳川家康への領国体制の継承状況を問題にし、まず信玄末期での将軍足利義昭による「甲越和与」策の経過と、それを継承した織田信長による「甲越相三和」の交渉経過を検討した。これらが信長の外交戦略として利用された一面が強く、義昭の意図したような結果は得られないまま破綻したことを述べた。続いて勝頼期の政権末期での政権維持のための外交交渉策を取り上げ、そこに不統一性と不徹底さのあったことを指摘した。さらに信長による長篠合戦以降の武田領への攻勢状況と、武田氏掃討戦略の経過をもまとめてみた。これらの経過については先行研究も多くあるが、十分にそれらを吸収することなく、概観的な記述に終始してしまっている。

最後に武田氏滅亡で大きな役割を果たした徳川家康が、信長の本能寺の変での客死もあって、武田氏領の大半を継承することとなり、家康は急速に拡大した領国を維持するために大量の新規家臣団の編成を迫られることとなり、甲信地域での武田旧臣がその主対象になった。その際に本領安堵や新知宛行を実施し、その保証として武田旧臣等から起請文を徴収した。それが「天正壬午甲信諸士起請文」といわれているものであり、その原本とされるものは存在せず、現存する写本類では甲斐諸士のもののみであることを指摘した。これによると滅亡時の武田家臣団の大部分が、ほぼ旧組織のままで徳川氏に取り込まれており、家康がその体制を確実に継承していったことが明らかとなった。

その具体例として、武田氏領内での地域的同族武士団としての武川衆がある。後に徳川氏の関東移封によって武蔵国大里郡内（埼玉県寄居町）に所替えとなるが、一部は幕臣として江戸期を乗り切った武田遺臣たちである。その原本文書が多く残っていたことから、改めてその内容を検討し、徳川氏に帰属後の動向を整理した。八王子に移封して千人同心衆となった旧家臣も同類であるが、これに関しては別に多くの成果が出されており、ここでは言及していない。

以上が本書の構成と内容であるが、これらによってもまだ武田氏の権力構造の全体像を解明できたとは思っていない。今後に残されている課題は依然として多くあり、とりわけ先行して五冊にまとめた論集での諸論文も含めて、以上のような個別問題の結果を、新たに総合的な観点から再構成し整理し直して、戦国期武田氏領の支配構造や戦国期社会の全体像を明らかにしていく作業が必要があると思っている。しかし現状では筆者にその余力は残っていないようにも感じている。

幸い近年では、武田氏に主軸をおいて、戦国史・戦国期の研究に入られる若手研究者が排出しており、いずれそうした総括をして戴けるものと、大いなる期待を寄せている次第である。

二〇一九年（平成三十一）四月三十日

著　者

目次

第三部　武田氏領の崩壊と継承

第一部　戦国期武田氏領研究の動向

第一章　武田氏研究と信濃

はじめに

　近年における武田氏研究は、他の戦国大名研究とくらべて活況を呈している。その背景には、関連する地域の県史をはじめとする地方史誌の刊行によって、基本史料がほぼ出揃ったことと、それらの成果を反映させて、編年文書集としての『戦国遺文・武田氏編』が刊行されたことがある。さらに専門誌として『武田氏研究』が、一九八八年に創刊されて、現在までに六〇号を数えるまでに至り、また伝統ある『信濃』が月刊誌として頑張っており、これらによって若手の研究者が多く育ってきたことがある。研究対象も広がり、権力構造論から在地支配に及ぶもののほか、個別の政策や外交、さらには個別各層家臣団の動向や事実確認など、細部にわたる実証研究も多くなっている。本章では以上のような研究動向をふまえて、以下にその成果のまとめと、今後に残された課題などを提示しておきたいと思う。

一　県史史料編の刊行と『信濃史料』・『戦国遺文・武田氏編』について

戦後の武田氏研究で、最初の編年史料集である『信濃史料』[1]の果たした功績は大きい。戦国期に限定してみても、単に信濃のみならず、武田氏領国であった周辺他県にも範囲を広げて、武田氏関係の史資料を収録している。まだ周辺地域で県史や市町村史誌の編纂が本格的に始まる前であっただけに、その影響力と恩恵は大きかった。しかし編纂後六〇余年をへた今日では、大幅な増補や改訂が必要となっており、続いて編纂された『長野県史』に、中世史料編のなかった点が悔やまれる。

やや間をおいて隣接地での県史編纂が始められているが、一九八八年に終わった『群馬県史』（資料編中世）が最も早く、次いで一九九六年に終わった『静岡県史』（資料編中世）がある。いずれも編年で関連史料を並べており、無年号文書の年代推定に一部問題は残るものの、武田氏研究の面では、それまで研究の希薄であった地域の新史料が多く発掘され、一段と研究を進展させている。

県史の最後として、武田氏本領であった『山梨県史』（資料編中世）が、二〇〇五年にまとめられている。ここでは文書編と記録編をそれぞれ県内と県外とに分けて編集しており、記録編はともかくとして、文書編が所蔵者別の収録となっており、編年目録が別に付されていないことから、『信濃史料』以降の史料集との対比がしにくくなっている。この点を補うものとして、ほぼ同時進行でまとめたものが『戦国遺文・武田氏編』である。これでは無年号文書も極力推定して総編年としたが、推定年号の誤りや、傍注として付記した人名・地名の誤りなどが残ってしまっている。

今後の課題としては、まず編年史料集の嚆矢である『信濃史料』補遺の必要性が第一に望まれる。近年、信濃関係の新史料の紹介は目立って多く、『信濃史料』の修正・補訂とともに補遺編をまとめて欲しいと思う。これは各県史の史料編についてもいえることであり、編纂主体の解散した現状では難しい問題もあるが、県史事業で集めた史料を継承している諸機関で実行して戴きたいと思う。とりわけ『山梨県史』（資料編中世）には、追加別冊として総編年文書目録を作成して戴きたい。『戦国遺文・武田氏編』については補遺が順次まとめられているが[(2)]、既刊分に収録されている未年号文書の年代推定の訂正や、新たに推定できるものの補訂が望まれる。

二　地方史誌の刊行の終了（中世史料編のみ）

県史の刊行とともに、各県内での主要な市町村史誌の編纂もほぼ終了しており、それぞれ特徴のある編纂方針で多くの成果を残している。代表的なものについてその特徴を紹介しておくと、山梨県では『甲府市史』と、『富士吉田市史』があげられる[(3)]。前者には編年で武田氏関係の文書・記録が市域をこえて収録されており、別に所蔵者別の文書目録や家臣団花押集が添えられている。後者には武田氏・小山田氏と富士信仰に関わる記録・文書が編年で収録されている。本書ではこの地域の戦国誌として著名な「妙法寺記」を多用しており、異本である「勝山記」より原型に近いものとの判断であるが、この点に関しては、ほぼ同時進行していた『都留市史』（資料編）では、全く逆の評価をしており、気になる点である。

長野県では、『松本市史』が一歩先に編纂されているが、これには通史編と旧町村編のみで史料編はなく、旧町村編では各町村ごとの史料総説があるにすぎない。それも分散しすぎていて使いづらい。次いで『長野市誌』では、「資料編原始・古代・中世」が一冊にまとめられ、市内関係記事のみえる記録・文書が編年で解説を付して収録されているが、やはり旧町村編を別にまとめているが、これは近代以降の記述に限定されている。[4]

静岡県では、『静岡市史』と『浜松市史』が編纂されている。[5] 前者では「史料編古代・中世」が一冊にまとめられており、市内所在文書を所蔵者別に一〇九ケ所分を収録している。後者では「新編史料編」が六冊まとめられているが、近代以降の内容であり、中世編は未完成である。

群馬県では、『前橋市史』は通史編のみで資料編はないが、『新編高崎市史』は、「資料編中世」が編年で二冊にまとめられている。[6] 主に上杉氏・小田原北条氏関係のものが多いが、武田氏関係については、県史で洩れたものも収録しているほか、「編年によらない資料」として、高野山清浄心院供養帳・彦根藩諸家異譜・系図他を収録しており、所蔵者別目録と各種索引まで付されている。

以上、関係する地域での代表的な地方史誌について、その概要を紹介してきたが、一九九九年より始められた平成大合併前に一段落していたことは幸いであった。その後の地域再編成では行政区画が一変しており、歴史的な地域概念が混乱しているような合併が強行されたからである。こうした点より、戦前・戦後に編纂された各郡史誌の見直しも必要と思われ、例えば長野県内でまとめられている『上田小県郡志』(一九六〇年)や『北安曇誌』(二〇〇五年)ほかが見直されるものかと思われる。

三　新出家蔵文書ほかの紹介

次に最近になって相次いで紹介された、武田氏関係の新出の原本文書ほかについて、その概要をまとめておきたい。まず武田遺臣である上野国・榎下家文書であるが、もと関東管領上杉憲政の家臣であった榎下氏が武田家臣となり、次いで徳川家康に仕えた後、旗本として存続した家の一括文書である。(7) 近世文書も多いが、本稿では武田・徳川初期文書のみの五点を紹介している。この文書に関しては、その後、丸島和洋氏が追加報告をしており、九点の文書紹介と解説をしている。(8) 次いで同じく武田遺臣であり、駿河へ移封後に徳川家臣となった坂本家文書が新出している。武田期から江戸中期までの二十二点の文書が紹介されている。(9)

特筆されるものとして、山本勘助関係文書の新発見がある。これは高崎市内で収集されていた真下家所蔵文書の中から確認されたものである。丁度、NHKの大河ドラマ「風林火山」で注目されていた時期に、期せずして「山本家文書」の原本の一部が新発見された。初代勘助宛の武田家朱印状と晴信自筆書状や、二代目勘助・養子山本氏宛の武田家朱印状のほか、徳川家康朱印状・結城秀康書状など十点が紹介された。(10) その後も山本氏関係の文書は、後裔である沼津在住の山本家のものも紹介されている。関連して、かねてより勘助の名が見える晴信書状として注目されていた「信濃・市河家文書」に関して、それまで釧路に分蔵されていた本体部分のものが、山梨県立博物館に収蔵されることとなり、その実務に携わった西川広平氏によって全貌の紹介がなされている。(11) これによって「市河家文書」は、山形県酒田市の本間美術館所蔵のものと一体化しての考察が可能になった。

次いで個別の少数文書の紹介になるが、まず、丸島和洋氏が滋賀県まで移動していた武田家臣の「三枝家文書」を紹介している。(12) 甲斐の古族である三枝氏の武田時代の文書五点と近世初頭文書を紹介し、関連する文書も提示して三枝氏の動向を整理している。次いで小佐野浅子氏は、山形大学付属博物館に寄託されていた武田譜代家臣の「秋山家文書」五点を紹介している。(13) すべて良質の写しであるが、全くの新出文書であり、併せて秋山氏関係文書によって秋山氏の動向も検討されている。さらに海老沼真治氏は、山梨県立博物館で新収した中世文書を紹介している。その中には武田氏関係のものとして、従来から写しで知られていた文書の原本の他、新たに購入した新出文書も数点含まれている。また別に山梨県内で発見された武田勝頼書状写を紹介しており、これは天正六年（一五七八）の越後御館の乱についての新事実を示すものであるという[14]。

文書ではないが関係史料として、丸島和洋氏が精力的に翻刻紹介している高野山諸坊所蔵の諸帳簿類も注目される[15]。主に山内の成慶院と桜池院で所蔵している甲斐・信濃関係の「供養帳」や「過去帳」類であるが、中に武田一族や家臣団の名や没年・供養年のほか、若干の関連記事もみられ、これまで不明であった人物の実名や官途なども明らかになってきている。

以上、最近新たに紹介された個別の文書群の概要をみてきたが、武田氏関係文書については、まだまだ新しいものが出てくる可能性を物語るものである。関連して、今後は未調査地域でのごく限られた地域史文書の発掘や再吟味も必要であり、例えば斎藤宣政氏が発表した信濃国東筑摩郡の「青柳宿問屋文書」の再検討などが参考となる[16]。丸島氏が紹介している高野山諸坊所蔵の帳簿類の取り扱いについても、その帳簿の成立時期や記載形式や内容の判別が必要であることは言うまでもない。

四　「甲陽軍鑑」の再評価

近年の研究動向として注目されることとして、『甲陽軍鑑』（以後『軍鑑』と略称）の見直しによる再評価の問題がある。これは一九九八年に完成した酒井憲二氏編著の『甲陽軍鑑大成』の公刊によって[17]、『軍鑑』研究が新段階を迎えたことによる。すでにこうした『軍鑑』見直しの動きは、一九七〇年代より、小林計一郎氏や上野晴朗氏らによって進められていたが、この問題に本格的に切り込んできたのが、黒田日出男氏である[18]。これまでの研究史を詳細に整理した後、一部の歴史的事実と『軍鑑』記事との比較検討を行い、その史料性の高いことを論証している。

やはり大河ドラマの影響もあって、小和田哲男氏も『甲陽軍鑑入門』をまとめている。[19]概説書ではあるが、『軍鑑』の構成と内容についてその特徴を述べており、全体として肯定的な見方をしている。同書に描かれた勘助の実像についても、呪術者的軍師として評価し、築城巧者としても認めている。従来から指摘されている史実と食い違った記述については、こうした部分は、編纂過程での後世の挿入であるとしている。とりわけ虚構の合戦がいくつか描かれている点は、最終的な編纂者である小幡景憲が兵法指南のための事例として創作したものであろうという。しかし天正三年五月の長篠の戦いには、長坂釣閑斎は同陣していなかったと判断しているが、この点はその後に今福長閑斎との混同からくる読み違いであることが指摘されている。また同書に収録されている文書についても検討して、その大部分が偽文書であると判定しているが、この点は前述した黒田日出男氏の論考によって批判訂正されている。この収録文書の問題に関しては、筆者も改めて検討してみたが、黒田説の方が妥当との結論であり、[20]『軍鑑』自体の評価についても、従来以上に再評価できるとの感触を得ている。

『軍鑑』に関しての今後の課題としては、まず編纂成立経過の更なる研究、次いで歴史的な事件記述についての年代や事実関係についての一次史料ほかとの対比検証、さらに採録されている参考文献の史料批判、また主な挿話・教訓談についての信憑性の検討や、兵法書部分の検討が必要であり、とくに勘助関連記事の評価や検討が必要である。

五　中世考古学や武具研究との連携

従来の武田氏研究は、文字史料を中心に進められてきている。しかし最近では中世考古学や発掘品の科学的な分析学などの発達により、①山城・城館跡発掘調査が盛んとなり、中世山城・武田氏館跡・新府城跡・武田系城郭などについて、研究成果が多くなっている。②産業遺跡の調査も盛んとなり、金山遺跡・水利遺跡・町割遺構ほかの発掘事例や、調査報告書がいくつかまとめられている。さらに③発掘遺物の検討も科学的となり、陶磁器ほかの道具類の製作年代の確定や、産地の特定などが進んでいる。④武田家関連武具の検討も甲冑・刀剣・古銃などについて、実物に即した研究発表がみられるようになった。

しかしまだこうした物を中心とした研究は遅れており、文献史料との連携も不十分である。今後はこうした隣接分野との共同研究が必要である。今後の課題としては、支城跡の調査や領主館の位置確定や発掘調査、遺構・遺物の保存方法と記録化とともに、物の鑑定学の体系化などが必要と思われる。関連してそうした継続的な調査・研究が可能な施設が必要であり、そのための人材育成も急務な問題である。

六　著書・研究論文の発表と講評

近年での武田氏関係の著書や論文の数は、目立って多くなっている。その状況を一覧できる文献目録が、丸島和洋氏によってまとめられている。彼のホームページである「甲陽雑記：武田氏研究のページ」収録の「武田氏研究文献目録」であるが、その二〇一〇年～一三年の四年間分をみただけでも、単行本での編著書・史料集は四十冊があり、論文数は一四四点に及んでいる。この間に、磯貝正義先生追悼論文集（二〇一一年）と、柴辻古稀記念論文集（同年）の刊行があったことにもよるが、この数値は驚異的である。他にも特筆するものとして、単著の論文集として、栗原修『戦国期上杉・武田氏の上野支配』（岩田書院）、丸島和洋『戦国大名武田氏の権力構造』（思文閣出版）、同『戦国大名の「外交」』（講談社）、西川広平『中世後期の開発・環境と地域社会』（高志書院）、柴辻『戦国期武田氏領の地域支配』（岩田書院）があり、それぞれの著者がここ数年に発表してきた論文を加筆修正した上で一冊にまとめている。

また書き下ろしの単行本としても、黒田基樹『武田信長』（戎光祥出版）、笹本正治『武田勝頼』（ミネルヴァ書房）、平山優『天正壬午の乱』（学研パブリッシング）、丸島和洋『郡内小山田氏』（戎光祥出版）などがあり、それぞれ新基軸を出している。またこの時期には、旧著の復刻版や過去の論文を集めて一書にまとめたものもいくつか出版されており、それなりの意味はあるが、問題点がなしとはいえない。

論文については、発表の場として雑誌『武田氏研究』と『信濃』への掲載が多く、ともに大きな役割を果たしている。論文についての全体としての講評を示すことはできないが、傾向としては個別の細かい事例検討に関するものが多く、論争や問題提起に及ぶようなものは極めて少ない。唯一、論争らしき問題は、後述する元亀二〜三年に至る武田氏の遠江・三河への進攻経過の理解と、天正三年五月の長篠の戦い前後の政治状況の理解に相違があるくらいである。

今後の課題としては、各自共に発表したものには、もっと責任をもたねばならないという点と、もっと相互に論評や批判をすべきかと思う。さらに若手の研究者の育成も課題となっており、各種の研究会活動や研究発表の場の確保と人材育成も必要であろう。

七　通説・定説の再検討

次いで近年、従来の通説や定説となっている事項への批判や異論が出されている問題について、その概況と私見を述べておきたい。少し旧聞に属する問題もあるが、相変わらず結論らしきものが出されていない状況なので、取り上げておく。

①信玄画像の再検討については、高野山成慶院所蔵の長谷川等伯筆「信玄画像」は、能登・畠山義続像であるとの見解が出されて久しい[21]。本来、武田勝頼によって成慶院に納められた「信玄画像」は、信玄の弟の逍遙軒信綱の描いたものであって、その原画に近い物が、現在、世田谷区の浄真寺に伝わる「伝吉良頼康画像」であるという。成慶院所蔵のものは、江戸初期に同寺が米沢の武田家に貸出した際に取り違えたものであるともいう。この説に対して、主として美術史家が反論しており、相変わらず成慶院所蔵のものを信玄画像としているものが多く、まだ結論には至っていない。しかし反論点は説得性を欠き、もはや決着は付いたかと思われる。

②「信玄棒道」の構築者として、信玄を想定するのは成立しないとの説が出されて久しい[22]。従来その根拠とされていた、天文二十一年（一五五二）十月六日付けの武田家朱印状（佐久町・高見沢家文書）を疑わしい文書とし、そこに書かれている道や橋の構築はありえないといい、信玄自体がこの段階でそうした権力を有していなかったともいう。その上で現在、棒道と称する道は、周辺住民の永年に踏みならして出来た自然道であるとする。これに対して筆者は、文書自体が正文であり、そこに書かれている道が棒道の一部であり、武田氏の権力的な動員によって作られたものとの通説を支持した[23]。

③室町期木曽氏の領主化の評価について、笹本正治氏は、筆者がその根拠として示した信濃木曽谷の須原・定勝寺文書の、室町中期の同寺宛の木曽氏歴代の文書はすべて偽文書であるとして、木曽氏のこの時期での領主制の展開を否定された。(24) しかし同時代の地方の領主文書は、本来貧弱なもので正規の書式からはずれる場合も多く、これらはすべて正本であり、木曽氏の領主制を物語るものとした。(25)

④同じような例になるが、武田氏の治水として著名な信玄堤の構築に関して、それへの信玄の積極的な関与を否定し、関係する地域住民の営力と、徳川期以降の修築による部分が大きいという見解が出されている。(26) しかし当初の大規模築堤工事が、住民の自力のみで出来たとは到底思えず、武田氏の権力的な技術・資財の導入や労働編成によって、初めて実現されたものとの通説を支持する。(27) ただし構築後の堤防維持や補強などに関しては、地元住民が自力で行ったという点までは否定しない。

⑤川中島合戦の再検討に関して、従来は渡辺世祐・小林計一郎氏らによって五回戦説が通説となっている。ほかに北村建信氏の二回戦説もあるが、筆者は一回戦説を主張している。(28) 他の四回については、駆け引きと小部隊同士の局地的な戦いに終始しており、本隊同士の戦いは、第四回目とされる永禄四年（一五六一）九月の決戦のみであるとする。関連して第三回対戦地とされる「上野原」の現地比定に関して、従来は長野市岩槻町上野とされてきたが、当時の両軍の対陣状況や現地状勢からみて、長野市妻科町上野原が妥当ではないかとした。(29)

⑥元亀二年（一五七一）四月の信玄の三河出兵の有無について、三河・足助城の攻略をはじめとした、この前後の軍事行動は、未年号文書の年代推定の誤りからでた説であって、これは天正三年五月の長篠の戦いに関連したものとの説が出された。(30) 確かに根拠とした文書の年代推定は誤っているものであったが、他にも元亀

二年二月から五月の出陣を示す文書もあり、この時期に三河・遠江出兵があったことまでは否定できないし、足助城の攻略は新説の天正三年よりも、天正二年がよいとの考えである。[31] これと関連して、翌元亀三年十月の大規模な出兵についても、従来からこれを信玄の上洛戦とみる考えと、三河地域平定の局地戦であったとする考えがあったが、近年、後者の説が多くなっており、[32] 結果論から推定するのではなく、当時の全体的な政治情勢をもっと検討する必要があると思われ、通説どおりの上洛戦であったとの説でよいと思う。関連してこの時の信玄本隊の進攻ルートについても、通説の伊那谷から青崩峠越えとの説に対して、異論が出されているが、これも再考の余地がある。[33]

⑦「甲州法度」の成立経過についても、二十六ヶ条本と五十五ヶ条本の関係が、田中久夫氏によって提示されてより半世紀以上がたっているが、[34] その後は『中世法制史料集』（武家家法1）によって、その書誌的検討がなされ、田中説が支持されている。[35] しかしそれ以降、この問題に言及したものはなく、初めに二十六ヶ条が制定され、順次増捕されて五十五ヶ条・五十七ヶ条になったとの説が通説になっている。

しかし二十六ヶ条本の原本は存在せず、唯一残されたレクチグラフ版によっても、その筆跡は当時のものではない略筆であり、しかも数ヶ所に訂正が傍注されていることなどから、これも後世の写本の一つにすぎないと思われる。[36] 問題となっている二十六ヶ条本にのみある妻帯役は、当初から課されていた可能性も残っており、この点のみで成立時期の前後を判断するのは問題が多いと思われる。

以上、近年問題となっている事項について、両論を併記してきたが、論争に関しては見解の相違のまま、結論は放置されたままのものが多い。第三者の論評が必要であろう。次いで新説を出すことや反論は自由であるが、発言はともかくとして書いたものには一定の責任をもつべきであろうと思う。とりわけ反論への対応が必要であろう。さらに最近の傾向として、研究の問題関心が細分化されすぎている。細かい事実の発掘も必要であるが、その総括と戦国史上で位置付けが必要かと思われる。また、最近の発表論文では、研究史の整理部分が少なく、一部の人には先行研究の紹介や無視・軽視の傾向が強い点も気になっている。

八　今後の課題

最後にまとめにかえて、今後の課題を提示しておきたい。

①武田氏の初期支配の実証……鎌倉期~信虎以前の状況。とくに信昌期の戦国大名化の経過の実証が必要と思われる。

②兵農分離状況の把握……戦国末期での在地各層の実態把握。とりわけ軍役衆・御印判衆、地侍・上層農民・地下人・百姓・足軽などの実態と関連させて、発展段階に即した在地での兵農分離状況の実証が必要か。

③税制構造の解明……本年貢・諸役・普請役・陣夫役など、領国全域での税体系の解明が必要か。

④権力編成の解明……家臣層の職制や軍制などと、在地支配原理の摘出が必要か。

⑤個別家臣団の実証……とくに譜代家臣層と、諸国外様国衆や地域的武士衆団についての個別具体的な実証研究が必要と思われる。

注

（1）『信濃史料』本巻二九冊（一九五二～六七年）、補遺二冊（一九六九年）、索引（一九七二年）。
（2）本巻は索引共に六冊（東京堂出版、二〇〇二～〇六年）として刊行。その後、①丸島和洋『戦国遺文武田氏編』補遺」（『武田氏研究』四五号、二〇一二年）。②同「『戦国遺文武田氏編』補遺２」（『武田氏研究』五〇号、二〇一四年）がある。
（3）『甲府市史』（通史・史料編古代・中世、二冊、一九八九～九一年）。『富士吉田市史』（通史・史料編古代中世、二冊、一九九二～二〇〇〇年）。
（4）『松本市史』（歴史編中世・旧市町村誌編五冊、一九九三～九七年）。『長野市誌』（歴史編中世・資料編中世・旧市町村編四冊、一九九七～二〇〇三年）。
（5）『静岡市史』（通史・史料編三冊、一九七八～八一年）。『浜松市史』（新編史料編六冊、二〇〇〇～〇六年）。
（6）『前橋市史』（通史編中世一冊、一九七一年）。『新編高崎市史』（通史・資料編中世二冊、一九九四～九六年）。
（7）柴辻俊六「武田遺臣の『上野国・榎下家文書』の紹介」（『武田氏研究』三七号、二〇〇七年）、その後、著書『戦国期武田氏領の地域支配』（岩田書院、二〇一三年）に再録。
（8）丸島和洋「榎下文書」（『史料集「柴屋舎文庫」所蔵文書』日本史史料研究会、二〇一一年）。
（9）平山優ほか「新発見の『金子元治氏所蔵坂本家文書』について」（『武田氏研究』三九・四〇号、二〇〇九年）。
（10）海老沼真治「群馬県安中市真下家文書の紹介と若干の考察――武田氏・山本氏関係文書」（『山梨県立博物館研究紀要』三集、二〇〇九年）。その全貌は、後に海老沼真治編『山本勘助の実像を探る』（戎光祥出版、二〇一三年）で論集がまとめられ、その実像が一層明らかにされている。
（11）西川広平「山梨県立博物館所蔵『市河家文書』について」（『山梨県立博物館研究紀要』四集、二〇一〇年）。
（12）丸島和洋「東近江市能登川博物館寄託『三枝家文書』の検討」（『戦国大名武田氏と甲斐の中世』岩田書院、二〇一一年）。
（13）小佐野浅子「山形大学付属博物館寄託『秋山家文書』」（『戦国大名武田氏の役と家臣』岩田書院、二〇一一年）。
（14）海老沼真治①「山梨県立博物館収蔵の中世文書」（『古文書研究』七二号、二〇一一年）。②「御館の乱に関わる新出の武田勝頼書状」（『戦国史研究』六五号、二〇一三年）。

(15)　丸島和洋①「成慶院『甲斐国供養帳』」(『武田氏研究』三四～四七号、二〇〇六～一三年)。②「高野山成慶院『信濃国供養帳』二」(『信濃』六四巻一号、二〇一二年)。③「蓮華定院『真田御一家過去帳』」(『信濃』六四巻一〇・一二号、二〇一二年) ほか。
(16)　斎藤宣政「信濃国東筑摩郡青柳宿問屋の一形態」(『信濃』六四巻九号、二〇一二年) など。
(17)　酒井憲二編著『甲陽軍鑑大成』全七巻 (汲古書院、一九九四～九八年)。
(18)　黒田日出男①「『甲陽軍鑑』をめぐる研究史――『甲陽軍鑑』の史料論1」(『立正大学文学部論叢』一二四号、二〇〇六年) から、⑤「戦国の使者と『甲陽軍鑑』上――『甲陽軍鑑』の史料論5」(『立正大学文学部研究紀要』二四号、二〇〇八年) まで。
(19)　小和田哲男『甲陽軍鑑入門』(角川ソフィア文庫、二〇〇六年)。
(20)　柴辻「『甲陽軍鑑』収録文書の再検討」(『武田氏研究』四九号、二〇一三年)。
(21)　藤本正行『信玄画像の謎』吉川弘文館、二〇〇五年)。
(22)　笹本正治「再び棒道について」(『武田氏研究』七号、一九九一年)。
(23)　柴辻「天文二十一年段階の武田氏の権力について」(『武田氏研究』九号、一九九二年)。
(24)　笹本正治「木曽氏の領主としての性格について」(『信濃』四二巻八号、一九九〇年)。
(25)　柴辻「信濃木曽氏の領国形成」(『信濃』四二巻六号、一九九〇年)。
(26)　①笹本正治『武田信玄』(ミネルヴァ書房、二〇〇五年)。②西川広平 (『中世後期の開発・環境と地域社会』高志書院、二〇一二年)。
(27)　柴辻『信玄の戦略』(中公新書、二〇〇六年)。
(28)　柴辻「川中島合戦の虚像と実像」(『戦国期武田氏領の展開』岩田書院、二〇〇一年)。
(29)　柴辻「第三次川中島合戦の上野原の地について」(『戦国史研究』六七号、二〇一四年)。本稿は、本書の第一部第三章に掲載した。
(30)　①鴨川達夫『武田信玄と勝頼』(岩波新書、二〇〇七年)。②柴裕之「戦国大名武田氏の遠江・三河侵攻再考」(『武田氏研究』三七号、二〇〇七年)。
(31)　柴辻「元亀・天正初年間の武田・織田氏関係について」(『織豊期研究』一三号、二〇一一年)。

（32）柴裕之「長篠合戦考――その政治的背景と展開」（『織豊期研究』一二号、二〇一〇年）。
（33）本多隆成「武田信玄の遠江侵攻経路――鴨川説をめぐって」（『武田氏研究』四九号、二〇一三年）。
（34）田中久夫「武田氏の妻帯役」（『日本歴史』四六号、一九五二年）。
（35）佐藤進一ほか編『中世法制史料集』第三巻、武家家法1（岩波書店、一九六九年）。
（36）柴辻「甲州法度の歴史的性格」（『戦国大名領の研究』収録、一九八一年）。

第二章　常陸北浦武田氏の検討

はじめに

清和源氏武田氏については、かつて『甲斐武田一族』と題して、その一族の概要をまとめたことがある。[1] そこでは甲斐武田氏の発祥の地である常陸国勝田郡武田郷（茨城県ひたちなか市武田）から、大治五年（一一三〇）に義清・清光父子が甲斐国に移り、甲斐源氏の中心となって発展していった武田氏について、その各世代から分出した庶子支族についても可能な限り言及しておいた。

ところが二〇一七年六月末に、山梨郷土史研究会の現地研修会が、茨城県の東南部地域で実施され、そのツアーに参加して、武田氏発祥の地である勝田郡武田郷のほか、香取・鹿島神宮などを見学した。その折りに北浦周辺も巡見することができ、この地域に、これまでほとんど問題にされていなかったもう一流の武田氏の足跡があったことを知らされた。

現地ではこの武田氏の系統を「北浦武田氏」と称しており、その地元である『北浦町史』では、その動向についてかなり詳細な調査の結果を記述している。(2) そこでは南北朝期以後の甲斐武田氏との関連性にも多く言及しており、これまでにほとんど知られていなかった事実が多く記述されている。その根拠とする史料も提示されているので、本章ではまず同町史が北浦武田氏について、具体的な記述をしている部分を紹介し、次いでその記述内容の信憑性について、典拠とする史料にまで立ち返って、その是非を再検討したいと思う。

同町史では、ほぼ編年的な記述をしているので、本章でもその掲載頁を（　）で示しながら、その順序での検討を進めたい。

一　北浦武田氏の初見史料について

同町史では、初めに鎌倉期からの常陸国行方郡域の政治史を整理しており、常陸平氏の大掾氏一族の行方郡への進出を述べている。次いで早くからこの地域を所領としていた鹿島・香取神宮と大掾氏一族との社領をめぐる抗争の経過を述べた後、南北朝期に入って足利尊氏のこの地域への関与の経過を述べている。それに続けて、

［1］　康永二年（一三四三）、足利尊氏は行方郡若舎人郷根地本村（玉造町）を鹿島社の護摩堂に寄進し、その遵行の使節として現地へ武田式部大夫（高信）と宍戸備前守（朝世）を送った（町史一五六頁、以下同じ）。

［2］　観応三年（一三五二）九月、尊氏は地頭倉河氏・小牧氏らの所領を没収し、下川辺行景に与えた。その遵行使が武田高信と宍戸朝世であった（一五五頁）。

［3］　武田高信は系図上では確認できないが、倉河郷・小牧郷に近接する武家郷（北浦町）を拠点に活動していた一族と考えられる（一五六頁）。

北浦での武田氏の初見史料として、具体的な記述が見られるのが［1］〜［3］の記述である。系図上では不明としつつも、武田式部大夫高信の存在を指摘し、「鹿島神宮文書」中の［1］・［2］の文書を取り上げている。ところが［1］の足利尊氏判物は尊氏の行方郡への進出を物語るものであるが、この文書は同神宮文書の中にはみあたらず、(3) その説明内容は［2］の観応三年の尊氏判物に書かれている内容であって、これが初見史料となる。この文書については写真図版も掲載されている。さらに武田高信については、［2］の文書を受けて高信が提出した文和二年（一三五三）三月の「武田高信請文」も残っており［3］、それには「遠江守高信」とあり、花押まで据えられている（図版1参照）。

この請文は尊氏判物の翌年の三月になっており、高信が式部大夫から遠江守に官途が変っており、地元の小牧氏らの抵抗にあって任務を遂行できなかったと弁明している。［2］でいう遵行使者とは、現地での有力者が尊氏の命令を受けて、宛名の当事者に判物を伝達する役目であって、伝達とともにその内容の執行までを任されていた者である。従ってこの時点での武田高信は、系図上では確認できないものの、この時期に尊氏と行動を共にしていた武田信武に近い者と思われ、すでに現地に入部して一定の権限を有していた者であり、現地で行政の末端を担っていた者と思われる。相役であった宍戸氏も同じような存在のものであり、『町史』では鎌倉府の奉公衆かと推定している（一九九頁）。

ところがこの高信と関係のありそうな者については、ほとんど具体的な史料はみあたらず、わずかに次の二種の断片的な記録があるにすぎない。

［4］　正中二年（一三二五）の「最勝光院領目録」にみえる成田荘は、行方郡成田であり、現在の北浦町北部から鉾田町南部地域。その成田荘の地頭として武田式部大夫高勝の名あり（一六二頁）。

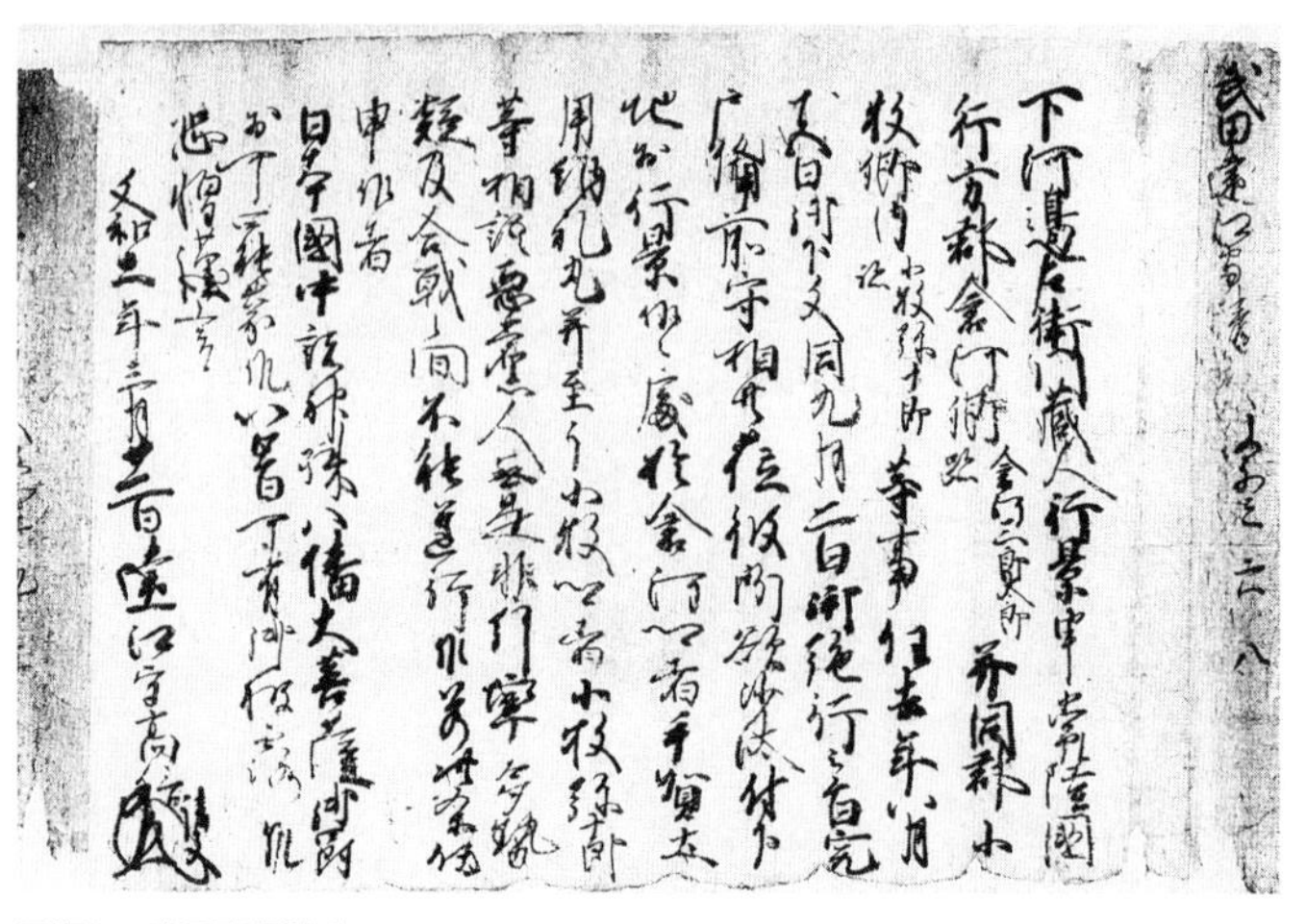

図版1　武田高信請文
（茨城県立歴史館資料部編『鹿島神宮文書　1』茨城県立歴史館、2008年より）

（端裏書）
「武田遠江守請文」

下河辺左衛門蔵人行景申、常陸国
行方郡倉河郷倉河三郎太郎　井同郡小
牧郷内小牧弥十郎跡等事、任去年八月
十五日御下文・同九月二日御施行之旨、完
戸備前守相共、在彼所、欲沙汰付下
地於行景候之処、於倉河郷者、手賀土
用納礼丸、井至于小牧郷者、小牧弥十郎
等相語悪党人、無是非引率多勢、
凝及合戦之間、不能遵行候、若此条偽
申候者、
日本国中諸神、殊八幡大菩薩御罰
お可罷蒙候、以此旨可有御披露候、
恐惶謹言

請文

文和二年三月廿二日　遠江守高信（花押）

［5］　十四世紀後半成立の「海夫注文」に、「なるたの津、たけた知行分」とある（一五六頁）。北浦地域は南部を小高氏（麻生町）、西部を玉造氏、山田川流域は山田氏の支配下にあった。応安七年（一三七四）の香取社大祢宜文書の「海夫注文」に成田津の支配者として武田氏がみえる（一五六・一九五頁）。

［4］は早くに後白河法皇の女御の建春門院によって設立された最勝光院の寺領を、後醍醐天皇が東寺に寄進した際に作製した寺領目録であり、その中に成田荘の名がある。それが行方郡内にあり、この地の地頭として武田式部大夫高勝の名がみえるというものである。(4) 式部大夫の称号が一致することから前述した高信と関係のある者であるが、やはり各種の武田氏系図では確認できない。

［5］は十四世紀末で高信よりは少し後の記録となるが、香取神宮領の北浦一帯の津で水運によって商業活動をしていた海夫集団の名を書き上げた記録であり、(5) その中に「なるたの津、たけた知行分」とあり、この地域での武田氏の存在が確認される。以上［3］～［5］はともにその出典が確かなものであり、これらの記述は信頼できる。これらによって鎌倉末南北朝期には、すでに北浦の西北沿岸に武田氏の進出のあったことが確認される。しかしその系譜がどの武田氏に繫がるのかは判然としないし、この後に出てくる武田信久系の武田氏との繫がりも明確ではない。可能性としては、勝田郡武田郷を領していた武田義清らが甲斐へ移住後も、現地に残っていた同族が、その後に常陸大掾氏に従い、行方郡域へ進出していた武田氏と推定しておく。参考までにこの時期での北浦周辺部の略図を掲載しておく(6)（図版2）。

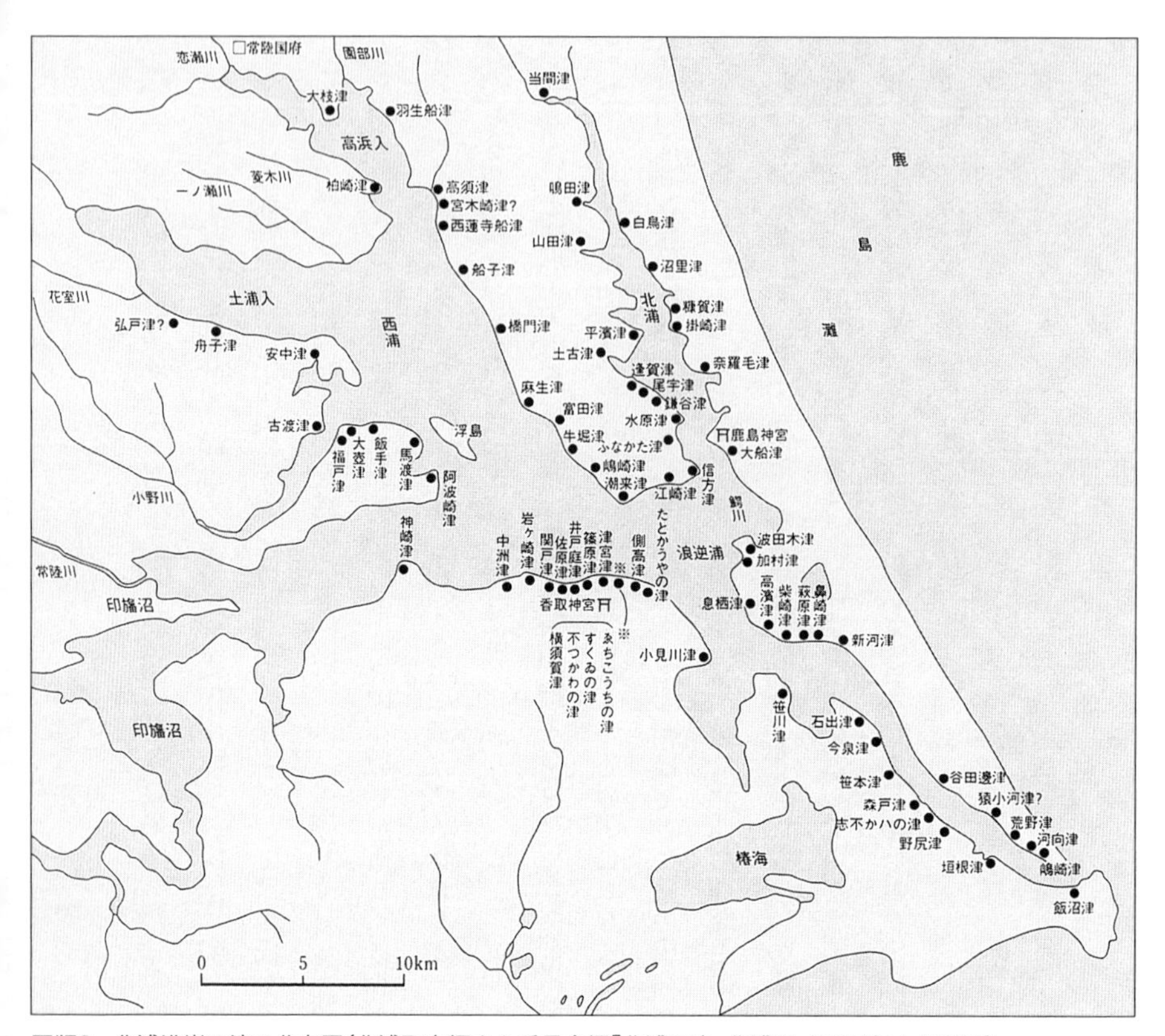

図版2　北浦沿岸の津の分布図（北浦町史編さん委員会編『北浦町史』北浦町、2004年より引用）

二　上杉禅秀の乱と北浦武田氏の土着

足利尊氏の室町幕府創始後、貞和五年（一三四九）、尊氏は次男の基氏を鎌倉に派遣し、鎌倉府を創設して東国十二ケ国の統治を委任した。その子孫は鎌倉公方と称して四代の持氏まで継承されるが、応永二十三年（一四一六）十月、公方を補佐する関東管領の犬懸上杉家の氏憲（禅秀）が持氏と対立して、持氏を鎌倉から追放した（上杉禅秀の乱）。この禅秀の反乱に関連して東国の守護や鎌倉府奉公衆は二分して内乱となるが。その経過の中で北浦武田氏が行方郡に土着したという。その内容は、

〔6〕北浦武田氏は、「常陸志料郡郷考」によれば「甲斐武田氏族七郎五郎信久、始て此地（武家郷）に居り、子孫其氏を以て地名を改む、その家譜にみえたり」とある（一七三頁）。

〔7〕円通寺の過去帳・系図も、甲斐武田氏の子孫の信久が、応永二十四年（一四一七）に行方郡武家郷を領したとする（一五六頁）。

〔8〕応永二十三年十月、上杉禅秀の乱。甲斐武田氏の一族の武田信久が北浦地域に入部する。武田信満とその弟信久らが禅秀に加担したことが契機。佐竹与義・大掾満幹・小田持朝・小高氏らも同調する（一七二頁）。

〔9〕応永二十四年二月、禅秀は敗北し、武田信満は上杉憲定らに攻められて自害する（一七三頁）。

〔10〕「新編常陸国誌」によれば、信久は乱後に下総の千葉兼胤を頼るも、兼胤の敗北により行方郡武井郷（北浦町両宿。次木）に逃れてきた（一七三頁）。

〔11〕「尊卑分脈」によると、信久は武田信春の次男で、岩崎七郎五郎信治の養子となり、岩崎七郎五郎信久と称していた（一七三頁）。

［12］「円通寺沿革書」によると、信久が武井郷に入部した時期は、明徳三年（一三九二）に甲斐国より移って武井郷に築城し、応永二年（一三九五）に円通寺を創建したという（一七三頁）。

まず［6］の出典である「常陸志料郡郷考」は、嘉永七年（一八五四）に宮本元珠が常陸の地誌書として編纂したものであって、地元に残っていた武田氏の「家譜」などを参考にして記述したものと思われる。その「家譜」とは、後述する円通寺所蔵の「武田累代之系図」と思われ、［7］と共にその信憑性が問題として残っているので断定はできない。参考までに円通寺所蔵の略系図を紹介しておく。

「武田累代之系図」（北浦町武田・円通寺所蔵）

武田累代之系図

信久①（円岳道通大禅定門）―成信〔刑部大輔〕（月窓常心大禅定門）―信俊〔民部少輔〕（剣峰通検大禅定門）―昌信〔七郎〕（□叟道賢大禅定門）―信益〔七浪二郎〕（喜峰全悦大禅定門）―

信親〔七郎五郎〕（楽天道永大禅定門）―信治〔大膳大夫〕（茂林全松大禅定門）―通信〔民部大輔〕（渓翁宗雪大禅定門）―信房②〔七郎五郎・淡路守〕（剣林道樹大禅定門）―信誠③（陽室春公大禅定門）―

信忠④（罷山浄林大禅定門）

源信秀書之

万延元季庚申七月十八日書、　天竜老人拝□□（朱印）

（後注）①新羅三郎義光後胤、武田七郎信隆五代胤、七郎五郎信氏男武田七郎五郎、常陸国行方郡武田本主、従甲州来領此地十五村、旧名武井村、従領主之氏改之、②天正十九季辛卯二月九日、於水戸為佐竹生害、行年四十五、此時迄武田九代云、③寛文元季甲子正月三日病死、行年七十五、実者通信二男、為信房養子、旧名大膳、中比流浪、改佐右衛門、④寛文九季己酉十一月、武田病死、行年六十一、名与惣右衛門

この略系図は本文の奥書にあるように、万延元年（一八六〇）になって武田信秀が書いたものである。その元となった系図からの抜き書きと思われ、江戸期を通して歴代が継続していたとする。その元の系図になったものが片鱗さえ他ではみあたらず、この略系図をそのままに信頼することには躊躇する。同様に［12］で述べている点も、禅秀の乱の前のこととしており、まったく信久の他の記述との整合性がない。

次いで［8］と［9］の記述であるが、上杉禅秀の乱後に甲斐守護の武田信満が足利持氏方に攻められ自害した点は事実である。それに連座して信満の弟の信久が逃れて北浦地域に入部したとの記述は事実であろうか。［10］は『新編常陸国誌』の記述であり、(7)禅秀の乱後に、信久が一旦下総の千葉氏を頼った後に、行方郡武井郷へ移ってきたというものであるが、この事実の証明も困難な問題であり、俄には信じがたい。次いで［11］によると、信久は武田信春の次男で岩崎氏の養子となって、岩崎七郎五郎と称していたという。その出典とする「尊卑分脈」は南北朝期に洞院公定が編纂した系図集成であって、系図集としてはかなり信頼度の高いものとされている。その部分のみを提示すると以下のようになる。

『尊卑分脈』（清和源氏武田）『国史大系本第三編』

（前略）信武――氏信…満信…信守…信昌

と簡略な記述のみで、信満も満信と書き違えており、その兄弟についての記述も皆無である。さらに岩崎七郎三郎信方の名は、一条武田信長の弟の信隆の三男として全く別の所にみえており、信満の弟とはしていない。しかし別の各種の武田氏系図の中には、例えば「浅羽本武田系図」（『続群書類従』一二二巻）には、以下のようにある。

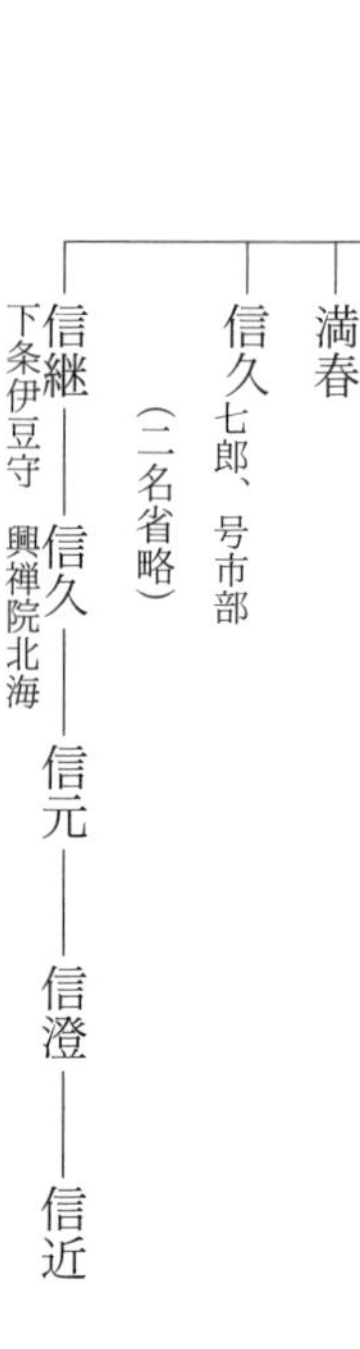

他にも「占部本武田系図」（『続群書類従』一二二巻）や、「両武田系図」（『続群書類従』一二三巻）でも、ほぼこれと同じような記述をしており、これらで注目される点は、信満の弟としての信久の存在と、信継の子に「興禅院、北海」と注記のある信久の名がみえていることである。従ってこの部分に関しては『尊卑分脈』よりも、流布している武田系図の方がよいかと思われる。世代は異なるが、ここに「北海」（北浦）とある信久が見える点が注目され、北浦武田氏との関連性が想定される。なお『町史』（一七三頁）には、山梨県内の最良の地誌である『甲斐国志』を参考として作製した「武田氏略系図」が掲載されているが、信久の位置づけは全く誤っているものである。

三　禅秀の乱後の北浦武田氏の動向

禅秀の乱後に、鎌倉公方足利持氏は禅秀に加担した東国の守護や奉公衆の討伐を進め、その経過の中で次第に幕府との対立を強めていく。持氏は永享十一年（一四三九）に挙兵し、幕府軍によって鎌倉に攻められて二月に自害した（永享の乱）。持氏の遺児らは下総・結城城に遁れ、結城氏の支援をえて結城城に籠城した。鎌倉府奉公衆の佐竹義憲らの北関東諸氏も味方したが、幕府軍に攻められて落城した（結城合戦）。

文安四年（一四四七）三月、関東管領の上杉憲実や鎌倉府奉公衆等の幕府側への要請により、持氏の遺児の万寿王丸を元服させて、鎌倉府の再興が実現した。万寿王は成氏と改名して鎌倉へ入った。しかし享徳三年（一四五四）に、成氏が関東管領の上杉氏と対立し、上杉憲忠を謀殺したことから両派の対立抗争となり、上杉方は幕府の支援を得て成氏を鎌倉から追放した。成氏は下総・古河へ遁れ、以後、古河公方と称して、関東を二分する内乱が続くことになる（享徳の乱）。さらに長享二年（一四八八）よりは、山内・扇谷両上杉氏の対立抗争が激化し、関東に進出してきた北条氏との抗争も加わって、内乱状態が継続している（長享の乱）。この時期の北浦武田氏の動向として町史では、

[13]　信久の嫡男の成信が上杉清方に従い、結城城攻撃に参戦する。その功績により、成信は将軍義教より所領を安堵され、武井郷を武田郷と改め、神明城を築いた（一七七頁）。
[14]　「新編常陸国誌」によると、成信の子の信俊が古河公方成氏より民部少輔に補任された（一七七頁）。
[15]　康正二年（一四五六）、成氏の命により、甲斐の武田信満の次男信長が上総に侵攻し、庁南城・真里谷城を築き、上総一帯に進出した（一八〇頁）。
[16]　文明二年（一四七〇）、武田信俊は甲斐での跡部氏の乱に際して、武田信昌を支援するために出陣し、白井河原（笛吹市境川）で戦死した（一八〇頁）。
[17]　北浦武田氏は、信俊の後、昌信―信益―信親―通信―信房と続いた（一八〇頁）。
[18]　「喜連川文書案」によると、古河公方義氏と行方郡内の諸氏との交渉がみられ、行方衆は一揆衆扱いとされていた（一八三頁）。

まず［13］では、北浦武田氏が結城合戦では上杉方として攻撃軍に参陣したといい、その軍功によって将軍義教より所領の武井郷を安堵され、郷名を武田郷と改めて神明城を築いたという。この記述は『新編常陸国誌』（巻九、氏族）によるものであり、改めて原史料に戻って検証する必要がある。とりわけ成信が戦功として本領を安堵され、武井郷を武田郷と改めたという点は、武井郷については、「烟田文書」の建武三年（一三三六）六月二十日付けの行方信崇譲状写に「北は武井郷堺を限り」と見えており確認できるが、武田郷については確実な史料上にその名を見いだすことができない。しかし明治初年には武田村として、小貫・次木・両宿・内宿・成田・三和・長野江の七大字からなっていたとあるので、江戸期の改名かと思われる。(8)

結城合戦での参陣者を記述している『結城戦場記』では、(9)合戦で討ち取った者の名を書き上げているが、その中の「人々分捕」の項には、「武田右馬助分捕頸　不知る名字」とあるから、武田氏が参陣していたことは確かのようである。ただしその褒賞として将軍足利義教の成信宛の所領安堵の感状については、この時の小山一族や長尾氏・小笠原氏宛の義教感状は残っているが、武田成信宛の文書を確認することはできない。

次いで［14］では、信俊が足利成氏によって民部少輔に補任されたというが、成氏発給文書の中にそれに相当する文書を見いだすことはできない。(10)［15］の康正二年（一四五六）に武田信長が上総に進攻したという点は、同年三月に、信長が成氏勢として上総に進攻したことが明らかにされている。(11)上総武田氏の創始である。ただしこのことと北浦武田氏との関連性は考えられない。

次いで［16］は、信俊の代に甲斐武田氏の当主となる信昌の自立に際して、守護代の跡部氏との白井河原合戦に信昌支援のために出兵して戦死したという内容である。この合戦については、跡部一族の粛清の戦いとして、寛正六年（一四六五）七月の小田野城合戦（山梨市牧丘町）とされており、(12)年代が異なりすぎるし、跡部氏との戦いで戦死した者が書き上げられている『一蓮寺過去帳』にも、信俊に相当しそうな人物の名はみられない。(13)［17］は前述した円通寺の「略系図」によったものと思われるが、後述するように、天正十九年（一五九一）二月には、信房が佐竹氏によって謀殺されており、その後の武田氏の動向ははっきりしていない。［18］は古河公方家を継承した「喜連川文書案」の中の「義氏様御代之中御書案之止め書」に、北浦武田氏との関係を示す記述があるとするが、その部分の記録はみつけられなかったが。「行方郡中へ御書成さるおのおの」として、以下のような書札礼が示されている。(14)

嶋崎　行方左右衛門大夫　謹言日下　烟田亦太郎　謹言
小高　行方常陸介　謹言　武田七郎五郎　謹言
玉造　行方常陸介　謹言　山田区内大輔　謹言

以下省略するが、これは古河公方義氏の書札礼を示した部分の記録であり、ここに行方衆の一員として武田七郎五郎信親の名が見られる点は参考となる。つまりこの段階での北浦武田氏の古河公方への出仕が確認され、この地域でまだ一定の存在感を示していたことが確認できる。

四　戦国末期での北浦武田氏の動向

永正元年（一五〇四）に佐竹義舜が本拠であった太田城（常陸太田市）を一族の山入与義より奪還し、佐竹の乱を終息させた、さらに南下して国内統一を進め、戦国大名化を遂げていく。南部の江戸氏や小野崎氏などの国衆を講和によって「洞中」として取り込んでいった。永禄七年（一五六四）には、佐竹義昭が府中城に入り、大掾氏とも同盟している。しかしこの頃になって北条氏の北関東への攻勢が強まり、佐竹氏らを圧迫してきた。義昭は越後の上杉輝虎と同盟し、北条氏に対処した。義昭の跡を継いだ義重は、最後まで抵抗していた小田氏（つくば市）を征圧し、常陸国の統一を果たした。

［19］天文二年（一五三三）、北浦武田氏八代の通信は木崎城を築き、勢力を拡大していった（一八五頁）。

［20］天文五年の唐ケ崎合戦（小高氏と手賀氏の争い）で、通信は小高氏方に味方し、劣勢となって江戸氏に支援を仰いだため、以後は江戸氏との連携を強めていく（一八五頁）。

［21］「烟田旧記」によると、永禄九年（一五六六）、通信は烟田氏の巴川流域の所領をめぐって鹿島治時と戦う（一八六頁）。

［22］天正六年（一五七八）、佐竹氏が小田氏治の木田余城（土浦市）を攻略したが、その後の城番として武田氏・烟田氏ら行方衆が動員されている（一八六頁）。

［23］天正十九年（一五九一）二月、北浦武田氏ほか南方三十三館と称した領主達は、佐竹義重によって太田城に集められて謀殺された（一八九頁）。

［19］はそれまでの拠点であった神明城から木崎城を築いて移転したというものである。同城は行方台地東部の武田川沿いに位置し、連郭式の平城であり、慶長七年（一六〇二）に佐竹氏が出羽国に転封した際に廃城になったという（町史二〇四頁）。現在もその遺構はよく残っているが、構築年代を示す記録はみられない。参考までに木崎城の周辺図を転載しておく（図版3）。

［20］は「柄ケ崎軍記」によるものであり、行方衆内部での領地紛争に際して、武田通信は小高氏に味方したが、形勢不利のために府中で大掾氏に代わって勢力を強めていた江戸氏に支援を求め、以後は江戸氏の傘下に

入ったという内容である。合戦の詳細は軍記によるものであり不明であるが、その結果として江戸氏との連携が実現したという点については、江戸氏関係文書の中に行方衆との関係を示すものが見られるので承認される。(15)

［21］は「烟田旧記」によるものであり、(16)隣接する鉾田地域の領主であった烟田氏に関する年代記であり、武田氏の鹿島郡域への進出を廻っての烟田氏との紛争である。「烟田旧記」は信頼できる記録であり、その永禄九年八月十日条に、「治時様、鉾田へ御光武ト三ケ村取合、鹿島殿悉くふてきわニ御座候、此方てきれの始」とみえているから確かな動向である。ただし「鹿島神宮文書」の中には、この関連の文書は残されていない。

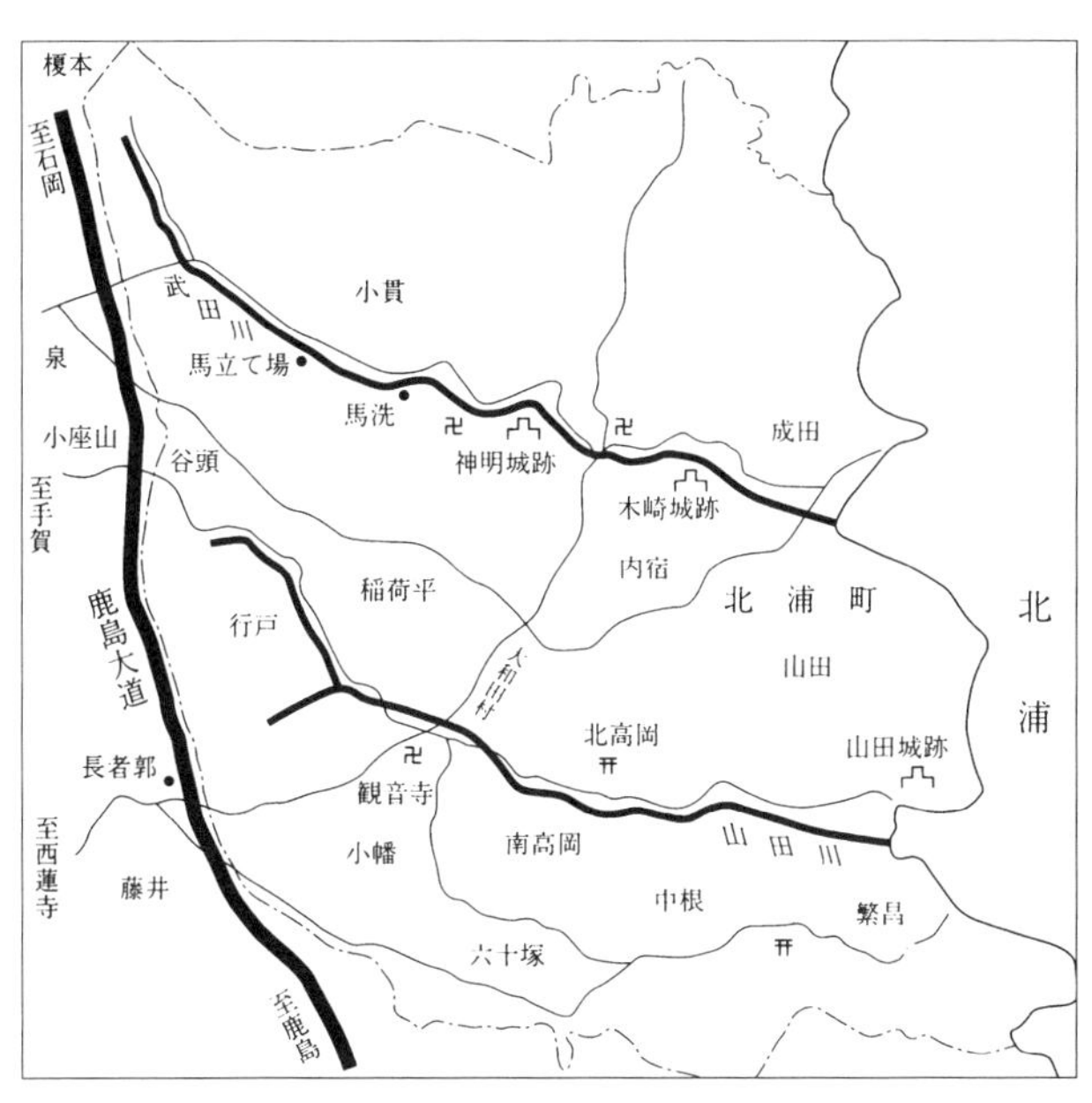

図版3　木崎城周辺図
（北浦町史編さん委員会編『北浦町史』北浦町、2004年より引用）

［22］は、佐竹義重による小田氏の征圧後に、その城番に武田氏らの行方衆を動員したというものであるが、佐竹氏の小田氏制圧はともかくとして、その後の行方衆による城番を示す史料は確認できない。［23］は北浦における武田氏の最後を物語る記録となるが、町史で掲載している「和光院過去帳」（一九〇頁）をはじめ、関連史料は多いようであり事実である。これによって北浦地域での領主としての武田氏は一旦

滅亡したこととなる。しかし最後の当主であった信房の子信誠と孫の信忠は佐竹氏に仕えて跡部姓を名乗ったというが、佐竹氏の出羽移封には同行しなかったようであり、前述した円通寺の系図では、信誠は流浪、信忠は寛文九年（一六六九）に武田で病死とある。これによれば、子孫は武田に残り帰農したものと思われるが、江戸期での状況は改めて現地調査をする必要がある。

まとめにかえて

常陸行方郡域に足跡を残している北浦武田氏の初見史料は、正中二年（一三二五）の「最勝光院領目録」であり、成田荘の地頭として武田式部大夫高勝が見えている。次いで観応三年（一三五二）九月の足利尊氏判物があり、その遵行使として式部大夫高信が確認され、その翌年には高信の請文も残っており、高勝・高信の実在は疑う余地がない。しかしこの両名ともに各種ある武田氏系図上では確認できない点に問題が残されている。敢えて推定すれば実名に「高」が付いている点は、甲斐の武田氏が「信」を通字としていることからみれは別系と思われ、平安末に勝田郡武田郷に残った武田氏庶流が、その後に勢力を拡大してきた大掾氏に従って、行方郡に進出していたものと思われる。

しかし鎌倉末南北朝期にみえる高勝・高信の後裔については、他にまったくその徴証がみられず、ここで一旦常陸武田氏の動向は断絶している。次ぎに具体的な記録のみられるのは、応永二十三年（一四一六）の上杉禅秀の乱後であり、この間六十余年の空白がある。乱後に甲斐の武田氏一族の信久が行方郡に逃れてきたとされているが、系図をはじめこの事績の確かな史料は皆無である。この信久と前述した高勝・高信を結びつける記録もなく、ここでは甲斐側の諸系図にみえている信久の注記に「北海」(北浦)の武田氏とある点を重視して、高勝・高信の勢力圏であった北浦地域へ逃亡入部してきた可能性が高いと判断しておく。

信久以降の歴代の動向については、激動する北関東の政治状況の中で、古河公方に出仕する行方衆の一人としての断片的な記録があり、地域領主としてこの地域で一定の支配権をもっていたことが確かである。しかし戦国期に入ると、江戸氏や佐竹氏などによる広域領国化が進展し、その経過の中で常陸平氏である大掾氏庶流や鹿島一族とともに、北浦武田氏のような小規模の地域領主はその傘下に組み込まれていき、その外様衆としての家臣団化が進められていく。

天正十九年(一五九一)二月、豊臣秀吉による北条氏攻略後の関東仕置きの一環として、佐竹氏に常陸一国が安堵され、義重・義宣父子は水戸城に入る。次いで佐竹氏は国内での知行地再編成を進めることになるが、その過程で行方・鹿島郡域での地域領主たちの謀殺が断行される。

北浦武田氏の信房も処断され、領主としての常陸武田氏は滅亡した。その末裔は一旦、佐竹氏に仕えたが、佐竹氏の出羽移封には同行せず、現地に残って帰農したと思われる。

注

(1)　柴辻『甲斐武田一族』(新人物往来社、二〇〇五年)。

(2)　『北浦町史』(北浦町、二〇〇四年)。

(3)　①『鹿島神宮文書』(鹿島神宮社務所、一九四二年、一九九七年に続群書類従刊行会より復刊)。②『茨城県史料・中世編一』(茨城県、一九七〇年)。③(茨城県立歴史館史料叢書)『鹿島神宮文書　1』(茨城県歴史館、二〇〇八年）。

（4）正中二年三月の同目録案（『鎌倉遺文』三七巻、二九〇六九号文書）によると、常陸国成田庄は立項されているが、そこに武田式部大夫高勝の名は見出しえない。その注記に「正文御預堂在之」とあるので、その正文にみえる記録か。

（5）「海夫注文」は、応安七年（一三七四）に作製され、常陸国内、下総国内の津が書き上げられている（原本は宮内庁書陵部所蔵、写しが『東寺百合文書、ゆ』に収録）。常陸国内の津に関して四通の注文が残されており（旧香取大祢宜家文書）、北浦沿岸の津は四十四ヶ津が存在し、江戸期には連合組織として「北浦四十四ヶ津」に発展している。その活動状況については、網野善彦氏による「霞ヶ浦・北浦——海民の社会と歴史」（『網野善彦著作集』第十巻、岩波書店、二〇〇七年）に詳しい。

（6）飛田英世氏作製による土浦市立博物館、第十八回特別展図録である『中世の霞ヶ浦と律宗』より転載（『北浦町史』一九八頁掲載）。

（7）『新編常陸国誌』は、江戸末期に編纂された常陸国の代表的な地誌書であり、原型を文化・文政期に中山新名が稿本としてまとめ、さらに色川三中がそれを校訂したものを、明治二十四年（一八九一）に、栗田寛が増補したもの。常陸国に関する記録を二十二項目にわたって考証した地誌書であり、出典も多く付記されていて信頼度が高いが、引用史料には二次的な編纂物も多く、その記述内容については再検証が必要とされている。流布している巻本としては、宮崎報恩会による復刻版『新編常陸国誌』（一九六九年）が利用されている。

（8）『茨城県史』（市町村編Ⅲ、茨城県、一九八一年）

（9）『結城市史』（第一巻、古代・中世史料編、結城市、一九七七年）。

（10）『足利成氏文書集』（佐藤博信編、後北条氏研究会、一九七六年）。

（11）『武田信長』（黒田基樹編、戎光祥出版、二〇一一年）。

（12）秋山敬「跡部氏の強制と滅亡の背景」（『武田氏研究』二七号、二〇〇三年）。後に著書『甲斐武田氏と国人』（高志書院、二〇〇三年）に再録。

（13）『山梨県史 資料編6 中世3上 県内記録』（山梨日日新聞、二〇〇一年）に収録。

（14）「喜連川文書」（『喜連川町史』上巻、さくら市、二〇〇七年）一九四頁。

(15) 柴辻「常陸江戸氏関係文書集」(『江戸氏の研究』名著出版、一九七七年)収録の十六号文書。
(16) 『鉾田町史　中世史料編』収録(鉾田町、一九九九年)。

[補記]　本章執筆の契機となった、二〇一七年六月の山梨県郷土史研究会の常陸南部地域の史跡巡見に際して、その地域の詳細な参考資料を準備して戴いた荒木幹雄氏に、改めてこの場をおかりして御礼を申しあげる。さらに荒木氏には脱稿後の本章の査読もして戴き、より正確を期すことができた。併せて感謝を申しあげる。

第三章　論争点での研究成果

一　信玄画像

武田信玄画像については、早くから紹介されていた高野山成慶院所蔵の晩年期のものとされる法体入道像様のもの（成慶院本）、同山内の持明院所蔵の壮年期の烏帽子束帯像（持明院本）が著名である。このうち後者については、特に問題となるような点はなく、武田勝頼没後に持明院に奉納された遺品目録（『戦国遺文』武田氏編、三七四五号）にも載っていて、壮年期の画像としてすでに定着しているものである。しかし前者については、同時期の著名な画家である長谷川信春（等伯）筆のものと判定されて、戦前に重要美術品となり、昭和三十四年（一九五九）には国指定の重要文化財となり、これまでに最も一般的な信玄画像として、各種の著書や復元銅像の根拠とされているものである。しかし近年になって、これは信玄像ではないとの説が提示され、後述するようにその是非をめぐって多少の議論もあったが、現在では否定説が定説化している。にもかかわらず、相変わらず前者の信玄像が出まわっているので、最近、早稲田大学で拝見した信玄画像を紹介しながら、改めて信玄画像の各種についてまとめておきたいと思う。

信玄画像については、この他にも江戸期になってから戦記物などをもとにして諏訪法性の兜と甲冑を着けた武装像が何種か作製されており、その中には例えば土佐光起筆の秀逸なものもあるが（山梨県立博物館所蔵）、大方はそれを参考として後世に創作されたものである。別に主要な家臣団をまとめ上げた「武田家二十四将図」でも、この画像が多く採用されている。しかしこれらは後世での全くの創作物としてほとんど問題にされることはない。

成慶院本を信玄画像とした最初のものは、松平定信編による寛政十二年（一八〇〇）成立の『集古十種』であるという。信玄像との誤認の原因は同書にあったものと思われる。ところで昭和六十三年（一九八八）に、藤本正行氏と加藤秀幸氏とが相前後して、成慶院本がその描かれた図様の内容から信玄画像ではなく、能登守護の畠山氏当主のものとの説を発表された（藤本「武田信玄の肖像」『月刊百科』三〇八号、一九八八年）。加藤「武家肖像画の真の像主確定への諸問題」『美術史研究』三四五・三四六号、一九八九年」）。当主を義続、義綱とする違いがあったが、その後、藤本氏の主張する義続に落ち着いている。藤本氏はさらに関係史料を調査し、寛文九年（一六六九）に、越後上杉家の家臣となっていた武田大隅守勝信（出羽武田家）宛の成慶院住職覚書を紹介した。その覚書に成慶院本の出羽武田家への貸出しがあったことを明らかにし、しかもその貸出目録には注記として「一、信玄公御寿像一幅　逍遙軒筆」とあることを紹介している（『鎧をまとう人びと』吉川弘文館、二〇〇〇年）。

逍遙軒とは信玄弟の信廉（後に信綱）であり、信玄の影武者となったり、父母の画像も描いている。つまり天正四年（一五七六）五月十六日付けで、信玄の正葬を済ませた武田勝頼が成慶院に宛てた書状（『武田遺文』武田氏編二六五三号）で、勝頼がほかの遺品とともに成慶院に贈ったとする「信玄寿像」がこの成慶院本であるとする。書状には「注文有別」とあり、同時に「遺品目録」も添えられていたが、この目録は伝存していないので信玄寿像の筆者までは確かめようがない。しかし前述したように、成慶院にはかつては武田信綱筆と明記された信玄画像があったことは確かであり、現存する成慶院本の端下にある落款印の主である長谷川春信とは相容れないものとなる。成慶院に二種類の信玄画像があったとは考えられないので、どちらかに限定しなければならない。

藤本氏は次いで逍遙軒筆の信玄画像の探索も試みており、その成果を『武田信玄像の謎』（吉川弘文館、二〇〇六年）としてまとめている。それによれば、信廉筆との注記のあるものは、黒川真頼増補の『増補考古画譜』（有隣堂、一九〇一年）収録のものや、近江の国友助大夫家資料中のものが紹介されている。とりわけ国友家資料中のものには「国友雲洞蔵」とあり、伝来ははっきりしている（『戦国大名淺井氏と北近江』長浜市歴史博物館、二〇〇八年）。それらには、これが成慶院所蔵であるとの注記も付記されている。さらにこれらのもととなったと思われる、現在、世田谷区の浄真寺所蔵で、従来は「吉良頼康像」とされていた画像も、賛や落款はないが、逍遙軒筆の信玄画像（浄真寺本）であるとする。

この浄真寺本は図様が前記のものと一致しており、甲冑を着けた武装姿であり、装備や武具の描き方などから、かなり古い精巧なものと思われ、装備に描かれた花菱紋などから信玄であることも確実であるという。しかしこれには一切の注記や落款もなく、藤本氏はこれを逍遙軒筆の原本とはせず、より原本に近い時期に書写された模本とする。しかし模本とする根拠は示されていないので、これが原本である可能性も残されているように思われる。因みに信廉筆である「武田信虎画像」（甲府市・大泉寺所蔵）や「武田信虎夫人像」（甲府市・長禅寺所蔵）にも、信廉の署名や落款はみられない。江戸初期に出羽武田家に貸し出された成慶院本のその後の行方は不明であるが、これらの模写本に成慶院所蔵とあることよりみれば、一旦は同院に戻されたものと思われる。しかし同院には信廉筆と明記されたものは残されていない。

その後も浄真寺本に準じた信玄像はいくつか紹介されており、例えば山梨県立博物館所蔵のものには、その讃として、『法性院季(機)山大僧正の」画像ハ舎弟逍遙軒の」第一真写にて、高野山」成慶院の什物なりと」世に伝ふ、往昔ハ義経公、」その後ハ信玄公、並ふへき」英雄なし、萬代不易の徳沢」あにおろかならんや」竹埜正辰謹書印』とある。筆者の竹埜正辰ははっきりしないが、江戸期もかなり遅い時期の模写であり、その出来映えは浄真寺本や国友家本とくらべて、構図や仕様は同じであるが、装備や顔の容貌は相当に異なっており、着色も大きくことなっていて別物のようなものである（二木謙一・須藤茂樹『戦国武将の肖像画』新人物往来社、二〇一一年）。

さらに最近、早稲田大学図書館主催の「肖像画展」（二〇一三年三月～五月）で展示されていた「画像図本拾遺」（本間百里、文化十年画）の第二巻に信玄像が収録されていた。これには「高野山成慶院所蔵武田晴信像」とのみあって信廉筆との注記はみられない。しかし明らかに浄真寺本・国友本と同類のものである。この収録本は、江戸後期の有職故実家としての本間百里が、歴史上の著名人三十九人の画像を模写したものであって、一部に構図だけで着色していないものも残っており未完成のもののようである。信玄像については完成させているが、構図はまったく浄真寺本と同じであるが、国友本と同じく顔の容貌や甲冑の着色が大きく異なっている。浄真寺本が武装を主に黒色で描いていることに対して、本図は赤や緑を多くして煌びやかな仕様に着色している。これも明らかに原物による模写ではなく、他の模写本を参照して適宜に着色したものと思われる。問題はこの図柄の信玄像が幕末頃まで成慶院所蔵として伝来していたことである。

以上のような藤本正行氏の見解に対して、当然のことながら美術史家の方から反論が出されている。代表的なものは成慶院本を重要文化財に指定する際に調査にあたった宮島新一氏と、山梨県立美術館に勤務していてこの問題に関心をもっていた守屋正彦氏である。宮島氏は江戸期になって、成慶院本が武田信廉筆との説が付会されたといい、浄真寺本のような床几に敷皮を敷いて腰掛けた図様の見られるのは十七世紀中頃からとして、従来説を堅持している（『武家の肖像』至文堂、一九九八年）。また、守屋氏は信玄夫人の父三条公頼と成慶院本の筆者である長谷川春信との関係から等伯が信玄画像として作製したという（『近世武家肖像画の研究』勉誠出版、二〇〇二年）。宮島氏はその後に浄真寺本の像主を従来説の吉良頼康と断定した上ではあるが、これを室町時代末の作品と訂正しているので（『長谷川等伯』ミネルヴァ書房、二〇〇三年）、これまでの研究史で明らかなように、同時代のものとの点から、かえって浄真寺本が武田信廉筆の信玄画像である可能性が高まったといえよう。

図版1　伝武田信玄画像（高野山成慶院所蔵）

図版2　武田信玄画像（世田谷区・浄真寺所蔵）
（『大河ドラマ特別展 風林火山 信玄・謙信、そして伝説の軍師』NHK、NHKプロモーション、2007年より引用）

二　第三次川中島合戦の上野原

弘治三年（一五五七）二月から八月にわたって、信濃北部地域で武田晴信（信玄）と長尾景虎（上杉謙信）が、三度目の対戦を繰り広げたことは、すでによく知られている。その前後の状況については他に詳述したものも多いので省略するが、(1)その経過の中で、戦記物は別として確かな文書で対戦が確認できるのは、二月十五日の武田方による葛山城の攻略と、七月五日に武田方が安曇郡の小谷城を攻略したこと、八月二十日前後に「上野原」で対戦があったことである。二月の葛山城攻略戦は、武田方の調略と奇襲戦によるものであって、二年前の第二次対戦での講和条件を、武田方が一方的に破っての攻略戦であった。現存している多数の感状からみると、甲信の諸侍が先発隊として動員されていたことが明らかである。(2)これに危機感をもった景虎が善光寺平への出陣を決意したのであり、この件が第三次対戦の直接的な要因になっている。

景虎が諸方に動員を懸けて善光寺に着陣したのは四月二十一日であった。(3)雪のために出陣が遅れたという。一方の晴信の出陣であるが、二月二十五日付けの高井郡山田郷（高山村）の原氏他宛の晴信書状写には「到于当府立馬候条、就于大軍者、重而可成動候」とあって（『戦武』五三一号）、その出陣は二月下旬であったようである。次いで四月十三日付けの長坂虎房宛の晴信自筆書状では（同前五五七号）、長尾方の島津月下斎が鬼無里方面に「夜揺」を懸けるとのことなので、小川・柏鉢（水内郡小川村）より鬼無里・鳥屋筋への絵図を持参せよと命じているので、晴信本隊もこの段階では大町方面に展開しつつあったと思われる。

一方、五月十日付けの土佐林氏宛の景虎書状によると（『別編』一四八号）、四月二十五日に「敵陣数ケ所・根小屋以下悉放火、同日旭要害再興居陣候」とあり、第二次対戦時の講和によって破却した武田方の山栗田氏の旭山城を修復して入城したとあり、続けて何とか信玄を戦場に引出して一戦に及ぶ覚悟であったが、敵地よりのつくろいによって、近日は延びのびになっていると通告している。さらに飯山城の高梨政頼宛の書状では、五月十二日には香坂（長野市松代町）近辺を放火し、翌日には坂木・岩鼻（坂城町）まで打ち散らしたが、敵は五里三里先まで後退したため討ち漏らしたと知らせている（同前一四九号）。この後、景虎は六月十六日に飯山城に戻っており、隣接する対岸の野沢郷（野沢温泉村）の市河信房を攻めている。市河氏は信玄に救援を要請し、その関連の書状が山本菅助を使者として市河氏に届けられている（『戦武』五六二号）。

七月六日付けの小山田虎満宛の晴信書状によれば（同前五六三号）、景虎方の攻勢により、春日・山栗田氏は没落したが、葛山城からは人質を取って確保しており、景虎方の長沼城（長野市長沼）の島津氏も投降すると申出ているから、東条・綿内在城衆や真田幸綱と連係して対処するよう指令している。その追書には「内々綱島辺ニ在陣候へ共」、「佐野山ニ立馬候」とあって、晴信は犀川右岸域の綱島（長野市）・佐野山（更埴市）辺を転戦していたらしい。ところで同月五日には、武田方が北安曇郡の小谷城を攻略していることが複数の感状で明らかであり（同前五六四〜五六七号）、これが晴信本隊によるものか、別働隊によるものかの判断は難しい。いずれも合戦十日後の感状であることからみれば、別働隊と判断される。

この後双方ともに一ヶ月余の記録の空白があり、八月二十二日付けの福王寺氏宛の景虎感状となる（『別編』一五一号）。これには合戦地は書かれていないが、続く八月二十九日付けの景虎・政景の二通の感状には（同前一五二・一五三号）、「信州上野原一戦」とある。これによって八月下旬に上野原で対戦があったことは確認されるが、『甲陽軍鑑』をはじめとして、武田側の記録や文書にはこの事実は記されていない。上杉側の記録である『上杉家御年譜』には、前後の状況説明は異なるが上野原で合戦のあったことはみえている。この場所について戦前から複数の説があって、未だに定説を得ていない。磯貝正義氏によれば（『定本武田信玄』一九七七年）、①長野市若槻町上野、②上水内郡戸隠村上野、③下水内郡常磐村（飯山市）、④小県郡神科村（上田市）などがあるという。最近では飯山市静間説も提唱されている。(4) どの説も現行地名から推定したものであって、確たる傍証に基づいたものではない。このうち③④は北と南に偏していて可能性は少なく、①②説が検討に値するという。その後の著作物の大半は①説を採用している。ところで最近、さらに佐藤源次郎氏によって妻科上野原説が提唱されている。(5) 明治十一年（一八七八）編纂の『長野県町村誌』にも明記されている旧地名であり、この合戦での争点となっていた旭山城と葛山城の谷間台地上の原野である。この新説が気になったので、今回現地見学をしてきた。その結果、前述してきたようなこの合戦の経過からみて、景虎の出陣の最終目的は葛山城（長野市）の回復であって、そのために敢えて破却されていた向城の旭山城を修築して兵を入れたのである。景虎の攻勢によって、信玄は直接対決を避けて陽動作戦をとっており、その目標は善光寺に連なる葛山城の確保にあったはずであり、前述した七月六日付けの小山田虎満宛書状にみられたように、晴信本隊も景虎が飯山城に後退すると、即時に旭山城膝下に軍を進めている。この合戦がどの位の規模で行われたのかは不明であるが、本隊同士の対戦とは思われず、局地戦の一つと見るべきであろう。武田側にこの関連史料が皆無なことが、その辺の状況を物語っている。

三　真田幸綱宛の武田晴信初見文書

二〇一六年度はＮＨＫ大河ドラマ「真田丸」で、武田家臣から信濃の大名にまで発展した真田氏についての関心が高まり、例によって書店にはその関連本があふれていた。それらの総括やドラマ自体の構成については、別に総括しておく必要があると思われるが、それは識者に委ねるとして、ここでは真田氏研究での出発点となりうる、天文十九年（一五五〇）七月二日付けの、真田幸綱宛の武田晴信判物について、これを偽文書と判定する見解が提示されているので、この問題を再検討しておきたい。

念のためにその本文と図版を示しておくと、(6) 以下のようになる（図版3）。

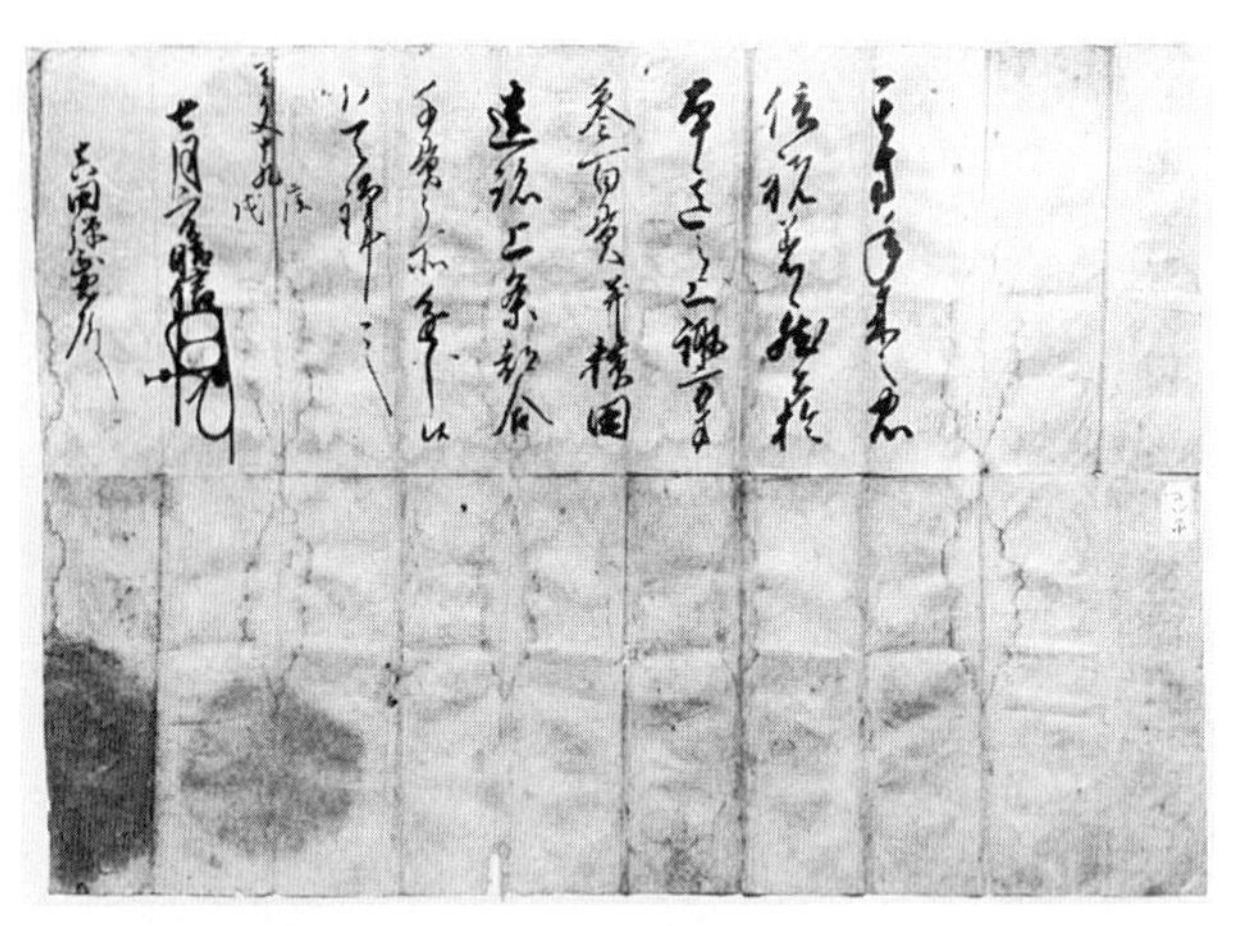

図版3　武田晴信書状（長野市・真田宝物館所蔵）
（『山梨県史 資料編5 中世2 県外文書』山梨日日出版社、2005年より引用）

其方年来之忠
信祝着候、然者於
本意之上、諏方方(形)
参百貫并横田
遺跡上条、都合
千貫之所進之候
恐々謹言
天文十九庚戌
七月二日　晴信(武田)〈花押〉
真田弾正忠殿(幸綱)

本文書は、天文十五年（一五四六）頃までに、信濃佐久・小県郡域に進攻してきた武田晴信に帰属してその家臣となった小県郡内の国衆であった真田幸綱が、それまでの戦功と忠節によって、晴信より諏方形（上田市）で三百貫文と横田氏遺跡の上条（同前）で七百貫文の、合計千貫文の知行地の宛行を約束されたものであって、従来は真田氏に関する確実な史料の初見文書として利用してきたものである。書止文言が「恐々謹言」となっているが、内容から判断して判物というべきものである。

その内容は、天文十九年十月に武田氏が村上義清の砥石城（上田市）を攻めるにあたって、真田幸綱を先導とすべく、攻略の成功後に、その周辺で合計千貫文を宛行うと約束したものである。ここではこの時点で砥石城下を領有していた横田氏の知行地をも与えるとあって、あくまでも砥石城の攻略がその前提条件になっている。しかしこの戦略は武田氏の「砥石崩れ」といって当初は失敗に帰したが、翌年五月には、幸綱の独自の働きによって砥石城を攻略している。従ってこの段階では知行宛行の約束に過ぎなかったが、翌年五月の砥石城攻略後には、その約束が果たされた可能性は大きい。

この文書に最初に疑義を呈したのは笹本正治氏である。(7) その理由として花押が勢いに欠け、紙が戦国期としては上質過ぎる、宛名が書き変えられた可能性が高い。宛行内容に「横田遺跡」とあるのは、横田高松の死は二ヶ月後の「砥石崩れ」であるから「遺跡」はおかしい、といった点をあげている。

これに対して筆者は直ちに反論を提示した。(8) 笹本氏が強調する「遺跡」は横田高松であってもよいが、天文十九年七月段階では、砥石城はまだ攻略されておらず、攻略後のこととして、その遺跡を幸綱に宛行と約束したものであるから、この反論は成立しない。その他の理由は極めて主観的なものであり、原本の正確な観察が必要であり、客観的には同時期の晴信文書との対比が欠かせない条件になってくる。

つまりこれが同時期の真正な晴信判物と比較して偽文書なのかという点であり、そのためにほぼ同時期の屋代政国宛の判物を図版４として掲載し(9)、その書式や筆跡が同一であり、その右筆までが一致すると指摘しておいた。重ねてその本文と図版を示しておく（図版４）。

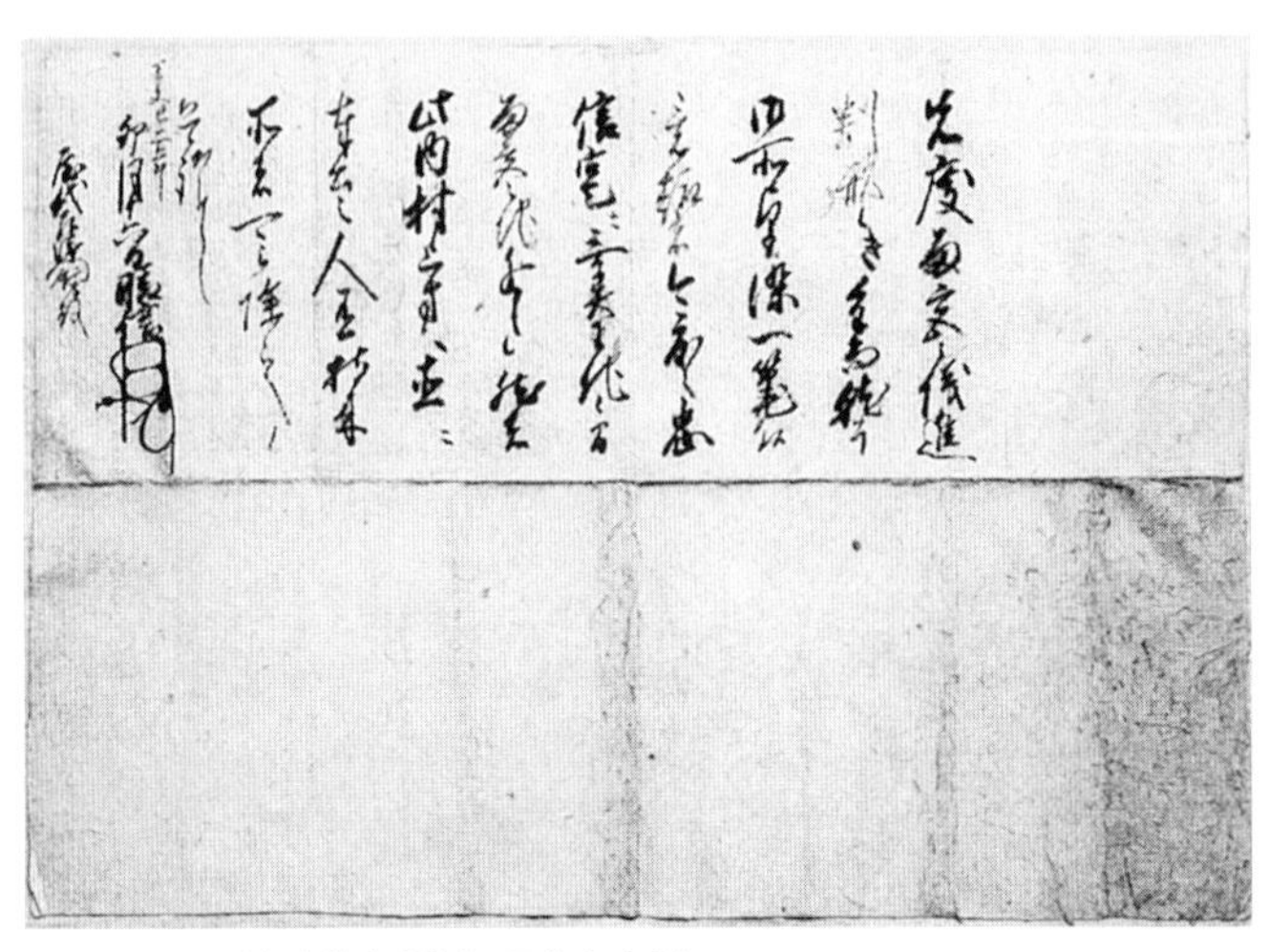

図版4　武田晴信判物（千曲市・屋代家文書）
（『山梨県史 資料編5 中世2 県外文書』山梨日日出版社、2005年より引用）

先度雨宮之儀進
判形候き、重而就于
御所望、染一筆候
意趣者、今度之忠
信寔無異于他候間、
雨宮之地進之候、然者
此内村上方へ直ニ
奉公人之有持来
所者、可被除之候、
恐々謹言、
天文廿二年
卯月十六日　　（武田）晴信（花押）
屋代左衛門尉殿（政国）

これは埴科郡内の国衆であった屋代政国に対して、その忠節を賞して雨宮の地（長野市）を宛行という内容である。時期は幸綱宛のものより三年ほど後のものになるが、同じく折紙形式での判物であり、本文中の「忠信」「然者」「恐々謹言」「殿」など、明らかに同筆である文字があり、これは武田家の同一の右筆の書いたものであることが判明する。

これについての笹本氏の言及はなかったが、最新の氏の講演論稿などによると、[10]原物の観察に基づいて、以下のような見解を再説している。要点のみを摘記すると、①包紙には「信玄公御判物、享保十八年類焼之節、水入干御成申候」と、一七三三年に水入りになったとするが、（中略）水濡れと言いながら、本文の文字には全く濡れた形跡が認められず、②花押は勢いに欠け、何度かなぞったような感じを受ける。③墨の色もやや違和感を感じる。④使用された紙は武田家が感状に使う紙よりも薄く、繊維のばらつきが少なく上質すぎる。⑤文字の書き出し前の空白と宛所の後の空白部分とでバランスに欠ける。⑥たたんだ跡は十折りになっているが、一般に折紙なら八、十六、あるいは十二折りが一般で、十折りというのは特別な難しい折り方である。⑦奥の最後に折れた跡が見られるので、最後の部分を切り取った可能性もある。したがってこの文書が仮に真正な文書だとしても、宛所を切り取って真田氏宛てにした可能性が残るもので参考とはならない。②〜⑥は極めて主観的な観察結果であり、客観的なデータが示されていない。最大の問題点は⑦であって、宛名の改竄とするが、原物ではその痕跡を確認できない。一歩譲ってこれを偽文書とすると、この時期の晴信判物・書状はすべて偽文書になりかねない。それほどに本文書は、この時期の晴信文書の標本的なものとなるものである。

最近この説を支持する学芸員や、著書などでも同調するものがみられるようになってきたので、[11]敢えて再説しておく。

注

（1）小林計一郎『川中島の戦』（春秋社、一九六三年）をはじめとして、最近のものでは、平山優『川中島の戦い』下巻（学研M文庫、二〇〇二年）が詳しい。

（2）『戦国遺文』（武田氏編第一巻、五三三～五四八号、以下同書は『戦武』〇〇号と略記する）。

（3）四月二十一日付け色部勝長宛の景虎書状（『上越市史』別編一、上杉氏文書集、一四五号文書。以下同書は『別編』と略記する）。

（4）松澤芳宏「上野原の戦、飯山市静間説の展開」（『信濃』六一巻九・一〇号、二〇〇九年）。

（5）「第三回川中島合戦上野原の戦い古戦場考」（『文化財信濃』三四巻二号、二〇〇七年）。

（6）本文書は長野市・真田宝物館所蔵。楮紙による折紙で、縦三五・五横四九・八㎝。後補の包紙あり。その図版は『真田氏史料集』（上田市立博物館、一九八七年）ほか、真田氏関係図書に多数掲載されている。本文の解読は『戦国遺文』（武田氏編第一巻、三一一号文書）、『戦国遺文』（真田氏編第一巻、一号文書）他に掲載。

（7）『真田氏三代――真田は日本一の兵』（ミネルヴァ書房、二〇〇九年）。

（8）「史料編纂と古文書研究」（『日本史攷究』三五号、二〇一一年）。後に著書『戦国期武田氏領の地域支配』（岩田書院、二〇一三年）に再録した。

（9）『戦国遺文』（武田氏編、三六八号文書）。

（10）「歴史における支配とは何か――戦国時代を中心に」（『信濃』六八巻九号、二〇一六年）。

（11）山名美和子『真田一族と幸村の城』（角川新書、二〇一五年）。

第四章　『甲陽軍鑑』にみえる合戦記事の検討

はじめに

『甲陽軍鑑』には多くの合戦記事がみられる。その中には『甲陽軍鑑』（以下、『軍鑑』と略称）のみにしかみられない合戦もいくつかみられ、それらに誤りが多いことから『軍鑑』の史料的な評価を低く見る要因の一つになっている。ここでは武田信虎から信玄をへて、勝頼期に至る武田氏三代約八〇年での合戦記事のみに注目して、その記事内容の概要を紹介し、併せてその内容を他の記録や文書によって検証しておきたいと思う。

しかしながら既にこれまでの研究史によって、その経過や実態がある程度まで明らかになっている合戦については詳細検討を省略し、通説と大きく異なる点のみを指摘するに留める。とりわけ川中島合戦・三方原合戦・長篠合戦の三大合戦については、すでに多くの考証があるので省略する。ここではあくまでも『軍鑑』のみにしか記述が見られないところから、従来、その合戦の存在自体が疑問視されている合戦についての検討であることをお断りしておく。

こうした試みについては、従来、個別の合戦については言及されているものも若干あるが、[1]『軍鑑』全体にわたってのものはみられない。本章では、『軍鑑』での記述順ではなく、武田氏三代の領国形成の経過に従って、ほぼ編年順での検討を進めていきたい。叙述の方法としては、最初に『軍鑑』の合戦記事の内容を要約紹介し、その後に通説や確実な史料によって、★印を付してその内容の当否を検討していく。なお『軍鑑』の記事については『甲陽軍鑑大成』本（酒井憲二編）の巻数を最初に［　］で示し、併せて「戦国史料叢書」本（磯貝正義ほか編）の品数を（　）で示した。

一　信虎期の合戦

（一）海の口城の攻略［巻九］（品一八）

……天文五年（一五三六）十二月。同年十一月二十一日、信虎が信州佐久郡へ出陣し、晴信の初陣。信虎が三十四日間包囲して攻め落とせなかった海の口城を、殿として残った晴信が兵三〇〇余で乗っ取った。

★この合戦についての一次史料がないことから、晴信の初陣のことも含めて、従来は架空説が多かった。ただし信虎の佐久郡進攻経過からみると、南佐久郡の制圧は、同年頃までに終了していないと、天文九年での大規模な北佐久郡への進攻は不可能であることから、この合戦は実在したものと思われる。晴信の初陣としても通説の天文九年では二十歳となり遅すぎる。元服が同五年の十六歳であった点からみても、この合戦は実在したと思われる。[2]

（二）　**韮崎合戦［巻九］**（品一八）……天文七年（一五三八）七月十九日。同年六月十九日。諏訪頼重と小笠原長時が談合して、武田晴信が父信虎を追放した機をついて、九千六百の兵をもって韮崎まで進攻した。七月十九日、四度の合戦があった。甲州勢は六千の旗本を四番に分けて対戦し、いずれも勝利した。四度目の合戦では疲れて危うくなったが、原加賀守が地下人に具足を着せて五千余で押し掛けたので、信濃勢は崩れて退却した。二七四八人を討ち捕らえた。以下に、この合戦で活躍した旗本衆の個々の大将名を書き上げ、その働きの様子を記述しているが省略する。

★天文七年には、一次史料で該当する合戦は確認できない。晴信による信虎追放は天文十年六月である。諏訪・小笠原連合軍が甲斐に進攻したものとしては、享禄四年（一五三一）正月の河原部（韮崎市）の戦いがみられ、塩川合戦ともいい韮崎の地である。「勝山記」「王代記」「諏訪神使御頭之日記」では、これを河原部の戦いとして録している。(3) この合戦との混同と思われる。客観情勢としても、この時期に信虎は前年からの都留郡吉田方面での北条氏綱との対戦に追われており（「勝山記」）、信濃方面には出陣していない。

（三）　**念場・野辺山の戦い［巻九］**（品一九）……天文八年（一五三九）閏六月二十三日。同月二十日に村上義清方が佐久道の若神子筋から、諏訪衆が諏訪道の台が原筋から千五百ずつで甲斐に押し込んだが、飯富兵部が村上勢の雑兵九十七人を討ち取り勝利した。同時に同月二十三日には、蔦木（富士見町）で防戦した板垣信方が雑兵百五十人討ち取った。

★『軍鑑』はこの合戦も晴信代のこととしているが、代替わり後のこととしても、この前後に念場・野辺山・蔦木で信濃勢と戦ったという記録や文書は確認できない。

客観的な情勢からみても、晴信の家督前後に、村上・諏訪氏ともに甲斐に進攻できるような状況はなかった。村上義清は北信への進攻が急務となっており、とりわけ諏訪氏ではこの年の十二月に碧雲斎が病死し、孫の頼重に代替わりしており、翌年には信虎の娘を妻に迎えて同盟が成立している（「諏訪神使御頭之日記」）。

（四）**海尻合戦**［巻九］（品二〇）……天文九年（一五四〇）正月十六日。板垣信方が佐久道の海尻城（南牧村）を攻略して、本城以下に小山田備中、二曲輪に日向大和、三曲輪に長坂左右衛門丞を入れ置いたところ、小山田氏一人のみになった時、村上勢が同月晦日に三千の兵で襲ってきた。晴信はそれを聞いて旗本の七千余りのみで地戦に及び、敵九百十三の首を討ち取った。

★『軍鑑』はこれも晴信に代替りする前のこととするが、（三）と同じく他に証明する一次史料は皆無である。海尻城に隣接する海の口城はすでに天文五年に攻略しており、それに隣接する海尻城を板垣信方が攻略したとするが、天文九年四月には、信虎が北佐久郡に進攻して臼田・入沢城などを攻略しており、前山城（佐久市）を築いている（「塩山向岳禅庵小年代記」）。この時点ではすでに北佐久郡が主戦場となっており、村上勢が海尻城まで出陣できる状勢は皆無である。

（五）**小荒間合戦**［巻九］（品二一）……天文九年（一五四〇）二月十八日。村上方の侍大将の清野・高梨・井上・須田氏ら三千五百余が、甲州小荒間まで進攻したが、雪のため自由にならず、晴信が旗本をもって夜戦で勝利した。これは多田三八の提言による。

★天文九年は、信虎が北佐久郡に大攻勢を懸けている時期であり、その最中に村上勢が、国境を越えて小荒間（小淵沢町）まで攻め込む必然性は皆無である。この時期の村上義清は、北信に進攻しており、高梨氏らと交戦中であった（『長野市史』第二巻ほか）。その高梨氏までが攻め入るはずはない。

二　信玄期の合戦

（一）瀬沢合戦［巻九］（品二二）……天文十一年三月九日。甲信国境付近の瀬沢（富士見市）において、信濃の小笠原・諏訪・村上・木曽氏らが連合して甲州に攻め入った合戦。晴信は家臣の提案した今川氏からの援軍を採用せず、スッパを敵陣に忍ばせて、その情報をもとに、敵が周辺を荒らし廻って油断している隙を突いて勝利した。敵千六百二十一の首を取ったが、味方の損害も大きかった。

★天文九年には、武田信虎の娘が諏訪頼重の妻となっており（「勝山記」）、諏訪氏との関係は良好であった。小笠原長時はこの同盟を、諏訪氏の伊那郡への進攻準備ととらえた（「仁木家記」）。「高白斎記」によると、翌十年五月には信虎が、諏訪・村上氏とともに海野平合戦で滋野一族に大勝しており[4]、この時点での諏訪氏との対戦は考えられないし、信濃の四将が結集したことも想定できない。長野県富士見町で発行している史跡地図には、瀬沢合戦地としての説明板が載せられているが、確かな考証を経たものではない。単に年号の誤りというものではなく、この前後にこの合戦に相当するものは確認できない。

（二）平沢峠の戦い［巻九］（品二三）……天文十一年閏三月二十日。同月十一日、村上義清が、瀬沢合戦の敗北を挽回するために二千五百の兵で甲州を攻め、若神子（北杜市須玉町）あたりを焼いて、平沢（長野県南牧村）まで後退して陣取る。晴信は閏三月十九日夜半に出陣。穴山信友が先陣を務め、翌日、二千余りの敵を破り三百十九の頚を討ち取った。

★瀬沢合戦に続くものとして書かれているが、この年三月十五日に、晴信は上諏訪に向かって出陣しており（『高白斎記』）、七月九日には諏訪氏を滅ぼして帰陣しており、佐久方面への出兵は考えられない。この時期に村上氏が甲信国境付近まで南下したことも考えられない。佐久地方はこの時期には、すでに武田方は前山城（佐久市前山）まで進出しており、甲信国境付近での対戦はありえない。

（三）**諏訪攻め［巻九］**（品二三）……天文十一年六月四日、晴信が七千五百を率いて諏訪を攻める。高島を焼いた後、諏訪頼重の城を攻める。頼重は籠城して戦わず、板垣信方が尾阿城を攻め崩した、七月そこに要害を拵え、信方に預けた。

★これは著名な事件であり、すでにその経過はかなり明らかにされている。通説では、三月十五日に諏訪へ向かって出陣した後、しばらく甲信国境の大井ケ森（北杜市長坂町）に滞陣し、同月二十九日に御射山（富士見町）に本陣を置いた（『高白斎記』）。七月三日になって突如諏訪頼重の上原城を攻撃し、翌日には同城を開城させ、逃亡した頼重を追って桑原城も攻略している。頼重の降伏に際しては、和睦条件が示されたというが、その内容は明らかでない。結果は頼重は捕縛されて甲府へ送られ、東光寺に幽閉の後、七月二十一日には自害させられている。この戦略には諏訪氏一族で高遠城主の頼継も協力しているが、晴信が出陣後、攻撃するまでに三ヶ月余りを要していた点が重要であり、諏訪領内での調略を進めて、勝利の確信を得ての攻撃と思われる。『軍鑑』のこの事件に関する記述は簡略にすぎるが、年代・内容ともに珍しく史実に近い内容である。しかし晴信の出陣時期が遅すぎるし、板垣が攻め取ったという尾阿城は上原城のことらしいが、板垣氏が城代となるのは開城後であり、説明が前後している。諏訪攻めについては、［巻九］（品二四）にも記事があり、これを天文十三年二月十日出陣としている。年代は誤りであるが、諏訪頼重と和談して、頼重を甲府に出仕させ、荻原右衛門に討ち取らせたという内容は正確なものである。

（四）　諏訪安国寺合戦［巻九］（品二三）……天文十一年九月二十五日。同年九月二十三日に板垣信方より諏訪で一揆衆が蜂起したと連絡があった。晴信は旗本と浪人衆三組三千余を出陣させ、二十五日に合戦があり、五百三十二の頚を討ち取った。

★別称を宮川端の戦いといわれており、七月の晴信の諏訪攻めに同調した高遠の諏訪頼継と、諏訪の分領をめぐっての対立となり、九月十日に頼継が板垣信方の守る上原城を攻略したため、晴信が頼重の遺児虎王を擁して出陣した。十九日に堺川に着陣し、二十五日に宮川を挟んで合戦になった。激戦の末武田方が大勝し、武田勢は逃げる頼継を追って、上伊那郡に進攻する（「高白斎記」ほか）。『軍鑑』での日付と安国寺周辺との場所は正確であるが、対戦相手の主力を一揆衆（西方衆か）とする点には問題がある。

（五）　大門峠の戦い［巻九］（品二三）……天文十一年十月二十三日。晴信は同月七日に出陣し、甲信境の葛窪（長野県富士見町）に三日逗留の後、十二日に大門峠（茅野市）を攻めて三日逗留し、十五日には長窪（長和町）を焼いた。この逗留中に軍兵が周辺で乱取りを始めたので、「乱取り法度」を出した。同月二十三日には大門峠に村上・小笠原勢が一万三千余で押し出し、合戦になった。四度の合戦があり千七百二十一の頚を討ち取った。

★この年九月二十五日には、諏訪宮川端の戦いがあり、引き続いて上伊那口に進軍して福与城（箕輪町）を攻めており、大門峠（茅野市・長和町境）で、村上・小笠原連合軍と交戦した記録はみられない。翌天文十二年九月十六日には、前山城（佐久市）に着陣して、翌日、長窪城（長和町）を攻略して伴野光台（貞隆）を捕らえて、望月一族を成敗しており（『高白斎記』ほか）、この事実と混同したものと思われる。この折の進攻路は大門峠越えではなく、佐久路であった。

（六）　諏訪攻め［巻九］（品二四）

……天文十四年二月。同年正月十九日に武田信繁を大将に、板垣信方らが先勢として出陣し、諏訪衆と合戦して勝った。諏訪蓮芳が落馬して長坂釣閑に討ち取られた。その賞として信方を諏訪郡代とした。これにより諏訪家は断絶し、頼重の息女が晴信の妾となった。

★天文十四年段階では、すでに諏訪攻めの必要はなくなっている。実際には、同年四月十七日に高遠城に諏訪頼継を攻めて逃亡させた後、同調していた福与城の藤沢頼親を攻めた。小笠原長時が後詰めしたために長期戦となり、六月朔日に付城の竜ケ崎城（伊那市箕郷町）を攻略して降伏させている（「高白斎記」ほか）。この合戦との混同であろうか。諏訪蓮芳は実名未詳。頼重の叔父の一人か。頼重の娘が晴信の妾になったのは事実であるが、もう少し早い時期のことである。板垣信方の諏訪郡代としての徴証は、天文十一年十二月頃より確認され（『戦国遺文』武田氏編一五二号、以下『戦武』と略称する）、翌年六月には諏訪郡に入り、上原城の改修を始めている（「高白斎記」）。

（七）　**塩尻峠の戦い**［巻九］（品二四）……天文十四年五月二十三日。同年五月十三日に晴信は諸将と共に小諸に着陣し、そこで諏訪の板垣信方より小笠原長時が諏訪へ攻め入りそうとの連絡を受けた。十九日には小諸より諏訪に移動した。二十三日に小笠原氏が木曽勢と共に塩尻峠まで出陣し合戦となった。小笠原勢は敗北して六百二十九の頚を討ち取った。［巻一〇］（品二九）……天文十七年七月十九日。塩尻峠において十九日卯刻に合戦。勝利するも晴信は負傷し志摩の湯（湯村温泉）で湯治した。

★この合戦については、すでにいくつかの検討結果があり（今井登志喜『歴史学研究法』一九四九年）、天文十七年七月十九日のことと確定している。合戦の端緒も七月十日に諏訪の西方衆が逆心して諏訪郡に攻め込んだこととしており（「神使御頭之日記」ほか）、小笠原氏はそれを好機として塩尻峠に出陣してきたとする（「勝山記」）。合戦の場所も勝弦峠と表記するものもある（「神使御頭之日記」）。武田側の感状も数通残っており（『戦武』二五四～二六三号）、塩尻峠で油断していた小笠原勢を武田方が早朝に急襲して大勝した戦いとされている。この時の出陣は甲府からであり、小笠原氏に同調したのは、木曽氏ではなく仁科氏であった（「高白斎記」）。ただし（品二九）の記事については、日時も正しく、引用している感状も真正のものであるから、後補したものであろうか。

（八）　**伊那衆の追撃戦**［巻九］（品二四）……天文十四年五月二十三日。同日の塩尻峠合戦で敗北して退却する伊那衆を、板垣信方が追撃して、その反撃により敗北して四十一騎が討ち死にした。晴信は板垣を叱ることなく、逆に褒めた。

★塩尻峠の合戦に小笠原方として伊那衆も出陣していたことは、「岩岡家記」や「小平物語」（『信濃史料』十一巻収録）などの二次史料には記述がみられるが、一次史料では確認できない。板垣信方は塩尻合戦の前の、天文十七年二月十四日の上田原合戦ですでに戦死している。

（九）**戸石合戦［巻九］**（品一四・二五）……天文十五年（欠字）。小県郡戸石城（上田市）を攻めるため、晴信は各所に防衛の配備をした後、旗本・足軽大将衆・信州先方衆が出陣した。村上義清が後詰めとして楽巖寺らを先陣として派兵して合戦となった。横田彦十郎が手柄を立てたが、川中島衆の防戦によって、甘利備前・横田備中が戦死した。敗戦が濃くなったが山本勘助の働きによって挽回し勝ちを収め、三月十一日に帰陣。（品一四）の方にも若干の記事がみられるが、年代を天文十三年としており、記事も簡略である。

★この合戦は、通称「戸石崩れ」といわれ、天文十九年（一五五〇）八月二十七日に戸石城攻めのため、小県郡長窪城（長和町）から出陣し、九月三日に同城を包囲し、九日から攻撃したが、守りが堅く負け戦が続いた。十月一日には撤退を始めたが、村上勢の追撃によって多くの犠牲者を出し、横田高松らが戦死した。すでに以上のような経過が「高白斎記」や「勝山記」ほかによって明らかにされている。『軍鑑』での年代は異なるが、この合戦で活躍した横田康景や原虎胤・甘利信忠ほか、戦死した甘利虎泰・横田高松などの記事は参考になる。この合戦については磯貝正義『定本武田信玄』の解説が詳しい(5)。

（一〇）**碓氷峠の合戦［巻九］**（品二六）……天文十五年十月六日。同年九月中旬に、関東管領上杉憲政の重臣らが相談して、戸石合戦で武田方が敗れたのを好機として、佐久郡へ出兵して甲州まで攻め入るべしと進言した。しかし箕輪城（高崎市箕郷町）の長野信濃守は、上杉方が上野国で北条氏康に遅れを取っている現状では、武田攻めは無謀と反対して退出した。残った重臣は出陣と決し、上信国境の碓氷峠へ打って出た。真田弾正方より甲府へ注進があったが、晴信は煩いで出陣できず、板垣信方を先陣の大将として、十月四日に出陣させた。六日には合戦があり、関東勢二万余りのうちの五千と合戦になった。板垣の奮戦により勝利し、首千五百十九を討ち取った。晴信も五日に四千五百の兵を率いて甲府を出陣し、六日に軽井沢へ到着し、その日に碓氷峠で上杉勢一万六千余の二陣と合戦になり、関東衆四千三百を討取り勝利した。

★実際には、天文十六年（一五四七）閏七月下旬に、晴信が佐久郡の志賀城（佐久市志賀）の笠原清繁を攻めたことから、上杉憲政の指令によって、その救援に関東衆が出陣してきて、八月六日に佐久郡・小田井原で合戦となった。武田勢が大勝して、志賀城も十一日に攻略した事実があり、この志賀城攻めについては、『軍鑑』（品二七）の方にも記載があり、ここでは攻落の年月日は正しく記載されているが、小田井原合戦には言及されていない。

この一連の動きについては、すでに具体的な経過や状況が明らかにされている（磯貝氏前掲書ほか）。それらによれば、志賀城を包囲された笠原清繁が上杉憲政に救援を求め、金井秀景を総大将とする上野衆が、碓氷峠を越えて佐久郡に入り、浅間山麓の小田井原（佐久市御代田町）に着陣し、六日に同所で合戦となり、武田勢が大勝して、上野勢を敗走させた。討ち取った敵の頚を志賀城の前に晒したので、十一日には降伏開城し、笠原は討ち死にし、その夫人や捕虜は甲斐へ送られて、競売にかけられている（「勝山記」）。志賀城攻めとともに、小田井原合戦の感状もいくつか残っている（『戦武』二二一～二三一号）。

『軍鑑』での記事は、年号の違いを別としても、場所についても碓氷峠上としており、出陣してきた上野衆の名前も具体的で多数記載されているが、この時期の憲政にこれほどの動員力があったとは思われず、この時の上野勢は、それ以前より国境を越えて笠原氏と地縁・血縁関係のあった上野国甘楽郡域の土豪・地侍らの支援があったにすぎないと思われる。なお、『軍鑑』には、この他にも笛吹峠の戦いとして、天文十一年十月での上杉憲政との合戦も書かれているが（品二三）、これらも年代と共に、両者が直接対決した徴証は確認できないので、捏造されたものと思われる。

（一二）**上田原の戦い［巻九］**（品二七）……天文十六年（一五四七）八月二十四日。同年二月二十四日に、板垣信方が村上義清を攻めるため小県郡に出陣し、物見を出して偵察していたところを村上勢の反撃に遭い、窮地に陥った。しかし原虎胤が防戦して事なきをえた。八月二日に晴信も出陣し、佐久郡の志賀城を攻め、十一日に攻略した。それに反発した村上義清が出陣してきて、二十四日に上田原で合戦になった。緒戦で板垣信方が戦死した。信方は二月以来油断をしていた。次いで晴信の旗本隊が参戦し、村上勢を敗退させた。討取った首は二九一九であった。その際に、晴信と義清の一騎打ちがあったが、義清が落馬して後退し、越後へ逃げ延びた。この合戦は五度に及んだが、いずれも勝ち、小県郡を手に入れた。晴信も薄手を負い、甲州嶋の湯で湯治し平癒した。

★この合戦についても『軍鑑』の記事は出鱈目であり、事実は晴信の負け戦の代表とされている。かなり細かい経過が平山優氏の『川中島の戦い』(6)ほかによって明らかにされており、それらによると、晴信は、天文十七年二月一日に村上氏の本拠地の坂木（坂城町）に向けて出陣し、大門峠越えで小県郡に進攻した。義清も葛尾城（坂城町）から出陣して、両軍は上田原（上田市）で千曲川の支流を挟んで対陣した。十四日に最初の衝突があり、武田方が敗れて、板垣信方・甘利虎泰ほかが討死にしている。しかし晴信は退却せず芝を踏んだ（「勝山記」）。二十日余りも戦場に留まっていたため、晴信生母に説得を要請して、三月五日に漸く上原城へ帰陣した。

この合戦については、従来は「勝山記」と「高白斎記」のみで説明されていたが、近年になって関連文書として、同年と推定される二月二十二日付けの小林平四郎宛の村上義清書状が紹介され[7]、これが決戦の直後に、義清が関東管領上杉憲政の被官である上野地侍の小林氏に合力を要請した内容である点が注目された。これには合力の代償としての知行宛行や、板垣討取りが書かれており、「敵陣敗北、不可有程候」とあるから、この時点でもまだ対陣が継続していたことも明らかである。

（一二）　**海野平の合戦**［巻一〇］（品二八）……天文十六年十月十九日。同年十月九日に、長尾景虎が村上義清の求めに応じて越後を出陣し、北信濃に進攻して武田方に味方した国衆領を焼き討ちした。武田晴信は同月十二日に甲府を発して小諸を経て、十九日に小県郡の海野平で対戦があった。晴信は物見を立てて家臣等と談合し、一万五千の兵をもって、七千の敵兵と戦った。二六三の首を取って鬨をあげた後、双方退陣した。これが景虎との最初の対戦であった。（品二九）にも、天文十八年五月朔日に両者が海野平で対陣したが、景虎が越中出陣のために退陣したとある。

★この記事は、いわゆる川中島合戦の第一次対戦とされている更級郡布施・八幡での天文二十二年八月の甲越対戦を記述したものであるが、これも年月日をはじめ、合戦経過や内容も武田方の一方的なものであって、景虎が義清の要請によって出陣してきたという点以外は参考にならない。この合戦に関しては、小林計一郎氏による戦後最初の本格的な川中島合戦の著書をはじめ[8]、多くの成果があり、同年四月九日の晴信による葛尾城の攻略から、九月二十日に景虎が退陣するまでの経過がかなり具体的に明らかにされている。海野平（東御市）は上田市の東方であり、この段階では真田信綱による戸石城の攻略により、すでに武田氏領となっていた。さらに四月の葛尾城退去の際に、義清が越後へ逃れたとするものが多いが、越後へ入ったのは八月の塩田城が攻落された後である。

（一三）**上野三寺尾合戦**［巻一〇］（品二九）……天文十八年九月三日。同年八月十五日に、晴信は初めて上野へ出陣し、九月三日に三寺尾で安中越前守と対戦し、雑兵五二七を討ち取る。

★武田氏の上野進攻に関しては、従来は永禄四年（一五六一）十一月の甘楽郡口からとされているが、最近の研究では、天文十五年（一五四六）頃から甘楽郡の地侍である市川氏への調略が進められており、その進攻時期が早められる傾向がある。(9) しかし本格的な進攻のあったのは、通説の永禄四年十一月でよいであろう。これ以降の侵攻経過に関しては、黒田基樹氏によって年次を追って、各氏族の詳細な帰属経過が明らかにされている。(10) しかし安中氏との三寺尾合戦を記述したものは他にはみられない。『軍鑑』での安中越前守は重繁であり、永禄四年時点では碓氷郡安中城主で松井田城も攻略しており、翌五年九月に武田氏に従属するまで対抗している（白川文書、『群馬県史』資料編三二六二号文書）。

（一四）**猿ケ馬場の合戦**［巻一〇］（品二九）……天文十九年五月十一日。同年三月、晴信が松井田城を攻めていた時、小笠原長時らが下諏訪を攻めたので、諏訪へ兵を移して、四月六日に桔梗ケ原（塩尻市）で対陣した。五月朔日に長尾景虎が出陣してきたため兵を移し、十一日に猿ケ馬場で対陣となった。しかし景虎が越中出陣のために兵を引いた。

★年代はともかくとして、猿ケ馬場は猿ケ馬場峠（麻績村）付近であろうか。今回の景虎の出陣は地蔵峠（青木村）越えで、佐久郡へ向うとの前評判があったというが、天文二十二年八月の第一次川中島合戦では、越後勢が更埴地域で大攻勢を懸けており、小県郡にも進攻しているから、この合戦との混同であろう。

（一五）　**宝福寺合戦**［巻一〇］（品二九）……天文十九年九月十五日。晴信が小笠原長時を攻め、宝福寺（四賀村）で合戦となり、雑兵五一九を討ち取った。小笠原氏を松本に追撃しようとしたところ、九月二十八日に景虎が海野平に出陣してきたために対陣となったが、景虎は退陣した。

★小笠原氏攻めについては、武田氏は、天文十七年七月の塩尻峠合戦での勝利後も、連年にわたって攻め続けていた。その経過は天文十九年七月に、林城（松本市）を攻略し、深志城を修築して府中支配の拠点とした。翌二十年十月には平瀬城（松本市島内）を攻略し、翌年八月には小岩嶽城（安曇野市）を攻略して、小笠原氏を没落させている。この経過については先行研究も多いので省略する。[11]宝福寺は保福寺の誤りで、松本から上田方面に向かう途中に保福寺峠（四賀村）があり、その周辺での戦いとなる。小笠原氏の最終局面での天文二十一年段階としてはその可能性もあるが、一次史料でその確認は得られない。

（一六）　**時田合戦**［巻一〇］（品三〇）……天文二十一年三月。信濃地蔵峠（青木村）で上杉政景と飯富兵部らが戦う。武田方が切り勝ったが小山田古備中が戦死した。真田一徳斎が奮戦した。

★時田は常田のことと思われ、上田市街地になる。地蔵峠は近くにいくつかあるが、この場合は麻績（筑北市）から上田へ向かう途中の峠と思われ、常田への近道である。この合戦で戦死したという小山田古備中は、都留郡領主の出羽守信有（契山）であり、同年正月二十三日に死去との記録はあるが（「勝山記」）、常田合戦そのものが一次史料では確認できず、第一次川中島合戦に引き付けた記事であり、信憑性は薄い。

（一七）苅屋原城の攻略［巻一〇］（品三二）……天文二十一年八月十三日。同年八月、武田勢が小笠原氏領へ働きかけ、苅田をした後、苅屋原城（松本市四賀村）を攻め落とし、城主を討ち取った。

★苅屋原城の攻略は、天文二十二年四月二日であり（「高白斎記」）、その経過については、すでに詳述したものが多くあるので省略する。(12)

（一八）桔梗ケ原の戦い［巻一〇］（品三二）……天文二十二年五月六日。小笠原勢三千と桔梗原（塩尻市）で合戦。武田方が勝利して首六七九を討ち取る。翌七日に小笠原長時の反撃があったが勝利し、十日には深志城（松本市）を攻め、長時は降参して誓詞を出して、城を明け渡し浪人した。

★小笠原氏は、すでに天文二十一年八月に、小岩嶽城（安曇野市）まで追い詰められていた（「高白斎記」）。その後に葛尾城の村上氏のもとに逃亡した後、下伊那の鈴岡城（飯田市）の小笠原信定のもとへ逃れている。桔梗ケ原は塩尻峠に隣接しており、天文十七年七月の塩尻峠の戦いを桔梗ケ原の戦いと記すものもあり、それとの混同であろう。長時が林城を放棄して平瀬城に退去したのは、天文十九年七月であり、翌二十年十月には、平瀬城も攻略されている（「高白斎記」）。

（一九）　富士大宮合戦［巻一〇］（品三二）……天文二十三年三月三日。同年二月中旬に北条氏康が駿河国富士郡に進攻し、今川義元と対戦した。義元より援軍を要請された晴信が、富士大宮に出張し、梶間（富士市）で氏康との合戦になった。馬場民部の活躍により北条衆が敗戦した。その四日後には駿府・臨済寺の雪斎の扱いにより、三大名間での婚姻関係が整い和談となった。

★いわゆる今川・武田・北条氏の三国同盟に関わる合戦であるが、この三者間の同盟については、天文十四年九月に第一次とされる三者同盟が成立している。これを「善徳寺の会盟」とする記録もあるが、この会盟は否定されている。(13)また天文二十三年三月の第二次三国同盟についても、『相州兵乱記』などの後世の軍記には、『軍鑑』と同じように、この時に氏康が富士郡に進攻し、援軍にきた晴信と合戦になったが、雪斎の仲介で和睦同盟し、次いで三者間での婚姻関係が成立したとあるが、『軍鑑』の影響と思われる説であり、この合戦自体が存在しなかったとされている。(14)客観情勢としても、この時期には今川氏は三河方面での対応に追われており、北条氏は北関東での上杉憲政との攻防戦に追われていた。しかし晴信がこの時期に両者間の和議交渉を進めていたことは、駒井高白斎を頻繁に駿河へ派遣していたことなどからも承認されている（「高白斎記」）。実際に三者間の婚姻関係が成立したのは、天文二十一年十一月に、義元の娘（嶺松院）が武田義信に嫁しており、同二十三年正月に、氏康の娘（早川殿）が今川氏真に嫁し、同年十二月に、信玄の娘（黄梅院殿）が北条氏政に嫁しているから、『軍鑑』の記事とは大きく異なる。

（二〇）　木曽氏攻め［巻一〇］（品三一）……天文二十四年八月二十二日。同年四月、晴信は木曽氏攻めのために出陣し、やご原（木祖村藪原）に砦を築いたが、景虎が川中島に出陣したとの知らせを受けて川中島に本陣を移した。しかし景虎が氏康との対戦のために北関東に向かったため、八月二十一日にやご原に戻り、甘利左衛門尉を先陣に原隼人ら五将で御嶽城を攻めた。別動隊の飯富三郎兵衛らは福島城を攻め、木曽氏はその日のうちに降参した。晴信は所領を安堵し、娘婿として家中待遇とした。十一月中旬に、木曽殿父子が甲府に出仕した。

★従来、武田氏の木曽氏制圧は、この『軍鑑』の記事によって、天文二十四年八月とするものが多かった。しかし「勝山記」の天文二十三年条に、「去程ニ木曽殿モ笠殿モ競ヒ御出仕被成候」とあることによって、ここにある笠殿とは知久氏であり、下伊那郡の神峰城主（飯田市）の知久頼元のことである。神峰城の攻略が同年八月であったことはすでに証明されており、[15]木曽氏もこの時に同時に降伏したと訂正されている。わずか一年の違いではあるが、その前後の経過について『軍鑑』の記事がかなり正確なものに近づいている点が注目される。

（二一）**三日尻合戦**［巻一〇］（品三一）……弘治三年四月九日。同日に上野国三日尻（群馬県松井田町）において、長野信濃守を大将として北武蔵・西上州の地侍十将二万が挙兵した。武田義信を大将として対戦し、敵を追い崩した。箕輪城（高崎市）へ逃れた長野氏を追撃して同城を攻めた。

★西上野への武田氏の本格的な進攻は、永禄四年十一月以降であり、義信の初陣は天文二十三年八月の下伊那攻めとされており、弘治三年四月には、晴信と共に第三次川中島合戦に出陣している（『戦武』五五八号）。

（二二）**割ケ嶽城の攻略**［巻一一］（品三二）……永禄四年六月。同年五月七日に信玄が川中島に着陣し、仁科・海野・高坂氏の三人を成敗した後、六月に割ケ嶽城（信濃町）を攻め落として、六月末に帰陣した。

★割ケ嶽城は信越国境に近い野尻湖の北岸にある。この年には長尾景虎が関東に出陣して北条氏の小田原城を包囲しており、氏康から信玄に援軍要請があり、信玄は初鹿野源五郎らを派遣してそれに応じている。信玄がこの時期に川中島まで出張したかの徴証は得られないが、前年の九月頃には上蔵城（飯山市）を攻めているようなので（『戦武』七一二号）、これは景虎の越山を牽制した出陣と思われる。翌四年三月には、信玄自身が一万余で吉田（富士吉田市）まで出陣しており（『戦国遺文』後北条氏編六八七号）、小田原城への後詰めである。しかし閏三月には景虎が小田原から撤退したため、信玄も途中から帰陣したと思われる。景虎が春日山に帰着したのは六月二十八日である。その背景として信玄による割ケ嶽城の攻略があったからという。平山優氏は「甲州安見記」や「武田三代軍記」などを援用してこの割ケ嶽城攻略を肯定している(16)。しかしこれらの記録は『軍鑑』をもとにしたものであり、参考とはならない。この時期に武田方に属する北信衆による信越国境付近への進攻があった可能性は残っているが、信玄自身の出陣には否定的である。その理由は一次史料でこの出陣を裏付けるものが皆無なことと、永禄四年段階では信越国境付近はまだ上杉氏の勢力圏であり、この地域に進攻が確認されるのは、永禄七年三月と同十一年七月になってのことである。『軍鑑』の後半での記事についても、仁科・海野・高坂氏らの成敗については、その時期や背景について不明な点が多く残されている。

（一三）　**武蔵松山城攻め［巻一一］**（品三二）……永禄五年三月三日。北条氏康より協同して上杉方の太田三楽斎が守る松山城（埼玉県吉見町）を攻めたいとの要請があり、二月二十八日に子息義信らと出陣した。北条勢と合わせて四万六千余であった。米倉丹後守が竹束の工夫により同城を攻略した。この時武田方には鉄砲があり、それは大永五年（一五二五）に二丁を手に入れたものという。

★北条氏との武蔵松山城攻めについては、永禄六年二月四日が定説になっている。城主は上杉憲勝であった。上杉輝虎が救援に向かったが間に合わなかった。北条方には関連文書があり、「当城去四日本意、同十一日景虎岩付陣退散候、武田信玄相談、於今張陣候」とある（『戦国遺文』後北条氏編八〇五号）。これもわずか一年の相違である。

（二四）**国峰城の攻略**［巻一一］（品三三）……永禄六年二月。信玄は同年二月十二日に甲府を出陣し、余地峠をへて南牧（群馬県南牧村）へ入り、小幡尾張守を呼んで同族の国峰城主図書助の様子を聞いた。内藤修理亮に命じて提灯を掲げて夜襲をさせたところ、図書助は驚いて逃げ落ちた。これにより尾張守は国峰城に復帰できた。

★これは永禄四年十一月二十四日の信玄の西上野進攻時の国峰城の攻略を記したものであり、これによって小幡尾張守憲重が国峰城主に復帰し、西上野最大の国衆として武田譜代家臣に準じていく状況については、前述したようにすでに多くの成果がある。

（二五）**箕輪城の攻略**［巻一一］（品三三）……永禄六年二月二十六日。国峰城攻めの際に、松井田城・安中城・箕輪城へも同時に働きかけて攻略した。箕輪城（高崎市箕郷町）へは内藤修理亮ら二万余が攻め寄せて攻落し、城主長野信濃守ほかを成敗した。城兵は内藤に預け、内藤を箕輪城代とした。

★この記事も、永禄九年九月二十九日の箕輪城の攻略として、すでに考証が済んでおり、一次史料は少ないが（『群馬県史』資料編二三二七号）、『加沢記』『箕輪軍記』などの地元の二次史料では、長野氏の滅亡として一致した記録を載せている。攻略後に内藤昌秀が城代となるが、この段階ではまだ工藤源左衛門尉と称している（『戦武』一〇二七号）。

（二六）**第一次駿河攻め**［巻一二］（品三四）……永禄十一年十二月六日。この日信玄は甲府を出陣し駿河に攻め入った。十二日には内房に着陣。駿河勢は薩埵峠で迎え撃つことにしたが、戦意はなく氏真を清見寺に置き去りにして帰陣してしまった。山県昌景らの先陣は抵抗もなく江尻に進攻した。氏真は館を捨てて逃亡し、信玄は十三日に駿府館を焼失させた。

★この問題に関してはすでに言及したものが多くあり、その経過は『軍鑑』の記述と合致したものが多い。武田・今川側ともに関連文書はかなりのものがあり、それらによっても日時・内容共に『軍鑑』とほぼ同様の説明をしている。ここに至って『軍鑑』の記述が初めてかなり正確なものになっている点が注目される。

（二七）**興津川対戦**［巻一二］（品三四）……永禄十二年正月十八日～四月二十日。同年正月十八日に北条氏政が氏真の後詰めとして四万五千の兵で薩埵山に着陣し、武田勢と興津川を挟んで対陣した。数度の対戦があったが勝敗を決することなく長期戦となった。唯一跡部大炊助が松田尾張守に敗れたかは有利に戦いを進めていたが、余りにも長陣となったため、信玄は四月二十七日に陣を払い、庵原郡の間道を切り開きながら本隊を甲府に帰陣させた。氏康父子も駿府と駿東郡の諸城に守備兵を残して帰陣した。

★この対戦に関して『軍鑑』はかなり詳しい経過を記しているが、個々の動きについてそれを証明するような文書は残っていない。しかし大筋ではこの様な経過であったと思われ、断片的なものは武田側（『戦武』一三六九・七七・八五・八七・一四〇〇号）と、北条側（『戦国遺文』後北条氏編、一一三六・三九・四三・四六・五一・六〇〜六四号）などによって確認できる。とりわけ信玄が長陣を嫌って駿河の久能城（静岡市）に今福長閑斎と、興津城に穴山信君を籠城させて帰陣を強行したという点に関しては、その城中掟が残されている（『戦武』一三九六・九七号）。かなり正確な記事といえる。

（二八）**伊豆進攻**［巻一二］（品三五）……永禄十二年六月。信玄は同年六月二日に富士の裾野に出陣、大宮（富士宮市）を経て、韮山城（伊豆の国市）・山中城（三島市）を攻め、十七日に三島宿を焼く。川嶋島（富士市田子の浦）で大津波にあい、八幡大菩薩の小旗を流され、甲府に退陣する。北条方は十五カ所の城に加勢を入れた。

★六月に伊豆方面に出陣したことは確認できるが、出陣の日付については、十日付けの高田繁頼宛書状では、「駿州表出馬延引候」とあり、はっきりしない（『戦武』一四一九号）。帰路中の七月朔日の書状では、伊豆出馬は存分に任せたといい、大宮城の富士信忠は穴山信君に委ねたとあり、大宮城が開城降伏したことを伝えている（同前一四二三号）。翌二日付けで玉井石見守に宛てた書状では、その経過が詳しく記されている（同前一四二七号）。この部分もほぼ正確なものと見てよいと思われる。

（二九）**三増峠合戦**［巻一二］（品三五）……永禄十二年十月七日。同年七月、信玄が家臣と小田原城攻めを協

議する。帰陣路を三増峠とする。小山田信茂を別働隊として八王子攻めに向かわせる。八月二十四日、信玄本隊が佐久郡から西上野経由で武蔵に出陣。厚木道を進み相模川を越え、平塚へ出て小田原へ押し出す。酒匂川を越し小田原に乱入。内藤昌秀軍を先陣として攻撃し小田原城下を焼く。信玄は早川口より風祭に本陣を置き、馬場信春に松田屋敷を焼き払わさせる。十月六日に信玄が陣を引く。勝頼が殿軍を勤める。三増峠へ向かうも、北条勢二万余が待ち伏せする。七日に合戦となる。北条氏政が武田勢を追撃する。内藤昌秀に小荷駄奉行を命ず。小幡尾張守を津久井城の押さえとする。七日に本隊は夜中に三増山に上がり、五備えをもって合戦に備える。十月八日、峠越えを断行。信玄旗本組共十六備を山に上げる、それを北条勢が追撃して合戦となる。浅利信種が鉄砲で撃たれ戦死。北条勢が後退し始め、討ち取った北条勢は雑兵三千二百余の首帳があり鬨を上げる。後詰めの氏康らの援軍は、敗戦を聞いて荻野から引き返す。

★著名な信玄の小田原城包囲と帰陣途中の三増峠での北条勢との合戦記事である。『軍鑑』の記述は大変詳しく、参考となる点が多い。八月二十四日出陣を示すものは見られないが、その後の小田原城包囲までの経過についてはほぼこのように進行したとされている。北条氏康が徹底した籠城策を取ったため、十月四日には包囲網を解いて相模川沿いに津久井郡へ向かい、その途中の三増峠で追撃してきた北条勢と合戦になった。武田側では直接的な文書は少なく、わずかに帰陣後の十月十五日に遠山駿河守に与えた書状で、北条新太郎・助五郎以下二千余人を捕らえたとある（『戦武』一四六四号）。翌日付けの諏訪大祝宛の書状でも、同様のことを伝えている（同前一四六五号）。これに対して北条氏側にはこの信玄遠征に対処した文書がいくつかあり、三増峠合戦に限っても、氏康から上杉輝虎宛の二通の書状ほかで、かなり具体的な状況説明をしているものが見られる（『戦国遺文』後北条氏編、一三二〇～二七号）。これらと対比しても『軍鑑』の記述と符合する点が多くなっている。

（三〇）　**蒲原城攻略**［巻一二］（品三六）……永禄十二年十二月六日。この日、駿河・蒲原城を攻め落とし、北条新三郎ほか六人の城将を討ち取った。将兵も七一一の頸を討ち取り鬨をあげた。次いで薩埵山の敵兵を攻めて興津川に追い落とした。次いで岡部正綱の籠もる今川館を攻め、正綱が投降したので三千貫文を与えて侍大将にした。

★第二次駿河進攻戦に関わるものであり、同日付けで孕石主水佑と、一徳斎（真田幸綱）宛の二通の信玄書状があり、北条新三郎ほかを討ち取ったことと、蒲原城には山県昌景を入れたとある（『戦武』一四七九・八〇号）。ほかにも同城の攻略を伝える書状が何通かあり、『軍鑑』の記事は正確である。その後の岡部正綱の帰属取り立てについても事実とされている。

（三一）　**花沢城の攻落**［巻一二］（品三六）……永禄十三年正月下旬。この年の正月に駿河の花沢城（焼津市）を攻めた。帰属した岡部正綱が活躍して小原資良らの守る同城を攻落した。同城には今川氏同朋衆であった伊丹大隅守を入れ、船大将を命じた。その後、江尻・清水へ戻り、江尻城を縄張りし山県昌景を城代とした。

★花沢城の攻落は、同年正月十六日とされており、攻落に関する直接的な文書はみられないが、小原資良の動向などから事実とされている（『静岡県史』資料編8、一五九号）。その後の江尻での水軍編成については、かつて検討したことがあり、承認できる内容である。(17)

（三二）　**伊豆への再進攻**［巻一二］（品三七）……永禄十三年九月初。信玄が韮山に出陣し、北条氏政が三万八千で箱根から三島まで出張して対陣。馬場信春と小山田信茂が初音（三島市）を登って箱根宿の北条勢を攻撃して六十七の頸を取った。武田方は三島で苅田を行い、氏政は総勢を山中（箱根町）から三島に下ろし、川原ケ谷（三島市）で両軍の対陣になった。しかし氏政が小田原に兵を引いたため合戦とはならなかった。

★永禄十三年は四月二十三日に改元があって元亀元年になっているが、この年に信玄は数度にわたって富士郡・駿東郡に出陣しており、四月二十三日には、富士本宮浅間神社に願文を呈して「豆相両州、氏康・氏政滅亡」を祈願している（『戦武』一五四四号）。五月三日に小山田備中守に宛てた竜朱印状写では、氏政が三島に出張してきたので、馬場信春・真田昌幸を派遣するので協力するように命じている（同前一五四六）。九月の対戦については具体的なものはみられないが、北条側の文書では、四月には武田勢による興国寺城（沼津市）攻めがあり、江戸氏や上杉謙信ら宛の氏政書状で着陣を要請している（『戦国遺文』後北条氏編、一四〇八・一二号）。八月四日の山吉豊守宛の氏政書状では、「信玄豆州へ出張」につき後詰めをしたとある（同前一四三一号）。八月十二日に信玄が韮山城にせまったともあり（同前一四三五号）、日時が『軍鑑』とは異なっているが、この時期に伊豆と駿東郡へ信玄の進攻があった点は一致している。

（三三）　**遠江・三河遠征**［巻一二］（品三七）……元亀二年二月〜五月。信玄はこの年二月十六日に甲府を出陣し、富士大宮・田中城（藤枝市）を経て、三月初めに遠州・高天神城（掛川市土方）を攻めた。城主の小笠原与八郎は二千余の兵をもって守り抜き、信玄は攻略を断念して犬居城（浜松市春野町）へ入った。さらに北上して信濃伊那郡・高遠城（上伊那市）へ入り、そこで勢揃いの後、三月二十六日に二万三千の兵をもって高遠を出陣して西三河に進攻した。四月十五日には足助城（豊田市）を攻略し、下条信氏を入れた。次いで東三河に向かい、野田城（新城市）を攻略し、家康の拠る吉田城（豊橋市）に向かう手前の二連木砦（豊橋市）で家康勢と合戦になった。敗れて逃げる家康を追って吉田城に迫ったが、籠城策により攻略を断念し、三河設楽郡の仕置きをした後、五月中に帰陣した。

★いわゆる信玄による最初の遠江・三河進攻戦であるが、近年になってこの戦略全体が否定されている。[18] 主に『軍鑑』の足助城攻めに関連した文書についての年代推定が誤っていることを実証して、これが天正三年五月の長篠合戦の前哨戦になるものであるから、元亀二年の足助城攻略はなく、この戦略全体が『軍鑑』の創作であるという結論である。確かに足助城の攻略については、従来から『軍鑑』に引きずられて関連文書の年代推定を誤っていたが、この一点をもって『軍鑑』のこの部分全体を否定するのは極論にすぎると指摘し、足助城攻略に関する関係文書の年代推定も天正三年では不自然で、天正二年が妥当との見解を示しておいた。[19] 確かに『軍鑑』の記事には、他にも高遠城への一時退却などの不自然な記述もあるが、それらを以てこの記事の全体を虚構とするのは勇み足と思われる。高天神城攻めや犬居城の天野氏の帰属、野田城の攻略などについては説明出来るし、この時期に信玄がこの地域に出陣していたことを示す文書もいくつか残っている（『戦武』一六五七・一七〇五・一七〇九号）。その後も否定説を踏襲しているものがみられるが、よく両論を検討してのものとは思われない。

（三四）二俣城の攻略［巻一三］（品三九）……元亀三年十月中旬、山県昌景が信濃伊那郡から東三河へ出て、遠江から進攻してきた信玄と合流する。信玄が久能城（磐田市久能）を見舞った際、家康の手勢と競り合った後、本多忠勝の殿軍によって退却する徳川勢を追って二俣城（浜松市天竜町）に迫る。勝頼・信豊・穴山信君の三将で同城を攻める。城将は中根正照であり、家康からの後詰めもあった。籠城戦になったが、攻め手が同城の水の手を破壊したことから、中根は降参して城を明け渡し浜松城に退去した。同城には蘆田信守を入れた。

★いわゆる信玄の西上作戦とか上洛戦略といわれている戦略の一環であるが、この大遠征の経過と進軍ルートや目的に関しては、これまでの通説に対して異論も提示されており[20]、まだ議論の途中である。これに続く三方原合戦については高柳光寿氏の詳細な考証があるので省略するが[21]、その前段での山場となった二俣城の攻略について検討しておく。『軍鑑』では山県昌景の先発隊と信玄本隊の出陣日時は誤記しており、通説では九月二十九日に先発隊、十月三日に本隊が出陣とされている。その後の経過については、『軍鑑』では日時を記しておらず、二俣城攻めに掛かった日は不明である。通説では十月下旬とされている。それを確定させるものはないが、十月十日付けで三輪氏に宛てた信玄書状には、「二俣之地、早々属当手之様」とあるから（『戦武』一九七三号）、その後である。十一月十九日付けの朝倉義景宛書状では、「号二俣地取詰候」と言っているから攻略中である（同前一九八九号）。攻落したのは十二月十九日とされているが、十一月二十七日付けの奥平氏宛の山県昌影書状では、城の水の手を取り壊したので、城兵は天竜川の水を汲んでいるが、船でそれを妨害しているので、三日の内には落居するだろうとある（同前一九九五号）。しかし城兵はもち応えたようであり、攻落させて三方原の戦いとなるのが十二月二十二日であるから、その三日前の十九日説でよいと思う。この前哨戦となった家康との直接対決は「一言坂合戦」として、徳川氏側の戦記類には記されているが、信頼できる記録は少ない。二俣城攻めに関しては『軍鑑』の記す経過と一致する部分も多く、通説どおりに信玄本隊は伊那郡から南下して青崩峠を越えて、犬居城の天野氏の先導で遠江西部を制圧した後に二俣城攻めに取り掛かったとみてよいと思う。

三　勝頼期の合戦

（一）**遠江出陣**［巻一九］（品五二）……天正元年九月、勝頼遠州へ出馬。見付国府まで働き、二俣・犬居・光明・天方・只来城（いずれも浜松市）の仕置きをした後、掛川城を巡見して帰陣した。その帰途に諏訪原城（島田市）を取り立てた。

★『軍鑑』の「勝頼記」については、明らかに本体よりかなり遅れての追記であり、同時期とはいえないまでも、かなり内容に近い時期にまとめられたものだけに、内容の正確さは一段と高くなっている。ちなみに（品五五）の最初の項には、「春日惣次郎ここに書付申候」とみえている。

この時期に武田勢による長篠城後詰めのあったことは確かであり、徳川方の記録である「当代記」（巻二）には、七月二十日、家康出陣。勝頼は八月中旬に長篠城の後詰めとして武田信豊ほかを救援に送る。勝頼は出陣せず、九月八日に長篠城は落居した。家康は城主室賀信俊・菅沼正貞・同新九郎は助命し、長篠城には三河衆を入れる。新九郎は早くから家康に内通していた。九月二十一日、武田勢は離反した作手を攻めるも奥平父子の抵抗により敗北とある。勝頼は出陣していないが、諸将の出兵は文書でも確認できる（『戦武』二〇七二・七三）。『軍鑑』では十一月の勝頼の遠江出陣とこの長篠城後詰戦を一緒にしているが、この月に勝頼の出兵があったことは、同月朔日付けの軍役定書や、遠江・三河衆に対する所領安堵状（『戦武』二二〇二〜一二号）などによっても確認できると思われる。従ってこの記事には若干の錯誤もあるが、全くの創作ではないことも確かである。

（二）　**東美濃諸城の攻略**［巻一九］（品五一）……天正二年二月中旬から四月上旬にわたって、勝頼は東美濃の織田方の城十八ヶ所を攻落した。明智城を攻めた折、信長が後詰に出て、山県昌景勢と対戦になり、信長方が退散したので同城を攻落させた。次いで飯羽間城を落とし、五月には転じて遠州・高天神城を攻めた。家康は後詰もできず信長に救援を要請した。七月に同城は落城し、城主の小笠原長忠には富士下方で一万貫を与える約束で退出させた。信長の後詰は間に合わず、岐阜へ帰陣した。勝頼は遠江城東郡を手に入れて七月に甲府へ帰陣した。

★この出陣による東美濃諸城の攻略と、高天神城の攻落については、ほぼ『軍鑑』の記述が受け入れられて、その裏付けも得られている。出陣については二月六日付けの丹波の荻野氏宛書状に、「向尾濃、無二令乱入」とあり（『戦武』二二六五号）、明智城攻略については、『信長公記』巻八の同年条に、信長の二月五日の後詰め出陣から二十四日の岐阜帰城が記録されている。また高天神城の攻落に関しては、五月二十三日付けの穴山信君宛書状ほかがある（『戦武』二二八八・八九号）。この部分に関してはまったく問題がない。

（三）　**浜松城攻め**［巻一九］（品五一）……天正二年九月中旬。勝頼が浜松城を攻めるために出陣したが、天竜川が増水して渡れず、川を挟んで物見の徳川勢と対陣。武田方二万の兵は浅瀬を選んで渡河したので、物見勢は浜松城に引き上げた。家康も小天竜まで七千で出陣してきたので、武田勢は二俣城へ入り刈田をした後、井伊谷に後退した。その後、勝頼は平山峠を越えて伊那郡に入り、伊那で祖父信虎と対面した。

★この時期に勝頼の遠江への再出兵を示すものは少ないが、八月二十四日付けの本願寺坊官の下間氏宛勝頼書状では、「近日尾三表へ可及行」とあり（『戦武』二三三九号）、これは予定を述べたものであるが、事後のこととして、十一月四日付けの天徳寺（佐野宝衍）宛書状では、「徳河楯籠候、為始浜松、在々所々民屋不残一宇放火、稲も悉苅捨、毎時達本意候」とあるから（同前二三七四号）、大きな合戦はなかったものの、『軍鑑』の記すような動きはあったと思われる。帰路の伊那で信虎と対面したというのも事実であろう。この後、翌年四月からの長篠城攻めと、設楽ケ原合戦となるが、この合戦に関しては他に言及したものも多いので省略する。[22]

（四）伊豆沖海戦［巻二〇］（品五五）

……天正八年四月。勝頼が三月末に伊豆へ出陣して、小浜氏らの海賊衆が北条水軍と伊豆沖で海戦した。北条方の船は武田方の三十倍もあったが、向井正綱の活躍により、北条方が敗走した。勝頼は向井に感状を与えた。

★天正六年の甲越同盟の成立により、北条氏とは手切れとなり、領国を接する各地で対戦が始まっていた。駿河方面では北条氏が徳川氏と同盟して、東西から武田氏領に迫っている。勝頼は同八年三月に、その防衛のため沼津に三枚橋城の構築を始めたが（『戦武』三二七一～七三号）、それを牽制するために北条氏が水軍で駿河湾に押し寄せ、伊豆北岸で武田水軍と海戦になった。四月二十五日付けで、勝頼が向井政綱と小浜景隆に宛てたこの合戦での感状が残っているから確かなことである（同前三三三一・二号）。

（五）　浜当目の戦い［巻二〇］（品五六）……天文九年五月。家康が藤枝まで進攻してきたので、用宗城（静岡市用宗）より兵を出して、浜当目（焼津市）で合戦になった。朝比奈信置が石川数正・酒井忠次らと戦い敗れた。この敗戦は勝頼滅亡の始まりであった。

★同年三月二十二日、遠江・高天神城（掛川市）が徳川家康により攻略されるが、勝頼はそれを救援することができなかった。この攻防戦については長期にわたる籠城戦であったため、武田・徳川氏側ともに関連史料は多くあり、かなり具体的な経過が明らかにされているので、(23)ここでは省略する。この後、家康はさらに駿河へと進攻したので、浜当目で合戦になったという記事であるが、この合戦については直接的な史料は見当たらない。家康自身の出兵ではなく、勝頼も出陣していないことから記録が残らなかったものと思われる。しかしこの時期に用宗城に朝比奈道与が入っていたことは確かめられている（『戦武』三五五七号）。

まとめとして

以上、戦国期武田氏三代にわたっての『軍鑑』にみられる合戦記事の検討を進めてきたが、その結果として明らかになったことと、こうした『軍鑑』の合戦記事への史料としての今後の対処の仕方を述べてまとめにかえたい。

まず信虎期と晴信期（永禄元年まで）の合戦記事については、全く事実と照合する記事はほとんどみられない。ただし晴信期の（四）・（五）項の諏訪氏攻めについてのみ、若干史実に近い記述がみられる。これらの背景としては、『軍鑑』執筆および再編集時には、時間の経過差が大きな壁になっており、良質な文書・記録を得られないまま、家臣等から提出させた由緒書類や感状（偽文書）を使わざるを得なかった事情によるものと推定される。

信玄期に入っての川中島合戦あたりから、例えば（二二）から（二五）項までのように、年次や地名・人名などの具体的な事項については誤りが多いものの、合戦の経過や結果については参考になるような記述がみられるようになる。さらに（二六）項からは年次も含めて正確な記事が目立って多くなっており、参考とした史料が良質のものになってきた結果と思われる。

次いで（三三）項であるが、ここにきて参考とした無年号文書の年代推定を誤ったことによって、大きな誤認を起こしている。これは（三三）項が、（三四）項と勝頼期に入っての長篠合戦とがほぼ同じ月日と地域を対象とした戦略であったために起こった誤認であり、現在でもまだ異論があるように、難しい問題であったのであろう。しかし記事の一部が誤りなので、全体が信用できないということにはならない。

勝頼期になると、一層その正確さは増していると思われる。中には瑕瑾が残ってはいるものの、年号や人名・地名ともに格段に正確になっている。合戦そのものの経過については、他に徴すべき記録や文書自体が残りにくいところから確かめようがないが、同時代ではないにしても、直接関与した人々が生存していた時期にまとめられたことよりすれば、多少の脚色はあるにせよ、経過の大筋は信頼できるものと思われる。

こうした点より、『軍鑑』の合戦記事については、なお慎重に扱うべきではあるが、個々の事例については、すべて他の文書や記録での検証が必要であることは言うまでもなく、その上で「是々非々」の判断を下すべきものと思う。それが不可能の場合でも、最低限「『軍鑑』によると」との断りをした上での引用は、参考としては許されるであろう。

注

（1）著名な「川中島合戦」「三方原合戦」「長篠合戦」に関しては、かなりの成果がみられるが、その余の個別の局地戦に関しては、該当する地方史誌での記述は多くみられるが、いずれも二次史料を中心としたものが多く、本格的な検討を加えたものは意外と少ない。管見に入ったものを以下に列記しておく。①安井久善「長野氏の興亡と上州箕輪合戦」（『軍事史学』六巻一号、一九七〇年）。②新井佐次郎「武田軍の秩父侵入」（『埼玉史談』一七巻二号、一九七〇年）。③奥野高広「武田信玄二度の西上作戦」（『日本歴史』三六八号、一九七九年）。④井出正義「武田氏と海の口・海尻城」（『千曲』五九号、一九八八年）。⑤峰岸純夫「上杉憲政と村上義清等の反武田『上信同盟』」（『信濃』七〇五号、二〇〇八年）。

（2）柴辻俊六①『武田信玄──その生涯と領国経営』（文献出版、一九八七年）。②『武田信玄合戦録』（角川選書、二〇〇六年）。

（3）「勝山記」享禄四年条（『山梨県史 資料編6 中世3上 県内記録』（山梨日日新聞、二〇〇一年）。「王代記」（同前）。「諏訪神使御頭之日記」享禄元年・四年条（『新編信濃史料叢書』第一四巻、一九七六年）。

（4）「高白斎記」（別名「甲陽日記」、『山梨県史 資料編6 中世3上 県内記録』（山梨日日新聞、二〇〇一年）。

（5）磯貝正義『定本　武田信玄』（新人物往来社、一九七七年）。

（6）平山優『川中島の戦い』上巻（学研M文庫、二〇〇二年）。

（7）坂木町信濃村上氏フォーラム記念誌『村上義清とその一族』（信毎書籍出版センター、二〇〇七年）。

（8）小林計一郎『川中島の戦──甲信越戦国史』（長野郷土史研究会、一九五八年）。

（9）恩田登「戦国期西上野地域領主の史的考察」（『武田氏研究』四七号、二〇一三年）。

（10）黒田基樹『戦国大名と外様国衆』（文献出版、一九九七年）。

（11）注（5）と（6）の著書が詳しい。

（12）注（11）に同じ。

（13）磯貝正義「善徳寺の会盟」（『甲斐路』創立三十周年記念特集号、一九六九年）。

（14）『静岡県史』通史編二、中世（静岡県、一九九七年）。

（15）柴辻「信濃下条氏の支配」（『戦国期武田氏領の形成』収録、校倉書房、二〇〇七年）。

（16）注（6）に同じ。
（17）柴辻「武田氏の海賊衆」（『戦国大名領の研究』収録、名著出版、一九八一年）。
（18）①鴨川達夫『武田信玄と勝頼』（岩波新書、二〇〇七年）。②柴裕之「戦国大名武田氏の遠江・三河侵攻再考」（『武田氏研究』三七号、二〇〇七年）。
（19）柴辻「武田信玄の上洛戦略と織田信長」（『武田氏研究』四〇号、二〇〇九年）。後に改題して『戦国期武田氏領の地域支配』（岩田書院、二〇一三年）に再録した。
（20）①鴨川達夫「元亀年間の武田信玄――『打倒信長』までのあゆみ」（『東京大学史料編纂所研究紀要』二二号、二〇一二年）。②柴裕之、注（18）の②論文のほか、③「長篠合戦再考――その政治的背景と展開」（『織豊期研究』一二号、二〇一〇年）。④本多隆成「武田信玄の遠江侵攻経路――鴨川説をめぐって」（『武田氏研究』四九号、二〇一三年）。
（21）高柳光寿『三方原の戦』（春秋社、一九五七年）。
（22）①高柳光寿『長篠の戦』（春秋社、一九五八年）。②平山優『検証　長篠合戦』（吉川弘文館、二〇一四年）。③藤本正行『再検証　長篠の戦い』（洋泉社、二〇一五年）。
（23）注（14）ほか。

第五章　武田氏領での伊勢御師幸福大夫

はじめに

伊勢神宮には平安末頃から神社を支えた下層神官として御師が存在していた。御師そのものは熊野神社や白山神社のほか、山岳信仰の盛んな場所には存在していた所が多く、特に熊野信仰を支えた熊野御師が著名である。甲斐国でも中世後期になるが、富士信仰の中心であった富士山周辺の浅間神社に奉仕した御師がよく知られている。彼等は神社に附属した下層神官であると共に、神社隣接地に居住して信者の祈祷や参詣を補助しており、そのための宿坊も経営していた。さらに布教活動として、地方へ赴いてその土地の有力者と師檀関係を結び、定期的に現地へ赴いて大麻・御札などを配付し、初穂料などを受け取っている。こうした御師の活動は中世後期になって、信仰の大衆化と共に、地方で一層の広がりをみたといわれている。

伊勢御師の起源については、はっきりしない面もあるが、鎌倉期頃からは大夫を称した御師の存在が確認されており、とりわけ室町中期頃からの参詣者の増大による伊勢信仰の大衆化によって、急激に増加していた状況が明らかにされている。その担い手は宇治・山田の地下人層であり、地方への布教活動と共に、一方で商業活動も活発に展開していたことが先行研究によって明らかにされている。(1)

とりわけ戦国末から近世初頭期には、大名とその家臣や領国内の有力民との師檀関係が進展し、御師の活動は最盛期を迎えている。しかし個別の御師については、宮後三頭大夫・橋村大夫・福島大夫・竜大夫などの一部についての研究報告があるのみで、(2)明治初年の廃仏捏釈を契機として、その多くの御師が廃絶したこともあって、関係文書は記録されないまま、大多数が散逸してしまっており、現在では一軒も存続していないという。そうした状況の中にあって、幸福大夫家については、皇學館大学史料編纂所資料叢書の『神宮御師資料』などによって、幕末にいたるまで活動していたことが明らかである。(3)幸福大夫については、幸い廃絶後も一部の中世文書のみが残り、関係者であった津市の山形泰一が所蔵していたが、その後、神宮文庫の所蔵となっている。

幸福大夫が早くから甲斐武田氏を旦那として活動していたことは、江戸後期の地誌である『甲斐国志』などによっても知られていたが、その片鱗を初めて具体的に紹介したのは高島禄雄氏である。(4)二十九点の中世文書の翻刻と、幸福大夫に宛てた武田信縄・信虎とその側近家臣らからの文書について解読と解説をしたほか、甲府城下での幸福大夫家の屋敷地などを特定している。その後、「幸福大夫文書」は、『三重県史』(資料編)、『戦国遺文』(武田氏編)、『山梨県史』(資料編中世2下・県外文書)(5)などに再収録されて、より正確な解読文となったほか、高島氏編では採録洩れとなっていた、同時代の幸福大夫書状ほか十二通を収録している。

次いで窪寺恭秀氏は、幸福大夫の出自と活動を考察しており、(6)幸福大夫は伊勢山田に住む外宮御師であり、中世の自治組織であった山田三方を構成していた「三方年寄家」に属した家格で、外宮の鳥居前町山田(ようだ)の上層都市民であったという。その出自は不明であるが「幸福」は屋号であり、外宮門前町の八日市庭に居住していた借上商人でもあったという。さらに後述するように、その歴代と関係者についても、関連文書の検討から一部の者の実名や官途名を明らかにしている。

主な研究史は以上であるが、しかし「幸福大夫文書」の中には、まだ翻刻されたのみでその内容について未検討のものがいくつか残されている。それらはいずれも幸福大夫家の経営活動に関する内容のものが中心であり、甲斐国内での布教活動よりはむしろ通商や商業活動に関わるものである。本章ではこうした残されている文書の解説をとおして、武田家の外護により甲府で拠点を設け、武田氏の側近家臣層を媒介とした甲斐国内での道者獲得活動や、周辺地域に及ぶ商業活動の一端を明らかにしたいと思う。

一　戦国期甲斐での伊勢信仰

戦国期の甲斐国内での伊勢信仰の広がりを示すような史料は、現在では「幸福大夫文書」しかみられない。この時期に国内にどれくらいの数の神明宮があったのかもはっきりしていない。

甲斐国内での「幸福大夫文書」の初見は、年未詳ではあるが、永正四年（一五〇七）二月十四日に病死している武田信縄と、その側近家臣等が幸福大夫宛てに出している一連の書状類である（『県史』外二四五〇～二四六七）。これらについては前述した高島禄雄氏がすでに検討しているので詳細は省略するが、そのすべてが武田家当主である信縄・信虎とその側近家臣らが幸福氏に宛てた書状である。すべて年未詳であるが、内容や家臣の動向などによって、これらは明応末年～天文初年期（十六世紀初頭）に推定されるという。当主のものは信縄が三点と信直（信虎）が一点であり、同時期の側近・家臣書状が十五通である。側近書状の大部分は当主書状の副状であり、職務上での内容であって、後述するように、家臣独自の立場で出されたものは少ない。ちなみにこの時期の甲斐国内は、当主となった信縄が病弱であったため、叔父の信恵が反乱し、この内乱によって国内は戦国争乱の状況になっていった時期である

これら書状の内容は、武田家からの願文・寄進や、幸福側からの御祓いなどの贈答品に対する礼状であって、中には序に国内の政治情勢を伝えたものなども含まれている。当主のものは省略して、側近家臣の書状の中から、特徴的な記事を拾い出すと以下のようになる。ほぼ年代順になるように並べかえた。（　）は「山梨県史資料編・県外編」の文書番号である。

河村重家（信恵側近）……御祓を贈られる、幸福平次郎の御親父様の御代官に伝えたように、当国で御用の時は承る（２４５８号）

工藤昌祐（信縄側近）……祈祷・御祓・板物・熨斗鮑を贈られる（２４６３号）、御代官を下向されたい（２４６４号）。

雨宮図書助（信縄家臣）……代官として参宮する（２４７５号）

楠浦昌勝（信縄・信虎側近）……千度の御祓・長鮑・天目を贈られる（２４５３号）、「公私御祈念専一候」（２４５４・２４５６・２４５７号）

河村縄興（信虎側近）……（大永二年）「来秋可有御下向候哉」（２４５９号）

秋山昌満（信虎側近）……（大永二年）「来六月時分巡礼躰、参詣望存候」（２４７０号）

曽祢昌長（信虎側近）……御祓・熨斗鮑を贈られる（２４６６号）

小宮山虎泰（信虎側近）……御祓いを贈られる、参宮する（２４６７号）

加津野勝房（信虎家臣）……長鮑を贈られる、「棚之事御下ニ付てハ相意得申候」（２４６１号）

工藤祐久（信虎家臣カ）……御祓い・熨斗を贈られる、参宮する（２４６５号）
宮沢吉次（？）……「夏ハ御参宮申度」（２４６８号）
某　信用（？）千度の御祓・大麻・帯・下緒を贈られる、「当春御下候由」（２４７２号）。
これらの書状の宛名は、河村重家書状が「香福平次郎」となっているほかは、肩書きはすべて「伊勢大神宮」であり、名はすべて「幸福大夫」であって、官途や実名のあるものはみられない。後述するように、年代推定可能な文書で官途や実名のあるものも若干みられるので、「幸福大夫」は屋号との見方でよいと思う。
上記の断片的な記述によっても、この時点では、まだ甲府に幸福大夫家の屋敷地があったとは思われず、伊勢からの下向が基本であった。伊勢からの代官下向を催促しているものや、武田家臣が参詣を希望しているものなどが目立っている。ただ加津野勝房書状にみられる「棚」が店舗であるとすれば、信虎期には甲府での屋敷地拝領がすでに実現していた可能性は高い。すでに高島氏が紹介しているように、後世の絵図になるが、城下の柳町通り（武田三丁目）に、武田信繁屋敷に隣接して「太神宮」と称した一画があるという。
以上の文書をみても、この時期での甲斐国内での伊勢信仰のあり方は、武田家とその上層家臣団を中心とした武家階層を主対象としたものであって、すでに武田家と幸福大夫との師檀関係はかなり定着化していたことが明らかとなり、家臣層との金品贈答や参宮などの交渉も具体的に確認できる。
なおこの後、武田家と幸福大夫との関係を示すものは、後述する天文二十年代前半の武田晴信期の虎勝・光広父子の六通の書状を最後として、長期間に亘って空白期があり、武田氏関係で最後となるのは、天正五年（一五七七）十二月十八日付けの穴山信君の伝馬手形である（「県史」外二四七六号）。これには宛名はないが、駿河・江尻から甲州・岩間に至る駿州往還での伝馬二疋の使用を認めたものであり、幸福大夫の商業活動に関わるものであろう。ほかにも元亀二年と天正三年と年紀のある寄進目録と願文が残っているが（同二四七三・七四号）、これらが武田家関係との徴証は得られない。

甲州関係の最後のものとしては、慶長三年（一五九八）卯月五日付けの「幸福之内　和泉守」宛の浅野忠吉がある。[7] これは武田氏滅亡後に甲斐国主となった浅野氏が「古府中之内伊勢屋敷坪銭高六俵八升九合」を安堵した手形であり、和泉守は幸福大夫の甲府屋敷の当事者であろう。これ以降のいわゆる近世文書は皆無であり、以上に紹介したものが巻子装されていたために、原本が今日に残ったものである。他に近世になってから神宮関係の文書集である「輯古帳」などに収録されているものも若干みられるが、伊勢の御師仲間間での屋敷地や道者株の売券が中心である。

一方での甲斐国内での道者獲得による伊勢信仰大衆化の状況であるが、それを示す史料は限られている。まず早い時期のものとして、永正九年（一五一二）七月十五日付けの八日市庭の幸福屋宛の甲州大井泉蔵坊慶喜請文があり（「県史」外二四七七号）、これによれば、泉蔵坊は大井郷（南アルプス市甲西町）に住む修験僧と思われ、伊勢・八日市場に屋敷を構えていた幸福大夫に対して、抱えの旦那の先達役を請け負ったものである。ほぼ同時期の同内容のものとして、年未詳ではあるが、七月十八日付けで大鳥居村（中央市豊臣村）の修験である花蔵坊佑厳が、幸福平次郎宗柏宛てに出した旦那請文もあり（同前二四七八号）、これには武田家奉行の今福五郎兵衛の裁許によって新旦那となった者も引き受けるとしている。平次郎宗柏は先の河村繁家書状に見える者と同一人であり、永正初年頃の当主と思われる。これらによれば、まだ甲府に屋敷地のない段階で、幸福大夫は甲斐国内の修験を先達として、地方での道者獲得に務めていたことが知られる。

なお武田氏との関係で一つ興味ある記録は、『甲陽軍鑑』（巻十一）に、信玄が上杉家臣の玉虫という者が、謙信の譴責を受けて会津にのがれていたのを、伊勢の幸福を差し遣わして甲府へ呼び寄せ、足軽大将にして城伊庵と名乗らせたとの内容である。これは永禄二年（一五五九）に帰属した城景茂のこととしてすでに知られている事柄である。幸福大夫が甲府を拠点にして東国での布教活動や商業活動を展開していた経過の中で、信玄の外交的役割も担っていたことの一端かと思われる。

二　甲斐国内での幸福大夫

幸福大夫は江戸期になっても同様な活動していたことは確かであるが、前述した窪寺恭秀氏が作製した関連文書一覧表によると、(8)年未詳であるが、織豊期の滝川一益の覚弘院・幸福右馬助宛て書状三通や、九月吉日付けで織田上総守（信長）宛ての幸福大夫書状案などもみられる。とくに後者には「御出陣為御祈祷、一万度御祓・太麻并勝魚十連熨斗十把進上仕候」、「弥於　神前御武運長久如意、御安全之旨可奉抽丹精候」とあり、最後に「宜預御披露候」とあるから、これは永禄十一年（一五六八）の信長上洛時のものであり、義昭への披露を依頼したものである。(9)当時の政治情勢に対応して、武田氏以外の大名との交渉ルートをもっていた点が注目される。ちなみにこの時期、幸福大夫は甲斐以外にも河内・淡路・近江・山城・三河などでも師檀関係にあった道者を有していたという。

滝川の書状にみられる覚弘院は、窪寺氏の研究に拠れば、伊勢における幸福大夫の菩提寺であり、大峰山系の当山派修験寺院であった世義寺の塔頭の一つであり、この時期には同じ八日市町内に境内を構えていたという。永禄十二年（一五六九）十一月十五日付けの織田信長裁許状によれば、(10)山田の弘泉坊と覚弘院が金子盗難の件で訴訟となった事件に関して、信長が裁許をしている。これは偶々信長が北畠氏制圧戦後に伊勢参宮をした折に与えたものであるが、この訴訟に覚弘坊と関係の深かった幸福大夫も関係していた可能性は高い。

次いで幸福大夫に関する系譜類は一切残っていないので、窪寺恭秀氏が作製した関係文書表の署名や宛名から、年号のあるもののみ関係者名を抽出してみると以下のようになる。八日市庭之彦太郎（応永十八年）、幸福屋（永正九年）、三郎次郎光安（永正十六年）、孫五郎光吉・三郎二郎光安（永正十七年）、右馬助（天文十四年）、光広・大和守（天文二十二年）、右馬助内四郎五郎正吉（弘治四年）、七十郎光富（永禄二年）、左衛門光志（天正十二年）、右馬助（慶長□年）が確認されている。この内、天文期の右馬助は光広という。これによれば歴代が三郎次郎・右馬助の後に官途を称しているが、歴代や一族関係は不明である。このほかに以下に掲載したように、年未詳ではあるが、いずれも天文二十二・二十三年と推定できる、幸福大和守に宛てた日向守虎勝と孫十郎・右馬助光広の名が確認できる。虎勝と光広が親子であることは確認できるが、宛名の大和守との関係は不明である。

以下に新しく紹介された六通の書状を示して、その内容を検討したい。これらの書状はこれまでに検討されたことがないので、まず全文を仮巻の順序に従って表記する。

A　**幸福虎勝書状**（竪紙）［本紙］三〇・〇×四五・九㎝。（『県史』外二四七九号）

尚々我々うちニ被置候わかきかた〳〵へも、我々かたへ無無沙汰、走廻被申候へ由被仰付候て可給候、頼入存候、留守之火の用心、同用心よくいたし候へと、節々被仰付候て可給候、其方ニ馬可然を御もち候哉、只今あしけの四歳駒もち候、信濃下向に口ちて候、近比之向之馬□ニ候、若御所望ニ候ハヽ、正月御中間を一人被越候へく候、進可申候、今度彼馬をも登申度候へ共、冬道と申、造作にて候間、無其儀候、馬登申候ハヽ、二郎とのへ御申届あるへく候、里うち船にて二ひきのほせ可申候、御返事待入候、態令啓上候、仍其方無事之由承候、祝着ニ存候、随而御大儀之御造作被成候、目出度御浦山敷候、春者早々罷登見可申候、然者、郡内之御道者之事、以走舞相調候、忝存候、宮尻三頭大夫殿御走舞之由承候、是又畏入候由御申候て可給候、将又其方就御造作、定代物なと〻可有御用候間、御屋敷之代をも只今登申度候へ共、爰元未料足調不申候間、乍存進不申候、十二月者代物出来可申候間、正月早々登可申候、若御手つまりニ至候ハ〻、御檀方佐田殿にても二文子ニ御借用被成可有御使候、従正月子銭付可申候、是者三間口之代物御事云々、残裏之とをり我々ひかへ申候て、余人ことく、従年々進可申、被官共をハ置申度候間、如此申候、万御懇切無申計忝存候、以前はうし茶十袋給候、過分之至、是にて賞翫申候、将又不珍候へ共、木綿一たん、上旦紙一束進覧候、態計ニ候、宗柏冬中駿河迄前江御登可有由候つる処ニ、従　御屋形様、春迄留可申候て逗留候、可有御心易候、日々ニ御しやうはん候て御意も好候間、大慶此事候、我々罷登之用意仕候間、一向不得隙候而、宗柏へも乍存何事不申候、万隙入、可有御推量候、目出度来二月者、早々罷登候て積候御礼可申上候、万吉恐々謹言、

幸福右馬助

十一月廿五日　虎勝（花押）

幸福大和守殿　参人々御中

（『県史』外二四八〇号）

B　**幸福虎勝書状**（竪紙）［本紙］二七・五×四三・二㎝。

追而申候、中野新五左衛門尉方へ、為迎人を御下候間、節々被罷登候へよし、罷越候へとも、其身無沙汰故か、于今のほり不被申候、われ〳〵無沙汰のやうに、北右馬丞とのなと、おほしめし候ハん哉と存

候、このよしきたとのへも御心得たのミ入候、於此上も涯分新五さへもん方きうくん申、のほセ申度候
間、可御心易候、なにさま重而可申入候、

御札委細令披見候、仍鳥屋尾神四郎殿草津へ就御湯治、此国へ御下向候、自御貴所、御懇ニ仰被越候間、御
上意へ披露申候、草津迄上下御点（伝）馬三疋、路次中之御くわしよ送之儀申請進候、即次郎右衛門尉ヲ草津迄
相添進候、内山にて小山田備中守殿も、殊外ニ御懇被成候、将又自湯御帰ニ、御屋形様へ御礼御申度之由、
被仰候間、此之由申調、我々致同心御取合申候、則御対面被成、御慇懃之御あひこすしらい、種々御懇に
候、同登への御点馬三疋、同御くわしよ申調進候、為後日御申、涯分致走輪、奉公申候、定可為御祝着候哉、
依而料足廿三貫文ゑり銭にて御取かゑ申候、其方にて同ゑり銭ヲ御請取候て、吾々之宿へ御渡候て可給候、
我々春中散々相煩申候故、一向代物なと不致所持候間、御倉にて致借用かし進候、少もはやく孫十郎方へ御
預候て可給候、軈而自此方人ヲ登申、京都にて御誂物調売可申候、将又其御国御道者数多御参候て、各々過
分之御神徳共被為取、皆々御ふつき（富貴）のよし承候、目出存候、御羨敷存候、爰元にて少可然仕合も候へかし、
不図罷登、懸御目、積候御礼とも申述度心中にて候、此之由、我々ニ御入魂之旁々へも、乍恐御心得頼入存
候、又申候、うらの屋敷内々以前如申、被下可申候、孫十郎代物事ハ致調ヲ渡可申候、是又憑入候、何様重
而懇可申候間、不能一二候、恐々謹言、

日向守

五月十七日　虎勝（花押）

幸福大和守殿　参人々御中

C　幸福虎勝書状（竪紙）［本紙］二六・四×四一・三㎝。（『県史』外二四八一号）

追而申候、彼六間より、南のはしまてとをして屋敷のつほかす、いかほと御座候与、よく〳〵御つもり候て、かさねてのひんきニ御日記を下給へく候、代物壱貫五百文つゝニいかほとにて御座候と、此方ニても、いかやうニも代物とゝのへミ申へく候、われ〳〵ふゆ中より、しやくしゆけをわつらい申候て、つねニふせり候問、此方一向ニ用所もとゝのい不申候て、めいわくニて候、いかやうニも用性（養生）申、一度まかりのほり、つもり候御礼可申述候心中ニ候、

屋敷の代物前ニ御請取候分、

合五十七貫六十文の日記給候、前之三間のうわ銭六貫七百文めされ候て可給候、左様ニ御座候へ者、仁貫五百文つゝの御さん用ニて候、三貫文つゝ与、被仰候へとも、のこり者御合力与思召御まけ候て可給候、先年被仰候時者、余方へたかくうらせ申度候て、如何程ニも余方なミと申候、又今三間口ひかゑ申候屋敷廿五つほ半ニて候哉、さ様ニ御座候ハヽ、彼代物一つほ壱貫五百文つゝのさん用三十八貫二百五十文二て御入候哉、此者孫十郎ニ代物の事申付候、もめんをのほせ申候てうり申、代参次第ニうけ取可有候て可給奉頼候、将亦此屋敷のおく南へおしとをし所望申候て、其様への道とをりの御座候様ニ仕度候、たかいニ用所のためニ御座候、いか様ニも代物調、一度ニも二度ニも渡可申候、恐々謹言、

三月七日　　　　　　　虎勝（花押）

日向守

幸福大和守殿　まいる人々御中

D　幸福虎勝書状（続紙）［本紙］第一紙二七・〇×四〇・三㎝、第二紙二七・〇×二一・一㎝。（「県史」外二四八二号）

両度預御札候、快然之至候、仍其方何事共無御座候哉、御床敷存候、就中、久保蔵殿与公事之義、御貴殿御心ニ被入、両三人之以御扱、無事ニ被仰調候、毎度御造作、難申尽恭存候、三人之御衆江以書状申候、乍恐、此由奉頼存候、将亦中野新五左衛門方為迎、北殿より貴方為迎給候者、同御貴殿より御状給候、中野方今者作郡内山ニ被居候を、態人を遣、府中江よひ越申、使ニも引合、我等も彼迎と取あへす上被申候へと、異見を申候へ共、此度者仕合なく候間、調申、驪而上可申候由被申候、此由北殿江も以一書可申候へ共、我々久煩申候て、文造作ニ候間、其様より此由御申候て可給候、孫十郎罷下候へ共、我々煩故、此方之義何事も調不申候間、御屋敷の代なとも、急度のほせ不申候、され共、前のうわ銭、又三間の代物算用申、上申候、相残の分、重而自是代をのほせ可申候、六月、小三郎方下御申候ハヽ、三十貫計者渡可申候、随而物ならす孫十郎方より懇ニさん用状進之候、定而御ちかいニ御座候ハんすれ共、御合力与思召、此分被成候て可給候、候へ共、もめん一端令進覧候、御音信迄ニ候、我々煩能候ハヽ、重而懇ニ文にて可申入候、又申候、此方へ用所の者与三郎ニ日記をのほせ申、調申候ハぬ物候ハヽ、御異見候て可給候、一さかかめを十計かい候て下申候、此方ニ無御座候ハて万事闕事申候間、下可申候、次ニ信州与当国之御扱之義、只今者、いかふ共調かたく存候間、急与不申候、是又重而可申候、孫十郎下申候時、うち茶一斤下給候、一段賞翫申候、諸事留守之義、御無心なから、何事共御異見奉頼候、委者彼者両人可申上候、恐惶謹言、

日向守

三月七日　虎勝（花押）

幸福大和守殿　人々御中

○料紙継目に二箇所黒印を捺す。

E　幸福光広書状（竪紙）［本紙］二六・一×三八・五㎝。［封紙］二〇・三×六・二㎝。（「県史」外二四八三号）

（封紙ウハ書）
「従甲斐府　（異筆）「右馬助状」

封　幸福大和守殿　人々御中　光広　封　」

御屋敷まゑの北三けん（間）とおり之分、御大儀なから弐貫五百文つゝニ、おんミつにて御まけ被成候て被下へく候由、親にて候者被申候、さやうに候へハ、以上合三けんとおり之分、弐十五つ（坪）ほ半にて候か存候、さやうに候へハ、六十三貫弐百五十文ニあたり候かと存候、

一、五十七貫文まへ女にて候者、わたし被申候分にて候、随而代只今六貫弐百五十文進之候、此分にてまへの三けんのとおりをハ、御ふち（扶持）ニうけ可申候由被申候、

一、拾五貫文、南おくへのふんわたし（ニます）申候、南をハおしなめて壱貫五百文ニ被成候て、被下へく候、さやうに候ハヽ、小三郎殿お夏中御下候ハヽ、いかやうにもいたし、半ふんも渡申へく候由被申候、又ひんき〳〵にもわたし申度之由被申候、此外不申候、

天文弐十二年癸丑　まこ十郎

三月八日　光広（花押）

幸福大和守殿　参人々御中

F　幸福光広書状写　（『県史』外二四八四号）

又申候、先度被仰候吉房之太刀事、御物語申候へハ、五十貫文計ならハ所望之旁候、いかゝ候ハん哉、やすく御申候間、さやうなるニ御くたしなされ候へとハ申かね候、いかゝ候ハん哉、御返事奉待候、乍恐、以書状令啓候、仍御屋敷之義、親にて候者ニ懇申きかせ候処、御大儀なからつほ弐貫五百文つゝニ被成候て、被下へく候由被申候、又南おくへの事ハ、おしなめて壱貫五百文つゝニ御まけ候て給へく候由被申候、さやうに候ハゝ、一度ニ料足ハ有間敷候へ共、ひんき次第ニ登可申候へく候、兼又小三郎殿、於夏中ニ御下候ハゝ、如何様ニもいたし、半分も渡申候ハん候へく候、其分御心得被成候て給へく候、猶委ハ此者可申上候条、不能詳候、恐々謹言、

三月八日　孫十郎（幸福光広）

（宛名を欠く）

追申入候、親にて候者、以別紙申入へく候へ共、わつらい候間、無其儀候、慮外千万存候、就其、中野新五左衛門尉殿為迎預御状候、軈而罷上候ハん由被申候、御心安かるへく候、又申候、拙者も六月ニハやかて〳〵罷登申へく候、留守之義諸事奉憑候、

まず、A～Dの四通は幸福虎勝が幸福大和守に宛てたものである。いずれも年未詳であるが、虎勝が右馬助を称しているAと、日向守を称しているB～Dとは年代は異なる。Aの方が前となる。EとFは孫十郎光広が幸福大和守に宛てた書状であり、Eには天文二十二年（一五五三）の年号があるから、A～Dはそれ以前のものとなるが、いずれも伊勢での屋敷地購入に言及しているので、ほぼ同時期のものと判断される。宛名はすべて大和守宛であるが、その実名は明記されていない。これらが「幸福大夫文書」であることよりすれば、宛名の大和守は

幸福大夫家の当主かと思われ伊勢に在住している。一方、差出人の虎勝・光広はその一族ではあるが、系図がないのでその関係は不明である。しかしAの文中に「郡内之御道者之事、以走舞相調候」とあることよりすれば、虎勝は甲斐国内にあって道者を集める役割を務めており、来春には虎勝が上京したいという。そのほかAでは伊勢での屋敷造作について、その費用の送付の遅延について釈明しており、そこには被官を住まわせるともいう。後半では子と思われる宗柏（平次郎）を駿河まで出張させたが、御屋形様（武田晴信）が春までは逗留させよとのことであり、日々に相伴していて覚えもめでたいという。追書では、留守にしている伊勢の用心を依頼し、信濃産の馬を上げたいが、冬道なので船で届けたいという。年号は天文二十年前後であろう。

次いでBであるが、大和守からの書状により、伊勢国主北畠氏の重臣の鳥屋尾氏が上野・草津へ湯治のため下向したいとの依頼で、上意（武田氏）へ取次いで馬三疋の過書を申し受けた。途中で内山城（佐久市内山）の小山田備中（玄胎）からも懇切を受けた。帰りに晴信に対面してお礼を述べ、帰途の伝馬三疋の過書も頂戴した。その費用として二十三貫文を「えり銭」にて取り替えて出したので、そちらでえり銭を受け取って渡してほしいという。自分は春からの煩いで銭はないので、御倉（武田氏）より借用したので、少しでも早く孫十郎（光広）へ渡して欲しい。やがてこちらより京都で誂物を調へて売りたい。伊勢では道者が多く参詣して富貴とのこと、めでたく羨ましく思う。また、以前お願いした裏の屋敷地のことは、孫十郎が代金を調え渡します。追書では、鳥屋尾氏とともに下向する中野新五左衛門尉へ、迎えの人を遣わすべきところ、無沙汰のままであると弁明している。この書状では官途が日向守と変わってはいるものの、上京したいとの希望や煩い中との点で、Aの内容を引き継いでおり、数年後のものと思われる。

Cでは伊勢で購入する屋敷代金としての五十七貫六十文の支払い方の内訳であり、二十五坪半の土地で一坪一貫五百文の算用であることと、孫十郎光広が木綿を売ってそれを用意すること、屋敷奥の南への道の確保のことなどを依頼している。やはり病気中とあるからBと同時期のものである。

Dは虎勝と久保藏氏との訴訟の件での大和守の尽力に感謝し、B状で迎えた中野氏は、現在信濃佐久郡内山にいるが、甲府へ呼び寄せ共に上京したいが、煩いのためにかなわないという。代わりに孫十郎（光広）を上京させて、屋敷購入の代金などを算用させたが、残りは送るといい、六月に小三郎が下向の時に三十貫文を渡す予定という。後は木綿一反を送り、甕を十個買って送るよう依頼している。最後の部分の「信州与当国之御扱之義」は、信濃・甲斐での道者獲得状況の報告と思われる。すでに孫十郎は帰国しており、宇治茶の礼を述べている。これはB状に続く内容の物であり、鳥屋尾氏の草津湯治に際して、幸福大夫が関与して人や物が動いている点が注目される。これもB・Cと同時期のもので、天文二十一年と思われる。

次いでE・Fは虎勝の子である孫十郎光広の書状であるが、E、は購入した屋敷前の三間通りの道について、親から二貫五〇〇文ずつまけてもらうと聞いているので、二十五坪半を六十三貫二五〇文とすること、その内の五十七貫文はすでに渡してあるので残りの六貫二五〇文を渡すこと、十五貫五〇〇文は南奥道の分であり、この分は一坪一貫五〇〇文にして欲しいといい、小三郎殿が夏に下向した時に半分を渡すと伝えている。これは父虎勝の病気により、光広が代わって交渉に臨んだものであり、唯一、天文二十二と年号のある書状である。内容はC、と関連するものであり、屋敷地に附属する道の購入に関するものである。

Fは Eと同日付けで同内容のことを述べており、宛名はないが、この商取引に関係している者に、Eと同時に出した書状であり、追書では「吉房之太刀」の売買についての案件が追加されている。これも天文二十二年のものである。これにもB・D状にみえる中野新左衛門の下向を迎えることが追記されているので、日付からみても

B・D状と同時期に出されたものと思われる。C状も同日付であり、同内容の案件の通知であるので、同年の可能性が高い。A状のみ年月日が異なっているが、来春には上京したいといっているので、これのみ他のものより少し前に出されたものであろう。

以上の書状から、武田晴信初期での幸福大夫の活動状況を垣間見ることができる。甲府での屋敷地拝領が、先代の信虎時代であったことは述べたが、ここに常駐した虎勝・光広親子は、幸福大夫家の本流とは思われず、伊勢の当主により近い分家の一つであったかと推定される。ここでは偶々ごく一時期での伊勢との通信を示したものにすぎないが、かなり頻繁に伊勢との濃密な交信や折衝を行っていたことが注目される。

甲府での活動の中心が、御師としての旦那や道者の拡大であったことは明瞭であるが、それに付随して、Aでみられたように、武田晴信の命で駿河まで出張したり、Bにあったように、伊勢から草津湯へ湯治にくる鳥屋尾氏を晴信に取次いでいる。その途中の佐久郡内山城の小山田氏への取次もしている。こうした武田家やその有力家臣との結びつきは、すでに述べたように、前代の信縄・信虎期から形成してきた関係である。またここでは鳥屋尾氏の使用する伝馬三疋の手形代金二十三貫文を立て替えたことや、手持ちがなかったので武田家の蔵から借用したことなどが述べられている。

この一連の書状の中で繰り返し述べていることは、伊勢での屋敷地とそれに付随した通路の購入に関しての依頼交渉であって、被官を住まわせるためのものといい、その購入代金として、Cでは木綿を売って用意するとしている。Dでも木綿一反を送り、甕を十個購入して欲しいと依頼しており、Bでは京都で誂え物を調えて売りたいともあり、F、では太刀の売買交渉をも述べている。屋敷地の購入に関して、商取引の決算方法なども細かい数字が記されており、これらを見る限りでは、まったく商人かと思われるほどの内容である

Aでは信濃で調達した葦毛の馬を進呈したいが、必要なら中間を一人差し越されたいといい、今は冬道で厳しいので船にて二疋を送るとしている。当時の伊勢と甲斐との往復の中心が海陸のどちらかであったかは断定できないが、海路も利用されていたことは明らかである。一例のみであるが、左記の文書がみられる。(11)

畏言上　抑被仰下以筋目、此舟渡海候、諸役御免御朱印頂戴仕、
向後細々往還可仕候間、此旨具可預御披露候、恐々謹言
卯月九日　　光広（花押影）
進上　土屋右衛門尉殿

年未詳であるが、前述した孫十郎光広の書状であって、元亀元年から天正三年頃までのものであり、所有の船に対しての往還諸役の免除を申請したものである。

三　伊勢商人と甲斐の流通

この時期での伊勢と東国との海運による交流や通商に関する研究は豊富にあり、伊勢での中心になった大湊は、すでに鎌倉末期に東国向けの廻船が始められていた。(12)当初は伊勢神宮の御厨からの年貢や貢納物の輸送であったが、地方での大名領国制の進展に伴って交易を目的とする廻船業も発展し、伊勢湾内諸湊から大湊に運ばれた物資が「関東渡海神船」によって東国へ送られていたことによって、大湊廻船業者の商人的自立が実現していったという。

永原慶二氏はこうした大湊発展の要因を、伊勢湾を囲む生産地からの諸物資の集散地、東西交易廻船の拠点・

兵糧供給の基地・大型船建造の基地とまとめている。[13]このうち大湊を東西交易廻船の拠点とする点に関しては、後北条氏領の伊豆に着岸する伊勢廻船に関する印判状の存在や、今川氏真に召し抱えられた知多半島の海賊商人としての千賀水軍の事例を紹介している。永原氏は武田水軍となった小浜氏にも言及しており、伊勢での九鬼氏との争いに敗れた小浜氏が、武田氏の招致に応じて駿河へ移り、武田水軍の中核となる一方で、伊勢との関係を利用して交易活動も展開していたという。同時期に武田水軍として編成された間宮・伊丹氏なども同様であったとされ、海賊商人と規定されている。

さらに綿貫友子氏によると、この時期に関東へ下向した公家や連歌師なども海上交通を利用した場合が多いといい、太平洋海運を利用しての伊勢と武田氏領との交流状況がまとめられている。[14]これらの中で注目される点は、新たに招致した水軍としての海賊商人に、駿河から遠江に至る海浜部の主要湊を含む要地が知行地として与えられていることと、伊勢から清水浦に着岸する船の諸役免許が行われている点である。小浜氏には他に領国内での伝馬手形や過書も与えられており、明らかに商業活動を示すものである。こうした伊勢方面との交易船がどの位の頻度で行われていたかは不明であるが、不定期なものであったにせよ、東国での布教活動や商業活動を展開していた伊勢御師らが、それに便乗していた可能性は高いと思われる。

もうひとつ注目される点は、例えば、天正五年二月二十七日付けの駿河の江尻・清水両浦宛の武田家朱印状のように、[15]こうした遠隔地との交易対象地となっていた武田領国内の諸湊でも、船舶を用意して対応する商人層が多く出現していることである。これと関連して、武田氏が海浜部での船の調達や船役免除をしたものは、元亀元年（一五七〇）六月十六日付けで駿府の新宮神主に与えたものを初見として、[16]以後目立って多くみられるようになる。また伊豆諸湊に来航する伊勢の船に、北条氏が許容の船手形を発行していたことはよく知られている。

以上のような太平洋海運の発達によって、伊勢御師の東国進出も活発になっていたと思われ、前述したような幸福大夫の甲府への進出もその一環であろう。市村高男氏は、永正十五年（一五一八）に作製された「坂東道者日記」を紹介しており[17]、伊勢御師の久保倉氏が東国各地を巡回した際に、立寄先を記録したものであり、品川湊に着船した後、関東一円の旦那廻りを行った様子が記録されている。対象となった旦那は品川湊の有徳人を中心としたほか、地方の商職人が多く、久保倉氏は品川湊に早くから進出していた伊勢・紀伊商人の水運によるネットワークを利用して活動していたとする。

それより年代は少し遅くなるが、天正九年（一五八一）に、武田氏領であった信濃の西部地域で、荒木田久家が同じように御祓配付した際の覚書が残っている[18]。前述した久保倉氏の場合とまったく同性格のものであるが、際だった相違点は、配布先の対象者の階層が異なる点である。信濃の場合は圧倒的に小領主や地侍であって、それに寺院が目立っており、無姓の商職人・農民らしき者の割合が少ないことである。その際に御師が土産として持参した物品が個別に書き添えられているが、お祓いのほかには熨斗・茶の数量が圧倒的に多く、他には青海苔・おひ（?）・やどなり（?）などがみられる。最後にそれらの集計も記されているが、それらは船で伊勢から運んだ物であろう。甲斐国内に関しては同類の記録は残されていないが、同じような状況があったものと思われる。

まとめとして

伊勢御師の幸福大夫が、十五世紀の終わり頃から武田氏との関係を強めて、甲斐国内で活発な布教活動を展開し始めていたことはすでに知られていたが、その一方で当時活発になりつつあった伊勢からの太平洋海運を利用しての通商交易も展開していたことについては言及されたものはない。すでに紹介されている「幸福大夫文書」の中には、そうした活動を垣間見ることのできる文書がいくつか未検討のまま残されているので、その検討によって、当時の伊勢御師の活動状況を具体的に見ていくこととした。

武田家との関係を示す初見文書は十五世紀末頃からのものであり、すでにこの時期にはかなり緊密な師檀関係が成立していたことが確認でき、それが家臣層にまで浸透しつつあった。十六世紀に入って信虎期には、甲府での屋敷地拝領も実現していたようであり、この頃には国内既存の修験僧などを先達として、領国民の道者化もかなり進行していた。武田家と関係を示すものは、その後にかなりの史料空白期があるが、天正初期の穴山信君伝馬手形に象徴されるように、その関係は一層深まっており、商業活動に関して優遇を与えられている。

次に天文二十年代初めでの幸福大夫家内での六通の書状であるが、伊勢・八日市場で御師活動の傍ら貸上業ほかの商業活動を展開させていた本家と、甲府屋敷に出張していた親族との通信であり、虎勝は明らかに信虎より一字を拝領したものである。ここでは道者の動向よりも土地・屋敷の売買や、伊勢の領主家老である鳥屋尾氏やその同行者の湯治旅行の世話のほか、駿河や京都での商売のことが述べられており、売買についての細かい金銭のやりとりは、全く商人的感覚でのやりとりである。伊勢との物品のやりとりも頻繁であり、そうしたものの運搬は海路を利用したものと推定される。

この時期には武田氏での水軍編成が急務となっており、伊勢での主導権争いに敗れた小浜氏らは武田氏の招致によって東国に下っている。彼等は当初より海賊商人といわれていたように、水軍の将としての活動の他、平時においては所有する船舶を利用しての商業活動も広範に展開していたことがすでに明らかにされている。そうした水軍と幸福大夫の商業活動とを、直接的に物語るような史料は現在のところ確認出来ていないが、同じく伊勢と東国とを往来する商人でもあった点からみれば、その関係は肯定的なものとなろう。

注

（1）①萩原竜夫『中世祭祀組織の研究』（吉川弘文館、一九六二年）。②新城常三『新稿社寺参詣の社会経済史的研究』（塙書房、一九八二年）。③窪寺恭秀「中世後期に於ける神宮御師の機能と展開について」（『皇學館大学神道研究所紀要』二一輯、二〇〇五年）。

（2）①野田清一「伊勢山田の御師三頭大夫とその古文書」（『地方史研究』六三号、一九六〇年）。②吉田吉里「外宮御師橋村一族について」（『神道史研究』四五号、一九九七年）。③恵良宏「福島御塩焼大夫文書について」（皇學館大学史料編纂所資料叢書『神宮御師資料』七輯、一九九八年）。④久田松和則『伊勢御師と旦那』（弘文堂、二〇〇四年）。

（3）『神宮御師資料』は、安政二年（一八五五）段階での伊勢御師衆の書上であり、内宮・外宮別に所属の御師の現状報告が記録されている。その第七輯に、外宮御師・八日市場町の部に「幸福虎保」の名があり、配付の国郡として「甲斐国　都留郡之内　百五ケ村」とある（皇學館大学史料編纂所、一九九八年）。

（4）高島禄雄「幸福文書と武田氏」（『甲斐史学』二二号、一九六七年）。

（5）『山梨県史 資料編5 中世2下 県外文書』（山梨日日新聞社、二〇〇五年）。以下、同書収録の「幸福大夫文書」の引用については、「県外」〇〇号と略記する。

（6）窪寺恭秀「伊勢御師幸福大夫の出自とその活動について――中世末期を中心に」（『皇學館史学』一四号、一九九九年）。

（7）本状は「県史」県外編には収録されておらず、『三重県史』（資料編、中世下、一九九九年）収録の「幸福大夫文書」による。

（8）注（6）論文中の第二表。

（9）滝川の書状と本状については、『三重県史』（資料編、中世下、一九九九年）収録の「幸福大夫文書」による。

(10) 奥野高広『増訂織田信長文書の研究』上巻、二〇三号文書（吉川弘文館、一九八八年）。
(11) 幸福光広書状（『戦国遺文』武田氏編、四一〇七号）。
(12) ①中田四朗「室町末期の大湊――大湊会所文書を中心として」（『地方史研究』六二・六三号、一九六三年）。②小島広次「伊勢大湊と織田政権」（『日本歴史』三七二号、一九七九年。後に「戦国大名論集」17『織田政権の研究』吉川弘文館、一九八五年に再録）。
(13) ①永原慶二「伊勢・紀伊の海賊商人と戦国大名」（『知多半島の歴史と現在』四号、校倉書房、一九九二年）。②「伊勢商人と永楽銭基準通貨圏」（同前五号、一九九三年）。③「戦国期伊勢・三河湾地域の物資流通構造」（同前六号、一九九五年）。
(14) 綿貫友子『中世東国の太平洋海運』（東京大学出版会、一九九八年）収録の第四章「遠江・駿河国における湊津と海運」、第七章「戦国期東国の太平洋海運」。
(15) 『戦国遺文』武田氏編、二七七八号。
(16) 同前一五五二号。
(17) 市村高男「中世東国における内海水運と品川湊」（『品川歴史館紀要』一〇号、一九九五年）。
(18) 『戦国遺文』武田氏編、三六四四号。

[補記]　脱稿後、一、二、三の関係文書を見落していたので、その名称と出典のみを追記しておきたい。
(一) 清野満秀書状　永禄九年六月六日、広田源八郎宛（『戦国遺文』武田氏編、九九三号）。
(二) 朝比奈信置判物写　元亀二年十二月吉日、亀田大夫宛（同前、一七六七号）。
(三) 武田家朱印状写　元亀三年四月十四日、亀田大夫宛（同前、一八二八号）。

第二部　戦国期武田氏領の支配構造

第一章　武田氏領の軍役と軍役新衆

はじめに

戦国期武田氏領の軍事編成をみる場合、まず家臣団への知行制を基盤とした軍役賦課が問題となる。この問題については、すでに一定の論及が行われており、かなりの研究成果が蓄積されている。その研究史の概要については、平山優氏のまとめがあり(1)、従来は『甲陽軍鑑』に記載されている「武田法性院信玄公御代惣人数之事」(2)の軍制記述がどれほどの妥当性をもつかを、寄親・寄子制などによる組織形態との関連で検討してきたとし、次いで幕藩制的権力編成原理である石高制と軍役との関係（軍役論）から、戦国期の貫高制と軍役との関連性を対比することによって、大名の権力構造と家臣団編制の独自性が問題視されるようになり、さらに戦国大名の検地論から明らかとなってきた貫高制の成立と、それに対応した軍役体系が問題になってきているという。

筆者もかつて武田氏領での知行制と軍役について検討したことがあるが(3)、そこでは知行制と軍役が在地でどう関わっていたのか、とりわけ知行地内の農民層の土地保有と関連して、彼らの軍役衆化が家臣の軍役編成とどう関わっていくのかを問題とした。これは永禄末年以降に大名との直接的な知行関係（主従制）のない階層でも陣参している事例が急速に多くなっているからであって、これらは諸役としての陣夫役であって、本来的な知行役に対応した軍役ではないとの考えであった。

この点を「恵林寺領検地帳」を検討した宮川満氏は、ここに表出してくる同心衆・軍役衆・惣百姓の三類型は、土地所有・土地保有状況からは本質的な差異はないとしている。(4) その結論に依拠して、大名との直接的な知行関係の有無のみで軍役の定義付けを行うことは問題であり、領国制的諸役の軍役への転換といった側面をも重視すべきではないかと指摘しておいた。しかしその後もこの問題については新たな視点を提示したものはなく、議論は進展していない。

一方で本来的な知行制に基づく家臣団への軍役賦課に対しては、その後も軍制や軍団編成に関連して検討されており、とりわけ平山優氏の論考では具体的な事例を示しながら、多岐にわたる関連事項が検討されている。(5) まずその要点のみを示しておくと、戦国大名の検地論の成果として、貫高制と軍役との関係が重視され、武田氏の軍役は家臣の知行高に確実に対応していたことや、家臣団下位者への過重が認められ、さらに家臣団の地域差もあったことが指摘されている。しかし軍役の武装実態や、寄親寄子制との関連性などは、まだ十分に検討されていないという。

具体的には武田氏が滅亡までの間に発給した「軍役定書」を問題としており、永禄五年（一五六二）十月のものを初見として、二十四例を表示した上で、永禄期のものと元亀年間以降のものでは表記形式に差異があるとし、とりわけ天正期のものでは、定納貫高とそれに対応する軍役内容とが明確に記されているという。因みに初見のものから永禄末年までの発給文書中に「軍役」と表記のものを、別にまとめたものが後掲の第一表である。(6)

平山氏はその一覧表から確認される武田氏の軍役は、定納一〇〇貫文未満の下級家臣（土豪・有力百姓層）では、約九貫文〜十二貫文につき一人の割合で賦課されており、定納二〇〇貫文未満の者は平均約五貫文につき一人の賦課であり、二〇〇貫文以上の上級家臣の場合は十四貫文に一人の割合で賦課されているといい、ここでは二〇〇貫文未満の者（中小国衆）が中核的な存在であり、従来指摘されている上位者（一門・譜代家老・有力国衆）が過重との原則はみられないとする。下級家臣としては軍役衆（寄子・同心衆）を想定しているが、軍役衆は軍役負担の全対象者を指すものであって、この場合は別の表記をする必要がある。寄子・同心衆でよいと思う。

なお武田氏の場合、知行相当の軍役負担率の目安は一〇〇貫文ごとと思われ、これは知行役の内の地頭役が一〇〇貫文を基準に賦課されていたことに対応したものという。さらに永禄十年（一五六七）十一月十九日付けの大須賀佐渡守宛の軍役規定朱印状（大須賀家文書、「武田遺文」一二一一号）の場合を事例として、堰役などの郷次諸役を免許する代わりに、「所領役之人数之外」の軍役賦課を指令しており、従来は分離していた知行高分軍役と、増分などへの諸役免許に相当する軍役の統合が計られてきたとする。後述するように、この軍役賦課基準の拡大変更は重要な転換点となり、これがさらに永禄末年頃から多見してくる在郷諸階層からの「軍役新衆」の創出へと継承されていくこととなる。

平山氏は次いでこの二十四例の「軍役定書」について、その装備ごとの武装規定を検討しており、まず騎馬について検討しており、武田氏の場合、騎馬を負担するのは二十貫文以上の貫高を保有する者のみであり、北条氏にくらべて騎馬の負担は三分の一でしかないという。その外の武装内容についても一定の割合があり、武装の統一化と規格化が推進されていたとし、それが初めて明確に示されたものが、永禄十年（一五六七）十月十三日付けで、「各江」宛てに発せられた「軍役条目」であるという（第一表、№15、「武田遺文」一一九八号）。これは二十六ヶ条にわたって、物主以下の軍役衆の装備や武具についての規定とともに、鉄炮について悴者・小者への鍛錬や、同心・被官についても弓稽古が指令されている。最後にこれに違反する者は知行没収か死罪と規定している。この文書は武田氏の軍制改革として重要な位置付けのものであるが、原本は実在せず、宛名の「各江」の表記も異例であり、どういった範囲に宛てられたものなのか、なお検討の余地を残している。

この内容は本来的な知行高に対応した軍役衆に対しての軍役内容の統一強化を意図したものであって、ここでは弓・鑓・鉄炮の三種が重視されており、鑓は長柄三間柄と規定されており、以後の「軍役条目」や「軍役定書」に反映されていく。その内容を反映させた最初の具体的な条目が、永禄十二年十月十二日の市川新六郎ほか宛の「軍役定書」（市河家文書、第一表No.24～27）であり、この文書は武田氏の軍制上でも画期となった内容のものであり、その内容と意義については後述したい。

平山氏は最後に一手衆として参陣する軍団の中核になっていた寄親について、その配下にあった被官・同心衆への取次・指南などを通して軍事指揮下に置き、同心衆への知行配分などを通してその被官化も進められていたとする。

次いで後北条氏の軍役定書と軍隊構成を検討された則竹雄一氏が、平山氏と同じく武田氏の軍法（軍役条目）と軍役定書を取り上げ、その軍隊構成の特徴を論述している。[(7)] 則竹氏もまず武田氏領では定納貫高と軍役とが連動している点を確認し、本来的な知行相当の軍役の外に検地増分に対する軍役も賦課されており、それらも含めて「軍役定書」形式が成立するのは、永禄十年代から元亀年間であったという。とりわけ前述した永禄十年（一五六七）十月十三日付けで、「各江」宛てに交付された二十六ケ条におよぶ「軍役条目」（『武田遺文』一一九八号）を重視しており、その軍隊編成の特徴は、基本は騎馬兵と武具を携帯する歩兵であり、騎馬と歩兵の武装についての細かい規定が明記されているという。

さらに軍役の種類は、乗馬・持小旗・鉄炮・弓・長柄の六種が基本であり、以下これらの各装備についての細かい内容説明があるが、実際の「軍役定書」の中には乗馬規定のないものもみられるが、その理由は不明であるとする。

次いで上記の「軍役条目」を改訂したものとして、同じく永禄十二年十月十二日付けの北信国衆である市川新六郎ほか宛の九ヶ条の四通の「軍役条目」（『武田遺文』一四六一〜六三、四二二三号、第一表№24〜27）を検討しており、これはより簡略化した内容になっているほか、鉄炮重視の規定や、陣参させる被官として百姓・職人・祢宜・幼弱の者を召し連れることを禁ずる条項が加えられている点が特徴であるという。この「軍役条目」については、別途にその全文を掲示して、その内容と発令背景などを後述したい。

則竹氏はさらに信玄死去後の勝頼期の元亀四年十一月朔日付けの、駒井肥前守宛の武田勝頼の九ヶ条の「軍役条目」（同前四二五三号）を取り上げ、これを代替わりのものとして、前述した信玄代の条目内容を遵守しつつ、さらに改訂を加え、弓・鉄炮兵への重点化が進められているという。さらに天正期には勝頼によって「軍役条目」の改訂強化が進められ、それに対応した「軍役定書」も多く残っており、軍制が定型化してきた点が確認されるという。しかし一方では、天正五年閏七月五日付けの三浦右馬助ほか宛の「軍役条目」（『武田遺文』二八三七〜三九号）に見られるように、総動員令の発令により、本来の軍役衆とは明確に区別されていた百姓層の動員を余儀なくせざるを得なくなったような対外情勢もあり、決して安定的な軍制が構築されていたわけではなかったという。なお、勝頼による天正期の「軍役条目」の改訂については、同種のものが何通か残っており、相互に本文が異なるものが多く、それらは別途に比較検討の必要があると思われるので、この点は別稿として検討したい。

則竹氏は最後にまとめとして、前述した永禄十年・十二年の「軍役条目」を定型化し始めたものとし、以後状況に応じて順次改訂を重ねていったとする。また武田氏による百姓層（地下人）の軍役動員は容易に進展しなかったとし、軍隊は日常的には本来の「軍役衆」によって構成されており、百姓層の動員は非日常的事態に限定されていたという。

次いで本来の軍役衆以外の百姓層の軍役への動員が問題となるが、この問題については、かつて戦国史研究会が「戦国時代の郷村」を特集して、(8)郷村内の諸階層の存在形態と大名権力との関わりを追求したことがあるが、その後にこの問題は議論が進展せず、課題として留保されたままになっている。

郷村内諸階層の動向については、地下人層を中心に印判衆・軍役衆については、筆者も別稿で検討しており、(9)その研究史の概略については、鈴木将典氏が簡便にまとめているものがあるので省略する。(10)鈴木氏は従来からの本来の家臣団は別として、新たに郷村内で創出されてくる軍役衆と、他の有力百姓層（地下人層）との間には、身分や経済力の差は存在しないとの見解であり、武田氏への軍役奉公を勤めていた最下級の武士＝軍役衆であり、寄親寄子制を中心とした家臣団編成の中では、最下層の武士と位置付けられてきたという。そこでは軍役衆を身分と規定しているが、「兵」か「農」かとの点では、掲載されている引用史料をみる限り両様の実態を残しているので、個々の判定には困難な部分が多いと思われる。この点はこの時期での兵農分離状況の認識と関わってくる。

鈴木氏は同論の参考史料として「軍役衆に関する文書一覧」を付載しているが、その中には併せて「同心・被官」とあるものも収録されており、これらも軍役衆と同質のものとみているが、同心衆についてはよいとしても、軍役衆の被官も同列とみる点には問題がある。「軍役衆」の表記文書については別にまとめたいと思うが、以下、本章では知行制を背景とする本来的な「軍役衆」と、永禄末年～元亀年間になって郷村内の百姓層が諸役免許策などによって新たな軍役衆に動員されていった者とを区別するため、後者の場合の者を「軍役新衆」と表記する。

一　領国内の知行制と軍役

まず軍役とは何か。それを理解するために、武田氏発給文書にみえる「軍役」表記のあるものの一覧表を第一表として作製してみた。前述したように、武田氏領での軍役賦課については、永禄末年頃を契機として、従来の知行相当の軍役賦課に準じて、所領内の諸役免許による軍役の創出や、それまで被官関係のなかった在郷の有力農民層などに対して、同じく諸役免許の代償として新たな「軍役新衆」を創出する軍制改革が進行してくることから、まず同表では永禄末年までを抽出し、その中での特徴的なものの場合を検討しておきたい。

武田氏領内での「軍役」の初見文書は、第一表の№1の天文二十二年（一五五三）二月の上黒駒・称願寺宛（甲州市御坂町）の武田家伝馬定朱印状である（「武田遺文」三六〇号）。これは甲斐国内の黒駒宿（御坂町）の郷人に伝馬役を賦課したものであるが、その断り書きとして「次ニ致軍役族者、家人者不及書載、至于一家衆之被官等、伝馬令免許者也」とあり、軍役を勤める者は家人であっても伝馬役を除外し、一家衆の被官にも伝馬役を免除している。

ここでは「軍役」表記文書の初見が天文二十二年と、予想以上に遅いことが注目され、さらに軍役を勤める者は、家人・被官までも伝馬役免除の対象者となっており、すでに一般郷民の伝馬役負担者とは峻別されていることが明らかである。ちなみに「軍役」の用例は、その後に順次増加してくるが、その用例は例えば次の［文書1］（№2）のように、その大多数は従来どおりの給人家臣の知行高に応じて賦課した本来的な軍役奉公を意味す

第一表　「軍役」表記文書一覧（永禄末年まで）

No.	日付	文書名	宛所	内容摘要	出典
1	天文22・2・13	武田家朱印状	黒駒	致軍役族は伝馬役免許	360
2	永禄2・11・20	武田信玄判物	屋代左右衛門尉	随分量軍役可有御勤	676
3	永禄5・2・8	武田家朱印状写	大井左馬允入道	被官欠落軍役退屈成敗	769
4	永禄5・10・10	武田家朱印状写	大井左馬允	軍役定書	803
5	永禄5・10・19	武田家朱印状写	大井左馬允	軍役定書	804
6	永禄8・11・朔	武田信玄判物	諏訪社神事再興	為恩地軍役勤候故神事銭退転	960
7	永禄8・12・5	武田信玄判物	諏訪社神事再興	為給恩勤軍役之間神事銭減納	965
8	永禄9・閏8・28	武田家朱印状	千野出雲	替地宛行、可勤軍役	1019
9	永禄9・9・21	武田家朱印状写	（宛名欠）	軍役定書	4206
10	永禄10・3・15	武田信玄判物	横手監物	可勤所領役之人数軍役	1060
11	永禄10・6・27	武田信玄書状写	後閑伊勢守	本領安堵、可勤相当之軍役	1088
12	永禄10・7・朔	武田家朱印状写	後閑伊勢守	軍役定書	1090
13	永禄10・9・9	武田信豊判物写	小田切源五郎	相当之綺羅軍役奉公	1193
14	永禄10・10・5	武田家朱印状	矢島神左衛門尉	御恩相当ニ可勤軍役	1196
15	永禄10・10・13	武田家朱印状写	各江	全26ケ条の軍役条目	1198
16	永禄10・11・19	武田家朱印状	大須賀佐渡守	諸役免許、鑓持ち一人軍役	1211
17	永禄10・12・12	武田家朱印状写	樋口与三左衛門	替地宛行、可勤相当之軍役	1221
18	永禄11・正・9	武田家朱印状写	堀内右衛門助	知行宛行、可勤軍役	1228
19	永禄11・11・23	武田家朱印状	三枝勘解由左衛門	知行宛行、軍役賦課	4215
20	永禄12・8・4	武田信玄判物	和田弥壱郎	知行宛行、可勤軍役	1440
21	永禄12・8・4	武田家朱印状	曽根原甚五郎	別而可勤軍役、重恩宛行	1441
22	永禄12・8・10	武田信玄判物	大井小兵衛尉	知行寄子等付与可勤軍役	1444
23	永禄12・8・28	土屋昌続証文写	渡辺式部丞	知行相当之軍役可勤	1453
24	永禄12・10・12	武田家朱印状	市川新六郎	軍役定書	1461
25	永禄12・10・12	武田家朱印状	海野衆ほか	軍役定書	1462
26	永禄12・10・12	武田家朱印状写	小宮山丹後守	軍役定書	1463
27	永禄12・10・12	武田家朱印状写	駒井肥前守	軍役定書	4223
28	永禄13・3・4	武田家朱印状写	深志在城衆	人質の軍役勤仕	1518
29	永禄13・3・19	武田家朱印状	若槻五郎兵衛尉	重恩相当之可勤軍役	1522
30	永禄13・3・28	武田信玄判物写	左馬助	相当之軍役可勤	1528
31	永禄13・4・9	武田家朱印状	波切助右衛門	陣中軍役之奉公	1534
32	永禄13・4・15	小山田信茂判物	萱沼大炊左衛門	田地屋敷宛行、軍役可勤	1540

（注）　出典は「武田遺文」の文書番号。

るものである。具体的には、第一表の№２によると、

［文書１］**武田信玄判物**（真田家文書、「武田遺文」六七六号）

雖為何時、其方隠居之砌者、福井・戸蔵・新砥之内、山田庄内之中内河、
如此有知行、随分量軍役可有御勤候、猶香坂弾正左衛門尉可申上候、
恐々謹言、
永禄弐年
十一月廿日　　信玄（武田）（花押）
屋代左衛門尉殿

この内容は、この時点で武田氏に帰属してきて隠居した埴科郡の屋代氏に対しての知行安堵状であり、相当する軍役を勤めるように指令したものである。これは従来から問題にされている、家臣団への知行宛行や安堵に対応した軍役賦課であり、これに関しては前述したような研究史があり、知行高や地域差による軍役の軽重問題や、指定軍役の内容差などが明らかにされている。

家臣宛に最初にその軍役内容を具体的に示したものとして、№４の「軍役定書」がみられる。

［文書２］**武田家朱印状写**（武州文書、同前八〇三号）

（竜朱印影）
〇定
四十五人　　具足
此内
一、鑓　　三十本　付、此内五本、就在府赦免

一、弓　　　　五張
一、持鑓　　　二丁
一、鉄放　　　壱丁
一、甲持　　　一人
一、小幡持　　一人
一、差物持　　一人
一、手明　　　四人
　　　已上四十五人
右如此召連、可被勤軍役者也、仍如件、
（永禄五年）
壬戌　十月十日
　　　　大井左馬允殿

これは武田氏領での具体的な軍役内容を明記した初見の「軍役定書」であるが、宛名の大井高政は信濃・小諸城主であり、天文二十三年（一五五四）に武田氏に帰属した佐久郡の国衆である。この段階での大井氏の知行高は不明であるが、軍役は具足四十五人を召連れて参陣せよとあるから、この他に乗馬の本人も加わっていたことになる。これは暫定的なものであったらしく、九日後には改めて四十五人の軍役内容を改訂した定書が渡されており（No.5、同前八〇四号）、それでは手明四人に代わって「乗馬五騎」と指定されている。これは本人とその手明被官の騎馬出陣を明記した結果と思われる。それ以外の四十名は具足着用であり、歩兵としての大井氏家人（武家奉公人）である。

これ以降、同形式による武田氏の家臣宛の「軍役定書」は順次に増加しており、その内容もより具体的な表記になってくる。それらを一覧化した表が、前述した平山優氏の論考によってまとめられており、二十四例がその知行高（定納高）とともに、軍役装備内容別の詳細が示されている。そこでの指摘は、永禄期のものと天正期のものには明らかな差異があり、一覧表から読み取れる特徴として、定納高一〇〇貫文未満の下級家臣（土豪・有力農民層）と二〇〇貫文以上の上級家臣の軍役負担率を比較した場合、上級家臣になるほどその負担率が軽くなっていたといい、国別による負担の差異も認められないとする。下級家臣は寄子・同心衆であるとし、その実態は在郷の土豪・有力農民層であったという。この辺の認定が軍役衆をみる場合の最大の問題点となるわけであるが、それは後述するとして、もう少し年代をおって「軍役」表記文書の内容を検討しておきたい。

No.6は永禄八年十一月に武田信玄が、退転していた諏訪大社の神事再興を神領の諸郷に命じた判物であり八通が残っているが、その内の岡谷・辰野郷宛に下社祭祀の再興を命じた条文の二十六条目には、「此神領山田若狭守・同新右衛門尉・源兵衛三人之給恩候条断絶、彼若狭・新右衛門尉乗馬ニ而勤軍役来候、自来年者以歩兵致陣参、騎馬免許之故に、三貫文之御神事銭、両人より半分つゝ可出之由尤候」とあって（諏訪大社文書、「武田遺文」九六〇号）、すでに軍役の一部が騎馬から歩兵に変更されている点が注目される。

No.15については、前述したように、武田氏の軍制改革を具体的に明示した「軍役条目」であって、その後の「軍役定書」に反映していく重要なものである。No.16は永禄十年十一月十九日付けで埴科郡の大須賀氏に宛てた武田家朱印状であり、これについては前述したように、奉公の代償として知行分の堰役・上役を免除し、「然者、所領役之人数之外、鑓持壱人着具足召連、可被勤軍役之趣、御下知候者也」とあり（大須賀家文書、同前一二二一号）、諸役免除の代わりに、正規の軍役の外に鑓持一人の追加が指令されている。この場合の鑓持は具足着用と指定されているので、大須賀氏の家人であろう。諸役の一部が免除され、代わりに鑓持一人が追加されている点が注目される。

次いでNo.22であるが、その内容は、

［文書3］武田信玄判物（大井家文書、「武田遺文」一四四四号）

於于上州、本郷八郎左衛門尉ニ出候知行、渡于其方候、同寄子足軽十人申付候、

然則箕輪令在城、向後者知行相当ニ、別而可被勉軍役者也、仍如件、

永禄十二年己巳

八月十日　　信玄（花押）

大井小兵衛尉殿

これはNo.3～5で表出した佐久郡の大井満安に上州への所替えを命じ、その地の本郷氏の知行地と共に、寄子・足軽十人も付与して、箕輪城（高崎市）への在番を勤めさせたものである。本郷氏の知行地にはすでに寄子・足軽も組み込まれており、知行地とセットになっており、そのままの形で大井氏に付け替えられている点が注目される。

この後も「軍役」表記は、No.23の同年八月二十八日付けの渡辺式部丞宛の土屋昌続知行宛行証文写（彦根城博物館所蔵文書、同前一四五三号）まで数通がみられるが、いずれもそれまでの用例と同じく、知行宛行・安堵に対応した「知行相当之軍役」を申し付けたものであって、家臣団とその家人が賦課対象であり、在郷の地下人を軍役の対象とした「軍役衆」と表記したものはまだ皆無である。

ところが次に問題となるのが、No.24の永禄十二年（一五六九）十月十二日付けで、市川新六郎宛ほかに与えら

れている竜朱印状による九ケ条にわたる「軍役条目」である（本間美術館所蔵、市河文書ほか、同前一四六一〜六三・四二二三号）。その全文を示すと、

［文書4］武田家朱印状（市河家文書、同前一四六一号）

定

一、烏帽子・笠を除て、惣而乗馬・歩兵共ニ甲之事、
　付、見苦候共、早々支度之事、
一、打柄・竹柄・三間柄之鑓、専用意之事、
　付、仕立一統之衆一様たるへきの事、
一、長柄十本之衆者、三本持鑓、七本長柄たるへし。長柄九本・八本・七本之衆者、二本持鑓、其外者長柄たるへし、長柄六本・五本・四本・三本・二本之衆者、一本持鑓。其外者長柄、又一本之衆者、惣而長柄たるへきの事、
　付、弓・鉄炮肝要候間、長柄・持鑓等略之候ても持参、但有口上、
一、知行役之鉄炮不足ニ候、向後用意之事、
　付、可有薬支度、但有口上、
一、鉄炮之持筒一挺之外者、可然放手可召連之事、
一、乗馬之衆、貴賎共ニ甲・咽輪・手蓋・面頬当・脛楯・差物専要たるへし。此内一物も除へからさるの事、

付、歩兵も手盖・咽輪相当ニ可被申付之事、

一、歩兵之衆、随身之指物之事、

一、知行役之被官之内、或者有徳之輩、或者武勇之人を除て、軍役之補として、百姓・職人・禰宜、又者幼弱之族召連参陣、偏ニ謀逆之基不可過之事、

一、定納二万疋所務之輩、乗馬之外、引馬弐疋必用意之事、

以上

（永禄十二）
己巳
十月十二日　（竜朱印）　（昌続）土屋奉之

市川新六郎殿（信房）

これについては前述したように、永禄十年十月に「各江」宛てに出された二十六ケ条の「軍役条目」を改訂して要点を九ケ条に整理し、個別の家臣団宛に与えたものであって、以後の「軍役条目」や「軍役定書」のもととなったものである。

現在、同日付で同文のものが四通残っており、九ケ条完備しているのは上記の市川氏宛の外は、駒井肥前守宛の一通であり、海野衆宛のものは前欠で六ケ条のみであり、小宮山丹後守宛のものは前後欠で五ケ条と不完全なものである。市川家文書のみが原本であり、他は写であるため不完全なものになっているが、この時期に同文のものが家臣団に多数発給されていたことが判明する。その背景には前年での武田氏の駿河進攻によって北条氏との対決が必至となり、同時にこの年六月に実現した「越相同盟」の成立によって、上杉氏との対戦も余儀なくな

り、武田領は南北から挟撃を受けるような状況となっていた。

この条目での要点は、前述した則竹氏が指摘しているように、鉄炮・長柄鑓重視のほか、騎馬と歩兵の装備についても厳格な規定をしている。とりわけこの条目で注目される点は、第八条で、知行役の被官の内に、軍役の補充として百姓・職人・祢宜・幼弱者を参陣させることを厳禁しており、少なくともこの段階までは、本来的な知行制に基づく軍役賦課が原則的には維持されていたことが判明する。しかしこうした条項を明記せざるを得なくなった背景には、被官以外の百姓層の徴用が目立ってきた状況が想定される。

その後も翌永禄十三年（元亀元年）末頃までの「軍役」表記文書は、従来通りの本来的な知行役相当の軍役賦課のみがみられるが、元亀二年（一五七一）正月十一日付けの「信州下伊奈宿々大小人」宛ての朱印状では、

［文書5］武田家朱印状（工藤家文書、「武田遺文」一六四三号）

定

今度応　御下知、於于参陣之輩者、何之被官成共、御普請役被成御免許畢、然而依于武具以下之体、可被宛行相当之御恩者也、仍如件、

元亀二年辛未

正月十一日　◯（竜朱印）

土屋右衛門尉（昌続）奉之

追而、累年勤軍役人之外也、

信州下伊奈宿々　大小人

これは元亀二年正月に、武田氏が北条方の興国寺城（沼津市）と深沢城（御殿場市）を攻めており、深沢城には矢文を送り降伏を勧告し、金掘衆に本丸までの横穴を掘らせ開城を迫った時のものである。この下伊奈郡内の宿

郷宛の動員令もその一環と思われ、陣参者には普請役を免許し、武具以下の装備に応じて相応の御恩を宛行うとしている。追書きではその対象を従来の軍役衆以外の者と断っており、宿々の大小の地下人を軍役新衆として徴用している。

これは軍役賦課対象者の拡大と公認を意図したものであって、この時期に至って地下人百姓層の軍役動員を容認したこととなる。その代償としては従来での知行の宛行や安堵ではなく、郷村内に賦課していた各種の諸役免許であったことが判明する。

二　軍役新衆の創出

元亀二年（一五七一）に至って軍役新衆の動員を指令した文書が目立って多くなるが、元亀年間での「軍役」表記文書をまとめたものが第二表である。これによればこの段階でも軍役賦課の基本は家臣団（知行人）への知行相当の軍役であったことが確認できるが、併せて郷内の有力百姓層を本来の軍役衆に準じて動員しているものが目立って多くなっている。まず問題となるのが、次の文書である（第二表のNo.４）。

[文書６]　**武田家朱印状**（田辺家文書、同前一六四五号）

定

一、御分国諸商一月ニ馬壱疋之分、役等御免許之事、
一、本棟別壱間之分、御赦免之事、
一、向後抱来候田地、如軍役衆、可被停検使之事、

第二表　元亀年間の「軍役」表記文書一覧

<table>
<tr><th>No.</th><th>日付</th><th>文書名</th><th>宛所</th><th>内容摘要</th><th>出典</th></tr>
<tr><td>1</td><td>元亀元・11・28</td><td>武田家朱印状</td><td>堤左近丞</td><td>為御家人、可勤軍役</td><td>1618</td></tr>
<tr><td>2</td><td>元亀2・正・11</td><td>武田家朱印状</td><td>信州下伊奈宿々大小人</td><td>参陣輩諸役免許</td><td>1643</td></tr>
<tr><td>3</td><td>元亀2・3・13</td><td>武田信玄判物</td><td>兵庫助</td><td>可勤遺跡軍役</td><td>1671</td></tr>
<tr><td>4</td><td>元亀2・2・13</td><td>武田家朱印状</td><td>田辺四郎左衛門尉ほか</td><td>軍役衆同然免許</td><td>1645</td></tr>
<tr><td colspan="6">（以下、同日付けで同文の文書のため、宛名と出典のみを表記する）
中村段左衛門尉（1646号）、中村与右衛門尉（1647）、芦沢兵部左衛門尉（1648）、保科善左衛門尉（1649）、田草川新左衛門尉（1650）、鈴木八太夫（1651）、古屋清左衛門（1652号）。</td></tr>
<tr><td>5</td><td>元亀2・3・17</td><td>武田家朱印状</td><td>秋山伯耆守</td><td>軍役人の被官</td><td>1675</td></tr>
<tr><td>6</td><td>元亀2・3・26</td><td>武田家印判状</td><td>湯平之郷　又三郎</td><td>諸役免許</td><td>1680</td></tr>
<tr><td colspan="6">（以下、同日付けで同文の文書のため、宛名と出典のみを表記する）
熊野之郷　切原新九郎・与三右衛門・神八（1681号）、保坂之郷　弥二郎・原次郎（1682号）、中牧之郷　水上原七郎（1683号）、中野之郷入蔵文六（1684号）、窪八幡之郷　大工村之丸山新七郎・同所之薗田弥九郎。窪之保坂新四郎・大工村之又七郎・水口之清三郎（1685号）。</td></tr>
<tr><td>7</td><td>元亀2・4・9</td><td>津金意久証文写</td><td>東泉院</td><td>寺領寄進、可勤軍役</td><td>1690</td></tr>
<tr><td>8</td><td>元亀2・4・19</td><td>武田家朱印状</td><td>六科郷・矢崎源右衛門尉</td><td>軍役衆同然免許</td><td>1695</td></tr>
<tr><td colspan="6">（以下、同日付けで同文の文書のため、宛名と出典のみを表記する）
千野・村田弥三（1696号）、上八田郷・小野又次良（1697）。</td></tr>
<tr><td>9</td><td>元亀2,5,17</td><td>武田家朱印状</td><td>渡辺豊前守</td><td>内徳宛行、可勤軍役</td><td>1711</td></tr>
<tr><td colspan="6">（以下、同日付けで同文の文書のため、宛名と出典のみを表記する）
渡辺豊前守（1712号）、田中弥三左衛門尉（1713）、石原次郎三郎（1715）、石原次郎三郎（1716）、横打与三兵衛尉（1717）、田中弥八（1718）、古屋織部（1719）、竹井善四郎（1721）。</td></tr>
<tr><td>10</td><td>元亀2・7・2</td><td>武田家朱印状</td><td>加藤与五右衛門尉</td><td>知行宛行、可勤軍役</td><td>1724</td></tr>
<tr><td>11</td><td>元亀3・正・10</td><td>武田家朱印状</td><td>海野弥兵衛尉</td><td>普請役免許、可勤軍役</td><td>1770</td></tr>
<tr><td>12</td><td>元亀3・3・10</td><td>穴山信君判物</td><td>望月与三兵衛</td><td>知行宛行、可勤軍役</td><td>1803</td></tr>
<tr><td>13</td><td>元亀3・3・18</td><td>武田家朱印状写</td><td>山県三郎兵衛尉</td><td>軍役定書</td><td>1811</td></tr>
<tr><td>14</td><td>元亀3・4・10</td><td>武田信玄判物写</td><td>左馬助（武田信豊）</td><td>知行宛行、可勤軍役</td><td>1826</td></tr>
<tr><td>15</td><td>元亀3・4・20</td><td>武田信玄判物写</td><td>御宿監物</td><td>知行宛行、可勤軍役</td><td>1842</td></tr>
<tr><td>16</td><td>元亀3・5・3</td><td>武田家朱印状写</td><td>小林与兵衛尉</td><td>所領役外軍役定書</td><td>1862</td></tr>
<tr><td>17</td><td>元亀3・5・5</td><td>武田家朱印状</td><td>渡井惣兵衛尉</td><td>知行宛行、可勤軍役</td><td>1865</td></tr>
<tr><td>18</td><td>元亀3・5・23</td><td>武田信玄判物写</td><td>富士兵部少輔・蔵人</td><td>代替安堵、可勤軍役</td><td>1900</td></tr>
<tr><td>19</td><td>元亀3・8・11</td><td>武田家朱印状写</td><td>葛山衆</td><td>軍役定書</td><td>1939</td></tr>
<tr><td>20</td><td>元亀3・8・一</td><td>知久頼氏判物</td><td>香坂右近介</td><td>知行宛行、可勤軍役</td><td>1943</td></tr>
<tr><td>21</td><td>元亀4・3・4</td><td>武田信豊朱印状写</td><td>佐野弥八郎</td><td>知行宛行、可勤軍役</td><td>2025</td></tr>
</table>

（注）　出典の番号は「武田遺文」の文書番号。

一、郷次之人足普請、被禁之事、

以上

於今度深沢之城、別而致奉公候間、被加御褒美者也、仍如件、

元亀二年辛未

二月十三日　〇（竜朱印）

山県三郎兵衛尉奉之

田辺四郎左衛門尉

第二表に明示したように、これと同日付けで同文のものが七通残っており、その宛名人はいずれも塩山（甲州市）周辺在住の黒川金山衆であって、前述した武田氏の正月の深沢城攻めに際して、金山掘子衆を動員して地下道を掘り、同城の落城に貢献した者達である。本文書はその奉公に対する褒美とあり、その内容が四ケ条にわたって具体的に示されている。免許内容は分国内での所有商馬につき一月一疋分の伝馬役を免許し、本棟別役一間も免除し、郷次の人足普請役も免除している。なお所有の田地への検使の派遣も停止するとし、これは軍役衆に準じた措置であるとしている。これらの褒賞内容は知行制に基づく被官関係に関するものではなく、領国内の諸階層に一律に課されていた諸役であって、その免許が軍役負担の条件になっている。

宛名の田辺氏ほかは黒川金山周辺在郷内での上層百姓であって、黒川金山衆として金山経営にも関与しており、その製品の販売などの商業活動もしていた。宛名人のすべてのものが武田氏との接触を示す初見のものであって、これ以後については武田氏との関係を維持しているものもみられる。宛名人にはすべて「殿」はなく、明らかに本来の軍役衆との差異がはっきりしている。これらの者達を「軍役新衆」とみる。

次に明確に郷村内での軍役新衆の創始を物語るものとして、第二表のNo.6の武田家朱印状が注目される。

［文書7］武田家朱印状（岡部家文書、同前一六八〇号）

（竜朱印）
〇自辛未歳両棟別共ニ御赦免、然而普請役・隠田等之事、軍役衆可為同前之旨、御下知候之間、存其旨厳重ニ可令陣参、御扶持者如此間、可被下者也、仍如件、

元亀二年辛未　山県三郎兵衛尉
　三月廿六日　　　　奉之
　　原　隼人佑
　　湯平之郷　又三郎

これも同日付で同文のものが他に五通あり、それぞれ宛名には郷名とその対象者名が記されている。宛名の人名には無姓の者もみえており、前出の黒川金山衆とくらべると、郷村内では一段と下層の百姓身分の者がその対象になっているように思われる。

内容的には三月末に至って武田氏は遠江・三河への出陣を敢行し、二十三日には小山城（吉田町）を攻略した後、進んで高天神城（掛川市）を包囲している。(11)信玄による第一次の遠江進攻であり、これらの軍役新衆の動員がかなりの広範囲の地域で行われたことを示している。この場合も軍役動員の見返りとしては、両棟別役・普請役の免許と隠田の保証であって、いずれも本来の軍役衆に準じた扱いを示唆している。

さらにNo.8によると、同年四月十九日付けでも、全く同文の文書が複数発せられており、前回分の追加がなされており、この戦略が大規模のものであったことを物語っている。これに次いでNo.9の同年五月十七日付けでは、

［文書8］武田家朱印状（渡辺家文書、同前一七一一号）

定

今度藤巻之郷御改之上、為御重恩、当所務三貫文被下置候、相当ニ
武具等令用意、可勤軍役者也、仍如件、

辛未
五月十七日（竜朱印）〇　跡部大炊助奉之
市川区内助
渡辺豊前守殿

これも同日付けで同内容のものが別人宛に八点残っており、宛名のそれぞれに検地をした上で重恩を与えるので相当の武具を用意して軍役を勤めるよう指令している。重恩知行の宛行約束による軍役賦課方式は従来どおりのやり方であり、宛名の渡辺豊前守ほかはすでに武田家被官であったと思われるものであるが、これに付随して出された武田氏の覚書が残っており、それには、藤巻郷（田富町）の内徳分について、以下［文書9］のように郷内百姓層に再配分させて軍役新衆の創出を計っている。

［文書9］武田氏覚書（渡辺家文書、同前一七一二号）

渡辺豊前守

壱貫六百七十一文	又七郎
五百文	一瀬伝右衛門
百五十文	同役銭
六百文	内徳之次郎右衛門
九十文	今福善四郎

（印文未詳朱印）
合参貫文
元亀仁年辛未五月十七日

これによると、検地内徳分の三貫文が渡辺氏所領内の百姓層のものに再配分されて、軍役新衆創出の原資となっている。こうした郷村内のものまでが検地によって武田氏に把握されていた点が注目され、それが軍役新衆創出の背景となっていることが推測される。

次いでNo.16は同じく従来の知行人へ軍役の追加を指令したものである。

［文書10］武田家朱印状写（「諸家古案集」一、同前一八六二号）

今度知行被下候、依田又左衛門尉被官共、同心于被仰付候、然者如書上、累年之所領役之外、別而鑓十本召連可勤軍役候趣、御下知候者也、仍如件、

元亀三年壬申
五月三日　　武藤喜兵衛尉奉之
信玄朱印此所
小林与兵衛尉殿

追而、知行持之外九人、同被相預候旨、御下知候、来秋御検地上、可被下御恩候也、

宛名の小林氏は西上野の国衆であるが、依田氏の知行と被官を同心衆として付与され、それに伴って「累年之所領役之外」として「鑓十本」の軍役が賦課されており、追書きによるとそれは「知行持之外九人」に負担させるとしている。これも軍役新衆の創出に関わるものであろう。

次いでNo.19は地下人衆への「軍役定書」であり、知行人への定書と同様の書式で軍役の内容が具体的に明記さ

れている。

［文書11］武田家朱印状写（歴代古案五、同前一九三九号）

（竜朱印影）
定

一、長柄三間之事、
一、持鑓二間之中之事、付、実共、
一、持小簱・差物しない四方之事、
一、射手之事、
一、鉄炮放之事、付、玉薬之事、
一、一統之立物之事、
一、馬之事、

自庵之江湖之申楽・舞々・妻之衣装・私宅之造作等之費用一切被停之、

右条々、無油断支度肝要候、随而近日小田原・当方双簱、至関東可有御勤（動）候、敵味方之覚ニ候之間、知行役之外、別而人数令加増、可被勤軍役候、此一往者不可成後日之亀鏡候、有其分別被応下知者、可為感悦候者也、仍如件、

元亀三年
八月十一日

葛山衆

宛名の葛山衆は信濃・葛山城下（長野市茂菅）の静松寺近在に蟠踞していた落合氏らの地域的武士集団であって、弘治三年（一五五七）二月の第三次の川中島合戦を契機として武田氏に帰属していた。この年八月に信玄は上杉氏に対抗するため関東への出兵を予告したが、これはその際の葛山衆への軍役定書である。ここにも「知行役之外、別而人数令加増、可被勤軍役候」とあって、正規外の軍役の内容が指定されている。

以下、こうした状況は代替わりした勝頼にも継承されていくが、その内容はより簡略化され定型化したものになっていく。その中で軍役新衆の創出にかかわるものとして突出した内容のものが、天正五年（一五七七）閏七月五日付けの「軍役条目」である。[12]これは三ケ条に整備されており、その第一条に「領中之貴賤十五以後六十以前之輩、悉被申付、以廿日之滞留出陣頼入候事」とあり、第三条には「武勇之輩、別而可被召具、須貴賤批判之分者、為可補軍役」ともあり、もはや徴兵的に動員した軍役新衆に頼らざるを得なくなっている。

まとめにかえて

戦国期の武田氏領での軍役編制の状況がどうなっていたかを検討してみたいと思い、まず武田氏の知行制に基づく家臣団への軍役賦課の実態を検討してみたが、この問題については一定の研究史が蓄積しているにも関わらず、大名権力の拡大変質などの段階差もあって、軍役編制の変化については十分な成果が出されていないことが確認できた。

しかしこの問題は領国形成経過と家臣団研究そのものの研究であり、この点はまだ十分には成果がまとめられていない状況と思われる。従って本章でも大名の知行制に基づく各種の家臣団に課された本来的な軍役については、これまでに明らかにされている点の紹介に留め、新たな検討は行っていない。

これまでに指摘されていることであるが、永禄末年に一定の軍制改革が行われ、その結果、具体的な軍役内容を明記した「軍役条目」や「軍役定書」がみられるようになり、その実施にあたって、元亀年間には知行制に基づく従来の本来的な軍役衆の他に地下人層の軍役動員が始まり、従来の軍役衆を補完する形での「軍役新衆」の創出が行われている。とりわけ代替わりした勝頼の天正期には「軍役条目」や「軍役定書」が改訂整備され、軍役新衆の拡大化が計られている。

注

（1）平山優「武田氏知行役と軍制」（平山優・丸島和洋編『戦国大名武田氏の権力と支配』岩田書院、二〇〇八年）。
（2）酒井憲二編『甲陽軍鑑大成』（本文篇上下、汲古書院、一九九四年）収録。以下、この部分については『軍鑑』の「惣人数」と略記する。
（3）柴辻「武田氏の知行制と軍役」（『戦国大名領の研究』名著出版、一九八一年に収録）。
（4）宮川満「戦国大名の領国制」（『封建国家の権力構造』創文社、一九六七年に収録）。
（5）注（1）に同じ。
（6）この表は「軍役衆」の表記がみられるようになる元亀年間のものと区別するため、単に「軍役」とのみある永禄末年までのものに限定した。出典は『戦国遺文』武田氏編からである。以下、同書については、「武田遺文」〇〇号と略記する。
（7）則竹雄一「戦国大名武田氏の軍役定書・軍法と軍隊構成」（『獨協中学校・高等学校　研究紀要』二四号、二〇一〇年）。

（8）①「戦国時代の郷村」（『戦国史研究』三一号、戦国史研究会、一九九六年）。②「戦国大名再考」（『戦国史研究』別冊、戦国史研究会、二〇〇一年）。
（9）柴辻「戦国期武田氏領の御印判衆」（本書の第二部第二章論文）。
（10）鈴木将典「戦国期の軍役衆身分について――武田領国における『兵』と『農』」（『武田氏研究』二四号、二〇〇一年）。後に「武田領国下の軍役衆と惣百姓」と改訂して、著書『戦国大名武田氏の領国支配』（岩田書院、二〇一五年）に再録された。
（11）柴辻「戦国期武田氏の遠江支配」（『日本歴史』七七七号、二〇一三年）。後に著書『戦国期武田氏領の地域支配』（岩田書院、二〇一三年）に再録した。
（12）この条目は、現在のところ三通が知られており、宛名の完備しているものは三浦右馬助宛のもののみであり（諸家文書纂一、「武田遺文」二八三九号）、他の二通は宛名を欠いている。いずれも写であるが、文言は安定しており、かつては同様のものが多数発給されていたことが推定される。

第二章　武田氏領の御印判衆

はじめに

かつて戦国史研究会では、一九九四年七月例会で「戦国時代の郷村」と題したシンポジウムを実施し、その成果を会誌『戦国史研究』第三一号にまとめている。[1] これによって戦国大名の支配対象となった郷村内での在地構造が問題となり、郷内諸階層と大名権力との関わり合い方がクローズアップされてきた。

それから十年余が経過したわけであるが、そこで出されていた疑義に応えたような論考や、新たな視点を提示したようなものは少なく、在地構造の糺明はその後、停滞したままに放置されており、最近ではこの問題に言及するようなものはほとんどみられなくなってきている。

戦国期での郷内諸階層の様態についても、その個々の呼称の不統一性や、実態認識での相違点などが多くあり、ほとんど議論は深まっていないというのが現状ではないだろうか。具体的には、土豪・地侍・小領主・代官・名主・乙名・貴賤・在家・武家奉公人・地下人・百姓・小代官・被官百姓などについてのものであり、最終的には戦国期での兵農分離状況の認識問題となっている。

これらの問題点の中で、特に平山優氏が、武田氏領についてその後に所論を発展させてまとめ直しているものがある。(2) そこでは大名武田氏との関係から、特に御印判衆・調衆・軍役衆について検討している。これらは階層・身分的には同一であり、「地下人」と表記されている村落内上層農民であるといい、その差異は「対大名関係における奉公内容の差異に基づいて区別されていた所職であった」とする。(3) 職制としての所職であるとする点には異論があるが、その他の点については同意できる。

さらにその「地下人層」については、「決して同程度の政治・経済的実力を保持した横並びの階層ではなく、土豪的階層も含めた有力百姓層の総称であると考えられる」としており、地下人層は大名権力から諸役を免除されて「軍役衆」として把握されていた「土豪的地下人層」と、単に郷内の有力百姓層としての「地下人」が存在していたとし、この両様の「地下人層」の村落内での関係を明確にすることが、戦国期の東国郷村の構造を解く鍵であると提唱している。(4) 具体的には、これらの問題に迫るために、「地下人」・「御印判衆」・「調衆」・「軍役衆」の様態について、武田氏の発給文書を中心にして検討している。

本章でもこれらの点について、改めて検討を加えていきたいと思うが、とりわけその位置付けが曖昧になっている「地下人」と「御印判衆」とに焦点を合わせて検討を進めた上で、改めて郷村内で新たに創出されてくる「軍役新衆」との関連性や、兵農分離状況の問題についても明らかにしたいと思う。

一　地下人の範疇

まず前提として郷村内の有力農民と規定されている「地下人層」についての武田氏発給文書上での様態を確認しておきたい。この点についてはすでに笹本正治氏が検討しているが、(5)そこでは「地下人」の身分をめぐって、それが下級家臣か村の名主か百姓かの位置付けをめぐっての論争について検討しており、そのために武田氏の発給文書にみえる「地下人」表を作成している。そこでは十六の事例をあげ、個々についてその内容を検討した上で、彼らを百姓身分の中での「名主層」としている。

改めて同様に「地下人」がみえる文書を再検索したものが本章末尾に示した第一表である。四十三点を検出することができ、笹本氏の表では諏訪社造営関係文書のものがすべて脱落している。しかし諸階層との関係で諏訪社領内郷村の記録は極めて具体的であり、それらについては後述したいと思う。ここでは笹本氏の表では脱落しているものの内から、特徴的な内容のあるものをまず検討しておきたい。

以下、記述の典拠は第一表のNo.で表示する。まずNo.2は、天文十七年（一五四八）二月の上田原合戦に際して、伊那郡の地下人が逆儀を企てたので、その成敗のために信玄が出馬したことを北条氏方の大石道俊に伝えた書状であり、地下人の武装蜂起を示すものである。No.3は穴山信友が、領内の奈良田郷（早川町）への湯治に際して、郷民が奉公したので棟別役を免除したものである。その宛名が「なら田の名主・地下人等」となっている点が参考となり、地下人が名主とは区別されている点と、共に併記される役負担者と位置付けられている点に注目したい。

No.18は永禄十二年（一五六九）二月の武田勢の駿府占領時に、山県昌景が安部山の地下人等が蜂起して駿府に押し寄せたので、退治したと徳川方の酒井忠次に伝えたものである。地下人等が降参訴訟の媒介を武田上野介・

朝比奈信置に依頼している。この地下人等は今川氏被官らではなく、武田勢に苅田狼藉を受けて蜂起した郷村内の地下人層であり、やはり一定の武装をしていたことが明らかである。

No.20と21は、元亀三年（一五七二）段階で、武田氏が駿河・富士郡の領主であった朝比奈彦右衛門尉と、上野・高山領の領主であった高山彦兵衛尉を郷代官に任じ、地下人を集めて耕作をさせるように命じたものである。とくに後者の場合は、人返し条項も併記されており、地下人層が郷村維持の中心的な階層民であったことを示している。

No.23は内容が具体的なので、全文を［史料1］として掲示する。

［史料1］武田家朱印状写（石川県立図書館所蔵「雑録追加」七、『武田遺文』二二二一号）

（竜朱印影）
◯

定

信上両州之間、往還之伝馬無怠慢、相勤候之条、御普請役一切被成御赦免訖、
但於上州一統之御普請者、無異儀可被出之旨、被　仰出者也、仍如件、

（天正元年）
癸酉
十一月廿五日　　　内藤修理亮
奉之
上州坂本郷之地下人

これは碓氷峠麓の宿駅である坂本郷（安中市松井田町）の地下人に対して、峠越えの伝馬役を勤めたので郷次の普請役を免除したものであり、但書きでは「上州一統之普請役」は勤めることとしている。免除された普請役は棟別に課されるものであって、それが伝馬役と相殺になっているが、それとは別に大普請役などの領国内一律に

賦課されていた普請役は勤めるように指令されている。

この二種の普請役については別に検討したことがあるが[6]、前者は棟別割りの普請役であり、史料上では「郷次普請役」「棟別普請役」と表記されているものであり、公事役としてすでに銭納化されていた。後者は夫役的な本来の普請役であって、城普請や川除普請などの現夫役であって、国役として「惣国一統普請役」と表記されている。ここでは地下人層が「棟別普請役」や「惣国一統普請役」の賦課対象者であり、棟別普請役は伝馬役に転嫁されているが、惣国一統普請役は別に負担していたことを確認しておく。

笹本氏が省略した諏訪大社文書の永禄九年（一五六六）九月の「祭祀再興次第」と、天正六・七年（一五七八・七九）に集中している諏訪各社の「造宮帳」の中に、地下人ほかの在郷諸階層が多見している。この中で具体的なのはNo.13であり、これは諏訪上社の末社での祭祀が退転していたので、信玄が同社領の郷村に経費を割り付けて、その復興を命じたものである。その中に在家・惣百姓・百姓・町人などとともに「地下人」の表記もみえている。これらの各郷内での位置付けは同階層のように記述されており、その各郷の地頭の支配下のもとで、「田役」をもって祭祀復興に当たっていた状況が記されている。ここでは地下人が百姓・町人と同義である点と、実質的な役負担者であった点に注目しておきたい。

この「田役」については、鈴木将典氏の言及があり[7]、その内容については、段銭・地頭役・定納貫高への賦課税の総称とする見解などがあり、田役（田地役・田地銭）は領国諸役の一種であり、田地に懸けられていた公事的な役であったと結論されている。この問題については改めて検討する必要があると思うが、ここでは省略する。

天正六・七年段階の諏訪社の「造宮帳」では、No.31は下社の「春宮造宮帳」であり、春宮三之大鳥居の建立を割当られた辰野郷（辰野町）について、「本帳ニ如此御座候間、右之郷中江遣召文、地下人共を種々相招候得共難渋中、終ニ不被越候間、古例之様態被尋不申候」(8)とあり、長享年間（一四八七年）の「本帳」に辰野郷負担とあるので、郷中に召文をもって地下人の出頭を促したが、出頭しなかったと説明している。この帳面は神社側より武田氏への再興事業の結果報告であり、復興が実現できなかった部分の多かったことを示すと共に、神社が地下人を通じて現状把握を計っていた状況を示すものである。

No.33は「上諏訪造宮帳」であるが、「取帳」との注記もあり、実際に諸建造物の復興のために諸郷から役銭を取集めた際の帳簿である。その最後尾に「真志野野焼之宮造営之次第」として、以下の記録がみえている。

［史料2］上諏訪造宮帳（大祝諏訪家文書、『武田遺文』三〇七七号）

（前略）

一、真志野野焼之宮造営之次第

御宝殿玉垣廿一間廊鳥居二組、是者七年ニ一度真志野之自田、一反五十文宛

取集、破損次第ニ建立仕候、但軍役衆之知行之内手作前除之内、正神田計除

之、当戊寅ニハ鳥居□□廊・玉垣廿一□□立可仕之由、御請申候之衆、

御印判衆十二人

源大夫

同社御柱之事者、地下人自前々如立来候、引立申候、

一、酒室宝殿入目次第、千野・青柳・田沢自三ケ村、御印判衆・地下人衆同意ニ取集、立可申候由御請申候、

（以下略）

これは真志野郷（諏訪市）より七年に一度、田一反につき五十文を集めて、焼之宮の宝殿の玉垣と鳥居を修復

したものであり、それを請負うのは「御印判衆十二人」と源大夫であるとする。但書では軍役衆の手作前分は除外するとしている。これとは別に同社の御柱建立は、前例に従って地下人が担当するとしている。さらに別項では酒室の宝殿は千野（茅野市）ほか三郷の御印判衆と地下人の同意を得て役銭を取集めて修復することを承諾したとしている。ここでは郷民が軍役衆・御印判衆・地下人衆に書き分けられており、その対応が異なることに注目しておきたい。御印判衆と軍役衆との関係については後述する。

もう一点のみ事例を示すと、No.42は年未詳であるが、小柳郷（長野市）の諏訪社頭役について、地下人から減額訴訟が行われ、この地の地頭との折衝に際して、領主の井上満直が裁許したものである。結果は「地頭・百姓之ならわし」によって、五貫六百文の頭役が四貫文に減額されている。ここでも地下人と百姓は全く同義に使用されている。

平山氏は笹本氏の成果を継承して、地下人については「郷中乙名衆」「地衆」ともいい、郷中の中心的存在であり、「郷中先例」の継承者であって、彼らは武力も保持し郷中の主導的階層であったとし、さらに地下人は土豪・地侍クラスを含む郷村の有力百姓層の総称であると総括している。[9]この点について異論はないが、土豪の位置付けと、地下人をあえて御印判衆・軍役衆と峻別した要因と、それらの郷内での役負担の相違などについての言及はみられない。

平山氏は次いで笹本氏と同じく（元亀三年）と推定する八月十日付けの保科正俊宛の「軍役覚書」[10]を検討して、そこにみられる地下人衆を三類型化している。一、地域の領主の家中として包摂されていた者、二、武田氏の直参衆を城代とする部隊に編入されていた者、三、武田氏の後方支援を担わされていた者とのことであるが、これは長篠敗戦後の伊那郡域での防衛上の軍令状であって、戦闘時での地下人の位置付けを示した内容であり、地下人の本質に迫るような区分ではない。地域領主の家中に包摂されていた者も含めて、これら三様の者は同質の存在形態であったとみるべきである。所論の前半は参考になるが、後半は地下人の徴発形態であって、観点の異なる問題である。

なお笹本氏は前述論文で「武田文書に見える百姓」表を作成し、二十九の事例をあげてその特徴をまとめているが、事例としてはこれに倍するものが検出され、その特徴はすべてが地下人と同義のものであるのでここでは省略する。

二　「御印判衆」の見える文書

次いで「御印判衆」について検討したい。初めに武田氏発給文書の中で、「御印判衆」の見られるものを確認しておきたい。この点に関しては、すでに平山優氏の作製した一覧表があり、[11] そこでは武田氏関係のもの四十九点が明らかにされている。ほぼ網羅されていると思われるが、今回、再確認をした結果、本章末尾掲載の第二表のように三点を追加することができた（追加分はゴチックで表記した）。この内で諏訪社造宮関係の帳簿は、前述した第一表のものと同一のものとなる。

前述したように、平山氏は「御印判衆」について、武田領内郷村での所職として、武田氏と何らかの奉公関係を持たない者に対して、新たに印判状を与えて奉仕させ、郷中での役銭徴収を請負わせたものとする。御印判衆を所職としたことからその役割を検出したわけであり、郷村の先例の諮問には関与せず、それは地下人が行っていたとし、御印判衆と地下人との役割を区別している。これによると、御印判衆は地下人層でありながら、武田氏からの印判状給付により、一定の特典を受けていたことにより、その代償として役銭の徴収役を請負っていたものとなる。

この点に関しては、かつて論評を加えたことがあり、そこでは「地下人という郷内での階層性の問題と、所職という職制ないし身分制とを混然とさせている」と指摘したことがある。(12)

以下、具体例で御印判衆の様態を示すものを見ておくと、本章末尾の第二表となる。ゴチックで表示した三点が新追加のものである。以下、出典表記は第二表のNo.で示す。まず第二表で確認される点は、宛名が郷名のみか、郷名＋御印判衆名か、個人名のみかの三様になっていることである。何れの場合も具体的には印判衆を対象としたものであり、その内容は郷内での諸役の賦課か、その免除を指令したものである。

平山氏は主に諏訪社造営帳にみえる御印判衆を検討しており、地下人衆の中から別個に武田氏への奉公関係を強いられ、その代償として印判状により諸役は免除され、郷内での役銭徴収を請負っていたが、先例の諮問には預かっていなかったという。諏訪社領内郷村関係については前述したので省略するが、それ以外の個別郷村宛のものとして、まず第二表のNo.7を取り上げている。

［史料3］武田家印判状（三枝家文書、『武田遺文』二六六五号）

（竜朱印）〇　定

帯那之郷悉罷出、毎月三日宛、積翠寺御要害之御普請、堅可致勤仕、然而為
始河除、自余之諸普請一切被御免許畢者、御城普請御赦免之御印判、於無帯
来人者、云貴云賤不恐権門召出、入（ママ）之御城普請厳重ニ可相勤之由、被　仰出
者也、仍如件、

追而、人夫之内六十已後十七以前者、一切被禁之者也、

天正四年丙子
　六月朔日　跡部民部助
　　　　　　市川備後　奉之
　御印判衆

平山氏はこの文書を印判衆が役務として城普請人足役の徴発に当たったものと解説している。確かに帯那郷(甲府市)のすべての者に城普請役が課されており、その代わりに惣国普請役が免許されている。しかしこの文書の宛名は印判衆となっているので、印判衆は郷民(地下人)とは区別されている点が確認出来る。さらに後半では別に城普請役免許の印判状を受けていない者は、例外なく城普請役を勤めることとされており、他に城普請役の免許状を受けていた者もいたことが明らかである。追書では城普請役の対象者は十五歳から六十歳までと限定している。いずれにしても印判衆が郷中の代表者であったことは確かであるが、印判衆自体がさらに役負担の相違で二分されている点が注目される。

もう一例を示すと、No.8と9では同時期にほぼ同文のものがみられる。

［史料4］武田家印判状写（「武田家御朱印写」、『武田遺文』二七〇六号）

　定

自今以後、宿次之御普請并御印判衆役等、一切被成御免許之由、所被　仰出也、

仍如件、

天正四年丙子
　八月十四日　◯(竜朱印影)　長坂五郎左衛門尉　奉之

波木井与三右衛門尉

もう一通は同年八月二十一日付けで宛名は岩間右衛門であり、奉者は今福市左衛門尉である（No.9）。宛名の波木井氏と岩間氏は、本文中に「御印判衆役」を免許するとあるので、郷内の印判衆である、岩間氏については「細工奉公」を勤めたのでとあるが、波木井氏については奉公内容の記述は見られない。しかし波木井氏が波木井郷を代表する地下人であったことは確認でき、以前よりそれぞれの奉公によって武田氏より朱印状を与えられていた者達であり、その見返りとして「宿次之普請役」と「御印判衆役」とを免除されたものである。

ここでは役免許が二つ併記されており、前者は前述したように、公事的な諸役としての棟別普請役であり、全郷民に一律に賦課されるのが原則である。その中から武田氏への別途の奉公によって諸役が免許された場合があり、その免許状を受けていた者が印判衆であったという点には問題がない。しかし上記の二例では、この他に「御印判衆役」をも免許するとある。これは別途の役銭なのか、平山氏のいうように、郷内での役務なのかの判断が必要になってくる。その実態は不明ながら、「宿次普請役」と併記されていることから、ここでは別途の役銭と理解し、これは前述した「惣国一統普請役」とみておきたい。

もう一例を検討しておくと、No.5がある。

［史料5］武田家印判状（柳沢家文書、『武田遺文』四一九〇号）

（竜朱印）
○発知村
定蓮寺
柳沢隼人
同名弥左衛門

（以下、八名省略）

以上

右謀叛・殺害・刃傷并盗賊・山賊・火賊・夜討・博奕等糺明、徴所岩村田へ参仕、可令言上、若令隠密者、於印判衆、可行同罪者也、仍如件、

永禄六年癸亥

九月廿一日

これは藤岡市森新田の柳沢家文書中のものであるが、宛名の発地村は佐久郡軽井沢郷（軽井沢町）にあり、柳沢氏は天正十年三月の武田氏滅亡後には依田信蕃に従っていたが、天正壬午の争乱の経過の中で上野へ移住した者である。筆頭に記されている定（常）蓮寺は柳沢次右衛門の通称であり、以下の柳沢氏はその一族と思われる。これらの者に謀叛他の犯罪人の通告を求めたものであり、隠蔽した場合は、印判衆であっても同罪としている。連名者のすべてが印判衆であった可能性は低いが、少なくとも筆頭にみられる常蓮寺宛には、別に数通の印判状が与えられており、(13) 印判衆であったことは確認できる。その軽井沢郷については、No.４でもこの前日に境豊後守ほか宛に全く同文の印判状が与えられており、やはり印判衆に郷内の治安維持が役務として課されている。

これらの事例から、印判衆は郷内の主導層として、地下人とは区別されていて、武田氏への固有な奉仕関係を持っていて、そのために一部の諸役免許と、場合によっては国役としての惣国一統の普請役の免許も受けていた点が確かめられる。

三　印判衆の位置付けと実態

以下、具体的な内容を示す文書によって、印判衆の実態に迫りたいと思う。第二表のNo.3は、宛名が「狩野川之御印判衆」であるが、その本文には「御道具衆源八」は「郷夫御免」なので、家一間分の棟別役を免許すると通告した内容である。つまり狩野川郷（山梨市神内川）の源八は武田氏の道具衆であるから、すでに人足役は免許されているので、棟別役一間分を免許するというものである。この場合、通告を受けた印判衆の立場が問題であり、神内川郷を代表しているが、前述したように、それが武田氏領内での職制として位置付けられていたかについては問題が残っている。

伝馬役衆と印判衆に関連して、注目される文書がある。No.15と16であるが、この文書に関してはかつて史料紹介と検討を加えたことがあるが、[14] 印判衆の記述が具体的なので、改めて検討を加えたい。No.16の方（Aと仮称）は写であるが、早くから『信濃史料』（第一五巻）に収録されており、周知のものであったが、No.15（Bと仮称）は近年になって原本が確認されたものである。人名部分を除いて、本文八ケ条はほぼ同文である。No.15の方の全文を示すと、以下のようになる。

［史料5］　武田家印判状（大草家文書、『武田遺文』三四九一号）

（「伝馬」朱印）

定　　大門郷

伝馬勤仕衆

与五郎

藤作

（以下、十一名省略）

（「伝馬」朱印）

都合十三人

御印判衆

信養寺沙弥殿

観音寺沙弥殿

大森宮内左衛門殿

郷東寺入道殿

春日兵左衛門殿

大草太左衛門殿

望月三蔵殿

望月津島守殿

一、巡次之伝馬役、不可無沙汰事、

一、縦雖為当番、其内之人或在陣、或以公用令他行者、相番輩可補其役、若伝馬数多被指立之時者、次之次之番衆致談合、可勤仕事、

一、今度改而被載于新帳之輩、就伝馬退屈、他所へ至移居者、追而可懸其役、但可依住所事、

一、縦雖以権門有申触輩、不帯御印判者、可不出伝馬之事、
一、於御印判所持之人者、御文体遂拝見、如其員数、伝馬可出之事、
一、公用之時者、可為御印判弐、御朱印壱之時者、不論貴賎貧富、
　堅可取一里一銭事、
一、伝馬弐疋之時者、和田・大門壱疋宛、一疋之時者、五疋宛可出之事、
一、如番帳以輪番、可相勤之事、
右条々、不可有相違者也、仍如件、
天正九年
　（二月）七日　　桜井安芸守
　（竜朱印）　　　武藤三河守　奉之
○全六紙継ぎ。「伝馬」朱印は四・二×五・七㎝。紙継目の裏に「伝馬」朱印四顆を捺す。

A・Bともに東山道から分岐して大門峠越をする大門宿（小県郡長和町）への伝馬役を定めたものであって、Aは近隣の望月郷（佐久市望月町）に与えられたものである点ははっきりしているが、Bについてはかつて大町市内にあったことは確認できるが、本来の所蔵地については特定できない。内容からみてAと同じく大門宿周辺の郷村宛のものと推定される。

この二通は同日付けで朱印状の奉者も一致しているのに、署判の仕方が異なる。Aは文頭に「伝馬」方朱印を押し、同印を本文中の「都合」部分にも一つ押しており、さらに日付の上に竜朱印を押している。Bは文頭に竜朱印を押し、「伝馬」方朱印の方は紙継目の裏に四つ押されている。この違いの意味は不明である。

Aの「伝馬勤仕衆」は十三名で、有姓の者も四名おり、「御印判衆」は八名で、全員が有姓者である。とくにこの中には、本文書の現蔵者である望月郷の大草氏が含まれている点が重要である。Bの方の「伝馬衆」は十三名で全員が無姓者であり、「御印判衆」は三名でありこれも無姓者である。ここでは有姓・無姓に拘わらず、すべてが伝馬役衆であったことが前提となる。八ケ条ある本文はその伝馬役の勤め方についての定書であり、この中では印判衆についての特記条項はみられない。つまりここではすべての者が伝馬役を負担するものとして書き上げられており、あえて「御印判衆」と別記した点については、唯一、第五条に印判所持の者とあり、その場合も伝馬役は勤めよとされており、事前になにがしかの別の印判状を受けていた者ということであろう。その内容を示す文書は残されていないが、軍役に関わるものかと推定される。

伝馬役と印判衆の関係については、更に具体的なものとしてNo.11を上げることができる。

［史料6］武田家印判状（大祝諏訪家文書、『武田遺文』二九六六号）

（竜朱印）
◯　定

壱間 孫次郎　　半間 内記
壱間 織部　　半間 新五郎

（以下、四八行、九六名分を省略）

（竜朱印）
◯　御印判衆

弐間 平左衛門　　壱間半 下総
壱間半 惣右衛門　　壱間半 又左衛門

（以下、二行、四名分を省略）

縦雖為軍役衆并当家御一門衆之家人、如右之注文、伝馬役相勤族、向後郷次之御普請役御免許候、則闕所之屋敷分、各相談可補之、但軍役衆在陣中者、御赦免候了、如此被定置候処、若有違反之輩者、可有御過怠之旨、所被仰下也、仍如件、

天正六年
　五月十一日　　今福市左衛門尉
　　　　　　　　　　　奉之
　諏方
　　　十日町

本文書については、平山氏も検討を加えている。(15) 但しそこでは武田氏が棟別役や伝馬の収取を実現するために、「十日町中」での高度な組織的機能（共同体規制）に依拠していたとして、町中の主体的な自律性を示したものとして利用している。しかしこの文書の重要な点は、宿町での伝馬役負担の状況を具体的に記述していることであって、宿内諸階層に対する役負担の差異が明記されている点であって、伝馬衆・印判衆・軍役衆の役内容の実態を明記している点である。

この文書は宿町としての諏訪十日町に、夫役としての伝馬役を申し付けた「伝馬役注文」であるが、まず目に付くのは前半の一〇〇名とは区別されて、後半に印判衆として八名が別記されている点である。十日町での伝馬衆の全体が一〇八名であり、その棟別表記よりみて重複者はいないものと思われ、郷中の指導層である地下人である。本文記述によると、この中には軍役衆や武家奉公人もいた可能性があり、彼らについては「郷次之御普請役」を免許するといい、但書として軍役衆が出陣した場合には伝馬役をも免許するとあるし、軍役優先の原則が

確認される。

この文書については丸山雍成氏も言及しており[16]、この記述内容から「伝馬衆は軍役衆と同一レベルのものであった」と総括している。確かに夫役としては軍役も伝馬役も同質であるが、ここでは印判衆が別記されてはいるものの、基本的には一〇〇名の地下人と同列であり、伝馬役を勤めると共に郷次之棟別普請役も負担していた。ここだけでは印判衆が別記されていた要因を特定できないが、前述したように別の印判状によって別途の奉仕を義務付けられていたのであるから、彼らはすでに軍役衆や武家奉公人であったと思われる。

つまり十日町の伝馬衆は一〇八名がおり、いずれも地下人として同質の者であり、伝馬役と共に郷次普請役も負担していた。ただし軍役衆や武家奉公人が伝馬役を勤めた場合には郷次普請役は免許され、さらに軍役衆が実際に出陣している場合には伝馬役も免除するという内容である。つまり印判衆と軍役衆は同一と思われ、地下人層が二分化されていた状況と思われる。

印判衆に関しては何の但書もないので、地下人との差異がはっきりしないが、彼らは予め武田氏より朱印状を受けていた新たな軍役衆や武家奉公人であったと思われる。これによって前述した［史料5］で示した二点の伝馬定書を見直してみると、印判衆と別記した者は、新たな軍役衆や武家奉公人や、別途の印判状によって武田氏に奉仕を義務付けられていた人々ということになる。つまりそこには軍役優先の原則があり、すでに郷村内での兵農分離政策が進行しはじめていた結果といえる。

No.18と19は年未詳であるが関連文書であり、駿河・富士郡の須津郷（富士市）の印判衆が郷夫の拠出指令を受けて、寄親を通して訴訟したことについての裁許状であり、印判衆側が勘定奉行の跡部勝忠の免許手形を呈示して、先例通りに郷夫役の免許を認められたものである。印判衆の郷内での主導的な自律性を示すものである。

四　「軍役衆」との関連性

次いで軍役衆について検討してみたい。まず地下人・印判衆の場合と同じく、武田氏の発給文書にみられる「軍役衆」の事例を本章末尾に第三表として表示しておく。ここでは単に「軍役」とあるものは除いて、「軍役衆」（実態は前述した軍役新衆）とあるもののみに限定した。意外とその事例は少なく、とりわけ信玄末期以前のものが皆無な点が特徴である。但し単に「軍役」と表記されている文書は、天文二十二年（一五五三）二月十三日付けの黒駒郷（笛吹市御坂町）宛の伝馬役定書（『武田遺文』三六〇号）を初見として、その後にも多くが確認され、それらの中には明らかに規定の御家人軍役衆を指しているものも目に付くが、内容は多岐にわたっているので、軍役賦課の具体例として、別稿で検討している。[17] さらに第三表では「軍役衆」の記載が多見している永禄六年（一五六三）十月の「恵林寺領検地日記」[18] は省略しているので、まずその検討から始めたい。

この検地帳についてはすでに豊富な研究史があり、最新のものとしては、兵農分離状況を取り上げた平井上総氏のまとめがある。[19] それによると、検地帳では「軍役を勤める御家人衆」（軍役衆）と「惣百姓」が書き分けられており、共に年貢を負担していたが、検地の結果、その踏出し分の扱いが異なっており、前者は全額が免除され、後者は二割のみの免除であり、実質的には増税になっていたとしている。これは百姓（地下人層）を軍役衆として動員する政策的な手段になっていたともいう。

この検地帳については、武田氏研究を始めた頃に関心をもって取り組んだことがあるが、[20] 上記の理解では、検地が軍役衆創出の絶対条件になってしまうと思われるが、その点は有力農民の名田保持に対する検地施行原則としての「国法」であったからといわれており、大名検地はそうした名主層の加地子得分や作職保有得分の否定にあったとされている。この点に関する疑義として、土地制度上での検地のみが軍役衆創出の必要条件ではなく、惣百姓（地下人）の中から軍役衆を創出した要因としては、本年貢以外の領国制的諸役の懸け方の差異による点はなかったのかと述べたことがある。

その後にこの点に関しては、領国制的諸役が人別を主対象とする課役であったことから、棟別役や普請役について検討したことはあるが、(21) 軍役衆や印判衆との関連性については十分には言及していなかった。改めて第三表で確認できた関連文書によってこれらの点を検討してみたい。

まず第三表のNo.1・2と3・4とはいずれも同文のものであって、郷内の有力農民である地下人層宛てである。まずNo.1のみを検討しておくと、その全文は別稿で提示したように、(22) これは地下人層であり近在の黒川金山に関係していた金山衆であった田辺氏が深沢城（御殿場市）攻めに参画したことに対する褒賞内容であって、商売役・棟別役・田地検使・人足普請役を免許されたものである。これにより田辺氏は印判衆となり、御家人軍役衆に準じて田地への検使人の入部をも免許されている。No.2も同じように新規に軍役衆を創出した際のものであって、その宛名になっている者達が郷中での新規取り立ての軍役新衆であることを示したものである。この文書についてはかつて検討したことがあるが、(23) 同一内容で宛名の異なるものが他に五通あり、陣参すれば両棟別役のほかに、普請役・隠田検使も免除するとあって、御家人軍役衆と同内容の処遇をすると述べている。

つまりこの段階までは地下人であった者が、陣参することによって軍役衆になっており、ここでも軍役が最優先されて、郷次棟別役や惣国一統の普請役のほか、隠田増分の摘発も免許されている。これと同一内容のものとして、No.2に表記したように、同一文面のものが五点確認される。この全文は同じく別稿に掲載しており（同前論文の中の「文書七」）、これは湯平郷（甲州市）の印判衆である又三郎が、新たに軍役衆同前に位置付けられたものであり、つまり印判衆は従来の御家人軍役衆の補充を意図した予備軍といった位置付けとなる。

次いでNo.7〜9であるが、これらはすべて同一内容であって、天正五年閏七月五日付けで、武田氏領内の家臣団に宛てた軍役条目である。No.9のみ宛名が「三浦右馬助（員久）」とはっきりしている。これは武田家の興亡にかかわる一戦として、「領中之貴賤十五以後六十已前之輩」の軍事動員を指令したものであるが、「軍役衆之外者、可被指返之事」といった但書が付されているから、ここでは従来の御家人軍役衆についてはすでに一定の固定的な概念が出来上がっていたことが伺える。具体的には武田氏への被官化や家臣団への武家奉公人化であったことになる。

No.11・10については、すでに［史料2］と［史料6］で検討したように、新たな軍役衆が地下人や印判衆と峻別されていて、軍役優先によって郷次諸役や夫役が免許されていたことを確認している。

No.12は以下に示すように、武田家臣の土屋昌恒の同心衆であった北信濃衆の大滝氏に対して、勘定奉行の跡部勝忠が検地後の増分についての裁定を通告したものである。

［史料7］跡部勝忠証文（大滝家文書、『武田遺文』三四四九号）

其元御恩地五拾貫文之高辻ニ而、当年拾壱貫八百所務之由候、彼内之増分弐百五拾貫有之由候、軍役衆之事候之間、土右へ令申理、可有所務者也、

辰

霜月廿三日　跡越　〇（朱印）

大滝和泉守殿

これは大滝氏の給恩地五十貫文について、所務年貢は十一貫八百文であったが、検地の結果、増分が二百五十貫文となったが、すでに既定の軍役衆であるので増分への本年貢は免許するという内容であろう。これは前述し

た「恵林寺領検地帳」の場合の軍役衆と同じ扱いになっていたものと思われる。

No.13と14は、いずれも城普請や堰普請に関するものであって、No.13は、天正九年に始まった新府城の普請役について、担当奉行の一人である真田昌幸が、自領内の同心衆に人夫を割り付けたものであり、軍役衆には人足の兵糧を持参させよとあるから、この城普請役は軍役並の扱いであったことになる。No.14は、屋代政国が家臣に対して、領内の堰普請について、陣参しない被官を残らず集めて、地下人は勿論のこと、軍役衆へも堅く申し付けて、堰普請をするように通告している。ここでは陣参しない新参の軍役衆は地下人と同じ扱いであったと思われる。

以上のように、武田氏領内では、永禄末年から元亀年間に至って、まず地下人衆の中から武田氏への特定奉公関係を義務付けた者を印判衆として把握した後、彼らを新規の軍役衆へ格上げすることによって新たな軍役衆の創出を計り、さらに天正三年五月の長篠敗戦後からは、軍役強化の必要性から兵農分離政策が強力に推進され、軍役衆の拡大と定着化が計られていったものと思われる。なお武田氏の軍役に関しては、前述したように先行論文もいくつかあり、軍制としての政策的な強化の経過については一定の成果がみられるが[24]、新たな軍役衆の創出と兵農分離状況との関連に言及したものは少なく、今後の課題とされたままになっている。

まとめとして

以下、繰り返しになるが各節の要点を再説してまとめとしたい。まず前提として、郷村内での有力百姓層であった「地下人層」について、その用例から郷内での位置付けを検討し、その上で「印判衆」や「軍役衆」との関連性を明らかにすることを目標とした。

地下人層が郷内の有力百姓層の総称であるという通説に異論はないが、笹本氏のようにそれが名主層であったと限定してしまうのには問題があるとした。しかし地下人層は郷村維持の中心的な階層民であり、武力も保有しており、領主層に対抗する組織力も有していたという点は確認できた。

そうした地下人層には本年貢のほかに各種の諸役が課されていたが、本年貢以外の諸役には大別して二種があり、棟別普請役（銭納）と惣国普請役（夫役）であり、伝馬役等の夫役を勤めた場合には棟別普請役は免許されたが、惣国普請役は負担した。ただし軍役の強化とともに夫役は軍役に転嫁され、その場合には伝馬役や惣国普請役も免許されている。

諏訪大社の「造宮帳」では、造営料の負担は地下人層が勤めているが、その中で印判衆と軍役衆とは諸役内容が書き分けられており、領主層への対処の仕方にも相違がみられる。

次いで印判衆は武田氏より別途の印判状を付与されていたからの呼称であったという点には問題はないが、個々の印判衆についての印判状の内容が問題であって、具体的にはその奉公内容と免許内容は個々に異っていたはずであり、印判衆はそれらの総称としてのものであり、特定の役務を請負った職制ではないことは確認できた。さらに印判衆の中には、その代償が何によるのかははっきりしないが、城普請役自体をも免許されていた者も存在していた。城普請役に関して、印判衆は地下人層とは別扱いになっており、惣国普請役も免許されている。恐らくそれは軍役優先の原則によるものと推定される。

印判衆には郷内での主導層として、治安維持の義務も課されていた。同様に郷内の地下人層への大名指令の伝達役も課されている。宿郷村が伝馬役を課されていた場合、地下人全体が伝馬役を分担しているが、勤番帳では地下人層と印判衆は書き分けられており、その扱いに差異があったことを示している。その差異は伝馬役を勤めた代償としての諸役免許の有無であり、［史料6］で明らかにしたように、伝馬役を勤めた者は例外なく「郷次普請役」は免許するとある。しかし但書があり、軍役衆が在陣している場合には伝馬役をも免除するとある。ここでは印判衆についての但書はないが、彼らが予め武田氏より印判状を受けていた御家人軍役衆や武家奉公人であって、在陣した場合には伝馬役も免許されていた者達である。

つまり印判衆は従来からの知行制に基づく御家人軍役衆の予備軍的な存在であって、事前の印判状の付与によって一定の領国制的な諸役免許を受けていた上に、さらに新たな軍役衆の供給源として動員された場合が多かったと思われる。

注

（1）『戦国史研究』三一号（戦国史研究会、一九九六年）。そこでは、北条・武田・今川氏領に関する三本の報告が掲載され、併せてその報告に対する討論要旨とコメント小論が四本掲載されている。

（2）平山優「武田領国における郷中諸階層について――調衆・御印判衆・軍役衆・地下人」（『甲斐中世史と仏教美術』名著出版、一九九四年）、後に著書『戦国大名領国の基礎構造』（校倉書房、一九九九年）に再録している。再録に際して大幅な改訂をしており、記述内容もかなり異なっているので、本章では著書に再録したものを対象にした。

（3）注（2）著書の二七三頁。

（4）同前、二七四頁。

（5）笹本正治「武田文書に見える『地下人』について」（『甲斐の成立と地方的展開』収録、角川書店、一九八九年）。後に著書『戦国大名武田氏の研究』（思文閣出版、一九九三年）に再録。

（6）柴辻「戦国期武田氏領の普請役の検証」（『戦国大名武田氏と甲斐の中世』岩田書院、二〇一一年）。

（7）鈴木将典「武田氏の田役と段銭」（『戦国大名武田氏の領国支配』岩田書院、二〇一五年）収録の第二編第六章論文。

（8）「下諏訪春宮造宮帳」（『戦国遺文』武田氏編二九二一号）。以下、本書については『武田遺文』と略記する。

（9）平山優「戦国期地下人（郷中乙名衆）の存在形態」（『戦国大名領国の基礎構造』校倉書房、一九九九年）の第二部第三章論文として抄録。
（10）第一表の№27文書。この文書については、当初は元亀三年と比定されていたが、近年では天正三年と推定され直されている。さらに天正四年と推定する論考もある（早苗寿雄「戦国期武田氏による下伊那地域の領主支配」『信濃』六九巻一一号、二〇一七年）。
（11）注（2）の著書収録。ただし掲載の「御印判衆関係文書一覧」は、先行論文掲載のものと同一である。
（12）柴辻「郷村内諸階層の展開」（『戦国期武田氏領の展開』岩田書院、二〇〇一年に収録）。
（13）『武田遺文』二三二一・七四四・三三九四号文書。
（14）柴辻「助馬制と印判衆」（注12の著書に収録）。
（15）注（2）の著書の二二三頁。
（16）丸山雍成「武士の伝馬役負担」（『交通史研究』三三号、一九九四年）。
（17）柴辻「武田氏領の軍役と軍役新衆」（本書の第二部第一章に掲載）。
（18）甲州市塩山・恵林寺所蔵。『山梨県史資料編4中世1県内文書』二九四・二九五号の二冊（山梨日日新聞社、一九九九年）。
（19）平井上総『兵農分離はあったのか』（平凡社、二〇一七年）。
（20）柴辻「武田氏の知行制と軍役」（『戦国大名領の研究』名著出版、一九八一年に収録）。
（21）柴辻①「戦国期の棟別役」（『戦国大名領の研究』名著出版、一九八一年に収録）。②「武田領の諸役体制」（『戦国大名武田氏領の支配構造』名著出版、一九九一年に収録）。③「戦国期武田氏領の普請役の検証」（『戦国大名武田氏と甲斐の中世』岩田書院、二〇一一年に収録）。④「戦国期武田氏領の諸役体制について」（『戦国大名武田氏の役と家臣』岩田書院、二〇一一年に収録）。
（22）注（17）に同じ。同論文中の「文書六」を参照。
（23）注（12）に同じ。
（24）①柴辻「武田氏の知行制と軍役」（『戦国大名領の研究』名著出版、一九八一年に収録）②平山優「武田氏の知行役と軍制」（『戦国大名武田氏の権力と支配』岩田書院、二〇〇八年に収録）。③鈴木将典「武田領国における民衆動員」（『戦国大名武田氏の領国支配』岩田書院、二〇一五年に収録）。

第一表 「地下人」表記文書一覧

No.	日付	文書名	宛所	国・郷　村名	内容　摘要	出典
1	天文16・6・一	甲州法度之次第	(なし)	甲信地域	地下人借銭負物	218
2	(天文17)・3・7	武田晴信書状	真月齋	信濃・伊那郡	地下人逆心成敗	286
3	(天文22)・7・3	穴山信友判物	奈良田名主・地下人等	甲斐・奈良田	棟別役免除	376
4	(年月日欠)	千野勒負勲功目安	(千野勒負)	信濃・諏訪郡	三村逆心地下人不見届	549
5	永禄元・6・朔	武田家印判状	屋代左衛門尉	信濃・埴科郡	地下人逃散禁令	593
6	永禄4・3・27	武田家印判状	屋代左衛門尉	信濃・埴科郡	地下人逃散禁令	730
7	永禄6・8・15	武田家印判状	島津尾張守	信濃・長沼郷	地下人居住令	833
8	永禄6・11・3	武田家印判状	原左京	信濃・高井郡	地下人耕作督励	840
9	永禄6・11・3	武田家印判状写	伊藤右京亮	信濃・高井郡	地下人耕作督励	841
10	永禄6・11・21	武田家印判状	当社神主	甲斐・二宮郷	地下人林伐採免許状	842
11	永禄8・12・5	武田信玄判物	諏訪社大祝他	信濃・諏訪郡	地下人鳥居建立	965
12	永禄9・閏8・25	武田家印判状	九頭井之大夫	信濃・諏訪郡	地下人造宮役怠慢	1014
13	永禄9・9・3	武田信玄判物	諏訪社大祝他	信濃・塩田郷	御柱再興	1022
14	永禄9・9・3	武田信玄判物	(諏訪社大祝他)	信濃・諏訪郡	宝殿他再興	1023
15	永禄9・9・晦	武田信玄判物	諏訪社竹居祝他	信濃・小県郡	造宮銭催促	1028
16	永禄10・2・26	武田家印判状	海口之郷	信濃・海口郷	地下人人返令	1052
17	永禄11・11・3	武田家印判状	六郎右衛門他	甲斐・木栖郷	諸役免許	1327
18	(永禄12)2・23	山県昌景書状	酒井左衛門尉	駿河・安部山	地下人謀反	1369
19	永禄12・11・18	武田家印判状写	葛山衆	信濃・葛山郷	地下人人返令	1473
20	元亀3・5・5	武田家印判状	朝比奈彦右衛門尉	駿河・富士郡	地下人耕作督励	1864
21	元亀3・6・14	武田家印判状	高山彦兵衛尉	上野・高山領	地下人耕作督励	1913
22	天正元・5・一	武田家印判状写	高井弥大夫	上野・高井郷	地下人人返	2127
23	天正元・11・25	武田家印判状写	上州坂本郷之地下人	上野・坂本郷	普請役免許	2221
24	天正2・7・15	武田家印判状	吉水郷	駿河・吉水郷	還住之地下人	2314
25	天正2・12・16	武田家印判状	僥倖軒	駿河・富士郡	地下人指置き	2409
26	天正3・2・24	武田家印判状	(宛名欠)	駿河・須走郷	地下人令居住	2465
27	(天正3)8・10	武田家印判状	保科筑前守	信濃・伊那郡	郡中防衛覚書	2514
28	天正4・2・28	武田家印判状	出羽守	上野・坂本郡	地下人籾子過書	2598
29	天正4・2・28	武田家印判状	軽沢地下人	信濃・軽井沢郡	普請役免許	2599
30	天正6・2・5	春秋宮造営次第	(塩尻西条他)	信濃・筑摩郡	春秋宮造営次第	2919
31	天正6・2・7	下諏訪春宮造宮帳	(諏訪下社)	信濃・常田庄他	春宮御柱他造営	2921
32	天正7・正・20	下宮春宮造宮暢帳	(同上)	信濃・諏訪社領	御柱他造営	3069
33	天正7・2・6	上諏訪造宮帳	(諏訪上社)	信濃・諏訪社領	御柱他造営	3077
34	天正7・2・6	上諏訪前宮造宮帳	(桜井郷他)	信濃・諏訪郡	地下人御柱引立	3078
35	(天正7)11・2	武田勝頼書状	義松齋	上野・碓氷郡	地下人之仕置	4283
36	(天正9)・10・29	武田勝頼書状	曽祢河内守	伊豆・戸倉郷	地下人等相移	3619
37	(天正10)2・20	武田勝頼書状	上杉殿	信濃・木曽郡	地下人等蜂起	3660
38	天正10)3・1	武田家印判状写	小菅次郎三郎	上野・黒沢郷	地下人等相集	3665
39	(年未詳)5・5	武田家印判状	(宛名欠)	信濃・埴科郡	地下人等過書	3753
40	(年未詳)3・7	跡部昌出ら連署状	義松齋	上野・碓氷郡	地下人等困窮	3808

41	(年未詳)4・20	長居政実証文	中野将監	上野・椚山郷	地下人等退出	3835
42	(年未詳)6・—	井上満直書状	(宛名欠)	信濃・小柳郷	地下人共申状	3868
43	(年未詳)10・27	武田家印判状写	駒井宮内大輔他	相模・足柄郡	地下人日記進上	4336

第二表　「御印判衆」表記文書一覧

No.	日付	文書名	宛所	国・郷　村名	内容　摘要	出典
1	永禄3・2・29	跡部長与副状	鰍沢之御印判衆	甲斐・鰍沢郷	棟別普請役免許	689
2	永禄4・閏3・吉	武田家印判状写	(国中諸社祢宜)	甲斐・諸郷	八幡社番役定書	734
3	永禄5・11・29	武田家印判状写	狩野川之御印判衆	甲斐・狩野川郷	棟別役免許	811
4	**永禄6・9・20**	**武田家印判状**	**(軽井沢印判衆)**	**信濃・軽井沢郷**	**郷中法度**	**836**
5	永禄6・9・21	武田家印判状	発知村	信濃・発知村	郷中取締令状	4190
6	永禄11・8・4	山県昌景証文	触口衆・御印判衆	信濃・岩村田郷他	山伏普請役免許	1303
7	天正4・6・朔	武田家印判状	御印判衆	甲斐・帯那郷	普請役免許	2665
8	**天正4・8・14**	**武田家印判状**	**波木井与三右衛門尉**	**甲斐・波木井郷**	**御印判衆役免許**	**2706**
9	天正4・8・21	武田家印判状写	岩間右衛門	甲斐・岩間郷	御印判衆役免許	2709
10	天正5・4・中旬	熊野三社権現棟札	(熊野三社権現)	信濃・朝日村	造営印判衆	2801
11	天正6・5・11	武田家印判状	諏訪十日町	信濃・諏訪十日町	伝馬定書	2966
12	天正6・2・吉	上諏訪造宮帳	(諏訪上社)	信濃・諏訪社領	造宮役割付状	2942
13	天正6・2・6	上諏訪造宮帳	(諏訪上社)	信濃・諏訪社領	造宮役割付状	3077
14	天正7・2・16	武田家印判状写	(諏訪上下社)	信濃・諏訪社領	造宮役割付状	3085
15	**天正9・2・7**	**武田家印判状**	**大門郷**	**信濃・望月郷**	**伝馬定書**	**3491**
16	天正9・2・7	武田家印判状写	大門郷	信濃・不明	伝馬定書	3492
17	(天正9)6・29	武田家印判状	龍王御河除水下之郷	甲斐・龍王郷	河除修復指令	3714
18	(年未詳)11・14	森某証文	須津御印判衆	駿河・須津郷	郷夫免除訴訟	3938
19	(年未詳)11・21	森某等連署証文	須津御印判衆	駿河・須津郷	郷夫免除訴訟	3941

第三表　「軍役新衆」関係文書一覧

No.	日付	文書名	宛所	国・郷　村名	内容　摘要	出典
1	元亀2・2・13	武田家印判状	田辺四郎左衛門	甲斐・下於曽郷	諸役免許	1645~52
2	元亀2・3・26	武田家印判状	湯平之郷又三郎	甲斐・湯平郷	諸役免許	1680~85
3	元亀2・4・19	武田家印判状	矢崎源右衛門尉	甲斐・六科郷	諸役免許	1695~97
4	元亀2・5・17	武田家印判状	渡辺豊前守	甲斐・九一色郷	諸役免許	1711~12
5	天正2・12・23	武田家印判状	池田東市佑	甲斐・藤木郷	諸役免許	2419
6	天正2・12・23	武田家印判状	保坂次郎右衛門	甲斐・熊野郷	諸役免許	2420
7	天正5・閏7・5	武田家印判状写	(宛名欠)	――――	軍役条目	2837
8	天正5・閏7・5	武田家印判状写	(宛名欠)	――――	軍役条目	2838
9	天正5・閏7・5	武田家印判状写	三浦右馬助	駿河・志太郡	軍役条目	2839
10	天正6・5・11	武田家印判状	諏訪十日町	信濃・諏訪十日町	伝馬定書	2966
11	天正7・2・6	上諏訪造宮帳	(諏訪上社)	信濃・諏訪社領	造宮役割付状	3077
12	天正8・11・23	跡部勝忠証文	大滝和泉守	信濃・下水内郡	恩地増分宛行	3449
13	(天正9)・正・22	真田昌幸書状写	(大戸氏カ)	信濃・小県郡	城普請役	3485
14	(年月日未詳)	屋代政国書状	市川伊勢守	信濃・埴科郡	堰普請役	3966

第三章　戦国期武田氏領での足軽の様態

はじめに

足軽研究の嚆矢としては、三浦周行氏の指摘が注目されている。そこでは中世後期社会の広範な社会的武力を民兵と規定し、民兵が傭兵としての足軽として公認されていたといい、その契機となったのが応仁・文明の乱であったとする。さらに武士・浪人などの侍階級に対する土民階級が足軽の最大多数をしめていたとし、すでに足軽は傭兵であったとの考えが提示されている。(1)

三浦氏とほぼ同時期のものになるが、花見朔巳氏の成果もみられる。(2)ここでも『平家物語』以降の足軽関連記事の紹介と、応仁・文明の乱を契機として広範な展開がみられるようになり、騎馬兵でない軽率の歩兵で、浪人などの傭兵が主であり、武家との被官関係はなく、給与などが不安定であったため、略奪などが公認されていたといい、騎馬兵との対比で歩兵を足軽としている。

研究史的には戦前ではそれに続くものは見られないが、戦後になって中近世移行期での身分制論や兵農分離論が盛んになると、にわかに足軽が脚光を浴びるようになる。主に近世史の側から身分制の確立期の問題として、武家奉公人としての足軽が検討されるようになった。高木昭作氏は戦場での主役は侍・中間・小者・あらしこなどの雑兵であって、侍とは足軽・若党などの底辺の兵士を指す言葉であって、身分制的には武家のことではないと指摘している。(3)

それを受けて戦国期研究者の側でも、戦国大名の軍事編成の問題や、郷村内での百姓身分のあり方としての足軽（雑兵・歩兵）が問題になってきており、とりわけ近世期の身分制成立との関連で、兵農分離問題での足軽の実態究明が重要な意味を持つようになっている。

最近での「足軽」の発生経過とその初動期の研究については、応仁・文明の乱期での動向を中心にして検討された小嶋晃氏の論考があり、発生期の惣国一揆状況下での足軽の様態と、それが応仁・文明の乱を契機として、一定の社会階層として存在感を示し始めた背景がまとめられている。さらに初動期の足軽の様態と戦国大名の領国制下での様態には、継承されている側面以上に、異質な側面の方が大きいとされており、改めてその実態を検討することが必要とされている。(4)

小嶋氏と同じく、早島大祐氏は、室町初期での京都周辺の内乱状況の中から、武家に取り入る荘民や牢人に足軽誕生の契機を求めており、やはり応仁・文明の乱によってそれが助長されていったという。(5)

戦国期での足軽についての研究状況については後述したいが、これまでの戦国期での具体的な研究成果は、後北条氏領の事例のみである。その要点についても後述したいが、本章では武田氏領での足軽関連史料の検討を通して、北条氏領での事例との対比を試み、戦国期での足軽の様態をまとめると共に、前述した村落内身分論や兵農分離論との関連性についても言及してみたいと思う。

一　戦国期足軽研究の現状

戦国期の足軽に関しては、藤木久志氏の雑兵論がある。(6) 藤木氏は足軽をも含む雑兵を、武家奉公人（悴者・若党・足軽）と、それ以下の従者である下人（中間・小者）と人夫（百姓）の構成員の三様があったとして、足軽を「侍身分」として武家奉公人の一部と位置付けている。しかし足軽が当時の身分制の上で、武家との被官関係があったかについては別に検討する必要があるといい、単に傭兵関係であったとみる考えも示されている。その点では悴者・若党・小者などとは明らかに相違しているともいう。

従ってこの時期での兵農分離状況の理解についても、通説とは異なって分離状況はすでに一定度に進行しており、武家は戦う時だけ足軽を臨時雇いの傭兵としていたとする。しかし後述するように、こうした雑兵の三分割にも問題があるように思われ、かつ戦国段階でも足軽が傭兵であったとの認識にも問題が残ると思われる。

荒垣恒明氏は、戦国大名の軍隊構成について、藤木氏説と少し異なるが、A、給人層、B、奉公人層、C、陣夫百姓層であったとしており、Aは大名の家臣団を構成していた給人層（地頭）であり、Bの奉公人層はその給人層の従者で、戦闘に参加したり、武家身辺の雑事に従事した下級奉公人であったとし、具体的には悴者・若党・足軽（侍分）と、中間・小者・あらしこなど（下人）であったとする。彼らは主に武家階層からの扶持給付によって雇われた傭兵であったという。Cは夫丸といわれ、村々から徴発された百姓層であり、兵糧などの必要物資を戦場に運ぶ役務を負っていたという。(7) Bの中をさらに二分している点と、そのBとCとの境目がはっきりしないきらいは残っているが、足軽を武家（給人）の従者として、悴者・若党と同じく侍身分に位置付けている点が注目される。

荒垣氏は具体的に北条氏領での「着到書出」を中心に、給人層の軍勢動員を検討され、永禄二年（一五五九）に北条氏康が作成させた『小田原衆所領役帳』（以下『役帳』と略記）をもとに、給人層が役高に応じて負担すべき着到役を検討されている。

具体的には『役帳』に「御馬廻衆」と記載されている相模国東郡吉岡（綾瀬市）を知行していた岡本八郎左衛門尉（政秀）宛ての、元亀二年（一五七二）七月二十八日付けの着到書出定書を例示しており、[8]『役帳』では、「一、五拾九貫八百文　吉岡　岡本八郎左衛門」とあり、「此内卅貫文　手代之者三人ニ被下」と注記されている者を取り上げ、これに対して、元亀二年の「着到定書」では、（A）として、五十九貫文分の着到割当が指定されており、その内容は、大小旗持（具足・皮笠）一本、指物持（同理）一本、鑓持（二間間中柄・武具同理）二本、自身（甲大立物・具足・面防・手蓋・馬鎧金）一騎、歩者（具足・皮笠）二人であり、以上七人の軍役着到が指定されている。これが岡本政秀が知行地に対して負担した軍役の全貌であるという。

この他に（B）部分として「小田原於御蔵、可請取衆」として、馬廻衆としての同心衆が付与されており、その分は四人の給人地である二十九貫文から、併せて八人がその装備内容と共に書き上げられている。合計すると岡本政秀は十五名を引き連れての出陣となる。

次いでその本文としての定書が付記されており、寄子の欠落や死去による不足している場合の届けや、武具などの不備な者については披露すべしと命じている。最後にこの着到は「軍法」であり、岡本政秀の責務として寄子を異議なきように助成して忠信に励むようにとも命じている。この内容が『綾瀬市史』では、図示されているが、[9]分かりやすい図解となっている。

このうち岡本氏分は騎馬一騎のほかに、旗持・指物持・鑓持二人・歩兵二人の七人であって、他は同心衆よりの加勢分である。この復元図が序列や配置でどれほどの正確さかについては問題が残っていると思われるが、その装備内容と無姓者であることからみて、足軽と位置付けられる軽装の歩兵は十人が確認され、具足・冑を着用している侍五名とは明らかに身分差が認められる。これら足軽は平百姓層をはじめとする多様な雑兵であったとし、この他にも中間・小者や陣夫が動員されていた場合も多かったが、彼らは戦場での補助要因であり、状況に応じて戦闘に加わることもあったといい、ここでは図示されていない。

さらにこれら足軽層の供給源としては、百姓上層部の武家被官化や、戦場に傭兵として出稼ぎに行く百姓のほか、特定の武家の元での奉公人などであったという。

もう一例の場合を検討しておくと、相模の寺家・鴨志田（横浜市青葉区）で二十七貫二百文を知行していた大曽根飛騨守の場合、天正九年（一五八一）七月二十八日付けの北条家着到状によれば[10]、一騎と三名の足軽の着到が指定されている。最小規模での出陣であり、大曽根自身の騎馬一騎に対して、足軽は鑓持一人・旗持一人・歩者指物持一人の合計四人であり、足軽の三人については、具足・皮笠を着用し、持ち物の指定もされている。これを模型化したものが図版1であり、この方が岡本政秀の場合よりも単純化されていてわかりやすいものになっている。これらによると、北条氏領では、歩兵＝足軽との位置付けである。これが最小規模の着到構成であり、こ

図版1　大曽根飛騨守の着到出陣の模型
（横浜市歴史博物館作成、『特別展 戦国の城と馬』馬の博物館、2010年より）

れらの着到人が足軽大将のもとに集合されて軍団になっていた。

二　北条氏領での足軽

以上はいずれも北条氏領での事例であり、とりわけ天正九年（一五八一）七月の伊豆から北関東での武田勝頼との対戦に関連して、同様の着到状を多数発して対抗しており、[11]その多くは先の大曽根氏と同様の最小限の着到内容である。この中で同年七月二十四日付けで、池田孫左衛門尉に宛てた着到帳のみは複雑な構成になっており、着到内容が具体的である。[12]まず（A）部分として、池田自身の相模中郡富田・小柳郷（厚木市）他の三ケ所での一九一貫六百文の知行に対して、馬上六騎の他に歩弓侍一張と歩鉄炮侍一挺が従い、これらはその装備状態からみて池田氏の被官侍と思われ足軽ではないようである。この他に大小旗持二人・指物持一人・鑓持十二人が附属しており、これらはその装備からみて明らかに足軽と判断される。さらに馬廻りの歩者として三人が従っており、これは池田氏の小者と思われる。これら合計で二十六人の着到になっている。

次いで（B）部分として加増地である大平郷（沼津市）ほか二ケ所と、「蔵出」から一七七貫五百文が与えられており、この分の着到として、馬上十四騎と弓持四張・鑓十本の合計二十八人の着到が指定されている。馬上十四騎については「一騎合い侍」との注記があり寄騎としての武家である。弓持・鑓持十人については（A）と異なり「侍」とはなく、その装備からみると（A）の足軽部分と同一であり足軽である。

さらに（C）部分として大平（沼津市）で宛行われていた二十貫文分の着到として歩鉄炮侍二人が指定されており、その装備は「仕立金頭・金甲・立物・具足・指物何にても」とあって、装備内容は足軽よりも立派であり、これは武家被官と思われる。最後に（A）～（C）の総合計として五十六人の着到数になっている。別に（A）～（C）の内訳をその末尾に示したものによると、馬上二十騎・旗持二人・指物持一人・弓五張・鉄炮三挺・鑓二十二本・歩者三人になっており、ここでは弓持と鉄炮持について、侍と足軽の区別はしておらず、（A）と（B）とを合わせた表記になっているが、装備内容の違いから「被官侍」と「足軽」の歩兵であったと思われる。

最後部分の本文ではこの着到内容は、御隠居様（北条氏政）よりの着到帳を写したものであり、この時期に前述したような着到状が集中しているのは、氏政から氏直への代替りによるものであったことが判明する。ともかくここでは着到要員が騎馬・侍・足軽の三様で構成されていたことに注目しておきたい。

同じように天正十年二月にも秩父氏同心衆中宛に鉢形城主の北条氏邦の秩父衆に対する詳細な着到状がみられるが[13]、これは武田氏滅亡期での北関東への北条氏の進攻に際しての動員令であって、この他にも北条氏の着到状が集中してみられる時期には、その背景として周辺での緊迫した政治情勢に伴う他大名との対抗関係が確認される。なお関連して「着到定書」の前提として、村落内で人改めが行われ、出陣に際しての装備は自前であり、兵糧のみが支給されていた。

北条氏領での足軽衆を検討する場合に欠かせないのが、『役帳』記載の「諸足軽衆」である[14]。ここでは城領・地域別の家臣団と並列する形で「諸足軽衆」が独立されて記載されている。まず田原城主（秦野市東田原）の大藤政信を筆頭として、十六名の足軽大将名が記載されている。彼らの在所・知行地は分散しており、知行高も三百貫文から十貫文と格差が大きい。この末尾にはどの大将にも属さない「足軽衆」として、大藤・加藤・伊波・狩野・深井氏への寄子衆八十五人が付記されている。さらに「諸足軽衆」の総計知行高として二二六〇貫七八〇文と記載されている。

この「諸足軽衆」については、則竹雄一氏の詳細な分析があり[15]、十六名の足軽衆を三類型からなるとしているが、その差異の内容は明瞭でない。諸足軽衆は大藤・富嶋・大谷・多米・荒川・磯・山田氏を寄親とするグループで構成されており、それ以外の者はこれら七名の寄子にすぎないとして、諸足軽衆を二分しているが、果たしてそうであろうか。

また大藤・伊波・深井氏の三人のみが足軽衆を指南していたとされるが、先の七名との差異がはっきりしない。ただしここで諸足軽衆が『役帳』に記載されていることは、「足軽」が単なる一時的な傭兵というよりも、明らかに恒常的に組織された存在であって、特異な存在であったとまとめており、この点は了承される。

筆頭にみえる大藤政信の場合、その祖は武田氏の出との伝承もあるが、根拠のない説である。初祖の金谷斎は紀伊国・根来寺の僧であったが、伊勢宗瑞に従って相模国中郡の郡代などを勤め、子孫が田原城主になっている。『役帳』での大藤氏の知行高は、北波多野（秦野市）で七九貫文、別に寺山ほか三ケ所（同前）で大藤新兵衛に与えられた五五貫文があり、三浦松崎（三浦市）で五〇貫文の、合計で一一九貫七百文であった。別に足軽衆として中郡岡崎（平塚市）での給田一九一貫文での寄子衆六十七人も割当てられている。

これに対する大藤氏の着到数は、その後の永禄十二年（一五六九）十月の武田信玄の小田原城包囲の際のものによれば一九三人とあり[16]、四十四人が不足しているとあるから、本来は二三七人の着到であったことになるのであろうか。この時期での一九三人の着到人の明細書きは残っていないが、後欠で年月日未詳の「着到帳」によれば[17]、着到人数が一九三人と先の永禄四年の数と一致しており、これは同時期のものと判断される。

これによると最初に着到衆として与五郎以下七十六名の武将名があがっており、各自が六〜二人の編成になっている。玉井帯刀左右衛門尉のみが十九人と突出して多いが、その理由ははっきりしない。これらの合計が一九三人になっている。いずれも有姓の武家であり、筆頭の与五郎が大藤氏であり、六名が着到している。以下の七十五名が大藤氏のもとに集められた寄騎衆であり、個々の氏族の編成内容は、前述した図版1に示した大曾根飛騨守の場合と同じものであったと思われる。

次いで第二グループとして原九伝助以下三十八人が、「此外歩侍」として有姓武将名があがっている。これらの「歩侍」をどう見るかが問題となる。一騎合衆とも見られるが、前述した池田孫左衛門の着到定書でみられたように、その所持武器や装備内容からみてこれは武家被官ではあるが、足軽同様の者とみるのが適当と思われる。

次のグループとして「中間小者」が二十六名あげられているが、後欠のためその全貌は不明である。いずれも無姓の百姓層と思われる者達であり、足軽とはなりえなかった武家奉公人であるが、こうした階層の者までが、すでに「人改め」によって掌握されて着到帳に記載されていた点が注目される。則竹氏はこの「歩侍」と「中間・小者」の合計が六十七人となり、『役帳』での大藤氏の足軽衆の数と一致することから、この六十七人のすべてが足軽衆であったとして「歩侍」と「中間・小者」を一体化したものとみている。「中間・小者」をどう位置付けるかが問題ではあるが、この点も了承できる。

前述した永禄十二年十月の大藤政信・諸足軽宛の北条氏朱印状では、大藤氏に続いて富嶋・大谷・多米・荒川・磯・山田氏らの足軽大将の着到人数も書き上げているが、山田氏を除いて、他は前述した『役帳』の「諸足軽衆」に名を連ねている者であり、いずれも足軽大将格の者である。その本文では、装備の不備な者が多いことと、今後は馬上・歩兵共に皮笠を装着させよと命じている。この文書の宛名が「大藤政信・諸足軽」になっていることからみて、大藤氏が足軽大将頭的な立場にあったものと思われる。

則竹氏はさらに足軽の様態として馬上足軽もあったことを指摘している。また足軽の給分や扶持料についても検討しており、馬上には給田、従者には扶持分で対応しており、給分は三貫文が基準であり、給分からみる限り、足軽と寄子衆・鉄炮侍とは異なる階層の者であったという。足軽は戦闘要員であり、階層的には侍分から中間・小者までを含んでおり、人夫として徴用された地下人や郷人・百姓とは区別されていた存在であったが、給分を増すことで侍身分となったり、従者を擁する一騎合侍（寄子）にもなりえたと結論されている。

三　武田氏領の軍役と軍制

武田氏領に関しては、足軽についての総体的な状況を示すような記録や文書は少なく、従って研究成果もほとんどみられない。北条氏領のような『役帳』はないが、「着到状」に相当する「軍役条目」と「軍役定書」が残っている。さらに職制を示す記録として、『甲陽軍鑑』（以下『軍鑑』と略記）に「武田法性院信玄公御代惣人数之事」（以下、「信玄代総人数」と略記）がある。[18] これは信玄の晩年に近い永禄末〜元亀初年段階での家臣団一覧であり、その中に軍団編成上の職制として「足軽大将衆」がみられる。「横田十郎兵衛　騎馬三拾騎　足軽百人」を筆頭に、二十一名の足軽大将名を書き上げている。

他の職制の家臣団では、騎馬数のみの表記であり足軽数は記されていない。しかし後述するようにそれらの家臣団も騎馬兵のほかに足軽や小者を擁していたことは確かであり、足軽大将衆の抱えていた足軽が、特別な存在であったことを意味している。つまり足軽大将は常備兵として、他の軍団とは区別されて固定化されていた常備の足軽軍団の統率者であって、その他一般の武将が出陣する際に自領内から徴発した足軽と、編成原則は同質であったと思われる。

二十一名の足軽大将衆で目立っている特徴は、長坂光堅・曽根昌世・三枝昌貞・小幡光虎のような、甲斐国内の譜代国衆の名もみられるが、それ以上に多いのは、江馬・関・城氏などのように、他国の国衆で早くに武田氏に帰属した者が多い点が目立っている。この段階では戦死してしまっているが、山本勘助も足軽大将衆であった。

譜代国衆である三枝昌貞の場合、早くからの信玄側近として仕えた後、宿老山県昌景の相備えとなり、長篠の戦いで戦死したが、その遺領は武田家滅亡期には一七一〇貫文余であったという。この知行高は譜代家老衆や侍大将衆に次ぐ規模のものであり、「信玄代総人数」でのその軍役数は「騎馬三拾騎　足軽七十人」とある点に対応したものと判断される。

もう一人、他国から帰参した城昌茂の場合をみておくと、「騎馬拾騎・足軽三拾人」とみえる。その領地や知行高は不明であるが、越後上杉氏の家臣であったが、信玄の調略により永禄三年（一五六〇）頃に武田氏に足軽大将として迎えられたという。永禄十年（一五六七）八月に武田家家臣団が信玄に忠誠を誓った起請文の鉄炮衆の中に、一族の今井昌茂・玉虫定茂らと共に署名提出している。[19] 足軽大将として鉄炮足軽衆を組織していたものであろう。因みに信濃小県郡の真田幸綱の三男で信玄に仕え、後に武田氏親族の武藤家の家督を継承していた武藤喜兵衛（後に真田氏に復姓）も足軽大将と位置付けられている。

武田氏が家臣団に対して賦課した軍役については、その知行宛行状況と共に明記した文書がいくつか見られる。かつてその状況を整理して「軍役一覧表」を作成したことがあるが、[20] 十六例が確認され、その結果、知行高と軍役量には一定の比例関係があるとした、知行の下層者ほど過重の賦課であったことと、永禄期にくらべて勝頼の天正期では過重の負担を強いられていたとも指摘した。

次いで同論文では、武田氏が家臣団に指定した「軍役条目」を検討し、四例の「軍役条目」の内容を表示している。その条目の初見のものが、永禄十年（一五六七）十月のものであり、全家臣団から忠誠の起請文を徴収した後に、「各江」宛てに二十六ケ条の「軍役条目」を出している（『武田遺文』一一九八号、後掲の［史料3］）。これでは後述するように軍役衆ごとの装備の指定や、戦場での心得などが詳細に示されている。これらの条目内容はかなり具体的であり、北条氏領での「着到定書」と共通する点が多くみられる。次いでこの条目内容を実際に個別の家臣団に命じた「軍役定書」がみられるようになる。一例のみを示すと、以下のような内容である。

［史料1］　武田家朱印状（本間美術館所蔵「市河文書」、『武田遺文』一四六一号）。

定

一、鳥帽子・笠を除て、惣而乗馬・歩兵共ニ甲之事、
　付、見苦候共、早々支度之事、
一、打柄・竹柄・三間柄之鑓、専用意之事、
　付、仕立一統之衆一様たるへきの事、
一、長柄十本之衆者、三本持鑓、七本長柄たるへし、長柄九本・八本・七本之衆者、二本持鑓、基外者長柄たるへし、長柄六本・五本・四本・三本・二本之衆者、一本持鑓、其外者長柄、又一本之衆者、惣而長柄たるへきの事、
　付、弓・鉄炮肝要候間、長柄・持鑓等略之候ても持参、但有口上、
一、知行役之鉄炮不足ニ候、向後用意之事、
　付、可有薬支度、但有口上、
一、鉄炮之持筒一挺之外者、・可然放手可召連之事、

一、乗馬之衆、貴賤共ニ甲・咽輪・手蓋・面頬当・脛楯・差物専要たるへし、此内一物も除へからさるの事、
付、歩兵も手蓋・咽輪相当ニ可被申付之事、
一、歩兵之衆、随身之指物之事、
一、知行役之被官之内、或者有徳之輩、或者武勇之人を除て、軍役之補として、百姓・職人・禰宜、又者幼弱之族召連参陣、偏ニ謀逆之基不可過之事、
一、定納二万疋所務之輩、乗馬之外、引馬弐疋必用意之事、

以上

（永禄十二年）己巳
十月十二日〇（竜朱印）
（昌続）土屋奉之
（信房）市川新六郎殿

これは北信濃の市河氏への軍役定書であるが、同日付けで同形式のものが海野衆と小宮山丹後守にも出されており（『武田遺文』一四六二・六三号）、この時期に北条氏との駿河・伊豆方面での軍事的緊迫によるものである。これらでは騎馬・歩兵共にその装備内容が明記されており、特に八条目では、被官の内に「軍役の補として、百姓・職人・祢宜、又者幼弱之族」の参陣を禁じている点が注目される。この段階ではすでに歩兵＝足軽は常備兵化しており、それ以外の者の参陣を禁じていたと判断される。

これに対して天正五年（一五七七）閏七月の「軍役条目」（同前二八三七号）では、当家興亡の際であるから、「領中之貴賤十五以後六十已前之輩、悉被申付、廿日之滞留出陣憑入候事」とあり、非常事態への対応として徴兵的な指令がなされている。これも同文のものが複数残っており、こうした状況は前述した北条氏領でもみられた対

応である。

平山優氏は武田氏領での知行役と軍制の実態を検討しており、そこでは「知行役」を広義の場合（軍役のほか地頭役などの諸役も含む）と、狭義の場合として軍役のみに限定した使い分けをしている。武田氏の軍役に関しては、早くから貫高制との関係が注目されており、軍役が家臣の知行高に確実に対応していたとの従来の指摘は容認している。

具体的な検討としては、まず伝存している「軍役定書」二十四点を整理して一覧表を作製している。[21]同表は上納貫高とそれに対する軍役量を騎馬以下の装備別に表示したものであって、北条氏での「着到状」に相当する内容であり、騎馬以外の足軽をみる場合にも大変参考となる。ここでの指摘は永禄期のものと天正期のものでは内容上の差異が認められるという従来の見解に従っている。しかし軍役が家臣の上位者に過重であったとの従来の指摘は誤りとしている。天正期の事例として、天正六年八月の越後出兵時のものを上げているが、永禄期との対比という点では、前述した天正五年閏七月の「軍役条目」の方が、その差異が一層はっきりしていると思われる。

また軍役賦課率の目安としては百貫文が基準であったとし、その根拠として広義の知行役とした「地頭役」が百貫文につき三貫文であったことによるとしているが、「地頭役」の性格や実態はまだ不明瞭な点が残っており、果たして上記のような理解でよいのかには問題が残っている。

次いで軍役衆の武装に関しても、北条氏の場合、知行貫高一〇〇貫文につき騎馬三騎、二〇貫文につき一騎が原則であったことに対し、武田氏の場合は、上級家臣は一〇〇貫文に一騎であり、下級家臣では二〇貫文につき一騎で、騎馬の動員率は北条氏より低かったという。しかし二〇貫文に一騎とする点では一致しており、騎馬負担の目安になりうるといい参考になる。さらに武装内容の指定は武田氏側からの要請によるものであり、流動的なものであったともいう。

以下、騎馬以外の歩兵の武装の種別ごとにその内容を検討しているが、騎馬以外のこれらの歩兵については、足軽層とか百姓層とかの階層的な説明はしていない。この点を平山氏も引用している次の文書で確認しておきたい。

[史料2]　武田家軍役定書（島津家文書、『武田遺文』三〇一五号）

（天正五年）
丁丑　定納合百廿貫四百文

一、乗馬　甲・立物・具足・面頬・喉輪・手蓋・脛楯・指物・四方歟しない歟、馬介可為如法、

一、持小籏　壱本

一、鉄炮　可有上手放手、玉薬壱挺ニ三百放宛可支度　壱挺

一、弓　可有上手射手、矢うつほ并根つる無不足可支度申、　□帳〔帳〕

一、持鑓　実共可為仁間之事、　□本

一、長柄　実共三間、木柄歟打柄歟、実五寸朱してあるへし　四本

以上廿人何も歩兵可有武具、」

右如此有道具帯来、可被勤軍役、重而被遂御糺明、以御印判

可被定旨、被　仰出候者也、

天正六年戊寅　今井新左衛門尉（朱印）

八月廿三日　武藤三河守（朱印）

島津（泰忠）左京亮殿

これは甲越同盟の進行状況の中で、北信の国衆である島津氏に対する「軍役定書」であるが、合計で二十人の着到になっている。騎馬数は示されていないが、知行高が一二〇貫文余であるから、前述した定納貫高二〇貫文に一人とすると六騎となる。残りの十四人が歩兵であり、弓と持鑓の部分に欠字があるが両方で九人となろうか。これは歩兵としての足軽衆である。しかしこれでは歩兵の階層性までは明らかでない。

平山氏は次いで出陣の際の軍勢の招集とその内部編成を検討されており、まず侍大将級の寄親に出陣命令が下り、寄親は配下の被官と同心衆を招集して陣参した。個々の家臣は、貫高に応じた人数を負担し、一手衆の内部で武器ごとに編成されていたという。一手衆（備・頭・組）の位置付けがよくわからないが、その説明として、天正三年十二月の「軍役条目」をあげている[22]。それには「一、大小人共ニ一手之内覃一戦之砌、可抽戦功、手分・手組等、兼而被相定、何時も催促次第令出陣」とみえている。

以上が平山氏の所論の概要であるが、前述したように足軽衆に焦点を合わせたものではなく、その上層部の軍役編成を問題としたものであるが、参考となる点は多い。

なお、歩兵に関する文書は多くみられ、とりわけ各時期に出されている「軍役条目」内には多出している。いずれも騎馬と対置するものとして書かれているが、その内部の仕分けや役割分担については、改めて検討する必要がある。

四　武田氏領での足軽の様態

次いで前述した「軍役条目」・「軍役定書」以外の武田氏発給文書の中で、足軽とか小者と表記しているものによって、その実態に言及したいと思う。文書中に「足軽」と「小者」とみえるものが、本章末尾に提示した別表である。以下これによる内容の説明や引用については、同表の文書番号で表記する。

武田氏文書での「足軽」表記の初見は、大永四年（一五二四）八月十一日付けの甲斐・奈良原郷内の広済寺宛の武田信虎の禁制である（別表No.1）。これは寺内への不入権を保証したものであるが、その最後に「足軽入るへからす」とある。No.2も同時期のもであり、これも塩山・向岳寺を保護した掟であるが、「特足軽已下、兎角之義申候者、御成敗可被成候」とある。これらによると、武田領ではかなり早い時期から、足軽が寺領をおびやかすような存在であったことが知られる。

No.3は天文十七年（一五四八）と推定されるものであり、村上義清との小県郡での攻防に際して、佐久郡望月城主の望月氏に宛てて前山城（佐久市）への集結を指令したものであって、前山在城衆の上原虎満や足軽大将へも通告したという内容である。足軽大将が誰であるかは明記していないが、加勢として前山城へ入っていたものであり、かなり遊軍的な存在であったように思われる。No.4・5も同内容のものであり、足軽を加勢として深志城（松本市）へ移したことと、弘治三年（一五五七）六月の第三次川中島合戦に際して、塩田（上田市）在城の足軽を真田氏のもとへ差し遣したというものである。

No.6は「小者」の初見であるが、小者は晴信室の従者であったというものである。No.7は年未詳であるが、宛名の諸氏にその地の用心として、同心の中間・小者の改めを命じており、北条氏領での人改めとの関連で注目される。No.10は上杉氏の下野・小山城攻めに際して、足軽衆の活躍により勝利したといい、さらに上杉氏追撃のために、人夫をもって新道を築いたともいう。これは普請役として周辺の地下人を動員してのものであろう。No.13は、前述したように、永禄十年（一五六七）に新軍法として制定したものであり、二十六ケ条に及ぶ詳細な「軍役条目」であって、その一部を抜粋してみると、以下のような条項がみられる。

[史料3]武田信玄軍役条目(『武田遺文』一一九八号)

条目

一、各衣装、自永禄十年丁卯十月始之、一切可為布衣紙子、紬平絹加賀染、若有望者、赦島物之事、

(四ヶ条省略)

一、於于武具之分量之外、可結構之事、

一、馬武者具足甲之儀者、不及書載、手盖・頬当・脛当、其外諸道具、可着之事、

一、立物不可有二様之事、

(四ヶ条省略)

一、向後及一戦者、大略可為歩兵之条、武具等以利身体相当之支度之事、

(五ヶ条省略)

一、武具之内、別而弓鉄炮等之用意簡要之事、

(三ヶ条省略)

一、小旗腰指等、持小者条、更不及分別、向後自陣屋自身可指小旗、然時者各如随身可拵之事、

(一ヶ条省略)

一、鉄炮数被持之人、無油断倅者・小者等鍛錬尤候、近日一向無其趣、隣国之覚不可然之事、

一、同心被官之弓、一月ニ一度宛令請待、振舞之上稽古之事、付条々

右条々不可有違犯候、惣別近習之内、毎事背下知輩一両輩候間、如此顕条目候、向後於背法輩者、不選人不

肖不論親疎、依科之軽重、或召放知行或可行死罪候、於此儀者聊不可有虚説者也、仍如件、

永禄十年丁卯

拾月十三日　　信玄（竜朱印）

各江

これは知行人（地頭）である武家を対象とした軍役条目であるが、すでに武家と一体化していた足軽や悴者・小者らの装備内容なども指令されている。

No.15は、信濃国衆の大井満安が箕輪在城（高崎市）を命ぜられた際のものであるが、戦死した本郷八郎左衛門尉の知行地を与えられており、同時にその寄子・足軽十人も付与されたものである。知行規模や騎馬数は不明であるが、これは本郷氏領から引き継いだ分のものであり、他に自領分があったと思われる。いずれにしても寄子や足軽が知行地と一体化して譲渡されている点が注目される。No.16も勝頼代での「軍役条目」であり、［史料3］を踏襲した内容であり、十条目に付記として「自一手五騎三騎宛、以奉行可下知」とある点が目新しい。

No.17は若干問題点のある文書であるが、甲斐国衆で竜地村（甲斐市）の阿倍右衛門尉に対して、竜地に新町を開発したが百姓の移住が不足し、甲乙人らの狼藉が多いため、騎馬一人と足軽を指し置くようにと指令されている。これも足軽の流動性を示すものであろうか。No.18も「軍役条目」であり、長篠出陣に際して、上野・国峰城（甘楽町）の小幡信真に対して、陣中での諸事を指定したものであり、とくに陣寄せの際の小荷駄の処遇と、勝利しても先立って小者を陣屋に返すなとしている。

No.19は、すでに長篠の敗戦後の武田勝頼の防衛配備をした軍役覚書として著名なものである。二十八ケ条に及ぶ詳細なものであり、高遠城主（伊那市）の保科正俊に宛てたものである。主に伊那谷での諸城への軍事的な対

応を指示した内容であり、この中に城主以外の地下人や寄騎・凡下の輩・人夫などと共に足軽衆も見えている。大島在城衆（松川町）として日向玄徳斎・栗原伊豆守・小山田昌盛を指定した後、外に秋山虎繁に同心の国衆と足軽衆は小山田氏の指令を守り、保科氏の下知に従って昼夜の勤番をするように指示されている。この場合の足軽衆は足軽大将である小山田昌盛のもとに編成されていた常備軍と思われる。なおこの文書では地下人から起請文を取り、緊急時には山小屋に避難させるとも見えている。

No.20も軍役条目の一つであり、小県郡の小泉総三郎に宛てたものであるが、足軽については、今後は長柄の鑓を省略し、代わりに「器量之足軽」を撰んで鉄炮を持参させよとしている。No.23は、勝頼が天正五年（一五七七）九月の家康との対戦で、田中城（藤枝市）を攻められた時の対応状況を、遠江の某城に在番していた信濃国衆の清野氏ほかに通知したものであって、その中で自城での対応として、「物主衆自身出候事は可停止候、以足軽其調儀肝要候」と戒めている。物主衆は清野氏らの城将であり、足軽衆はその配下の歩兵であろう。

No.24は、天正七年正月の「諏訪下社春宮造宮帳」にみえるものであるが、田子郷（松本市）から正物を納める代官として、市河梅隠斎の同心の足軽とみえている。神領郷村内で足軽が正物徴収の代官を務めていたということであろうか。No.25は、武田氏に帰属した厩橋城主（前橋市）の北条高広が、同時に武田氏に帰属した玉村（伊勢崎市）の宇津木左京亮に対して、二八一貫文の本領安堵をしたものであり、北玉村で弓・鉄炮・足軽を集めて、堅固の備えをするように指令されている。ここはあるいは「弓鉄炮の足軽」と読むべきかと思う。これも足軽などが本領に対応していたことを示すものであろう。

以上が武田氏文書での「足軽」と「小者」などの記述の見られるものであるが、足軽に限定しての記述は少なく、歩兵や悴者・小者、さらには人夫などと併記の記述が多く、それらとの差異の説明は、改めて行う必要があろうかと思われる。

まとめとして

以下、繰り返しになるが、本論での要点を箇条書に再説して、まとめにかえたい。

（1）足軽研究史の初期には、足軽傭兵論であって、応仁・文明の乱がその発生の契機であったという。

（2）戦後では中近世移行期の問題としての身分制論や兵農分離論との関連で検討されるようになり、具体的には武家（地頭）とその配下の被官侍や、さらにその下層に位置していた足軽以下の歩兵とは身分的な差異があった。

（3）戦国期の足軽について「雑兵論」があるが、雑兵を足軽などの武家奉公人（侍）とし、それ以下の従者（下人）と、人夫（百姓）に三分している。しかし武家被官は問題にされておらず、また人夫の徴発原則は足軽などの場合と異なると思われる。

（4）戦国期の足軽の実態としては、北条氏領での研究が先行しており、『役帳』をもとに家臣が役高に応じて負担した「着到役」（軍役）があり、具体的には、元亀二年（一五七一）の吉岡郷（綾瀬市）の岡本政秀宛の「着到定書」が、分かりやすい内容として検討されており、その軍役編成が図解で示されている。

（5）北条氏領では、歩兵＝足軽との位置付けであり、小者などの従者下人なども歩兵に含めており、「侍」と表記されている武家被官も歩兵扱いになっている場合もあった。従って足軽衆の範疇は、流動的ではあったが広範囲の階層を含むものであった。

（6）北条氏領では足軽衆が独立部隊として編成されており、すでに恒常的に組織された存在であった。

（7）武田氏領の場合、軍団編成上での職制として足軽大将衆があり、常備兵として固定していた足軽隊の統率者であり、北条氏領での「諸足軽衆」と同性格のもと思われる。

（8）他の家臣団（地頭）も自領内から個別に徴発した足軽や小者を集めており、その編成原則は足軽隊の場合と同じく、領国一統の普請役などの免除の代償としての出陣であった。

（9）武田氏領での「軍役条目」や「軍役定書」では、具体的な軍役内容が示されており、北条氏領での「着到定書」に対応している。武家の軍役負担率も二十貫文に一人と同じである。

（10）永禄末年から詳細な「軍役条目」が見られるようになり、この段階では歩兵＝足軽との位置付けが定着しており、すでに固定的に常備兵化していた。それが長篠敗戦後の天正期になると、徴発対象者が徴兵制的に地下人層にまで拡大されていく。

（11）武家（地頭）の遺領相続に際しては、知行地と共に、寄子・足軽なども相続対象になっていた。

（12）全体として軍役賦課の実態や、足軽層などの存在形態については、北条氏領と共通する点が多く、東国大名領での事例となりうるものと思われる。今後は他地域での大名領との比較検討が必要になってくる。

最後に以上のような足軽の様態と関連して、兵農分離状況の理解が問題となってくるが、少なくとも戦国末段階においては、制度化はされてはいないものの、実態としてはかなり進行が定着しており、やがて身分制として制度化されていくことになる。

注

(1) 三浦周行「土一揆」(『日本史の研究』第一輯、岩波書店、一九二二年に収録、日本学術普及会、一九三九年)。
(2) 花見朔巳「室町時代の解体期と足軽の研究」(『日本兵制史』収録、日本学術普及会、一九三九年)。
(3) 高木昭作『日本近世国家史の研究』(岩波書店、一九九〇年)。
(4) 小島晃「足軽と応仁・文明の乱」(『相克の中世』東京堂出版、二〇〇〇年)。
(5) 早島大祐『足軽の誕生——室町時代の光と影』(朝日新聞出版、二〇一二年)。
(6) 藤木久志①『雑兵たちの戦場——中世の傭兵と奴隷狩り』(朝日新聞社、一九九五年)、②『村と領主の戦国世界』(東京大学出版会、一九九七年)。③『飢餓と戦争の戦国を行く』(朝日新聞社、二〇〇一年)。
(7) 荒垣恒明「戦場における傭兵」(『定本　北条氏康』高志書院、二〇〇四年に収録)。
(8) 岡本氏古文書写(『戦国遺文・後北条氏編』第二巻、一四九七号、東京堂出版、一九九〇年)、以下、同書は『北条遺文』と略記する。
(9) 『綾瀬市史』六、通史編中世・近世(綾瀬市、一九九九年)。
(10) 大曽根俊雄氏所蔵文書(『北条遺文』二二五九号)。
(11) 『北条遺文』二二五二～五九号文書。
(12) 小田原市郷土文化館所蔵文書(『小田原市史』史料編中世三、一三八一号文書、『北条遺文』二二五八号文書)。
(13) 『北条遺文』二三一六号文書。
(14) 『小田原衆所領役帳』(戦国遺文後北条氏編別巻、東京堂出版、一九九八年)。
(15) 則竹雄一「戦国期足軽考——北条領国を中心に」(『中世の内乱と社会』東京堂出版、二〇〇七年)。
(16) 小田原市立図書館所蔵桐生文書(『北条遺文』三八一八号文書)。
(17) 大藤氏着到帳(『北条遺文』四〇九三号文書)。
(18) 酒井憲二『甲陽軍鑑大成』本文編上(汲古書院、一九九四年)。
(19) 通称「永禄武田諸士起請文」(『戦国遺文』武田氏編一一五一号文書)に庭谷衆連署起請文として載る。以下、同書は『武田遺文』と略記する。
(20) 柴辻「武田氏の知行制と軍役」(『戦国大名領の研究』名著出版、一九八一年に収録)。

（21）①平山優『武田信玄』（吉川弘文館、二〇〇六年）。②柴辻・平山優編『武田勝頼のすべて』（新人物往来社、二〇〇七年）。③平山優「武田氏の知行役と軍制」（『戦国大名武田氏の権力と支配』、岩田書院。二〇〇八年）。いずれも同じ表を掲載しているが、ここでは③の論考を参照した。

（22）武田氏朱印状写（『続錦雑誌』収録文書、『武田遺文』二五五五号）。

［補記］脱稿後、則竹雄一氏の「戦国大名武田氏の軍役定書・軍法と軍隊構成」（『獨協中学・高等学校研究紀要』二四号、二〇一〇年）があることに気付いた。早速、則竹氏にお願いし、入手して一読したが、内容は本文中で問題とした「軍役条目」と「軍役定書」についての検討であって、平山優氏の注（21）の③論稿への疑義と反論が述べられている。

別表　文中に「足軽」・「小者」とあるもの

No.	年月日	署名形式	宛名	文書名	内容摘記	「武田遺文」
1	(大永4)8・11	信虎(花押)	奈良原・広済寺	禁制	寺内足軽不入	104
2	(大永4)10・28	信虎(花押)	塩山向岳庵	寺内掟書	足軽以下成敗	109
3	(天文17)・8・19	晴信(花押)	三郎殿	書状	前山城へ足軽大将申付	267
4	(弘治3)・4・5	晴信(花押)	倉沢中務少輔	書状	其地へ加勢、足軽を深志へ移す	556
5	(弘治3)・6・23	晴信(花押)	市河藤若	書状	塩田在城の足軽~真田へ指遣	562
6	弘治4・3・2	武田家朱印状	有野郷	棟別免許	御方様御小者	588
7	(年未詳)2・11	(武田信玄花押)	秋山藤左衛門ほか	判物	同心の中間・小者之無沙汰改	621
8	永禄3・2・29	跡部長与副状写	鰍沢之印判衆	証文	小者忠節、普請役免許	689
9	永禄4・8・9	武田家朱印状写	六人衆	知行宛行	騎馬十五貫・歩兵七貫文宛行	748
10	(永禄6)4・14	信玄(花押)	佐野殿	書状	景虎小山城攻め、足軽軍勝利	820
11	永禄8・3・28	武田家朱印状	(勝山浅間社)	禄物書上	小者二人派遣	935
12	永禄8・12・10	武田信玄判物	諏訪上社	祭祀再興次第	大祝殿小者衆	968
13	永禄10・10・13	武田氏朱印状写	各へ	軍役条目	歩兵・小者・同心被官	1198
14	(永禄12)5・朔	信君(花押)	酒井左衛門尉	書状	足軽をも下さず敵退散	1400
15	永禄12・8・10	信玄(花押)	大井小兵衛尉	判物写	本郷氏の知行・寄子足軽十人を宛行	1444
16	元亀4・11・朔	武田家朱印状	(宛名欠)	軍役定書	倅者・小者鉄炮鍛錬	2202
17	元亀5・正・一	(勝頼花押影)	阿倍右衛門尉	判物	騎馬一人足軽指置く	2262
18	(天正3)・5・6	武田勝頼判物写	小幡上総介	軍役条目	小者等不返陣屋	2486
19	(天正3)・8・10	武田氏朱印状	保科筑前守	軍役覚書	大島在城、秋山同心国衆・足軽衆	2514
20	天正3・12・16	武田氏朱印状写	小泉総三郎	軍役条目	撰器量之足軽、鉄炮持参	2555
21	天正4・8・27	三尾直継判物	定勝寺	証文	二子荷雇十四人人足	2715
22	天正4・9・6	武田家朱印状	馬場民部少輔同心	軍役条目	小者等不可返陣屋	2719
23	(天正5)9・24	勝頼(方朱印)	浦野刑部左衛門尉他	書状	田中へ進陣、足軽を以て調儀	2872
24	天正7・正・20	下宮春宮造宮帳	諏訪下社	造宮帳	市河梅隠同心足軽衆	3069
25	天正7・極・28	高広(花押)	宇津木左京亮	判物	知行宛行、弓鉄炮・足軽を集め	3224

第四章　武田氏領「代官」の諸様態

はじめに

戦国大名の行政組織や職制については、一大名での全体的な組織や構成を明らかにしたような成果はみられない。各大名家によって共通する部分も多くあり、別に家独自のものが設定されている場合も多くみられる。

本章では甲斐・武田氏の場合での、とくに「代官」の用例について検討を試み、その領国内での業務内容などの諸様態と、展開状況を確認しておきたいと思う。武田氏の行政組織や職制についても、全体的に考察したものはなく、部分的なものが概説的に述べられているにすぎない。[1]「代官」についてもそこで少し検討したことがあり、戦国期にみられる「代官」表出文書を三十四点抽出して、若干の考察を試みている。本章ではこれらの関連文書を再検討し、戦国期の武田氏領の代官の実態にせまろうと思う。

武田氏は延徳四年（明応元年、一四九二）六月の、武田信縄と弟信恵による家督争いにより、甲斐国内は地域ごとの地域領主を巻き込んでの内乱状態となり、「甲州乱国ニ成リ」（「勝山記」）と表現されている。それから信虎・

晴信（信玄）・勝頼の三代を経て、天正十年（一五八二）三月の武田氏滅亡にいたる約一世紀の間で、まず武田氏領内での「代官」の用例を抽出し、個々の用例がどういった使われ方をしていて、どういった存在であったのかをまず整理したうえで、具体的に多出しているいくつかの用例について、個別にその内容や機能を検討してみたいと思う。

これまでに戦国期での武田氏領内での「代官」について言及したものは、必ずしも多くはない。その主な成果についてふれておくと、唯一、勘定奉行のもとでの実務担当者としての職制として「蔵前衆」が知られているが、その出自と薬務内容について、村上直氏が初めて検討をしている。(2) その内容は概要に終始しているが、『甲陽軍鑑』（以下、『軍鑑』と略称）の「信玄代総人数」（品十七）にみえる「蔵前衆」の定員三十五名の内の十二名について、個々にその出自と業務の実態を明らかにしたものであり、役務としては武田氏の直轄領支配と年貢他の貢納物の集積と換金業務などの財務管理が主な業務であったとしている。

この「蔵前衆」としての代官に関しては、他に個別に検討した成果もあり、この内の八田村新左衛門尉については、平山優氏の論考があり、(3) 秋山敬氏はそれを受けて、その一族系譜と江戸初期での動向を詳細に検討している。(4) 次いで平山優氏は、武田氏領での「代官」は大きく三種があるとし、（イ）大名が直轄領支配・管理のために置いた者、（ロ）地頭層が所領支配・管理のために独自に任命した「地頭代官」、（ハ）諏訪大社造営のために慣行として置かれていた者とであるという。(5)（イ）は大名側の職制であり蔵前衆のことと思われる、（ロ）は給人領での「地頭代官」とするが、この場合の地頭と代官は、後述するように並列表記されている者であり、「地頭と代官」と読むべきである。（ハ）は諏訪大社領での造営役の徴収を請負わされた者に限定されたものであり、領国全般に適用されるものではないと思われる。

平山氏はさらに「代官」は地下人層から選出され、同じく地下人層が大名と奉公関係を結んでいた「御印判衆」と、郷村支配での棲み分けをしていたともいう。しかし地下人層（郷中乙名衆）と、「代官」・「御印判衆」の位置付けがはっきりせず、わかりにくい見解である。

なお、「代官」一般についての先行研究は、江戸幕府の直轄領支配を担当した事例のみが検討されており[6]、戦国期にまで遡って、その関連性を検討したような成果はみられない。

筆者もかつて武田氏の職制に関して奉行人ほかを検討した際に、特に勘定奉行の支配下の吏僚層としての「代官」について検討したことがある[7]。そこではこの時期の代官の用例として、職制と確認できるものは、蔵前衆・直轄領代官・郷請負代官・商人請負代官を主要なものとしてあげておいた。本章では、この四様態の「代官」を中心として、実際の文書にみられる用例から、その役務内容と存在形態の実態について、より具体的に検討しておきたいと思う。

一　発給文書上での「代官」の用例

まず前提として、この期間での武田氏領での「代官」の用例を検討しておくと、「代官」の語句の初出は、年未詳九月十九日付けで、武田信恵が塩山の向岳寺に宛てた判物である[8]。これは永正五年（一五〇八）に比定されており、この年にも信恵と信縄の子の信虎が第二次の家督争いをして内乱になっていた時期のものである。内容は退転していた同寺領を改めて寄進するから、「早々越代官、御成務尤候」とするものである。この場合の「代官」の用例は、寺側の寺領管理者の代理の意味であって、武田氏側の職制としての代官ではない。つまり寺内での本務官に代わる者との意味であり、代官の最も一般的で慣用的な用例といえる。これらを［A］用例としておく。

これに対して、大永二年（一五二二）二月の天神社本殿棟札銘写（山梨市）では、造立の本願主を武田信虎とし、以下「時代官曽根三河守源昌長、取持向山民部左衛門尉家安、時小代官同右馬丞」と続けている（『武田遺文』五〇号）。この場合は神社本殿の造営時の棟札銘ではあるが、代官が大旦那・本願主としての信虎と併記されており、この段階での行政組織内での位置付けは明確ではないが、明らかに武田家での職制としてのものと思われる。この点は続けて「取次」と「小代官」も併記されていることからも明らかである。ここに見える小代官については、武田氏領では用例が少なく、この他には天正九年八月二十八日付けの代官連署証文（世間瀬文書、『武田遺文』三六〇五号）の一点があるのみであり、北条氏領でみられる代官の手代と同義であるかは検討の余地がある。こうした武田家の職制としての「代官」表記は、後述するように多くの用例があり、これを［B］用例としておく。この事例は比較的早い時期のものとしても注目される。因みに、これに関連して、「甲陽日記」天文十一年条に「定奉行衆初ル」の記録がみられ(9)、同時期に職制代官の設定も行われた可能性がある。

次の天文二年（一五三三）八月の信虎禁制では、検断、寺社奉行の後に、「地頭・代官いろひあるべからず」とあり（広済寺文書、『武田遺文』七一号）、これも［B］用例の一部ともみられるが、とくに地頭と並列されている点から、私領に対する「地頭」に対して、直轄領の管理者としての限定的な意味での表記であり、これも職制としての代官であるが、これを［C］用例としておく。［B］との違いは［B］が勘定所直属の代官であるのに対し、［C］は後述する［E］の在郷の請負代官をも含んだ広義の職制代官の総称であると思われる。なお前述した「蔵前衆」との使い分けについては後述する。

次いで永禄九年（一五六六）二月になるが、信濃・諏訪大社の前宮の大鳥居造営に際して、諸納物の請取状を矢島定綱が出しており、その肩書きに「代官」と付記している（同前九七四号）。矢島氏は諏訪社の社家で権祝職の役職にあり、定綱もその一族であり、諏訪社の代官として造宮費用の調達を任されていたものである。この場合の代官が諏訪社内での恒常的な職務か、臨時の役務かははっきりしないが、ともかく個別の寺社や地頭給人領内においても、職制に準ずるような代官が存在していたことは確認される。これも［A］用例の一部ともみられるが、個別領主支配域内での職制とみて、こうした給人領・寺社領内でのものを［D］用例としておく。こうした事例も多く確認出来る。

次いで永禄九年九月の事例になるが、武田家の勘定奉行の跡部勝忠が、信濃・中牧郷（長野県・大岡村）の中牧越中守に宛てた証文では、「中牧之内上石津之荒地八貫文之所、為御代官被仰付候」とあって（同前一〇二四号）、中牧郷の地頭である中牧氏を武田家の直轄領となった同郷内の荒地八貫文分の地の請負代官に任じた内容である。これは国衆・地頭などに直轄地の一部を請負わせて「郷代官」に任用した事例である。こうした事例も多く確認でき、詳しくは後述する。こうした用例を［E］用例としておく。

さらに軍役に関連した代官の用例として、元亀三年（一五七二）と推定される八月の信玄書状であるが、宛名を欠いているため状況不明な点もあるが、文中に「当城為定番、可有御代官、被仰出由尤候」とあり（『武田遺文』一九四〇号）、城番として代役を立てることを指令されている。これは軍役としての城番の代官用例とみるべきものであり、これも［A］用例に準ずるものである。こうした軍役関連の代官を［F］用例としておく。

次いで元亀四年八月の駿府商人頭の友野宗善宛ての武田家朱印状に見られるように、御用商人頭に、連雀役・木綿役の代官を申し付け、役銭の徴収を請負わせた用例もある（同前二一五九号）。これら商人頭による役銭徴収の請負代官を［G］用例としておく。

二　「蔵前衆」について

以上の用例の内、［A］・［C］・［D］・［F］については、改めて検討するまでもなく、ごく一般的な用例と思われるので検討は省略し、それ以外のものについて検討を進める。まず、すでに一定の成果のみられる「蔵前衆」に関して、再検討をしておきたい。

前述した村上直氏によると、『軍鑑』（品一七）の記事を参考として、定員が三十五名で、勘定奉行の下で直轄領支配を担当し、直接地方の所務を司り、民政に参与し、俗にいう代官衆であるという。蔵奉行・御蔵衆・御蔵前の代官衆ともいい、職務は直轄領を管理し、年貢諸役の徴収に当ったという。役所は府中の上一条にあり、御蔵前に詰め、五人組にて一日一夜ずつ御納戸の番も勤めたともいう。他に郷村支配者として、地頭と現地任用の平代官（郷代官）の存在も指摘しているものの、蔵前衆との差異や関係については言及されていない。平代官は直接勘定奉行に従うものであり、前述した［E］の郷代官と思われる者達である。次いで特に確認のとれた蔵前衆の十二人について、個別にその出自と経歴を検討しているが、いずれも概説的な説明に終始している。ただしこの説明の中での「直接地方の所務を司り、民政に参与し」という部分については検証がなく、後述するように地域支配までには関与していなかったと思われる。

まず蔵前衆の頭役を勤めた者として、古屋道忠・古屋兵部・伊奈宗普・諏訪春芳の四人を上げており、この内、古屋兵部については、小原丹後守継忠の三男を養い甚五兵衛と改名したという。この古屋氏一族の居所と目されているのが「連方屋敷」（山梨市三ケ所）であり、武田氏の在地御蔵管理を兼ねていたとされる。(10) 近くには八日市場・十組屋敷もあって、甲斐国東郡地域での経済的な中心地であったようである。後に勘定奉行を勤める小原継忠の一族であり、小原氏は隣接する小原（コバラ）郷の国衆であり、永禄五年（一五六二）の武田勝頼の高遠城入部に際して、附属した八人衆の内の一人である。これを伊那郡の小原（オバラ）氏との説もあるが、勝頼入部当初での付用人は甲斐出身者でないとおかしい。古屋道忠については他に記録がなく、詳細は不明であるが、古屋氏の主流であったと思われる。

伊奈宗富については、本姓は水上氏で伊那郡出身の商人であったらしい。その算用能力を認められて蔵前衆に登用され、後には深志城番をも勤め、足軽七十人を預けられていた。天正五年九月四日の佐野泰光宛の穴山信君書状写によれば（楓軒文書纂『武田遺文』二八六二号）、深志領内の穴山氏領埴原郷の年貢輸送と諸役の免除について、勘定奉行の土屋昌恒を通して宗富に要請するように指示しており、深志領での年貢・諸役の徴収を担当していたことが明らかである。

諏訪春芳も諏訪郡高島城下出身の商人であり、やはりその算用能力を買われて蔵前衆に登用され、伊奈宗富と同じく足軽七十人を預けられていた。元亀元年（一五七〇）九月二十三日の諏訪社神長官守矢氏宛の年貢振替え渡し証文を「春芳代官」の手代二人が出している（守矢家文書、『武田遺文』一五九九号）。また年未詳であるが、六月晦日付けの武田家朱印状では、諏訪上坊薬師堂の造立と高島城の再興を他の代官衆と連名で命じられており（如法院文書、同前三七五九号）、諏訪領内での直轄地支配を担当していたことが確認されている。

これら四人の蔵前衆頭のもとに三十人前後の蔵前衆が組織されていたというが、これらの者については一部の者の経歴が明らかにされているにすぎない。松木珪林は京都の商人であり、遠隔地商人として財をなし、やはりその算用能力を買われて蔵前衆に取り立てられている。

前述した八田村新左衛門尉については、先行研究も多く、八田村の豪農である末木政清の弟として手広く商業活動をし、伊奈・諏訪氏と同じくその財力と算用能力を買われて、蔵前衆に登用されたことが明らかにされている。天正五年二月二十二日の八代郡芦川筋の緒郷に宛てた武田家朱印状では、これらの諸郷は諸役免許にしたので、末木新左衛門尉・西林能登守の「代官役所」でも承知するよう命ぜられている（西湖区有文書、同前二七七六号）。これによれば、末木（八田村）新左衛門尉は、現地でも役所を構えていたことになる。このほか『軍鑑』に蔵前衆としてみえる古屋氏一族・平岡道成・石原守繁・大野元貞・小宮山民部らに関しては、武田家家臣であったことは確かであるが、詳しい経歴は不詳であり、むしろ武田氏滅亡後の徳川家康のもとでの代官としての活動内容が明らかにされている。

これら蔵前衆の活動拠点は府中の蔵前屋敷の他に、別に各自の活動拠点となった都市部や地方での交通要所などの経済的な中心地となっていた直轄地内にも屋敷を持ち、その地域から集めた年貢・諸役を収納する御蔵を管理していた。各地域に御蔵のあったことは、天正六年三月十九日の水野平大夫宛の穴山信君判物に、「於河内中之蔵」とあることなどでも明らかである（水野家文書、同前二九五四号）。

武田氏の直轄領や直轄地についての研究は皆無に近く、その実態は明らかでないが、(11) 武田氏発給文書にみられる「蔵方」「蔵出」「蔵入」「蔵銭」などは、こうした直轄地での御蔵での出納管理に関するものであって、在地に対しての年貢・諸役の割付けや、その収納業務までを担当していたかは疑問である。割付けは勘定奉行の専権であり、収納は蔵前衆の手代や、平代官といわれていた在地支配の郷代官もおこなっていた。なお現地での蔵前衆の手代と思われるものとしては、次の文書が見られる（塚原家文書、『武田遺文』二六八六号）。

（武田氏獅子朱印）

坂木御執納御蔵之儀、向後被仰付候、年来彼御蔵為御番、御普請御赦免候、以拾人自当秋、松茸可致進上者

也、仍如件、

丙子（天正四年）
七月三日

塚原五郎左衛門尉

つまり蔵前衆は御蔵での収支管理の財務担当が主業務であって財務管理担当者である。関連して年貢・諸役の地域市場での換金業務と、集めた金品を甲府の蔵前へ輸送をしていたのであり、地域での行政的な在地支配までは行っていなかったと思われる。なお年貢米の府中への運送は、地頭や地域農民の負担であったことが知られている。(12)

三　行政組織上での「代官」

次に用例の［B］とした武田家の行政組織上での職制である「代官」について検討する。まず、武田家の行政組織に関しては、その全体像を考察したものはみられない。「両職」と「郡代（郡司）」のほか、「奉行人」「朱印状の奉者」「取次」等の一部について言及されているのみである。(13)筆者もこの問題を検討したことがあるが、その全貌を示すことはできなかった。(14)

まず勘定奉行の配下にあって、勘定所直属の代官として直轄領支配を担当していた職制としての代官であるが、前述した蔵前衆とは業務内容が異なり、直轄領の在地支配を担当していた。その事例は多く確認されるが、永禄十年（一五六七）十一月の三枝昌貞宛の武田家朱印状によれば、「石森之御代官」（山梨市）を申し付け、重恩として「於甲州籾子百俵、於信州長窪・飯室、俵之内五十俵」を宛行われている（横浜市立大学図書館所蔵文書、『武田遺文』一二一五号）。この三枝昌貞に対しては、永禄十二年六月十二日にも信玄判物が出されており、それには先非を悔いて奉公に励んだので、「塩後之郷代官」（甲州市塩山）を申し付け、秋上納の内より相当の手当を宛行うとしている（早稲田大学図書館所蔵文書、同前一四二〇号）。これらによれば、代官の担当任地間での移動と、相当の「代官給」が付与されていたことが明らかである。三枝氏が担当地の移動をしていることからみて［B］の事例であると思われる。

同十一年二月の平沢豊前守宛の勘定奉行の跡部勝忠証文写によると、虎岩郷（飯田市）の年貢未進分の進納を命じ、詳細は「代官衆と談合尤候」としている。宛名の平沢氏は虎岩郷の平代官（郷代官）であり、その上位に武田家の「代官衆」が存在していたことが明らかである（平沢家文書、同前一二四四号）。同時期のものとして、以下のような文書もある。

白井之内御料所分、御百姓等之奉公、別而相勤候条、五百疋之所被下置候、名所者、自御代官可請執者也、

仍如件、

（永禄十一年）戊辰
八月十七日〇（竜朱印）
石北下野守

宛名の石北氏は白井郷（渋川市）の地侍であるが、料所内での百姓奉公を勤めて五十文を宛行われており、それを職制上の代官より受取れとされている（石北家文書、同前一三〇八号）。文中に「名所者、自御代官、可請執者也」とあり、武田家代官の差配を受けていた。

次いで元亀三年五月、駿河の朝比奈信直宛の信玄判物によれば、善得寺領内（富士市）の米方徴収の代官を申し付け、地下人を集めて耕作をさせよと命ぜられている（鎌田武男氏所蔵文書、同前一八六四号）。職制代官には耕作奨励や開発事業などの勧農業務もあったことになる。この朝比奈氏に対しては、翌四年九月の武田家朱印状では、「駿州段銭」徴収の代官も申付けており、私領は除いて直轄地のみから集めて蔵納せよと命じている（小室開弘氏所蔵文書、同前二一七九号）。これらの代官は武田氏被官としての国衆であり、その行政的統治能力が評価されて職制の代官に任用されていたと思われるが、その地域的な配置密度や、業務の全体像ははっきりしない。

次いで年未詳ではあるが、四月二十二日付けで海津城代（長野市）の春日虎綱が甲府の公事奉行である原昌胤に宛てた書状では、高井郡内の須田氏と山田氏の知行争論について、代官を以て報告せよとのことであった。しかし近年の状況がはっきりしないので、甲府には届けず、山田氏の帰郷地と決したので、その旨を勝頼へ披露するよう依頼している（諸家古案集、同前二九八八号）。虎綱は川中島三郡の郡代であり、その領域内での領地争論については、武田氏より直轄地支配を委任されていた代官を通して甲府に報告させたのであり、在地での訴訟の取次も業務内容であったことが明らかである。

天正四年十一月十一日、鷹野昌郷ら駿河富士郡域内の代官三名が連署して、篠原尾張守宛に小笠原信興の屋敷の替地として、三貫文を塩沢（富士郡）で渡すとしている（判物証文写、『武田遺文』二七四一号）。この鷹野氏に関しては比較的に関連文書がよく残っており、村上直氏はこれを蔵前衆として説明しているが[15]、その活動内容からみて富士郡内での職制上の代官とみるべきであろう。

天正八年五月、上野・和田城主の和田信業は、某氏（宛名欠）に熊野神社の建て替えについて寺尾郷（高崎市）で五十疋の地を与えており、その場所については代官所より受け取れとされているから、事例［D］として示したように、国衆領内でも地域支配のための代官が置かれていたとみられる（高井家文書、同前三三四四号）。
次いで天正八年九月、信濃高井郡内の地頭に宛てた尾崎重元証文には、以下のような記事がみられる（同前三四二三号）。

今度各当納之儀、被任願候旨、甲府江申出候処、以蔵方相改候得由依申来、則為相改候通、員数令訴訟候処、幸（達脱カ）上聞候、弥押付、代官・蔵方等之書立引合、可相渡之由、被仰出候間、其旨申付、古河・石栗指越候、仍如件、

天正八年辰
　　九月三日　　　尾孫十（尾崎）
　　　　　　　　　　重元（署判を欠く）
　　大滝和泉守殿（以下連署者五名省略）

ここでは代官と蔵方が併記されており、蔵方は前述した蔵前衆ないしその手代であり、職制代官が在地支配の実務担当者であろう。この場合の尾崎氏の職制が問題であるが、宛名の諸氏と同列の高井衆であり、その盟主と思われ、年貢の減納について甲府に訴訟をし、現地の代官・蔵方の帳簿との照合を要請している。この北信の国衆である大滝氏と尾崎氏については、武田氏に帰属した信濃武士として、長野県立歴史博物館の展示図録に関連文書が収録されている[16]。

これらの場合の代官は、前述したように、「甲州法度」をはじめとして、発給文書上に多見している「地頭・代官」の表記での、私領の地頭領主に対する直轄領の管理者としての職制による代官であろう。

四　直轄地の請負「郷代官」

次に事例［E］の直轄地内での地頭領主や有力農民に、直轄地の一部地域の支配を請負わせていた「郷代官」（平代官）が問題となる。前述した中牧郷（大岡村）の地頭の中牧越中守や、虎岩郷（飯田市）の豪農の平沢豊前守などである。この事例も多く確認され、前述した［B］［C］用例の職制による代官との区別と、配置状況などははっきりしないが、明らかに設定理由の異なるものであり、請負の「郷代官」は、御料所内の一部地域の年貢・諸役徴収の委託請負を主な業務としたものであって、地域の勧農や治安維持などの行政的な業務も一部担当している場合もみられるが、原則的には貢納物の収納が主業務であったと思われる。

永禄十一年三月の高山郷（藤岡市）の高山定重宛の竜朱印状では、以下のように年貢の収納のみが義務付けられている（高山家文書、『武田遺文』一二四八号）。

神田長尾分三十貫・道中子白雲山分拾弐貫、御代官被仰付候、土貢等之儀、無異儀収納肝要候、仍至戦功並奉公、一途被相勤者、可被下置之旨、御下知候、可被存其旨者也、仍如件、

（永禄十一年）戊辰

三月十三日（竜朱印）　原隼人佑（昌胤）奉

高山彦兵衛尉殿

この高山定重については、元亀三年（一五七二）六月の竜朱印状でも、「多比良（高崎市）・入山（安中市）」の代官を申し付けられており（群馬県庁採訪文書、同前一九〇八号）、同日付けでその一族の与次に対して、父主水祐の討死につきその遺領を安堵されており（川上欽一郎所蔵文書、一九〇九号）、この地域を代表する国衆であったことが明

らかである。高山一族に関しては、その動向をまとめた成果もみられる(17)。

とりわけ前述した虎岩郷（飯田市）の郷代官を務めた平沢氏については、残存する「平沢家文書」によってその詳細が明らかにされており(18)、豪農として郷内指導層であり、年貢諸役の取り集めと、武田氏との折衝を担当していた状況が明らかにされている。その初見文書は、以下のようなものであり（平沢家文書、『武田遺文』九九四号）、武田家の勘定所印である「精」朱印が押されたものとしても著名なものである。

（「精」朱印）
〇
虎岩之内、其方抱之田地、御検地分廿三貫五百五十五文、此内壱貫二百文寺領、六百文堰免、三貫文散使免、四貫八百三十五文御指置、残而十三貫九百廿文、米子ニ五十五俵一斗三升六合、如此毎年無未進、可相納者也、仍如件、

（永禄九年）
丙寅
六月九日
平沢藤左衛門尉

ここでは郷検地の結果として検出した二十三貫文余の内から、虎岩郷の留保分として、寺領分・堰免・散使免等が差し引かれ、残りの十三貫文余と米五十五俵の納入が命ぜられている。これによれば、平沢氏は虎岩郷の行政にまで関与していたことになり、当然のことながらこうした地域には、前述したように［B］用例で示した武田家の職制上での代官も置かれており、郷代官はその命を受け、その職務の一部を代行していたものと思われる。なお平沢氏は、天正八年十一月に、伊那郡吉岡城代の下条信氏より「知久平之代官」を命ぜられており、地域での百姓支配をも容認されている（平沢家文書、『武田遺文』三六二五号）。

五　商人頭の役銭請負「商人代官」

次いで用例の［G］とした都市部での御用商人らに、特定な営業品目に関する商売役銭（営業税）の徴収を請負わせ、その配下の商人層の支配を委任していた場合の代官について検討しておく。この場合も直轄領郷村での郷代官と同じく、税収納の一部業務に関する請負を委託したものである。

こうした事例は戦国初期にはほとんどみられないが、信玄没後の天正初年になると目立って多くなってくる。元亀四年（天正元年）八月、宛名を欠くが駿府の商人頭宛の竜朱印状では、勘定奉行の跡部勝忠が奉じて、「如旧規、魚之座役等御代官、被仰付候之条、対自他国之商人、無非分様以寛宥、役銭可請取之旨、被仰出者也」と指令している（中村家文書、同前二一五八号）。ここでは駿府の魚座代官に任じ、座役銭の徴収を請負わせている。

同じような例となるが、同じく駿府の商人頭である友野宗善に対しては、以下のような朱印状が下されている（同前二一五九号）。

定

如旧規、連雀役・木綿之役等、御代官相勤候之条、対自他国之商人　無非分様以寛宥、役銭可請執之旨、被仰出者也、仍如件、

元亀四癸酉

八月廿七日（竜朱印）〇　跡部美作守（勝忠）奉之

友野宗善

ここでは駿府今宿の御用商人であり商人頭でもあった伴野（友野）宗善に対して、今宿に出入する連雀商人か

らの役銭（営業税）と、木綿商人からの税の徴収を請負させたものであり、同人宛の同年九月十二日付けの竜朱印状では（友野家文書、同前二一七五号）、その報酬として宿内での屋敷地一軒分の地子銭（土地税）を免除している。

以上は駿府の事例のみであるが、領国内の城下町や交通の要所などの町場においては、同じように特権化した御用商人頭が存在し、商業活動に伴うその一部の営業税の請負納入を担当していた。

甲府の八日市場の商人頭である坂田氏の場合、その出自は伊勢というが、甲府へ入る以前から広域にわたる商業活動をしており、天文十一年（一五四二）閏三月には、早くも武田家朱印状によって、領国内通行の過書を付与されている（坂田家文書、『武田遺文』一三九号）。当初の営業内容は「魚奉公」であって、後には城下の魚座の代官職をも勤めている。城下の八日市場での年寄役も勤め、市場の伝馬宿の差配も担当し、やはり商人頭として特権商人化していた。武田家滅亡後も徳川家康に仕えて、武田氏時代の特権を容認され、江戸期を通して八日市場の町年寄として町政を主導している。家康の奉行人の証文になるが、[19]

肴之役御代官、被仰付候、国中諸郷宿役共ニ、年中黄金四拾両ニ相定候、如前々新儀無非分様ニ調、毎年六月弐拾両、極月弐拾両、如此可被納者也、

（天正十三年）
乙酉
二月朔日　　櫻井（黒印）
以清斎（黒印）
石四郎右（黒印）
玄随斎（黒印）

坂田甚八とのへ

これは武田氏時代の特権内容をそのままに安堵されたものであり、前述した駿府の友野氏と同じく、魚座の代官として配下の商人から役銭を徴収しており、具体的にその金額と納入時期までが明記されている点が注目される。なお、坂田氏については、その動向を別にまとめたことがある。(20)

まとめにかえて

以上、戦国期での武田氏領での「代官」用例について述べてきたが、再度その要点をまとめて結論にかえたい。まず現存する武田氏の支配文書の中にみられる「代官」語句の用例を検出し、［A］～［G］の使い分けがあることを確認した。その中で一般的で慣用的な用例についての検討は省略した。

次いで武田氏の領国支配上で一定の機能を果たしていた代官として、まず先行研究のある蔵前衆について再検討をし、次いで用例の［B］として勘定所直属の代官、同じく職制代官として［B］とともに郷請負で［E］をも含んだ［C］の用例、さらに直轄領内にあってその一部を請負っていた郷代官（平代官）を［E］とした。さらに［G］として商人請負代官について、個別にその設定状況や業務内容などの実態について検討した。

まず蔵前衆については、従来の検討結果でほぼよいと思われるが、その業務内容については、直轄領の全般にわたっての行政面までを担当したような位置付けであったが、その名称からも明らかなように、あくまでも限られて設置されていた武田家の収納蔵での財務的な業務に限定すべきであり、勘定奉行の下での財務担当官僚とみるべきものとした。

それに対して行政組織上での職制代官は、その設定規模や地域割りなどの具体的な点はまだ不明であるが、武田氏被官や国衆の一部が、やはり勘定奉行の配下にあって、一定の地域（郷単位か）の直轄地の行政を担当し、徴税業務を中心に、勧農や治安維持や訴訟の取次なども勤め、さらにその地域内での国衆や豪農などの地域での有力者を郷代官（平代官）として差配し、年貢諸役の徴収などの業務の一部を請負わせていた。

次いでその郷請負代官であるが、これは行政組織上での正規の位置付けがなされていたとは思われず、職制代官の配置されていない直轄地などに、勘定奉行が地域の有力領主（国衆）や豪農を任用して、一部の代官業務を請負わせたものと思われる。次の商人請負代官の場合も、郷村での郷代官と同じく、城下や町場での商人頭に都市部での商業活動に関して、諸役の徴収と配下の商人支配を委任したものと思われる。

以上、個々の代官層についてその実態を検討してきたが、なお現地でのそれぞれの代官の実際の存立状況に関して、細かい点は史料不足のために課題として残された問題も多い。具体的には、以上の各種代官の配備状況や、蔵前衆や職制上の代官の任期や世襲状況、各種代官の役所の所在地問題や、その待遇なども明らかにしていく必要がある。今後の課題としておきたい。

注

（1）柴辻「信玄・勝頼期の領国支配機構」（『戦国期武田氏領の形成』校倉書房、二〇〇七年に収録）で、武田氏の職制の概要について試論を提示し、その中で代官についても言及しておいたが、それについて、何らの反応もみられない。

（2）村上直①「武田家臣団の解体と蔵前衆」（『日本歴史』一四六・一四八号、一九六〇年）。②「武田蔵前衆について」（『甲斐史学』二二号、一九六七年）。③「近世初期、甲州系代官衆の系譜について――武田蔵前衆を注進に」（『日本近世の政治と社会』収録、吉川弘文館、一九八〇年）。

（3）平山優「戦国末期甲斐国における在地秩序について」（『武田氏研究』六号、一九九〇年）。
（4）秋山敬「戦国商人末木氏の系譜について」（『武田氏研究』一三号、一九九四年）。
（5）平山優「代官・散使」（『戦国大名領国の基礎構造』校倉書房、一九九九年に収録）。
（6）村上直①『代官——幕府を支えた人々』（人物往来社、一九六三年）。②『江戸幕府の代官』（新人物往来社、一九七〇年）。
（7）注（1）参照。
（8）『戦国遺文』（武田氏編、三二号、東京堂出版、二〇〇二～〇六年）。以下、本書からの引用については、本文中に（『武田遺文』〇〇号）と略記する。
（9）別名「高白齋記」（『武田史料集』人物往来社、一九六七年に収録）。
（10）山梨市編『山梨市史』（史料編、考古・古代・中世、二〇〇五年）。
（11）柴辻「戦国大名武田氏の直轄領」（『日本史攷究』文献出版、一九八一年）。後に『戦国大名領の研究』（名著出版、一九八一年）に再録した。
（12）年貢米運送の事例としては、元亀四年十月二十一日付けの下条氏宛の武田家朱印状（山下家旧蔵文書、『武田遺文』二一九七号）と、同年十月二十八日付けの市川昌房宛の竜朱印状に、土貢の籾を府内に運ばせるよう命じている（反町十郎氏所蔵文書、同前二二〇一号）。
（13）①高橋正徳「戦国大名武田氏の権力機構における家臣の役割——山県昌景・原昌蔵を中心に」（『駒沢大学史学論集』三三号、二〇〇三年）。②丸島和洋「戦国大名武田氏の領域支配と『郡司』」（『史学』七五巻二・三号、二〇〇七年）。③片桐昭彦「戦国期武田氏の文書発給システムと権力」（『歴史学研究』七三六号、二〇〇〇年）。④丸島和洋「武田氏の領域支配と取次——奉書式朱印状の奉者をめぐって」（『戦国大名武田氏の権力構造』思文閣出版、二〇一一年）ほか。
（14）柴辻①注（1）の論文の他。②「信虎期の領国支配機構」（『戦国期武田氏領の形成』校倉書房、二〇〇七年に収録）。
（15）注（2）の①参照。
（16）長野県立歴史館『武田・上杉・信濃武士』展図録（同館編、二〇〇七年）。

（17）恩田登「戦国期西上野在地領主の史的考察——高山氏について」（『武田氏研究』五一号、二〇一四年）。
（18）①平沢清人『近世南信濃農村の研究』（御茶の水書房、一九七八年）。②黒田基樹「戦国～豊臣期の平沢文書と平沢氏」（『信濃』四九巻七号、一九九七年）。
（19）坂田家文書（『山梨県史 資料編4 中世1 県内文書』一四六号文書（山梨日日新聞社、一九九九年））。
（20）柴辻「城下町甲府の商人・職人支配」（『戦国大名武田氏領の支配構造』名著出版、一九九一年）。

第五章　武田氏発給文書右筆の考察

はじめに

戦国期武田氏の発給文書については、かつてその全体像を集計して検討したことがある。(1) 総点数は家臣団分も含めて三五〇〇点余が確認され、その結果をもとに、武田信玄（晴信）の発給文書のみについて、別にその自筆文書の状況と特徴を検討したことがある。(2) その折りに年代別に署判の型式を整理した文書表が次頁の第一表である。ここでは信玄期についてのみの検討であったが、信虎・勝頼期については、別に注（1）論文で集計したものがある。

この数字は『戦国遺文』（武田氏編）(3) の刊行前のものであって、さらにその後に『山梨県史』（資料編四、中世）の刊行や、新出文書の相次ぐ紹介などがあり、かなりの数量のものが追加されている。その結果は一部が丸島和洋氏によって「補遺」としてまとめられており、(4) 近年中には『武田遺文』第七巻補遺編として刊行される予定である。それが発刊された後に、改めて第一表の全面的な改訂と再検討を行いたいと思う。

第一表　武田信玄年代別発給文書表　　　　（　）は自筆分

年号	西暦	花押	龍朱印	「晴信」	不明	合計
天文10	1541	2	2	0	0	4
天文11	1542	6	5	3	1	15
天文12	1543	0	4	6	0	10
天文13	1544	1	4	0	1	6
天文14	1545	5(1)	3	3	0	11(1)
天文15	1546	5(1)	4	1	0	10(1)
天文16	1547	4	6	4	4	18
天文17	1548	10	11	7	6	34
天文18	1549	4	7	0	0	11
天文19	1550	4	5	1	0	10
天文20	1551	4	2	0	3	9
天文21	1552	3	3	0	0	6
天文22	1553	11(1)	7	2	3	23(1)
天文23	1554	6	9	0	3	18
天文24	1555	9(1)	8	8	4	29(1)
弘治2	1556	8	8	1	3	20
弘治3	1557	15(2)	23	2	6	46(2)
弘治4	1558	11	9	1	1	22
永禄2	1559	3	3	0	0	6
年　未　詳		44(1)	1	2	5	52(1)
晴信期　計		155(7)	124	41	40	360(7)
永禄2	1559	6	2	0	0	1
永禄3	1560	12(1)	16	1	1	30(1)
永禄4	1561	13(1)	19	1	1	34(1)
永禄5	1562	12	14	0	2	28
永禄6	1563	9	11	0	4	24
永禄7	1564	15	21	2	10	48
永禄8	1565	22(3)	5	0	0	27(3)
永禄9	1566	12(1)	24	0	1	37(1)
永禄10	1567	8(1)	37	0	3	48(1)
永禄11	1568	16	69	2	3	90
永禄12	1569	45(2)	34	2	8	89(2)
永禄13	1570	30｛18 (2)	25	0	4	89｛47 (2)
元亀1		12	25	0	5	42
元亀2	1571	18(1)	58	0	8	84(1)
元亀3	1572	51(1)	125	3	12	191(1)
元亀4	1573	3	4	0	2	9
年　未　詳		76(2)	7	7	10	100(2)
信玄期　計		348(15)	496	18	74	929(15)
総　計		503(22)	620(0)	59(0)	114(0)	1,289(22)

本章では、信玄の自筆文書を検討した際に、自筆文書以外の発給文書について、その右筆の一部について見通しを述べておいたが、改めて全文書の筆跡を比較検討して、何人かの右筆を検出し、その傾向と特徴を明らかにしたいと思う。

大名家発給文書での右筆の研究については、ほとんど先行研究はなく、ようやく統一政権期の織田信長と豊臣秀吉に関するものが見られるにすぎない。まず信長文書の右筆であるが、染谷光広氏がその先鞭をつけており(5)、松下浩氏がそれを発展させて、その概要をまとめている(6)。それらによれば、信長文書の筆跡は十二種が確認され、その内の一つが自筆であり、確実なものはその一通のみで、なお検討を要するものが三通ほどあるという。残りの十一種が他筆であるが、この内で永禄年間以降の右筆として確認出来るのは、明院良政・武井夕庵・楠長諳の三名であって、彼らの筆跡ついては多くの事例が確認できるとしている。

それ以前については何人かの筆跡が確認できるが、その名を特定はできないとし、父信秀時代の右筆や特定の家臣が書いたものであり、具体的な名は明らかでないとする。上記三名の内、明院良政と武井夕庵は、家臣として奉行・取次などの行政にも関与しており、羽柴秀吉などの信長家臣の文書も書いていたという。楠長諳は永禄末年から登場し、主として信長の朱黒印状の執筆をしており、続けて秀吉の右筆をも勤めていたという。

その秀吉については桑田忠親氏が先鞭をつけており(7)、右筆研究は職制面からと筆跡などの古文書研究の面からの考察が必要であるとし、特に後者での視点として、右筆の人物像とその書風、公文書上での筆跡検証を目的にすべきだといい、結果として当然、自筆との峻別が行われるという。

秀吉文書の場合は、自筆文書の特徴がはっきりしているので、右筆書きとの区別はつけやすいという。文禄元年（一五九二）当時の右筆として、「大かうさまぐんきのうち」にみえる、安威了佐以下の十人の名をあげ、この十人衆の経歴と筆跡を中心に考察しており、さらにその他の右筆として、楠長諳ほかの四人についても、同様の検討をしている。従来より右筆とされてきた大村由己や太田牛一は右筆ではなかったともしている。さらに天正十一年頃には、七人の右筆がいたといい（『兼見卿記』）、不測の際には馬廻衆の中から能筆の者を随意に担当させていたともいう。

細かい考証は省略するが、十人衆の筆頭に上げられている安威了佐重胤の場合、右筆のほかに奉行や奏者も勤めたといい、了佐の自筆書状も残っていて、その筆跡との対比で公文書にも同筆が認められており、秀吉没後には秀頼の右筆も勤めたという。他にも山中長俊・長束正家・和久宗是・西笑承兌など、名の知れた人物名もみられるが、その実証方法と活動内容はほぼ同一であり、前述した信長の右筆と共通する点が多い。

信長と秀吉との文書の連続性と接点についても、染谷光広氏が言及されており[8]、天正十年六月までの信長時代での秀吉文書約二八〇通（内約二〇〇通が無年号）について考察している。それらの中に信長右筆の楠長諳の筆跡文書がいくつかあることに気付かれ、その連続性を実証された。

その際に右筆自身の自筆文書と、秀吉文書への副状の存在が、筆跡の決め手になっており、著名な天正八年七月十七日付けの本願寺宛の信長起請文（本願寺文書）と、天正十年七月十一日付けで、秀吉が長岡藤孝父子宛てに出した起請文（細川家文書）の神文部分が全く同筆で、それが楠長諳の手になるものであったことも実証されている。これによって信長から秀吉への右筆の連続性が多かったとしている。こうした主従関係において右筆の継続性があったことは当然のことながら、さらに大名家内での直系の父子関係においては、右筆の継続性が強かったことを想定させる。

一　信玄自筆文書の再検討

前述したように、かつて信玄の自筆文書について検討したことがあるが、右筆の検証の前提としても、まず自筆文書の確定が必要となる。その後の文書の増加や再検討によって、前稿の大幅な再考改訂が必要となり、改めて信玄（晴信）の自筆文書の見直しをしておきたい。なお、信虎・勝頼の自筆文書については検討したことがなく、今後の課題としておきたい。

まず、本文中に「染自筆」と明記してある文書をまとめたものが次頁の第二表である。前回よりも三点が増加されて九点となる。一例として№2を図版1として表示しておく（『武田遺文』三五七号）。その特徴は前稿でも指摘したように、細字での流暢なくずし字であり、「急度」「自筆」「来」「不図」「觸」「然處」などの書きぐせのほか、墨継ぎ状況がはっきりしている点に特徴がある。

この筆跡を［A］としておくが、第二表の内の五点が同筆と確認され、ほかの四点も同筆と思われる。この［A］筆と同筆と思われるものは、信玄の祈願文と起請文の中にも九点ほどが確認でき、他にも九点の書状・判物が確認される。(9) 従って現状で［A］筆と確認できるものは二十七点となる。

次に本文中に「染一筆」とみえるものを表示すると第三表となる。十一点が確認されるが、この内で［A］筆と確認出来るものは№5と7のみである。

第二表　文中に「染自筆」とあるもの

No.	年月日	署名形式	宛名	書止め	内容摘記	出典	「武田遺文」
1	(天文20)7・25	晴信(花押)	飯富・上原	恐々謹言	晴信若神子立馬	恵林寺旧蔵文書	三二九号
2	(天文21)正・28	晴信(花押)A	小山田備中守	恐々謹言	砥石城再興出陣	陽雲寺文書	三五七号
3	(天文24)8・10	晴信(花押)A	曽祢掃部助	恐々謹言	当口本意を遂げる	功刀利夫所蔵	六四〇号
4	(弘治3)卯・13	晴信(花押)A	長坂・日向	恐々謹言	鬼無里筋の見届け	長野市博所蔵文書	五五七号
5	永禄7・2・17	信玄(花押)	薬王寺・慈眼寺	恐々敬白	新立願取鬮	工藤家文書	八七一号
6	(永禄7)4・15	信玄(花押)A	小山田弥三郎	恐々謹言	河口船津関所開	旧安藤文書	八八九号
7	(永禄9)9・29	信玄(花押)A	工藤源左衛門尉	恐々謹言	南栗林内新田氏に宛行	守屋正蔵所蔵	一〇二七号
8	永禄12・正・10	信玄　判	朝比奈駿河守	恐々謹言	替地宛行	土佐国蠧簡集残篇	一三五三号
9	(永禄13)4・14	信玄(花押欠)	春日弾正忠	恐々謹言	伊豆進攻	歴代古案四	一五三九号

第三表　文中に「染一筆」とあるもの

No.	年月日	署名形式	宛名	書止め	内容摘記	出典	「武田遺文」
1	天文22・卯・16	晴信(花押)B	屋代左衛門尉	恐々謹言	雨宮の地進上	屋代家文書	三六八号
2	天文22・11・18	晴信(花押)B	永昌院	恐々敬白	寺領年貢の催促	永昌院文書	三八八号
3	(天文24)3・21	晴信(花押)B	大日方主税助	恐々謹言	戦功感入り候	大日方家文書	四三〇号
4	(弘治3)3・9	晴信(花押)B	神長官	恐々謹言	可為勤祭礼	守矢家文書	五三三号
5	(永禄8)5・1	信玄(花押)A	高白斎・市川七郎右衛門	恐々謹言	和田在陣	比毛関氏所蔵文書	九九一号
6	(永禄9)閏8・19	信玄(花押欠)	山家薩摩守ほか三名	恐々謹言	越後衆沼田在陣	武家事紀	一〇〇五号
7	永禄10・2・16	信玄(花押)A	小山田備中守	仍如件	知行没後譲与	東京博物館所蔵	一〇五一号
8	(永禄11)5・4	信玄(竜朱印)B	山家薩摩守ほか二名	恐々謹言	其地普請相稼ぎ	小幡家文書	二〇六六号
9	(永禄12)5・5	信玄(花押)B	太田宮内大輔	恐々謹言	甲相鉾楯無二、相談	明治古典会目録	一四〇一号
10	(永禄12)12・6	信玄(花押欠)B	一徳斎、真田源太左衛門	恐惶謹言	鎌原城落去	越前真田家文書	一四八〇号
11	(元亀3)9・13	信玄(花押欠)	馬場美濃・春日弾正忠	恐々謹言	越中より注進状	歴代古案七	二一〇三号

その№5を図版で示すと、以下のものとなる（図版2）。明らかに図版1の「A」筆と同一であり、「染一筆」の中にも自筆のものがあったことが確認される。問題はそれ以外のものの筆跡であるが、一例を示すと、№4を図版3で示すと、以下のものである。

これは弘治三年（一五五七）と推定されており、武田晴信が諏訪上社の神長官である守矢氏に対して、島津氏・高梨氏領内で滞っている同社頭役料を催促させ、祭礼の復活を指令したものである。[10] 「A」筆に似せたくずし字も随所にみられるが、「筆」「怠慢」「催促」「必」「抑」「入道」などの書きようの違いも目立っており、別筆と判

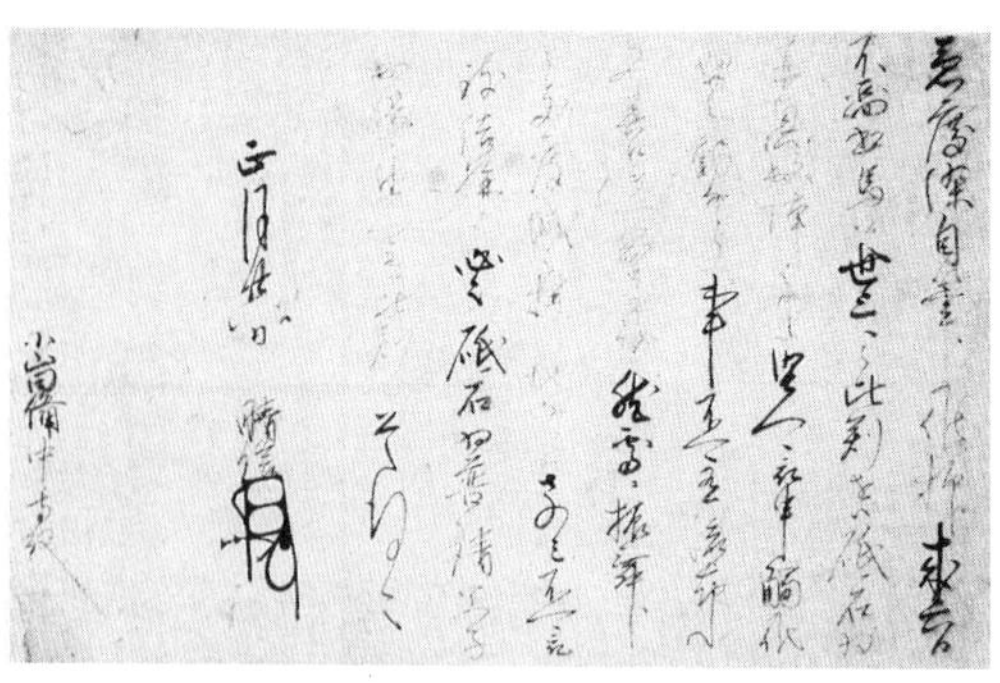

図版1　武田晴信自筆書状（年欠正月28日、小山田備中守宛）陽雲寺文書
（『大河ドラマ特別展 風林火山 信玄・謙信、そして伝説の軍師』NHK、NHKプロモーション、2007年より引用）

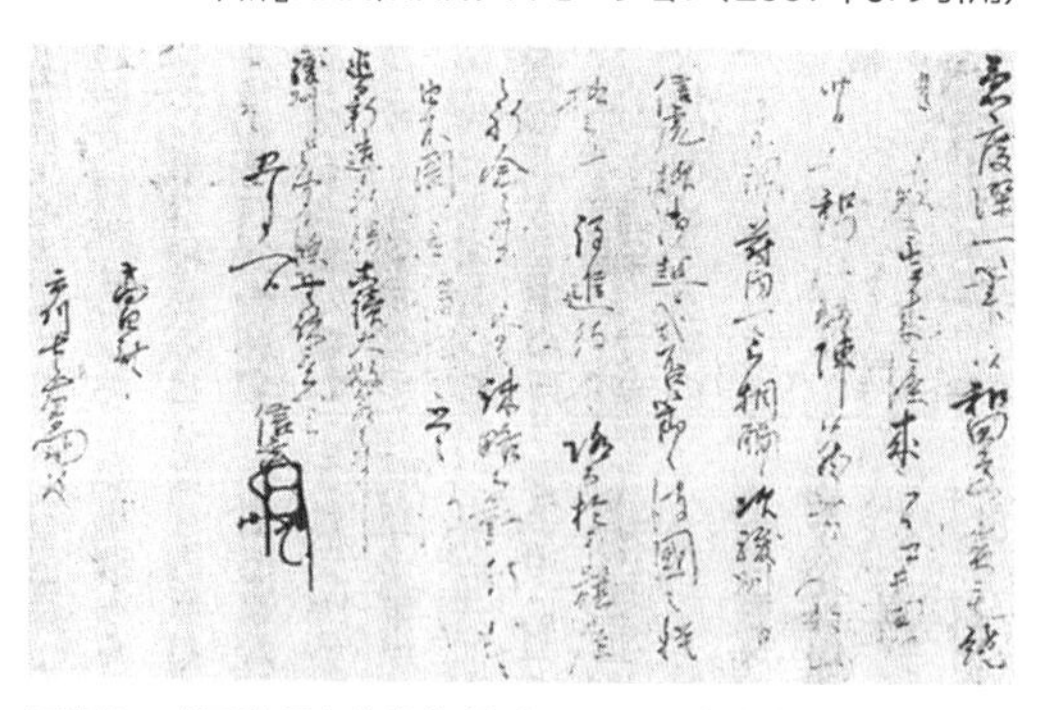

図版2　武田晴信自筆書状（年欠5月1日、高白斎・市川宛）
（日本歴史学会編『演習古文書選』（古代・中世編）
（吉川弘文館、1971年）より引用）

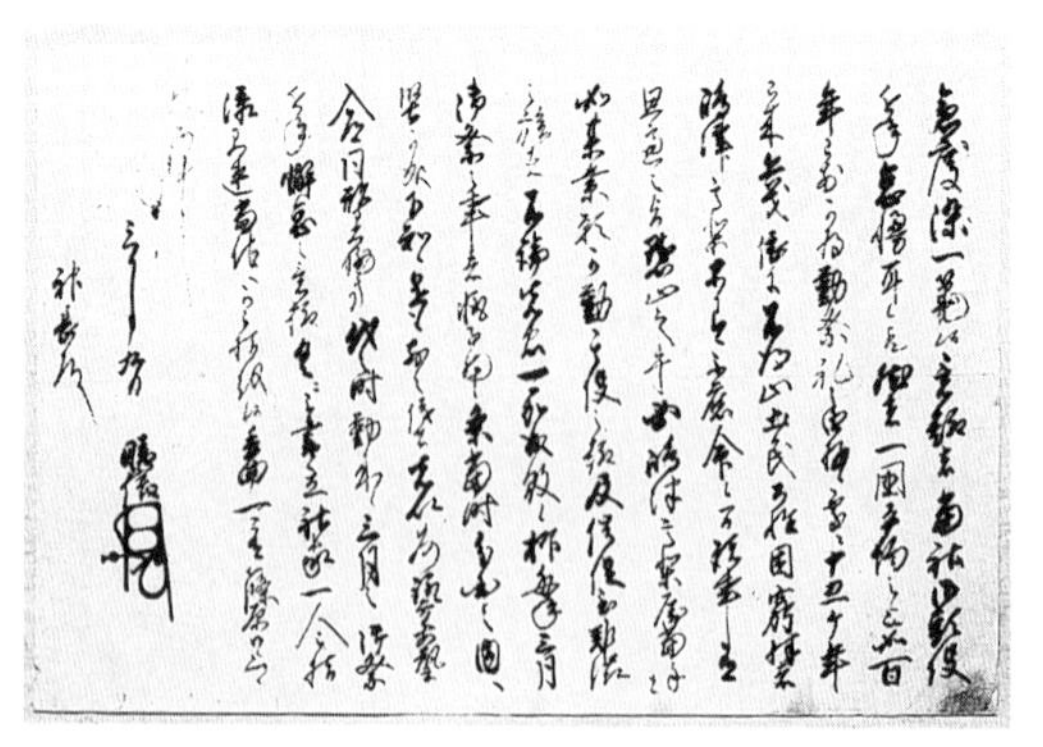

図版3　武田晴信書状（年欠3月9日、神長宛）守矢家文書

断される。前稿ではこの筆跡を［B］筆として、信玄の第二種目の自筆文書と判定したが、この点は訂正しておきたい。後述するようにこの筆跡は信玄第一の右筆とされる永順のものと判断し、同筆のものは守矢家文書の中に多く確認でき、さらに後述するように勝頼期初期までの文書にも多数が確認される。従って信玄（晴信）の自筆筆跡は［A］筆のみの一種と訂正し、その残存例は現在のところ、前述した二十七点とみておく。この［B］筆については、改めて永順の筆跡として後述したい。

二　『甲陽軍鑑』にみえる右筆記事

武田家の右筆として名が出てくるのは、『甲陽軍鑑』（巻八・品一七）の「信玄代総人数之事」条にみえる「御右筆衆」の項である。[11]それによれば、「永順　是ハ真ノ物書也、神尾庄左衛門、宗白」の三名が書き上げられている。この「信玄代惣人数之事」の部分は、信玄末年の家臣団一覧とされており、記述内容については、かなりの年代幅があり、特定の年次に成立したものでないことが明らかにされている。しかし勝頼への代替わり直前の状況を記したものである点は確かのようである。

『軍鑑』にはこの三名について、この箇所以外には関連記事はみられず、詳細は不明である。ただし永順については、内藤昌秀の従兄弟で、甲府の畦村の入明寺の栄閑について出家し、能書家であったことから、信玄の側近に登用され、次いで右筆を勤めたとの伝承がある。『武田遺文』収録文書中にも、永順の名はみられないが、永禄十一年（一五六八）四月の今川氏真と上杉謙信の同盟交渉時の文書の中に、永順の名のみえるものが三通確認される。[12]その内の二通を検討してみる。

［文書1］朝比奈泰朝・三浦氏満連署状写（『上越1』六〇一号）

態可申入之処、此方使ニ被相添使者之間、令啓候、仍甲州新蔵帰国之儀、氏康父子被申扱候処、氏真誓詞無之候者、不及覚悟之由、信玄被申放候条、非可被捨置義之間、被任其意候、要明寺被指越候時分、相互打抜有間舗之旨、堅被申合候条、有様申候、雖如此申候、信玄表裏候ハヽ、則可申入候、猶委曲遊雲斎可申宣候、恐々謹言、

（朱書）「永禄十二」
四月十五日　　三浦次郎左衛門
　　　　　　　　　　氏満（ママ）
　　　　　朝比奈備中守
　　　　　　　　　　泰朝（ママ）

直江大和守殿（政綱）
柿崎和泉守殿（景家）　御宿所

［文書2］遊雲斎永順書状（『上越1』六〇二号）

旧冬為使罷下候処、種々御懇之儀共忝存候、仍被仰越候趣、則披露申候処、三浦次郎左衛門尉・朝比奈備中守、有様被申入候、雖如此候、信玄表裏程有間敷候間、左候ハヽ、如先度之筋目、様躰重而可被申入候、将又貴国江甲より計策之書状なと御座候ハヽ、急度可被仰越候事、尤存候、恐々頓首、

（永禄十一年）
四月十五日　　永順（遊雲斎）（花押）

直江大和守殿

柿崎和泉守殿　貴窓下

まず[文書1]は、永禄十一年（一五六八）四月十五日に、今川氏真の家老の三浦氏満と朝比奈泰朝が連署して上杉方の直江景綱・柿崎景家宛に出した書状である。文中の「新蔵」は信玄の嫡男義信室の嶺松院であり、三国同盟の破綻によって信玄が嶺松院を駿府に送還するのに際して、氏真より誓詞を要求されたことを告げ、もし信玄が今川氏に表裏したならば通告するといい、上杉氏に同調を求めたものであり、詳細は別途に遊雲斎永順が述べるとしている。文中の「要明寺」は永順が所属していた入明寺のことか。

[文書2]は[文書1]の副状であり、同日付けでその遊雲斎が上杉方の同人宛に出した書状である。ここでは遊雲斎永順と署名しており、これが[文書1]の副状であることから、永順は今川方の者とも思えるが、本文中に「信玄表裏程有間敷候間」とあって、信玄の使者として駿府に赴いていた者とも思われ、当時進行中であった「甲越和与」の担当者でもあったために、使者として駿府に赴き、当事者としてあえて今川氏重臣書状の副状を認めたものと思われる、従ってここに見えている永順を武田家の右筆とみてもよいのではないか。[文書2]は、北海道厚岸町の柿崎雅人氏所蔵であるが、それを実見すれば、永順の筆跡が確認できるのであるが、今だに果たしていない。

次いで宗白であるが、伊勢外宮の御師である幸福太夫文書の中にみえる「そうはく御房」・「宗柏」と同一人であろう。同文書については別に検討したことがあるが[13]、天文二十年前後と思われる幸福虎勝書状の中に、信玄の命で宗拍を駿府に逗留させているので便宜を計ってもらえると記している[14]。もう一通の花蔵坊祐厳書状には「そうはく御房」宛とあり（『武田遺文』一二〇号）、僧侶であったことが判明する。以上のように前歴ははっきりしないが、信玄初期の側近の者であり、信虎時代からの継承性のある右筆であったとみてよいであろう。その筆跡などの詳細は後述するが、次に三人目としてみえる神尾（かんのお）庄左衛門であるが、神尾姓の者は『軍鑑』『武田遺文』ともに若干確認されるが、右筆に該当する庄左衛門については、名を成房といい、天正四年（一五七六）に武田家臣団が駿河大宮の本宮浅間神社に神馬を奉納した記録に「神尾庄左衛門尉成房　一疋」とみえている（『武田遺文』補遺一一二号）。『寛政重修諸家譜』（巻一〇四六）には、「勝左衛門房成（ママ）」として、今川義元・氏真に仕えた後、武田信玄・勝頼に仕え、武田氏滅亡後は徳川家康の右筆となり、扶持米三百俵を給付され、慶長十三年（一六〇八）十二月二十九日に七十六歳で没とある。父の名は善次郎信房で法名を道鎮とし、子は勝左衛門保重といい、江戸幕府の右筆方を勤めたとある。

　これによれば神尾氏の出自は甲信地域ではなく、武田氏家臣としてみえる信濃・上田の神尾惣左衛門尉や（『武田遺文』一〇一一・一一三一号）、諏訪の神尾氏（同前三〇七九）でもなく、駿河の臨済寺領関係者としてみえている神尾源兵衛（同前一五五七）と関係がありそうである。いずれにしても神尾庄左衛門は、今川氏滅亡後に武田家に出仕した者であって、主に勝頼期の右筆を勤めた者といえる。

　前述したように、当主の代筆や公文書の執筆を勤めた者としては、これら右筆の他に側近や重臣らによるものがあった可能性は高い。それらについての筆跡を特定することは難しい問題であるが、まず専従右筆の筆跡を特定させることによって、その傾向は限定されてくるものと思われる。

三　右筆の筆跡による文書類別と特徴

　前述したように、信玄の自筆文書はその後の追加分を含めて二十七点が確認でき、その受給対象者は、身内や重臣層・領内大社宛の書状や、神仏への祈願文・起請文などに限られている。判物型式の文書も三点ほどが確認されるが、前稿では方朱印や竜朱印を用いた文書には自筆文書はみられないとした（唯一の例外として、『武田遺文』一四一三号文書に、「晴信」方朱印を用いたものがみられるが、その文中に手に疵があるため印判を用いたとある）。つまり自筆以外の判物・書状や、領域支配文書のすべては、右筆などの代筆によったものとなる。

まず信虎・晴信期の右筆であるが、明らかに信虎期のものと晴信期のものが同筆と確認できる筆跡が二種ほどある。その一つは、年未詳三月二十一日付けの恵雲院宛の信虎判物（『武田遺文』九七号）であって、その図版は『山梨県史』（資料編4、中世1、「別冊写真集」50号）に収録されている。[15] その筆跡の特徴は速筆でかなりの略筆のくずし字である。これを［C］筆としておく。もう一つは永正十四年三月九日付けの広厳院宛の信虎禁制（『県内編』七九九号）などにみられる、太めの楷書体で丁寧に書かれた重厚な筆勢のものである（広厳院文書、『武田遺文』四三号）。これを［D］筆としておく。

このうちC筆については、命禄元年（天文九年）七月十日付けの西海衆宛の信虎朱印状（『県内編』一六三五号、『武田遺文』九〇号）まで、晴信期直前までに同筆のものが確認でき、これと同筆のものが、例えば天文十二年七月二日付けで鍛冶衆に諸役免許した竜朱印状（『山梨県・伏見家文書、『県内編』一四五八号・『武田遺文』一六六号）（図版4）ほか、晴信期の書状や判物でも多数確認される。併せて［D］筆の図版を表示しておく（図版5）。

まず［C］筆であるが、この筆跡がいつまで確認されるかが問題である。最終的には元亀元年六月二十八日付けの中村氏宛の武田家朱印状（『県内編』一五九六号）が確認される。文頭の「定」のくずし方が図版4と一致しているからである。これと同筆のものが、後述するように晴信初期の文書にも多く見られる。つまり［C］筆の右筆は、信虎の晩年期から信玄期の晩年に至る期間の右筆のものであり、これを誰に比定するかという問題となる。

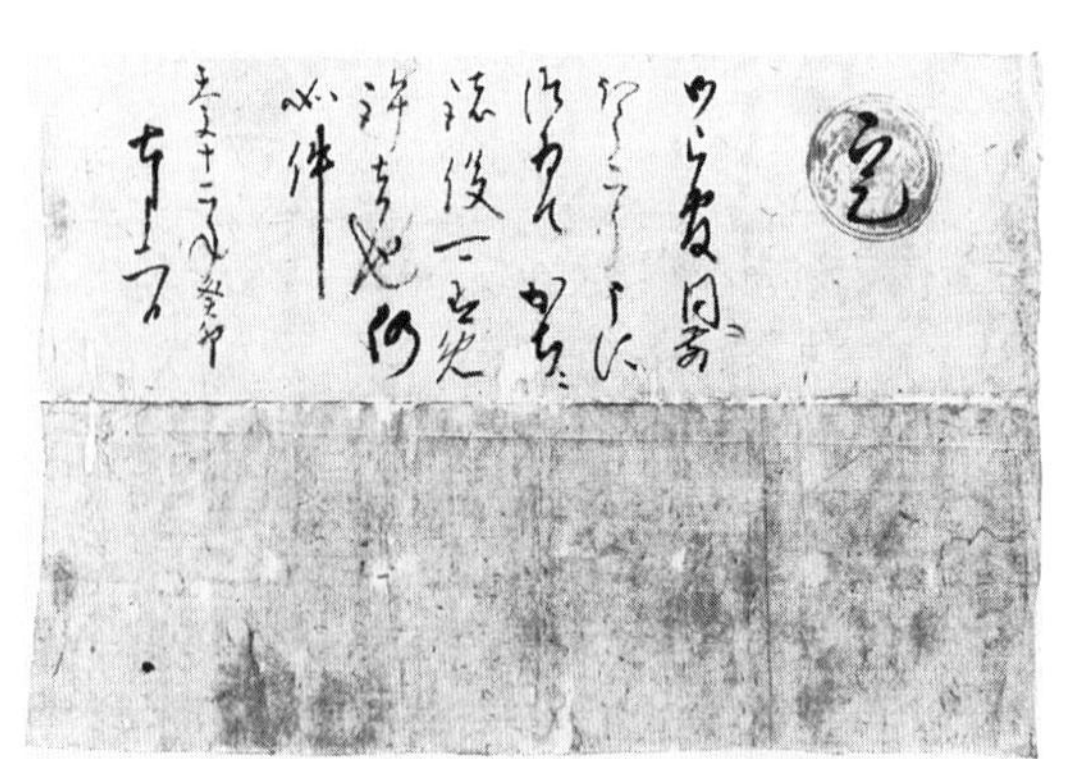

図版4　武田家朱印状（天文12年7月2日）〔C筆跡〕

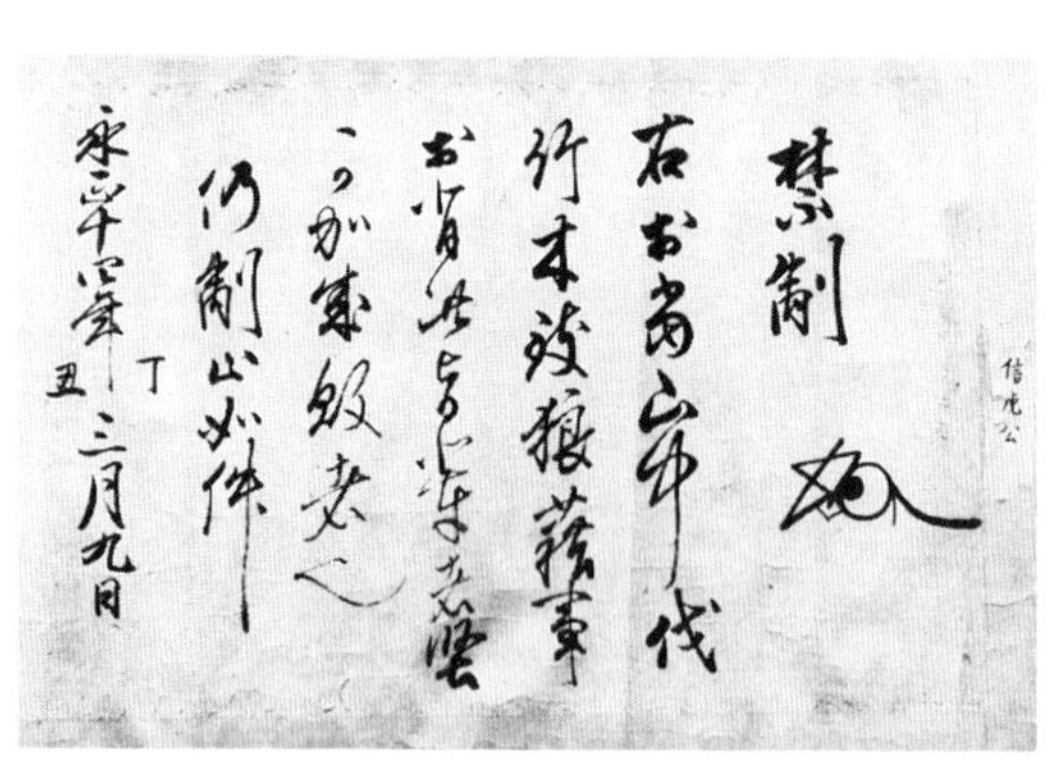

図版5　武田信虎禁制（永正14年3月9日）〔D筆跡〕

可能性としては宗白が該当するかと思われる。宗白の自筆のものが残っていないので断定はできないが、最も早い時期からの右筆であったという点のみの推定である。

次いで［D］筆であるが、この筆跡も明らかに信虎末期から信玄期をへて勝頼期にわたって確認できる。その最後のものは、天正四年八月二日付けで広厳院に宛てた武田勝頼禁制（『県内編』八〇三号）のようである。その特徴は文頭の「禁制」のくずし方が図版5と同じであり、同日付で同寺に宛てた勝頼定書も残っており（『県内編』八〇二）、当然ながら同筆で書かれている。この筆跡は肉太で丁寧なくずし字で、墨継ぎ状況がはっきりしていない点に特徴があり、信虎期から勝頼期にわたってかなりの量のものが確認出来る。これが『軍鑑』が右筆第一とする永順のものかと推定される。なお永順には、第三表で［B］筆としておいたもう一種の筆跡があり、信玄自筆のものに似せた点が多く、判断が難しいものである。具体的には後述したい。

ところが天正四年八月二日付け広厳院宛の勝頼禁制と定書の翌日付けで、慈照寺に宛てられている武田家竜朱印状は（『県内編』一二五七号、『武田遺文』二六九九号）は、［D］筆とは文頭の「定」や「件」ほか筆跡が若干異なっており、かなりの能筆であることから、勝頼期の新たな右筆と思われ、この筆跡はその文頭の「定」と同じくずし字のものが、以下、天正九年六月十九日付けの奈良田郷宛の武田家朱印状（『県内編』一〇七四号、『武田遺文』三五六六号）まで確認でき、永順の筆跡に近い点が多いことから、永順の後継者と思われる。この筆跡を［E］筆としておく。［D］筆よりはやや細めの筆跡になっているが、文字のくずし方は似たところが多くみられる。一例を図示すると図版6となる。「定」「件」のくずしに特徴がある。ただしこの者の実名や経歴は不明である。

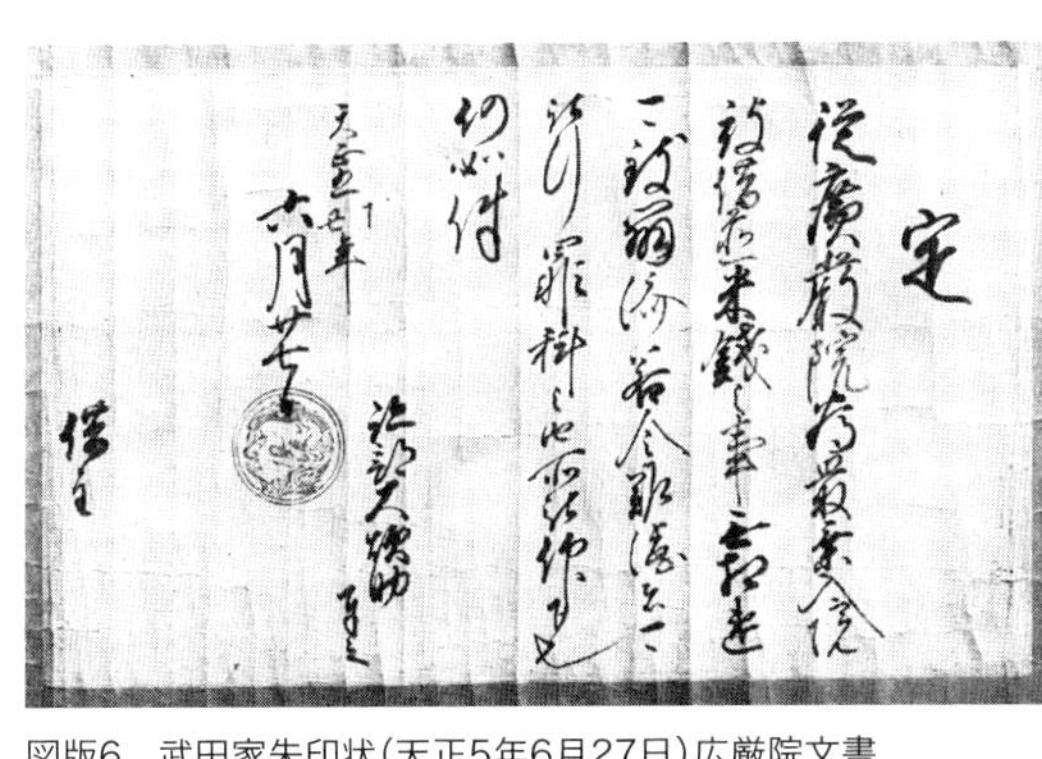

図版6　武田家朱印状（天正5年6月27日）広厳院文書
『県内編』804号

次いで『軍鑑』に第三人目の筆跡としてあげられていた神尾庄左衛門尉の筆跡を［F］筆として図版7に図示する。その確実なものは、永禄十二年八月十九日付けの覚圓坊宛の信玄袖判判物であって（武田家文書、『県内編』二〇二号、『武田遺文』一四四九号）、その特徴は文頭の「定」のくずし方と、文中で「刕」字を多用している点である。これも大変に能筆であって、信玄自筆文書の筆跡にも近いくずし方をしている点に特徴がある。永禄十二年以降、この筆跡のものが大半を占めるようになり、前述した［E］筆と勝頼期の文書の執筆を二分している。例えば、著名な図版8に示した永禄十一年十二月二十三日付けの徳川家康宛の信玄書状（『県内編』二九八号）も同筆であり、こうした他大名宛への外交書状も執筆している（恵林寺文書、『県内編』二九九号、『武田遺文』一三四三号）。

念のため、［F］筆のものとして、もう一点図版9に図示しておく。

この筆跡が先述した神尾庄左衛門尉と思われ、今川家からいち早く移籍してきたものである。つまり信玄晩年期から勝頼期についての公文書は、［F］筆を中心として、前述した［E］筆の右筆が担当していた。この二筆の違いは、文頭の「定」字のくずし方の差異によって明確である。

以上が職制上での右筆の状況であるが、発給文書の中にはこれらの筆跡とは明らかに異なるものもかなりのものが確認できる。次にこれら職制による右筆以外の筆跡を検討しておくと、重臣や側近近習らによる可能性が予測されるものの、それらの具体名を特定することは難しい問題となる。まず可能性としては重臣として当主発給

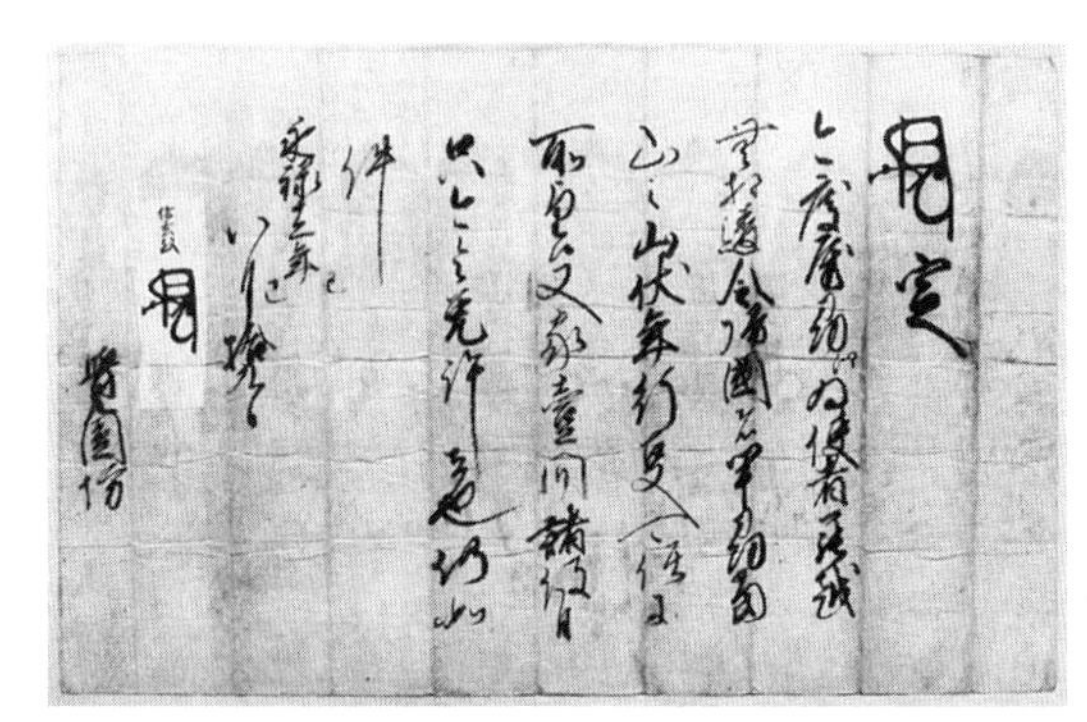
図版7　武田信玄判物（永禄12年8月19日）［F］筆跡

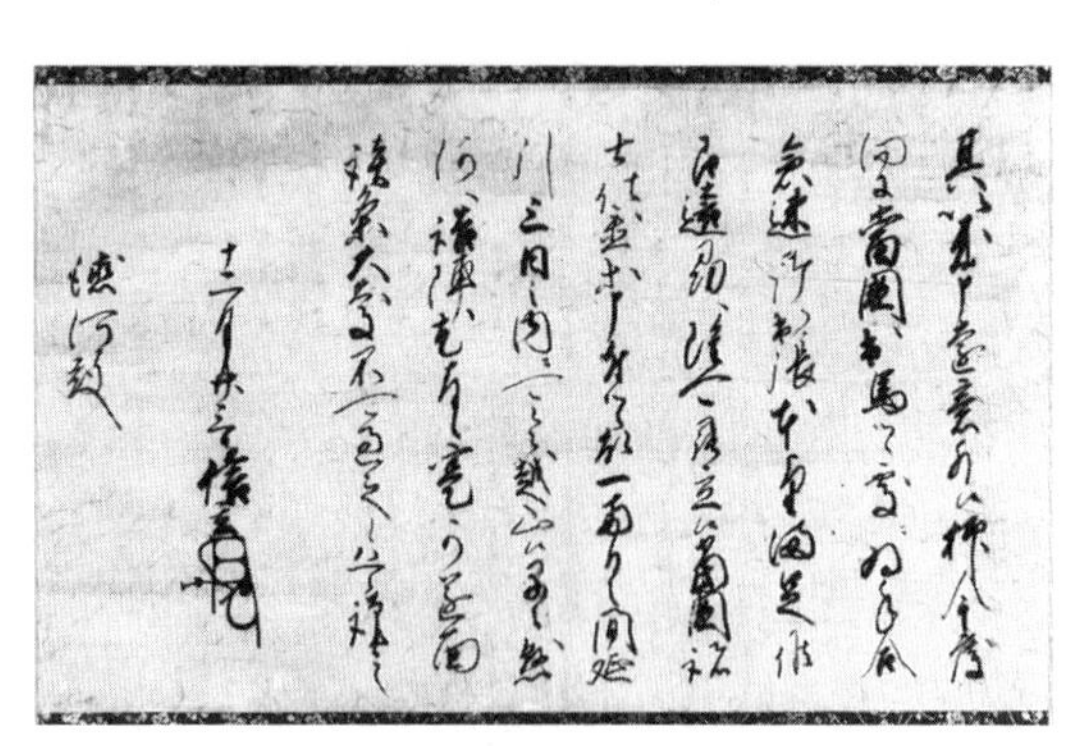
図版8　武田信玄書状（「永禄11年」12月23日）［F］筆跡

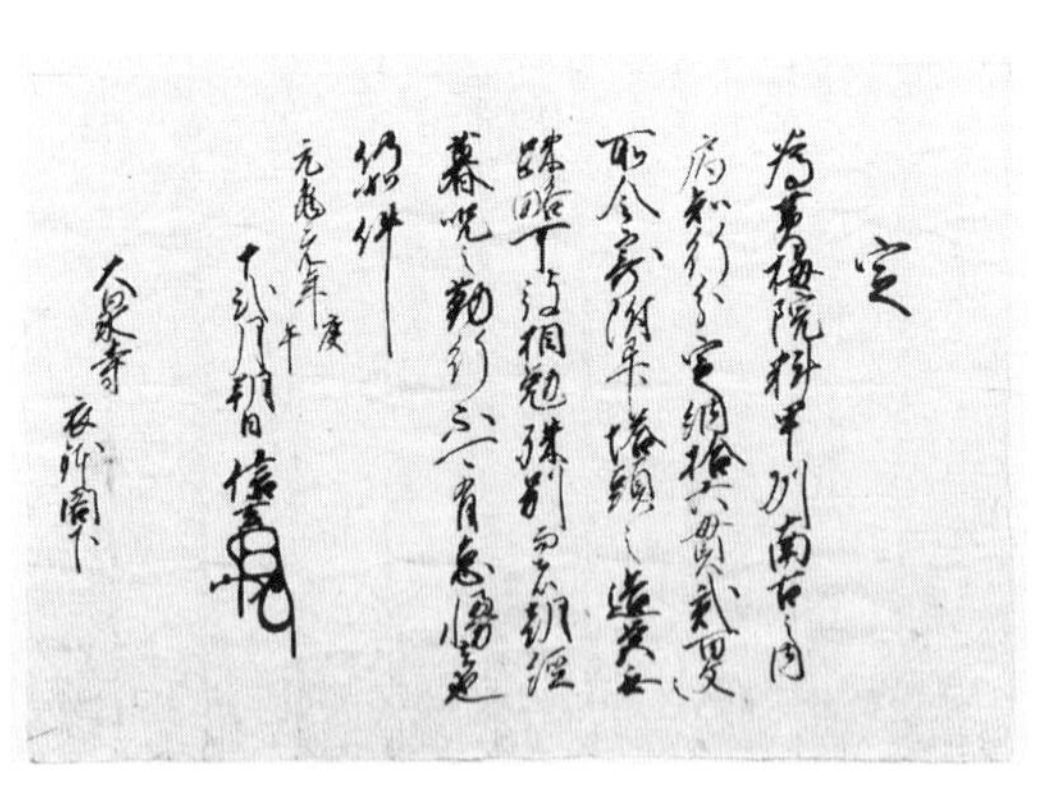
図版9　武田信玄判物（元亀元年12月朔日）、『県内編』191号［F］筆跡

文書の副状をしている者が考えられるが、副状の事例が少なく判然としない。さらに重臣層の自筆文書がほとんど残っていないので難しい判断となるが、代表的な側近重臣層の筆跡を図版で上げておくと、以下のようなものがある（図版10～図版14）。

ここでは省略したが、他の重臣層の判物・書状も若干残っているが、いずれも個性的な特徴の少ないものであって、全体の筆跡特徴はこれら五点と大差がない。いずれもかなりの達筆であり、これが本人の執筆になるものか、家内の書記官による代筆なのかの判断はできない。予測としては本人の執筆によるものは稀であって、大

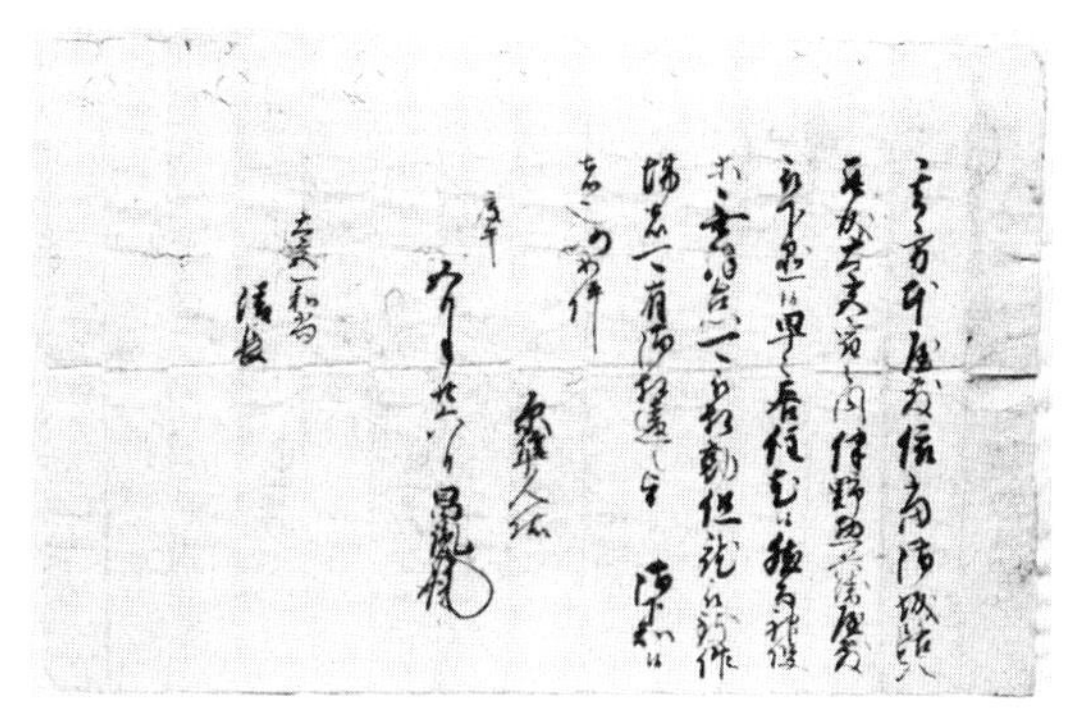

図版10　原昌胤判物（元亀元年5月26日）、『県外編』2348号

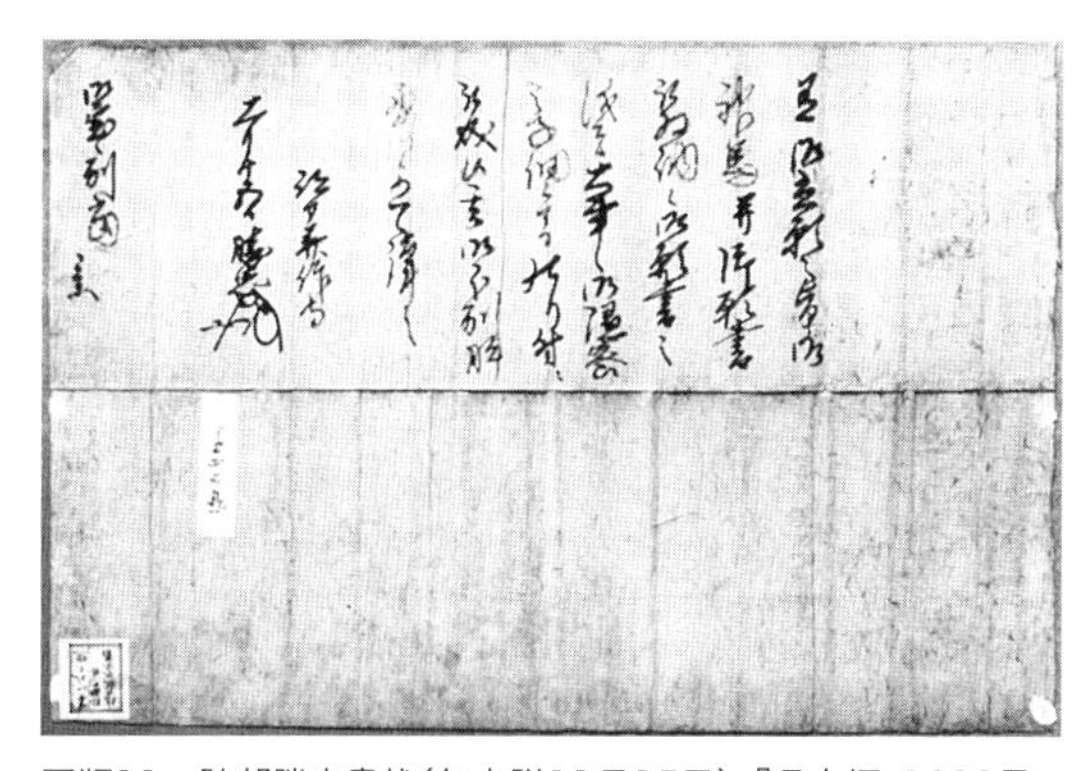

図版11　跡部勝忠書状（年未詳11月15日）、『県内編』1632号

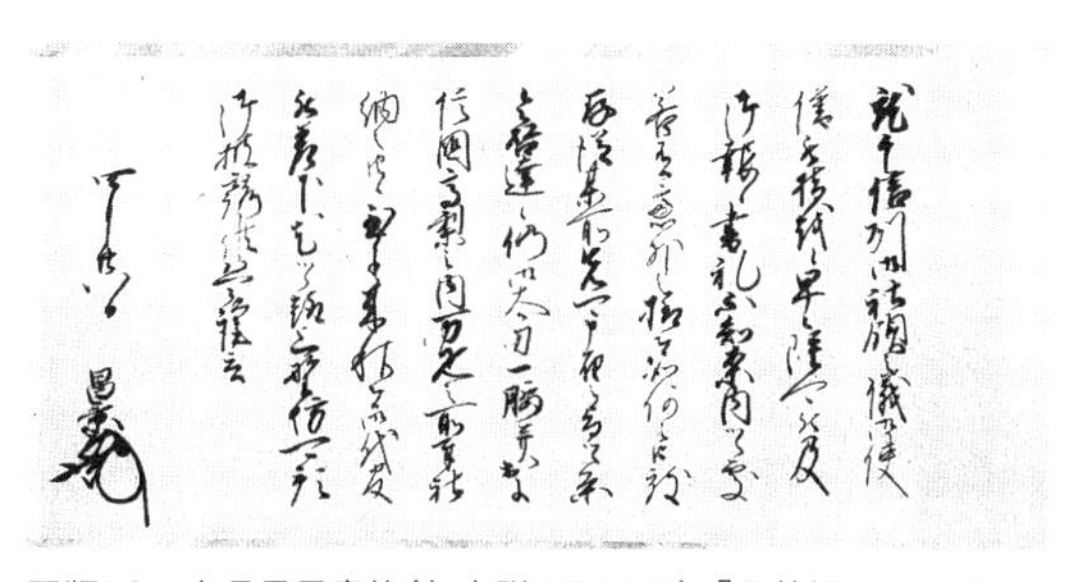

図版12　山県昌景書状（年未詳4月28日）、『県外編』2493号

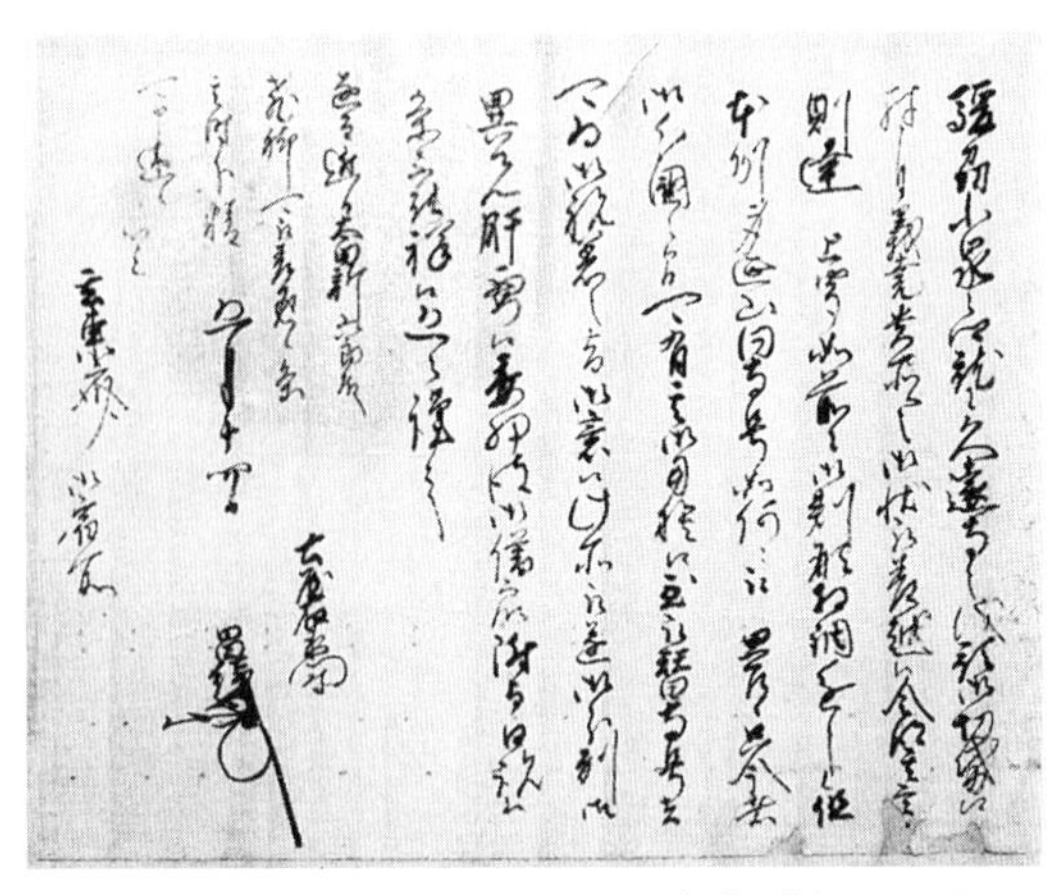
図版13　土屋昌続書状（年未詳5月14日）、『県外編』404号

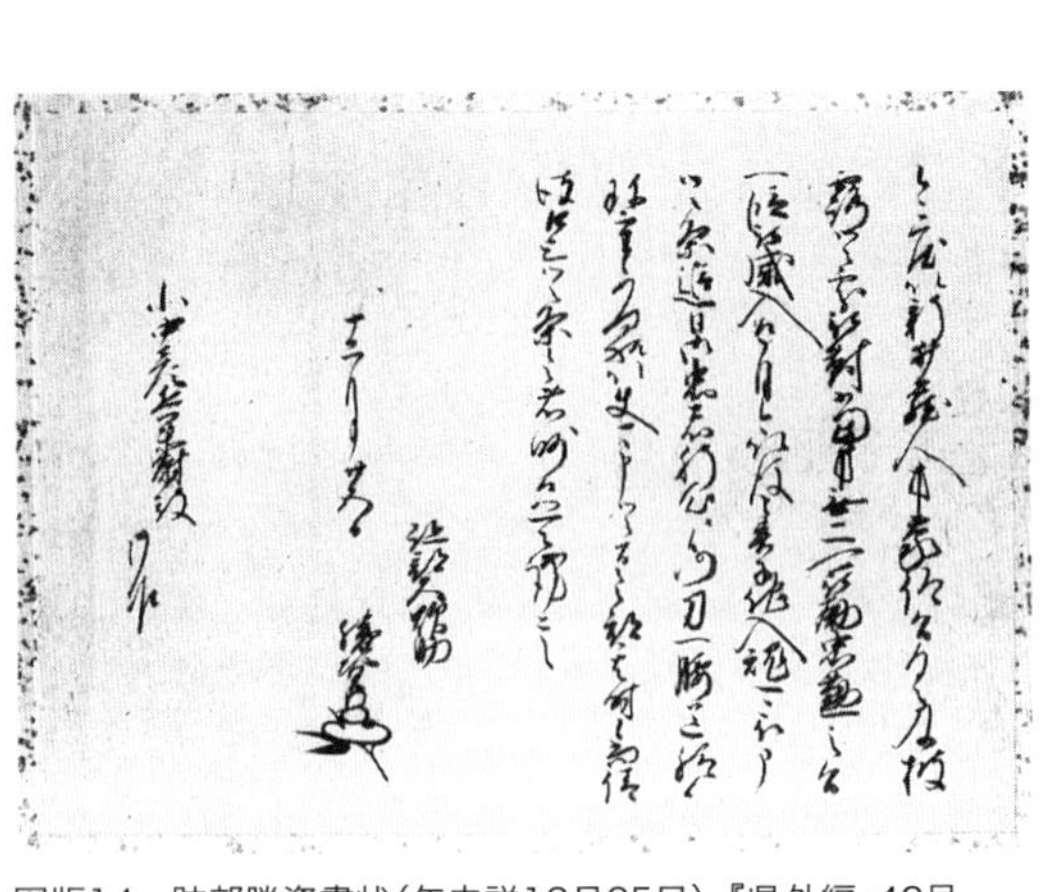
図版14　跡部勝資書状（年未詳12月25日）、『県外編』42号

部分の重臣は前述してきた武田家の右筆や、家内重臣が独自に徴用していた代筆者に書かせたものと思われる。従って重臣層自身が武田氏の発給文書の代筆を担当することは、ほぼなかったと判断される。

しかし武田氏の発給文書の中には、明らかに前述してきた右筆の筆跡とは異なるものが確認できる。その内のいくつかを検討しておきたい。まず目に付くのは、竪切紙による証文的な文書群の筆跡がある。一例をあげると図版15がある。

簡略な書式であるが、「晴信」方朱印を文頭に押した公文書である。同じような用例のものとして、竪切紙に竜朱印を押した竹木受取状もある（『県内編』三〇七号）。こうしたものは、日常的・行政的な証文であって、奉行や代官などの担当行政官が代筆したものと思われる。

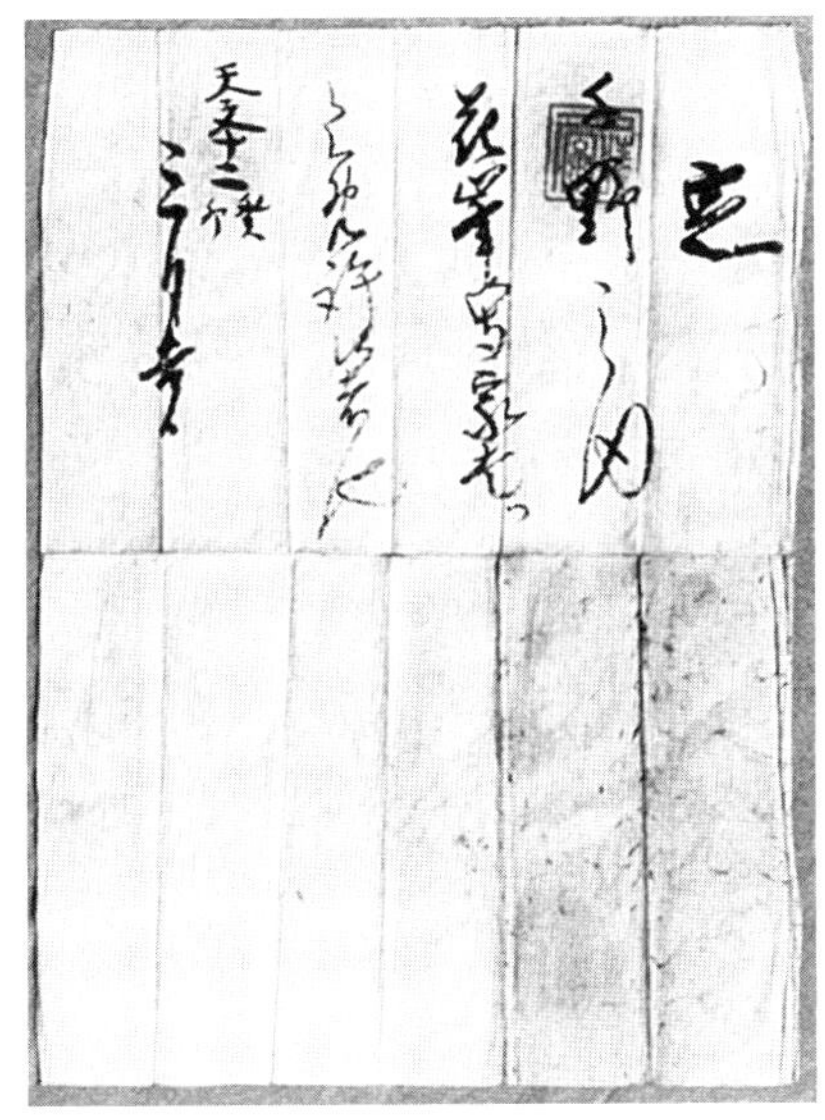

図版15　武田晴信朱印状（天文12年3月吉日）『県内編』391号

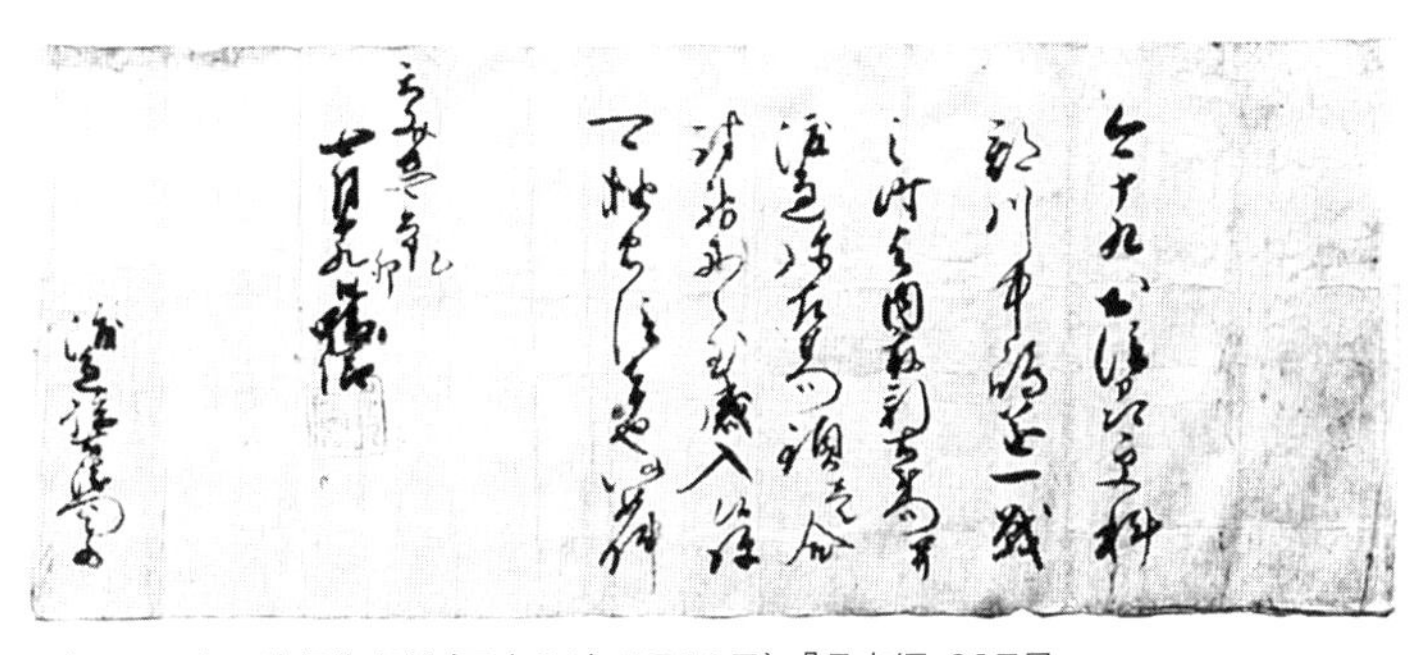

図版16　武田晴信朱印状（天文24年7月19日）、『県内編』917号

もう一つ、右筆書きとは異なるものとして、各地の合戦に際して出されている感状をあげることが出来る。一例をあげると図版16がある。

他の時期の合戦感状についても、かなりの筆跡の相違がみられ、稚拙な筆跡の物が多く、右筆の書いたものとは思われず、同陣した近習（例えば目付衆・同朋衆など）が担当したと思われるが、その名を特定することは難しい問題である。

四　宗白と永順の筆跡について

『軍鑑』にみえる三名のうち、神尾庄左衛門尉については、前述したようにかなり明確な特徴があって、その早い例は、永禄十一年十一月十七日付けの市川新六郎宛の竜朱印状と思われ（市川良一所蔵文書、『武田遺文』一三二九号）、「刕」「当」「無拠」などのくずし方が、前述したF筆と一致している。これを図版17として掲示しておく。

これと同筆のものは前述した図版8のほか、永禄十二年と推定されている四月七日付けの徳川家康宛の信玄条目（『県内編』五五四号）ほかにもみられ、「徳」のくずし方に特徴がある。これらによれば神尾氏の武田氏への帰属は、信玄の第一次駿河進攻前のこととなり、武田家への帰属早々に他大名への外交書状の執筆を担当していたことになる。神尾氏については、その後の事例も多いのでこれ以上の説明は省略し、ここではそれ以前に右筆を勤めていた宗白と永順について補足説明をしておきたい。

まず宗白であるが、前述したようにその前歴は不明であるが、信虎期にみられる仮名まじり文の公文書を書いており、その特徴は晴信期の文書にも踏襲されている。これと同筆と思われるものが、信虎期のものとして『県内編』八四三・一六〇七・二八八号ほかがあり、晴信期のものとしても、『県内編』一二〇・一五〇・七四五・三九二号などがみられる。これらはすべて折紙での晴信の判物と竜朱印状であり、公文書としてはやや略式の書式になっている。信玄期となってもこの筆跡と形式の文書は継続してみられる（『県内編』二八九・七八〇・一一七三、『県外編』一六九五・一六七六・一六五七・三一三八）。この内の一例のみを図版18として掲示しておく。

しかしこの形式のものも減少し、徐々に次の永順と思われる筆跡のものが多くなってきている。圧倒的に折紙が多く、筆跡も速筆のものが多く、竪紙での竜朱印状を担当したものも若干あるようであるが（『県内編』二五一・

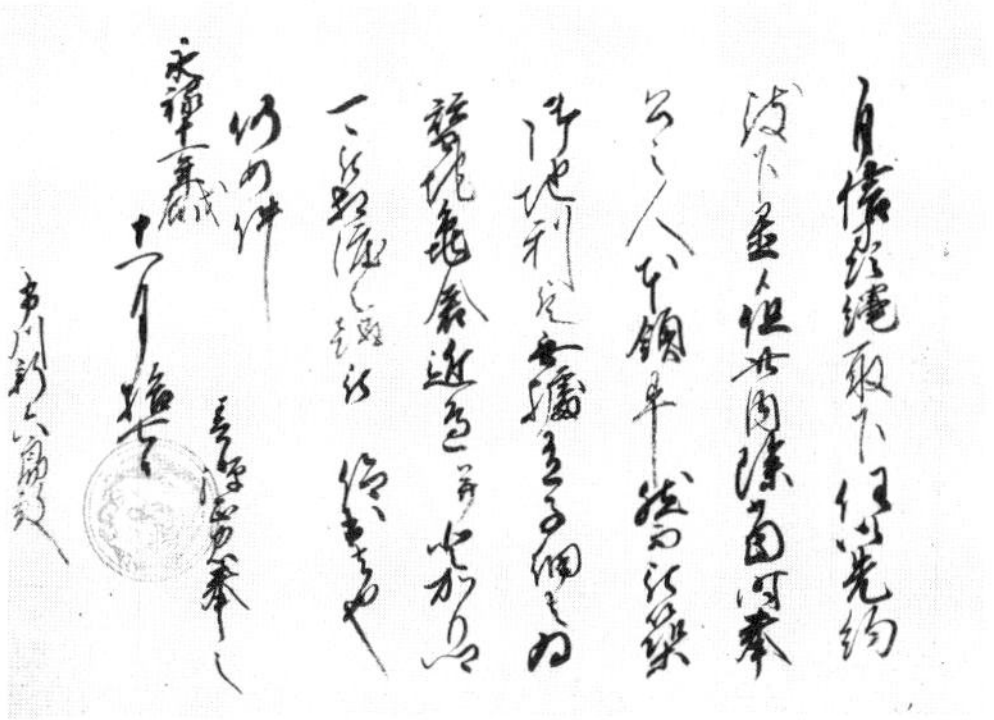

図版17　武田家朱印状（永禄11年11月17日）、『県外編』4号
（『大河ドラマ特別展 風林火山 信玄・謙信、そして伝説の軍師』NHK、NHKプロモーション、2007年より引用）

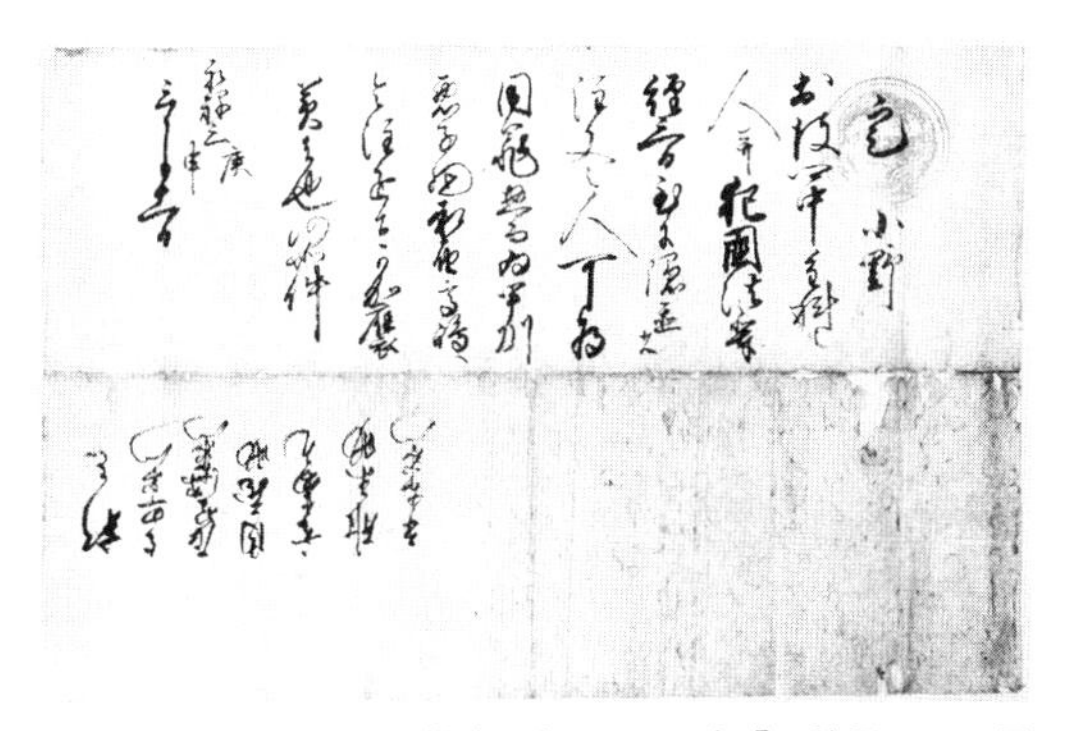

図版18　武田家朱印状（永禄3年3月11日）、『県外編』1676号

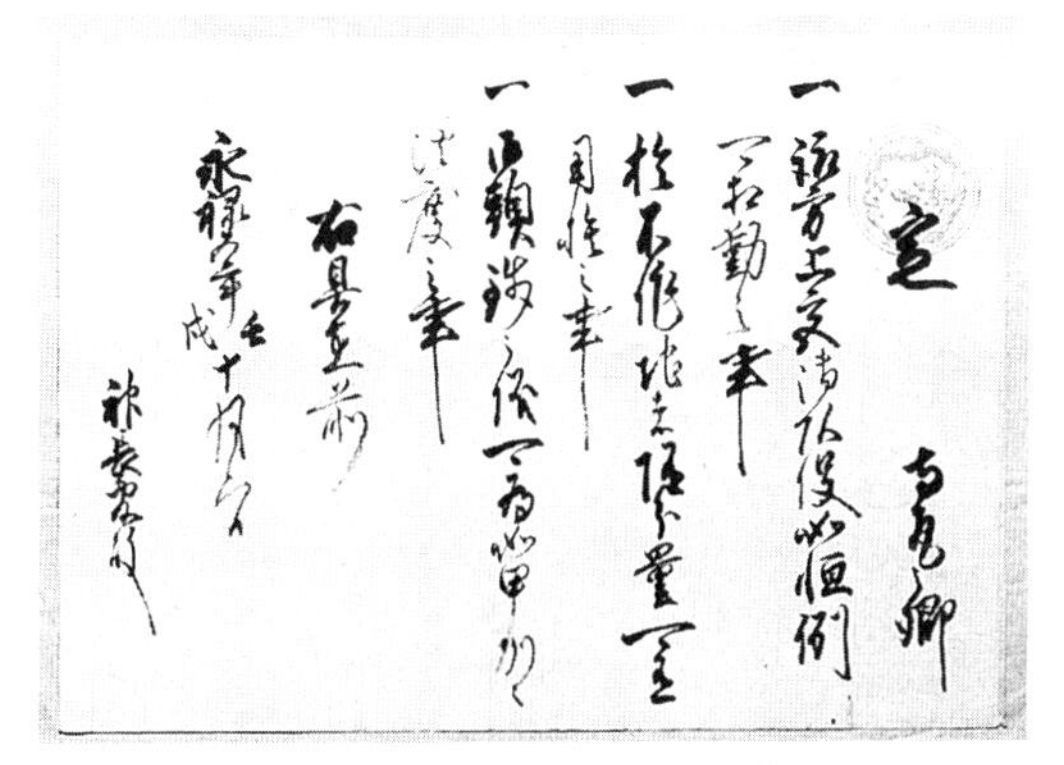

図版19　武田家朱印状（永禄5年10月2日）、『県外編』1889号

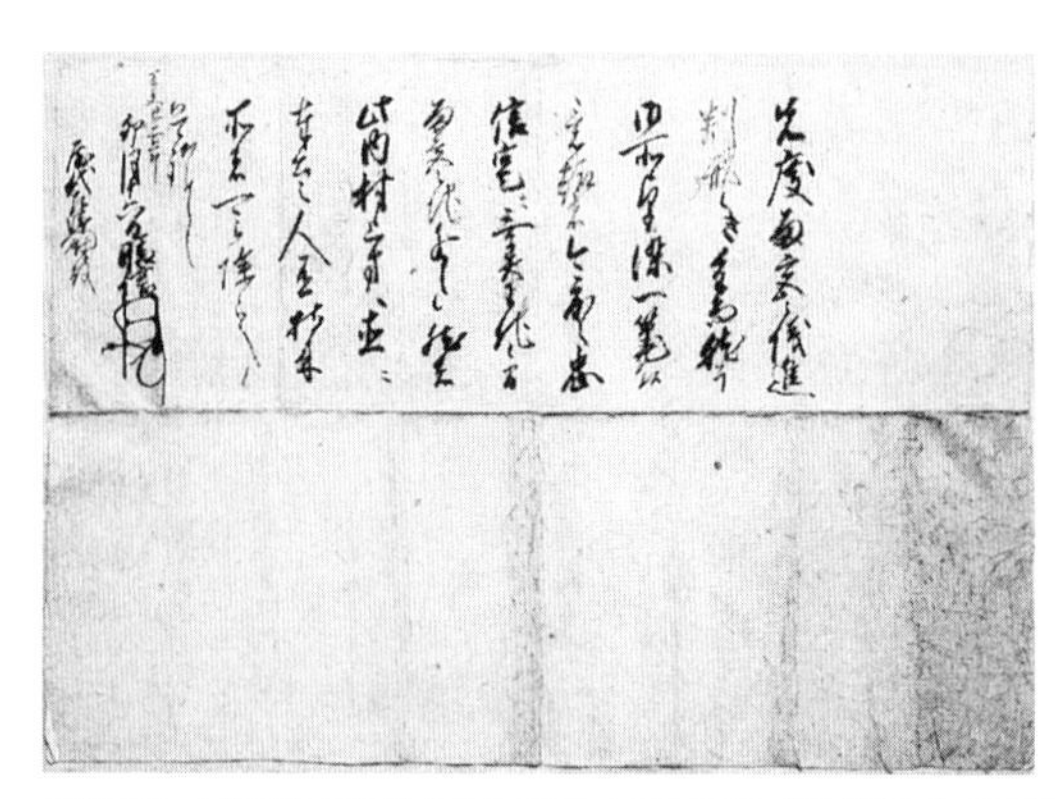
図版20　武田晴信判物(天文22年4月16日)、『県外編』2375号

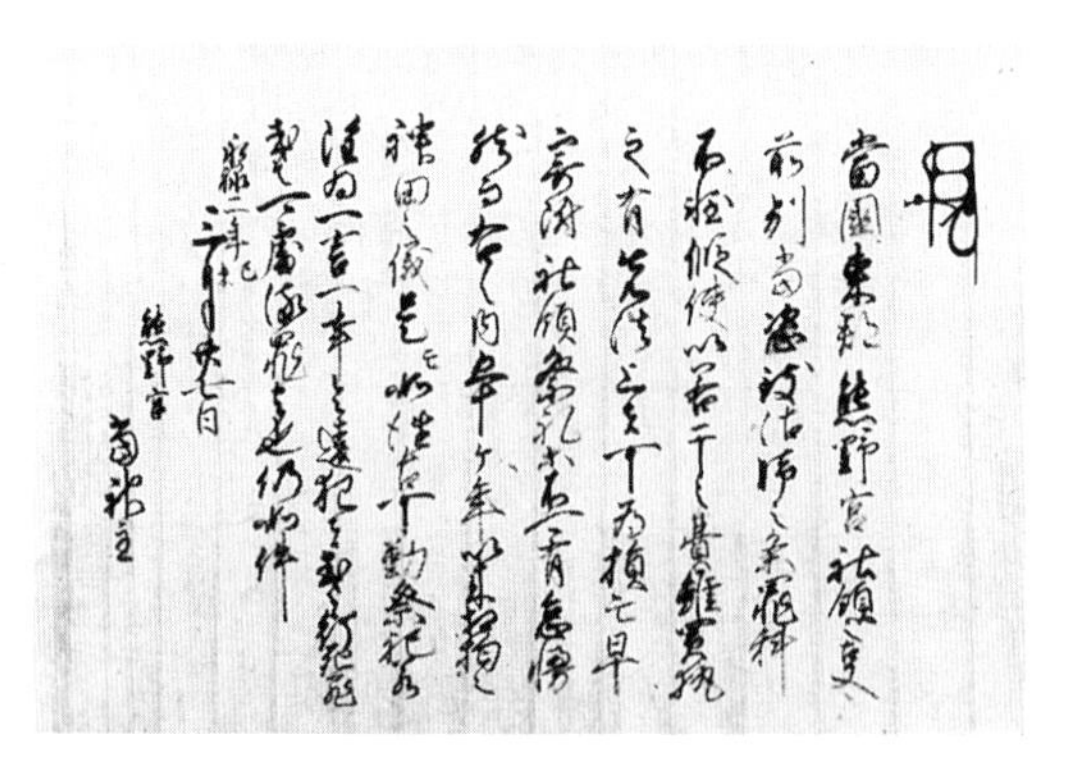
図版21　武田晴信判物(永禄2年3月27日)、『県内編』323号

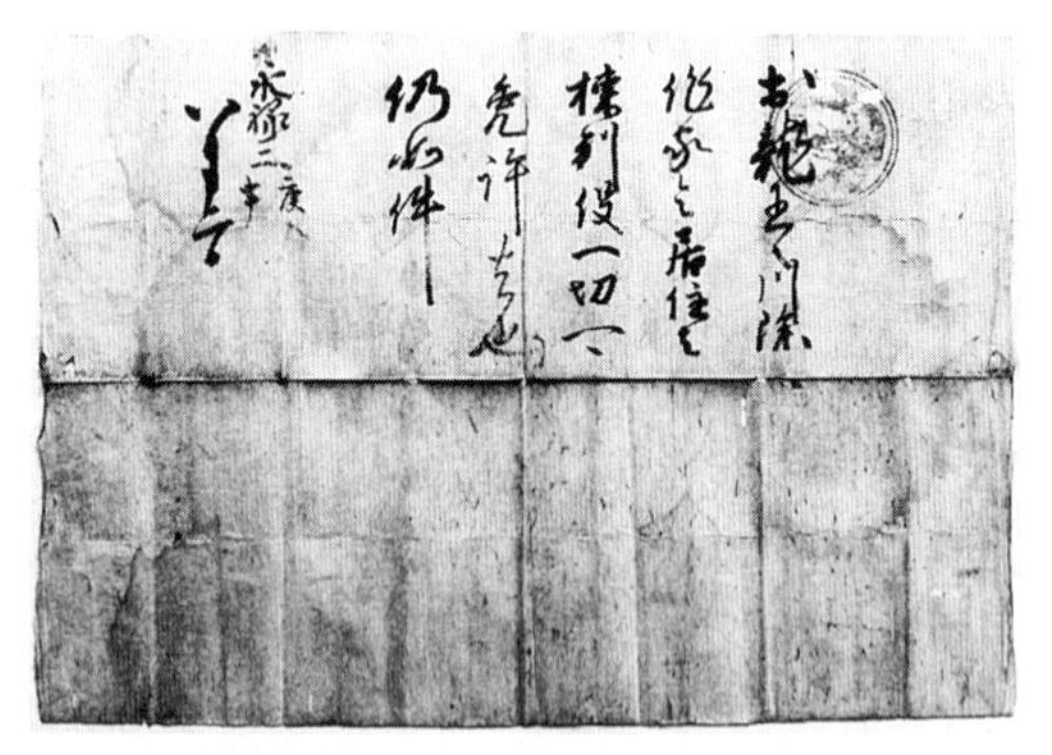
図版22　武田家朱印状(永禄3年8月2日)、『県内編』1272号

一五九六)、すでに主流ではなくなってきていると思われる。

次いで永順であるが、まず前述した[D]筆のものであるが、信虎末期から勝頼初期にわたって多く見られるものであり、この期間の中心的な右筆であったことが確認される。信玄期に至る竪紙による竜朱印状による公文書の大半を執筆しており、一例をあげると図版19がある。

「定」「尾」「随」「銭」などのくずし方に特徴があり、肉太で力強い筆跡であり、墨継ぎも明瞭ではない。勝頼期になっても天正四年八月頃まではこの筆跡が確認でき、信玄期の中心的な右筆であったことが確認される

（『県内編』一九二・一九四・一四〇号など）。

永順については、前述した第三表で［B］筆とした筆跡も検討する必要がある。一例として図版3のみをあげておいたが、晴信期の折紙による晴信書状にも多くのものが見られ、第三表No.1の屋代氏宛の晴信判物を図版20として図示すると、次頁のものとなる。

これでは「先途」「染一筆」「意趣」など図版3と同筆が確認され、とりわけこの筆跡は諏訪社の神長官である守矢氏宛の判物・書状に多くみられる。

問題はこれら［B］筆と、前述した［D］筆との共通点であるが、一例をあげると、図版21にあげた信玄の袖判判物（『武田遺文』六五六号）の場合、文中の「祭礼」「怠慢」「然」などのくずし方が図版3のものと一致しているし、ほぼ同時期に折紙で出されている次の図版22などの筆跡とも「仍如件」などの書き方が一致している。

この筆跡は前述したように、勝頼期の天正四年頃まで確認され、肉太で力強い筆跡であり、信虎末期から晴信（信玄）期を通しての中心的な右筆であったことを示している。その特徴を継承したと思われる［E］筆については、なお検討の余地を残している。

まとめにかえて

戦国期の甲斐武田氏三代が発給した文書については、約三五〇〇点前後のものが明らかにされているが、歴代当主をはじめ家臣団の発給文書についても、これまでにその筆跡を検討したような成果はみられない。わずかに晴信（信玄）の自筆文書のみについて検討したものはあるが、いずれも試論の域を出ないものである。

本章では武田氏三代の発給文書の大半を執筆したと思われる、職制としての右筆について、その筆跡から具体的に何名かの右筆を検出し、彼らが武田氏発給の文書とどう関わっていたのかを明らかにしたいと思った。

右筆を特定する前提として、まず当主の自筆文書の抽出が必要であり、信玄についてのみ再検討を試みた。その結果、筆跡は一種のみで二十七点を自筆と判定した。信虎・勝頼については未検討である。信玄の自筆に関して、前稿では［A］［B］の二種があるとしたが、改めてその筆跡を再検討した結果、自筆は［A］筆のみで、［B］筆は右筆のものと訂正した。

信玄末期の家臣団の職制を示したものとして、『軍鑑』に「信玄代惣人数之事」の記事があるが、それに右筆として三名がみえている。まずその三名の永順・神尾庄左衛門尉・宗白について、可能な限りでの略歴を明らかにし、次いでその筆跡を特定する作業を進めた。

まず信虎期から晴信期に多くみられる同一筆跡を［C］筆とし、それを宗白のものとした。最も早い時期からのものであり、元亀初年までに確認される。次いでそれより遅れて信虎末期から勝頼の初年までの長期にわたって別筆のものがあり、それを［D］筆として永順のものとした。この永順については、先に信玄の自筆とした［B］筆も信玄筆跡に似せた筆跡として永順のものとした。担当文書の範囲や数量が最も多く、天正四年頃までのものが確認される。次いでその筆跡に近いが、細部で若干特徴の異なる［E］筆がみられる。これは永順の後継者と思われるが、その実名は特定出来ない。勝頼期の新しい右筆と思われる。

勝頼期の中心的な右筆が神尾庄左衛門尉であり、その筆跡を［F］筆とした。永禄十二年末頃から見られるようになり、この時期の信玄の外交書状も執筆している。武田氏滅亡後には徳川家康に仕え、その子孫は幕府の奥右筆となっている。勝頼期の大半のものを担当しており、［E］筆がそれを補足している。

これらの職制による右筆の筆跡とは明らかに異なる筆跡も各時期に多くみられる。側近重臣や近習衆（目付衆・同朋衆）や、行政を担当した奉行や代官のものと思われるが、それらの実名や筆跡を特定することは困難な作業となる。とりわけ側近重臣層が代筆した可能性も高いと予測されるが、それら重臣層の残存文書は少なく、残っているものは前述した職制右筆のものと同筆と思えるものが多く、右筆は一部重臣層の文書も代筆していた可能性が高いが、その実態は不明である。因みに奉書式竜朱印状に奉者としてみえる重臣は代筆者とは無関係であり、これらはすべて右筆書きである。

以上、推論が多くなってしまったが、武田氏関係文書の筆跡研究の試論として、いくつかの結果を提示してきた。今後の課題としては、まず信虎・勝頼の自筆文書を特定すること、家臣団が出した個性的な発給文書を原本で多く集めること、本章で右筆書きとした［B］～［F］筆に関して、さらに厳密な用途別の担当文書と、その担当時期とを確定させる必要があると思われる。

注

（1）柴辻「武田氏発給文書の考察」（『戦国大名武田氏領の支配構造』収録の第四章第二節、名著出版、一九九一年）。

（2）柴辻「武田信玄自筆文書の考察」（『戦国期武田氏領の展開』収録の第三編第一章、岩田書院、二〇〇一年）。

（3）柴辻・黒田基樹共編。全六冊の編年文書集（東京堂出版、二〇〇二～二〇〇六年）。以下、本書については『武田遺文』と略称し、引用はその文書番号で表示する。

（4）丸島和洋「『戦国遺文武田氏編』補遺」（『武田氏研究』四五号、二〇一二年）。『同補遺2』（同五〇号、二〇一四年）。

(5) 染谷光広「織田信長の右筆についての序説」(『國學院雑誌』八九巻一一号、一九八八年)。
(6) 松下浩「信長文書の筆跡――自筆と右筆書き」(特別展『信長文書の世界』安土城考古博物館、二〇〇〇年)。
(7) 桑田忠親「豊臣秀吉の右筆と公文書に関する諸問題」(『史学雑誌』五二編三・四号、一九四一年)。後に著書『豊臣秀吉研究』(角川書店、一九七五年)に再録された。
(8) 染谷光広「信長文書と秀吉文書の接点についての一試論」(『国史学』一四四号、一九九一年)。
(9) 第三表のNo.5・7のほか、①(天文十八年)八月十二日付け竜淵斎宛晴信書状(『武田遺文』二九三号)。②(年未詳)八月五日付け長遠寺宛晴信書状(同六三八号)。③(永禄三年)八月二十日付けの彦六郎宛の信玄書状(伊勢崎市・岡島家文書)。④永禄十二年六月十二日付けの三枝昌貞宛の信玄判物(『武田遺文』一四二〇号)。⑤永禄十二年閏五月十六日付けの宛名欠の信玄書状(同一四一三号)。⑥(年未詳)二月十五日付けの宛名欠の信玄書状(『武田遺文』二〇四七号)。⑦(年未詳)十一月二十七日付けの田中淡路宛の信玄書状(『山梨県史 資料編5中世1県外編』一一四二号)など。①~⑦については、更なる検討を要する。
(10) 守矢家文書(『武田遺文』五三二号)。
(11) 酒井憲二『甲陽軍鑑大成』(本文編上、汲古書院、一九九四年)。以下、同書については『軍鑑』と略記する。
(12) いずれも『上越市史』(別編一、上杉氏文書集一、上越市史編さん委員会編、二〇〇三年)の六〇一・六〇二・六〇五号文書。以下、同書については(『上越1』文書番号)と表記する。
(13) 柴辻「戦国期武田氏領での伊勢御師幸福太夫」(『甲斐』一三五号、二〇一五年)。本書第一部第五章として掲載。
(14) 『武田遺文』四一五七号。
(15) 『山梨県史 資料編4中世1県内文書』(山梨日日新聞社、一九九九年)・『山梨県史 資料編5中世2県外文書』(山梨日日新聞社、二〇〇五年)に付載の別冊写真集。以下、同書については『県内編』・『県外編』と略記して同書での文書番号を表記する。図版は1・2・17を除き、すべて同書より引用した。

第六章　武田氏家臣団文書の考察

一　武田氏家臣団研究の現状

本章では戦国期武田氏領内での家臣団の発給文書ならびに関係文書の概要とその特徴や機能などについて考察したいと思うが、その前提として家臣団についての研究史の概略をまとめておきたい。戦国大名武田氏の家臣団についてては、すでにかなりの研究史がある。そのすべてを述べるとかなり長大なものとなるので、ここでは近年の成果のうちから、新見解や新視点を示したものに限定して検討しておきたいと思う。

これまでに武田氏の家臣団研究の概要をまとめたような論考はなく、二〇〇〇年（平成十二）以降に限ってみても、個別の家臣団ないし家臣を検討したものはいくつかみられるが、家臣団全般についての専論の著書や論文はみられない。そうした中にあって、それまでに武田氏家臣団について、永年にわたって基礎的な研究を積み重ねられていた故・服部治則氏の成果が一冊にまとめられたことの意義は大きいと思う(1)。

戦国期での家臣団編成については、権力形成期の信虎から永禄初年段階までの晴信期と、それ以降の信玄期、さらには勝頼期の三期とでは、その実態に大きな差異のあることをまず確認しておきたい。まず平山優氏が一般向けとして家臣団編成の特徴をまとめたものがあるが、(2) その冒頭で平山氏は『高白斎記』の天文十八年条にみえる「十月廿日丙申、面付並諸役ノ義ニ連判仕候」の記事から、(3) この時に「武田氏所領役帳」(分限帳)が作成されていたと推論しているが、とてもこの記事から「役帳」の存在までは想定できないと思う。

ちなみに「武田家分限帳」と題する写本が残っているが、(4) その奥書によると、幕末の元治二年(一八六五)に、内務省書記官の岡谷繁実が書写している。内容は最初に武田家の来歴を記述した後、後述する『甲陽軍鑑』収録の「武田法性院信玄公御代惣人数之事」(以下、『軍鑑』、「惣人数」と略記)と同じ内容の家臣団一覧が続けられており、誤記も多くみられ江戸期になってから『軍鑑』をもとに新たに作製されたものであって、参考となる部分は少ない。

平山氏もまずこの「惣人数」の検討から始めており、それが六区分の家臣団で構成されていて、総計二九八人が記載されているが、地域の土豪層などは含まれておらず、家臣団の全貌を示したものではないという。しかも例えば冒頭の「御親類衆」のように、当時では見られない表記もあり、「惣人数」は一次史料とはいえないという。これまでの家臣団研究はこの「惣人数」を重視しすぎた傾向が強く、この辺で再検討の必要があるという提言には同感である。

以下、『軍鑑』の「惣人数」の記載順にその内容の是非を検討しており、最初の御親類衆(御一門衆)十二名の場合、信玄との関係不明のものや、木曽義昌のようにその書札礼からみて外様国衆とすべきかともいう。しかし当時の書札礼が厳格なものであったとの前提が必要であり、木曽氏の場合は一門衆扱いでよいのではないかと思う。さらに一門衆の中でも「武田」姓を許された者とそうでない者とがあることにも、信玄との関係の違いがあるという。そこで例示している「武田下野守信登」を南部氏かと推定しているが、この時期の南部氏までを一門とする点と、例証した文書には問題点が多すぎて、参考とはなりえないと思われる。(5)

次いで譜代家老層十七名については、彼らはその氏族の嫡流ではなく次男以下であり、信玄の代になって登用された者達であり、信虎の代の家老層とはつながっていないという。彼らは甲斐国内での自領経営のほか、新たな占領地の城代として、領域支配を委任されていたともいう。「惣人数」には、以下、他国衆（国衆）として、武田氏に帰属した諸氏が「先方衆」として国別に記され、彼らの多くは一門衆や譜代家老衆との寄親・寄子制によって、その指揮下にあったという。次いで行政組織として奉行以下の職制別に担当家臣名が記されているが、各奉行衆については、家老層に次ぐ譜代国衆が勤めており、御蔵前衆以下の近習的職制については、下層の国衆や特別の技能をもった者が登用されていたという。

平山氏は領国拡大に伴う家臣団編制の展開要因として、他国衆の降伏による出仕と、事前での在所の退去、武田氏の調略への内応をあげており、それぞれについて具体例を示している。なお、平山氏には他に「武田二十四将」についてまとめたものがあり、(6)江戸期に作製された「武田二十四将図」に描かれている重臣層について改めて考証したものであるが、その総説は前述したものと同内容である。なお「武田二十四将」については、二〇一六年に山梨県立博物館が特別展を行っており、その図録には家臣団区分の総説と、関連文書の図版が多く収録されているほか、丸島和洋氏の「武田氏家臣団総論」が付載されている。(7)丸島氏は家臣団を一門衆・親類衆・譜代家老衆・足軽大将衆・牢人衆・先方衆・海賊衆・御家人衆・在郷被官衆に区分しており、御家人衆や在郷被官衆までを家臣団の範疇に入れている点に新鮮味はあるが、この点については、後述するように更に検討が必要であろう。

丸島氏は別に『戦国大名武田氏の家臣団――信玄・勝頼を支えた家臣たち』をまとめており[8]、その中で「国衆論により、戦国大名と国衆の権力構造はほぼ同じで、かつ大名は基本的に国衆領に干渉する意図がなかったことが明らかにされた」といい、国衆を「大名に従っている自治領主」と規定している。しかし果たしてそこまでいえるかについてはまだ問題が残されていると思われる。例えば大名による国衆領の安堵権や、領界争いでの上級裁判権、対外外交権の制限など、まだ十分に検討された結果とは思えない。

丸島氏はこの中で「甲斐本国の自治領主」と位置付けた穴山氏・小山田氏と、「戦巧者足軽大将」とを特筆しており、穴山氏・小山田氏については「甲斐本国」の国衆と位置付けているが、他の譜代国衆や他国衆と同列でよいのかには問題点が多い。ともに一門衆・譜代家老衆として家臣団の中枢に組み込まれていくわけであるが、そこに至る経過については、領域権力者として長期におよぶ武田氏との対抗関係の歴史があった。そうした点から両者を武田氏と同質の「戦国領主」とする見解までが出されているように、国衆論でまとめてしまうのには抵抗がある。ただし別途にまとめられた穴山氏と小山田氏についての研究史の整理と、現状での到達点とを実証的にまとめた著書は、参考になる点が多い[9]。

足軽大将衆については、旗本ではあるが二つのグループで構成されていたとし、一つは将来に家老層に出世する譜代国衆であり、もう一つが他国から取立てられた新参者であるという。前者は侍大将（一門・家老層）に準ずる中堅指揮官であり、後者は足軽集団の指揮官であったという。共に予備兵・別動隊としての足軽衆を預けられていた者であろうという。以下、足軽大将衆二十一人についてその出自と経歴を詳細に考証しているが、煩雑になるのでここでは省略する。ただし近年その史料性が見直された「武田信玄旗本陣立書」に注目され[10]、その先頭に「御旗本足軽大将衆」が記載され、その名は「惣人数」のものと一致しているものが多いとされている。以下、近習衆ほかの職制上の家臣団についての説明は省略されている。

その後に家臣団についての総括的な論考はみられず、相変わらず家臣団研究は停滞したままである。そうした中にあって個別家臣の調査結果として『武田氏家臣団人名辞典』がまとめられ、[11]各家臣についての事実関係の確認が進展してきたので、今後の家臣団研究に期待したいと思う。

二　家臣団の存立状況と実態

次に各種家臣団の存立基盤とその実態について、全体的に検討したものは少ないが、家臣団ごとに個別に検討した研究成果はいくつかみられるので、まずそれらについてみておきたい。

最初に問題となるのは、家臣団全体に関わってくる黒田基樹氏の「家中論」がある。[12]黒田氏は「家中」とは、一ある家における被官関係を結ぶ者すべてを対象にしたものと定義しており、その家中を構成する者達として、一門衆・親類衆・御家人・先方衆・軍役衆・被官・御印判衆・知行付きの被官をあげ、個々にそれらと武田氏との関係を説明している。この場合、問題は大名との被官関係の実態であり、対象を陪臣層や在郷地下人層にまで拡大させることには賛同できない。

ちなみに黒田氏は武田氏領での「家中」の用語例として二件のみを上げているが、改めて検索したところ二十七件を検出できた。[13]確かにその中には、例えば永禄九年閏八月二十三日に、譜代国衆の長坂昌国が奉行の金丸昌続宛に出した起請文の一条には、「一、御気色悪人並御家中之大身江、不可致入魂之事」といった記述があるように、[14]「家中」が武田家の重臣層の意味で使われているものもあるが、大半は単に宛名人内の家人の意味で使われており、それらの者までを武田家中とみるわけにはいかないと思う。

以下、家中構成員として、御一門衆ほかについても個別に具体例で検討しており、一門衆は一家衆とも表現され、当主の子弟が中心であり、穴山武田氏の歴代も含まれるとし、さらにそれらの家臣（陪臣）も武田氏の軍役衆と同等の軍役を勤めているので家中に含まれるとする。次の親類衆は同名衆とも記され、早くに武田家より分出した庶流諸家であり、一門衆に次ぐ家格と位置にあったとし、同じくその家臣までを家中とする。

御家人は武田氏から被官関係によって直接知行を与えられていた地頭や軍役負担者であって、他国衆の又被官なども含まれるという。しかし一方で、これらは後述する軍役衆と同義との見解もあり、御家人は一般呼称であって家臣構成を示すものではないと思われる。次の先方衆については、他大名からの寝返りの点に重点をおいているが、この点は従来より指摘されている他国衆の呼称でよく、外様国衆の意味でよいであろう。

次の軍役衆については、在村の被官としている点には問題はないが、武田氏との被官関係の内容が問題であり、彼らと在地の地頭との関係や、大名による検使の停止や諸役免除による軍役への動員体制が、果たして本来的な大名と家臣団間における知行被官関係を基調とした主従制と同質のものとは思われず、この階層までを家中に組み入れることにはやはり賛同できない。

次の被官については分国法である「甲州法度之次第」の第一条に「晴信被官」とあることを根拠に、前述した御家人・軍役衆をも武田氏被官としているが、前述したように、これらについては武田氏との被官関係の実態が問題であり、この条項はすでに武田氏との主従関係が成立していた他の家臣没収地の扱いについて定めた条文であって、御家人や軍役衆を対象としたものではなく、ましてや一部の職人・商人や武家奉公人までを、被官とみる必要はないと思う。職人宛の文書中に「御被官同前」とある点は、本来的には彼らが被官ではなかったことの表明である。

次の御印判衆であるが、武田氏と何らかの奉公関係を結んでいた者達であり、武田氏より印判状を受ける存在の者という。その点に異論はないが、奉公関係と被官関係は同義ではなく、奉公への対価が諸役免許であった点は、知行被官関係にあった家臣とは異なる存在であって、これまで述べてきた軍役衆や被官と重なる階層のものと判断される。御印判衆については、別稿で検討したことがあり、[15] その結論は印判衆は地下人の中の上層部の者の中から、武田氏への奉公を強制するために印判状を与え、その代償として諸役免除ほかの特権を与えていたものであり、最終的には軍役をはじめとする夫役への動員がその政策目的であり、印判衆は軍役衆への予備軍的な存在であったと位置付けた。

最後に知行付きの被官として、武田氏にとっては又被官となるいわゆる陪臣についても家中と捉えており、地頭のもとで土地と一体化したその耕作者がその被官となっている状態の者という。軍役を勤める状況が武田氏の軍役衆と同質であるから家中としているが、個別家臣の被官は別に考える方が分かりやすいと思う。この点については地頭とその所領内に居住する軍役衆の関係として、軍役衆が地頭領内の百姓層であるとともに、一方では武田氏の御家人として武田氏の指揮下にあったからとしているが、どちらとの関係を基本的な立場とするのかが問題であろう。

さらに武田氏による家中編制として、前述した御家人衆を直参衆と同心衆に分けて検討しているが、直参衆はともかくとして、寄親の指揮下にあった同心衆までを家中としている点は問題であり、前述したように少なくとも在村被官については家中から除外した方がわかりやすい議論となる。

次いで筆者が信玄・勝頼期の家臣団組織の概要を具体的な職制ごとに検討したものがある。[16] これは前述した

『軍鑑』の「惣人数之事」をもとに、[17] 宿老層・奉行人層・吏僚層・在地支配層に大別して、さらにそれらの内訳を具体的な機能別による職制ごとに検討したものである。

まず宿老層を分郡領主・支城主・城代・家老とし、これらは一門・親族・譜代家老衆らが該当し、本領と占領地域とを一体化した形での支配体制になっていたとし、分郡領主（従来説での分国主・戦国領主）は郡規模での地域支配を容認されていた穴山氏ほかの一門・親族による自律した領域支配領主をさし、支城主はおもに占領地で一定地域の領主支配を実現させていた他国衆に、在城と領域支配を容認して家臣団化を進めたものであって、典型的には上野・箕輪城の内藤氏、上野・国峰城主の小幡氏や遠江・小笠原信興、駿河・庵原山城の朝比奈信置、信濃・大島城の武田信綱などが上げられ、甲斐国衆の中でも一門や親族衆については、自領での在城と一定の領域支配を容認しており、彼らには勝頼期になると占領地の城代などをも兼務させている。具体的には甲斐・上野城主の一条信竜などである。城代はおもに占領地の軍事的拠点となる城に甲斐国衆や有力な他国衆を在番させたものであって、在城領は与えられていたが、地域の同心衆に対する軍事指揮権のみの付与であり、領域支配権はなく状況に応じて任地を交替するのが原則になっている。家老衆は家臣団の中核を占め、在府したままで軍制・外交のほか、行政組織の両面にわたって当主を補佐していた。

次いで奉行人層であるが、前述した「惣人数」では、職制として御旗本武者・公事・勘定・御旗・御鑓の各奉行として十二名が書き上げられており、他にも近習衆の中に御納戸奉行がみえるほか、発給文書上でも寺社・御膳・算用・口筋奉行などの名称が見えている。これらは行政担当者のほかに軍制上の担当分も含まれているが、共に甲斐国内の有力な譜代国衆が担当しており、親族衆や譜代家老層に属するものやその子弟、それらに匹敵する家格の者が任用されている。

次の吏僚層は行政の現場での実務担当者であり、家老・諸奉行の下で職務を分担しており、家格は奉行人層よりもさらに低く、能力を買われて地下人から登用される者もあった。同じく当主の近習衆として職制ごとに技能奉仕する者もあった。前述したように家臣団といえる「家中」はここまでの階層であり、支配の末端に位置していた在郷の諸職は別問題として扱いたいと思う。なお以上の所論の根拠とした関連文書については、奉行人と代官と訴訟関係についてのみ、注（16）論文中に関係文書一覧表を掲示しているので参照して戴きたい。

次いで一門・親族衆の一部に関して須藤茂樹氏の成果がみられる。[18] おもに穴山氏を中心に武田信綱・仁科盛信についても考証したものであるが、かなり以前のものをまとめ直したものであり、穴山氏については、その後に前述した平山優氏の注（9）丸島和洋氏の注（8）・（9）の著書によって、その研究史の概要と問題点が再整理されている。他には畿内の三好氏などとの外交交渉に関する新史料を紹介したものも収録されている。

しかし武田信綱については、現在では唯一の専論であり、信玄弟の逍遙軒信綱について、親類衆の筆頭としての経歴と人物像とをまとめている。関係文書も抽出してその領主支配の状況と一門としての権限を検討しているが、いずれも断片的な文書であって、その全体像を明らかにするまでには至っていない。次の信玄五男である仁科盛信については、その前代からの仁科氏の動向を整理した後、戦国期での仁科氏の武田氏被官化経過を検証し、年次推定に問題はあるが盛政の失脚後に盛信がその養子になったとしている。実は期せずしてほぼ同時期に筆者も仁科氏についての論考を発表しており、[19] 実証上での細かい相違点が多く見られる。改めてそれらの点の確認が必要であるが、ここでは一門衆として、その動向がはっきりしている盛信について、始めて実証的にまとめた点を評価しておきたい。

次いで武田氏の行政組織の最高執政者とされる「両職」の問題がある。これについては丸島和洋氏の論考があり、[20]これまでに賛否両論があったが、丸島氏はその典拠となっていた江戸後期の地誌である『甲斐国志』と『軍鑑』の関連記事を検討し、両職が行政の最高位を示す職制とみるのは難しく、守護職に付随していた検断権の系譜に連なるものとして、争論裁許や検断執行の実務責任者と位置付けている。確かに『軍鑑』での用例はそうした意味合いのものが多く、また唯一の関連文書である天文二十年七月十一日付けの二宮神社宛の板垣信憲・甘利昌忠連署副状（坂名井文書、『武田遺文』三二八号）も国中検断にかかわる勧進を執行したものであり、賛同できる見解である。

次いで丸島氏は一門衆の武田信繁と勝頼についても検討しており、[21]信繁以下の弟たちについては一門としているものの、本領安堵のみであって支城主などの独自の領域支配は容認していなかったという。しかしこの点は政権の初期段階であったことによるものであって、例えば天文十八年（一五四九）には、信繁の嫡男の信頼を佐久郡の望月信雅の養子とするなどの支城領形成を画策しており、信繁・信頼が相継いで没したために、その支城領化は実現しなかったが、この方式による支城領形成は信玄の子らによって実現していく。しかし信繁の三男の信豊がその家督を継承し、勝頼期には一門衆の筆頭として政権の中枢を担っていくが、信豊にも明確な支城領支配が確認されない点に、信玄の子らとの違いが認められる。

つまり一門衆の中でも信玄の兄弟衆と子供衆との処遇には格差があり、兄弟衆には占領地での独自の領域支配を認めず、在府したままでの政権補佐と軍役奉公が課せられており、その赴任地での戦功に応じて、一部の所領が加増地として与えられていたにすぎなかった。

勝頼については高遠諏訪氏の家督を継承する立場で高遠領支配を実現させていたといい、既存の国衆領を接収して成立した支城領であって、以後の武田氏での支城領形成は同様な手法によって進められたとする。高遠領主であった高遠諏訪頼継との関係を考証し直しており、しかも同時に勝頼は諏訪氏惣領も継承したとしているが、この点については武田氏の諏訪領支配の問題として、大祝諏訪氏との関係や、諏訪領での惣領職に基づく権限行使を示す痕跡がほとんどみられない点から、さらに検討の余地があると思われる。

次いで丸島氏は、従来は支城主ないし郡代と称していた占領地での郡規模の領域支配を実現させていた重臣層を検討しており、その具体的な事例として諏訪領支配を委任された板垣信方以下を諏訪郡司として検討している。(22)この場合の「郡」は従来の国郡制の範疇とは異なるものであり、郡単位の公事賦課権を継承した支城主として領域支配を実現していたという。具体的には板垣信方以下の上原・高島城代（諏方郡司）は城への在番衆に対する軍事指揮権を有し、併せて領域支配権として郡内所領の宛行権と諏訪郡内の料所の管理を管掌しており、さらに郡内での訴訟を甲府に取次ぐほか、武田家の奉書式朱印状の奉者を勤めていたとする。

平山優氏によれば、武田氏の場合も占領地の中心城郭の城代＝郡代による郡単位による支配が実現されており、管轄地域内での軍事指揮権をもつ城代が、公事賦課収取権を有して直轄領を掌握していた郡代を兼ねていたといい、それを補完する形で甲府の奉行人内に「郡担当の奉者」が設定されており、城代との組み合わせにより郡支配が実現されていたとする。(23)この点については、かつてその問題点を指摘し、海津城代としての春日虎綱は軍事指揮権に基づく地域内での同心衆への取次権のみであって、領域支配権まではなかったと反論したことがある。(24)その後もこの問題は進展していないが、丸島氏の「郡司」職制論とも関連して、城代と郡代の違いについても私見を提示している。

確かに「郡司」表記のものはいくつか確認できるが、それは古代国郡制の遺称としてのものであり、この時点ではすでに郡代と同義としてのものと思われ、その用例が諏訪社関係に限られている点が象徴的である。さらにこの諏訪郡でのあり方を他地域にまで適用し、伊那郡司・川中島郡司・西上野郡司・美濃遠山郡司などの存在までを想定している点には問題が多いと思われる。ちなみに『軍鑑』の記述を除けば、発給文書上での「郡司」表記をしているものは、丸島氏が提示した永禄八年十二月五日付けの諏訪社祭祀再興次第を指令した武田信玄判物（諏訪大社文書、『武田遺文』九六五号）のみであって、それには「諏方郡司・両奉行」と記されている。また「郡代」表記のあるものは、天正八年三月吉日付けの長谷寺観音堂造立棟札銘（榛名町・長谷寺所蔵、同前四二八六号）のみであり、それには「当国郡代内藤昌月」とある。さらに「城代」表記のものは皆無である。

この他個別の家臣団についても研究が進展しており、とりわけ従来他国衆（先方衆）と一括されていた外様国衆についての成果が排出しており、(25)遠隔地での自立した地域領主の武田氏への帰属経過と、家臣団への編成状況が明らかにされてきている。

さらに特異な家臣団研究として、早川春仁氏による武田氏遺臣の研究がまとめられている。(26)これは武田家滅亡後にその軍役衆であった家臣が徳川家康の入甲とともに帰農して在郷士化していった経過や、井伊家や水戸徳川家や尾張徳川家・米沢上杉家の家臣となっていく経過を明らかにしたものである。

さらに単独の個別家臣の実証的研究としても、日向大和守是吉・末木家重（秋山敬氏）、駒井高白斎・今福長閑斎（平山優氏）、三枝昌貞・真田昌幸（丸島和洋氏）、武田信豊・内藤昌秀・栗原信友・今井信是・望月信雅・甘利信忠・馬場信春・跡部信秋（服部治則氏）、木曽義昌（笹本正治氏）、小浜景隆（鴨川達夫氏）らがまとめられており、事実関係が明らかになってきた。これらの成果は、前述した注（11）の『武田氏家臣団人名辞典』に反映されている。

三　家臣団発給文書の概要

武田氏家臣団発給文書についての総括的な研究はまだみられない。かつてその概要についてはまとめて家臣団文書七二一点を表出したことがある。[27]そこでは穴山氏二七一点、小山田氏六十点のほか、永禄十年八月に家臣団が信玄に忠誠を誓った起請文（生島足島神社文書）九十三点が目立ったものであり、他は主に重臣層と吏僚層での発給文書が確認できたものを上げている。一部の側近衆を除いて人数・点数ともに残存しているものは極端に少ない。ここでは他国衆については、一定の領域支配を容認されていた支城主についても除外している。そこでは具体的な考察は試みていないが、所見としては全般的に武田氏の公文書の内容に準じたものが多いことと、一部に独自の印判使用をしているものがみられることのみを指摘したにすぎない。

前述したように、その後に家臣団研究は急速に進展しており、改めてその全貌を一覧表化する必要があるが、現状では難しい作業となり、まだ総括した成果はみられない。以下、いずれも家臣団文書の一側面を考察したものとなるが、その後の成果をみておきたい。

家臣団文書でまず問題となるのが、重臣層の中でも独自の領主支配を実現させていた河内領主穴山氏と郡内領主小山田氏の発給文書の研究である。前述したようにこの両氏に関しては、一九八〇年代頃からの研究蓄積があり、丸島和洋氏がその研究史を総括したものがある。[28]穴山氏については、信友による天文九年（一五四〇）頃から朱印状が発給され始めたことを重視し、次代の信君の代には、判物・印判状に奉書式のものが見られるようになり、いずれも武田氏の文書行政にならったものであるという。小山田氏の場合も領域支配文書に、天文十一年（一五四二）から朱印状が使用され始めており、家印と位置付けられていたとする。

いずれも印判状の創始を重視しており、それが武田氏の影響によるものであったという。その武田氏の印判状については、片桐昭彦氏の論考があり[29]、武田氏の家印である竜朱印状での奉書式のものを検討することによって、権力の家政機関を明らかにしようとしたものである。永禄九年（一五六六）からみられる形式であるが、その全体像をみるために七七九点の奉書式印判状を整理して「武田家奉書式印判状奉者表」を作成している。年次別・内容別・地域別での奉者名を一覧表化した労作であり、奉者数三十八氏で七十三名を検出している。そこでは突出した者として、跡部勝資・市河昌房・土屋兄弟・原昌胤・跡部勝忠・山県昌景・長坂光堅・市川昌忠をあげ、これら数名の者が集中して奉じていたとする。その立場は奉行人であったり、奏者・取次役であったという。さらに奉者はその事柄（文書内容）を担当する奉行であったともいう。その発給システムは、受給者（同心・寄子）↓奏者（寄親）↓取次役（奉行・側近等）↓武田家当主であったとする。

片桐氏は武田家の奉書式印判状は、本来、奉行人奉書と同質のものであったとして、それにもかかわらず別に独自の奉行人奉書が存在する点を重視して、その理由を検討している。そこで例示されている家臣文書がすべて奉行人奉書とはいえないが、一部に奉書文言（依仰、被仰出、執達など）を伴うものもあり、これらは武田家印判状が発給されるまでの一時的な機能を果たした仮発給のものであったという。その理由として当主が出陣中などで不在の際に一時的な対応としてまず奉書が出され、後に正式なものとして奉書式印判状が出されたのであり、奉書式印判状の増加は当主自身の権力・権威の拡大や上昇を表すものであったとしている。ただしこの考えには、当主の判物や直状式印判状との違いが検討されておらず、問題が残されている。この論考での最後のまとめとしては、奉者式印判状は、武田氏が奉行等の権限上昇を押さえ込み、その権限を一元的に武田家当主に集中させたものであったとしているが、果たしてそこまで言えるのか問題が残る。

この論考については、その発表直後にその論点を十三項目に整理した上で、疑義と問題点を指摘したことがある。[30]しかし片桐氏がこの論文を再録した著書には補論「武田氏の判物と印判状」が付されているものの、先に提示した疑義と問題点については、何のコメントもなく無視されている。

この論考では片桐氏への論評と関連させて、従来から争点となっていた奉書式印判状の奉者の性格と担当原則を検討している。従来は奉者の位置付けとして、地域担当・職務担当・取次担当説などがあり、それらの組み合せ説もあった。ともにその構成員は譜代家老層と奉行人層であるとの点は片桐説と同じである。一門衆や親族衆らが奉じたものが皆無なことや、天正三年五月の長篠敗戦を契機として、担当者に大変動があった点も確認している。奉者の地域別担当については、支城主などの領域支配を担っていた者には確認できるが、それ以外の奉行人層に関しては、長期にわたって固定的に地域分担をしていたものは確認できず、いずれも期間限定で一定時期をその職務との関連で担当していたことも確認している。

職務担当説は職制としての奉行職に準じて奉者も勤めたというものであるが、勘定奉行であった跡部勝忠と市川昌房についてはその徴証を得られるが、その余のものについては原則性を確認できないとした。次の寄親寄子制を背景とした取次役の場合であるが、これについては後述する。これらの所説についてはいずれも部分的な確認は得られるが、全時期にわたっての固定した法則性までは確認できないので、残る問題として在府または当主に近侍していた側近・奉行人等の奉者有資格者による輪番制を検討してみた。これにも明確な輪番原則を確認できない部分が残っており受け入られていない。

保留した取次役については、丸島和洋氏が別に検討しており、[31]奉者が取次役（奉者）か奉行人なのかの議論に対して、「取次」との立場でその役割を検討している。とりわけ外様国衆との取次を担当した者を、後北条氏の例にならい指南・小指南の二段階の取次が武田氏領でもあったという。まずこの点に関しては武田氏の発給文書中には指南の用例は二十八点ほどが確認できるが、小指南については用例が確認できないことが問題である。指南の中には外交に関するものが目に付くが、その用例についての詳細は別に検討する必要がある。とりわけ他大名との外交交渉を担当していた取次役との関連性も問題として残る。

次いで直臣や寺社に対する取次の場合を検討しており、たとえ一門・重臣であっても取次を介する必要があり、それを取次いだのは一部の当主側近であったという。この場合も側近の定義・範囲と役割の検討が必要になってくる。さらにここで事例として提示された史料中では「奏者」の語句が多出しており、取次と全く同義の使われ方をしている点も重要であり、奏者から取次役への変質経過が問題である。

次いで領域担当の取次についても検討しており、その存在には肯定的である。その場合も前述した外様国衆への個別的な取次との関係性が問題として残る。この点は前述した指南・小指南の役割分担であったとし、側近衆の取次を小指南とし、軍事指揮権を有した指南に対置して把握していたとする。その上で領域担当取次は、ある地域に対する小指南層を集積した存在であったという、この点は「小指南」を別表現（例えば奏者）にすれば、わかりやすい見解になると思われる。最後に取次は個別の人的関係を蓄積することで成立したものであって、流動的な状況に対応するには適しており、大名権力にとって中核的な存在であり続けたとまとめている。

他にも家臣団文書として検討の必要があるものとして、家臣の花押状（直書）の問題や、当主文書の副状や奉書の問題もある。独自の印判を使用した者については、穴山・小山田氏のみについては現況を概観したが、それ以外の家臣でも後述するように使用例が若干確認されている。それらについては、具体的な事例を示して後述したい。

以下、家臣団文書を一覧していて気付いた特徴を列記しておきたい。

まず前述した分郡領主と支城主には、一定量の独自の発給文書が確認でき、その大部分は判物・印判状による自領の領域支配に関するものである。それとは対照的に、一門・親族衆であっても支城主ではなかった者や、奉行人層として発給文書が多く残っている跡部勝資や市川昌房の場合、自領経営に関する文書は極端に少なく、大部分は武田家の行政職に関わる証文的文書であって、独自の印判を使用した文書も、例えば勘定奉行を勤めた跡部勝忠の場合、その印判の初見は天文二十一年七月と早くからみられるものの（松原神社文書、『武田遺文』三五〇号）、以後も証文的な文書のみに使われているにすぎない。奉行として最も残存文書数が多い跡部勝資の場合には、独自印判使用例はなく、花押のみで対処しているが、書状形式の取次文書であって判物形式のものはみられない。

穴山氏ほかの分郡領主の文書については前述したので省略し、ここでは一門衆・支城主や譜代家老層の文書についてみておきたい。まず一門衆の武田信豊の場合、勝頼期のものになるが、天正六年六月、越後で御館の乱に際して出陣し、上杉景勝より和睦要請を受けた際の返状が象徴的なものである。

［文書1］武田信豊書状（上杉家文書、『武田遺文』二九八五号）（図版1）

蒙仰旨、至于御真実者、御誓詞可給置之由、
申届候処、速被相認、被指越候、欣悦候之
幸、勝頼海津着陣候之間、右之趣、具ニ申聞之候、
委曲附与彼口上候之間、不能具候、恐々謹言
（天正六年）六月十二日　信豊（信豊朱印）

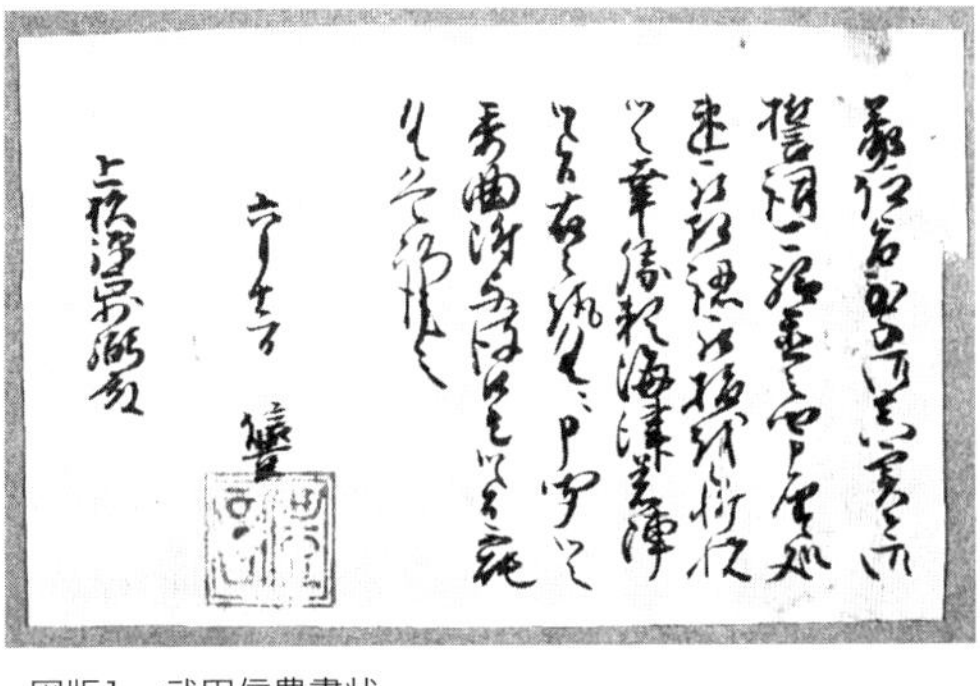

図版1　武田信豊書状

上杉弾正少弼殿

この署判は花押ではなく、印文「信豊」方朱印を用いており、薄礼なものになっているが、この時期での武田勝頼と上杉景勝の立場の差異を反映したものであろう。花押の代用としてのものであるが、本文筆跡は信豊自筆と思われるものであり、この件に関する勝頼書状の筆跡（右筆書）とくらべてみても遜色のないものである。ちなみにこの方朱印は、元亀四年三月四日付けの駿河国富士郡の佐野弥八郎宛の知行宛行状（「判物証文写」、同前二〇二五号）にも使用されており、当主印に準じて家印的な性格のものであったことが判明する。つまり信豊は本領のほかに信濃や駿河でも一定の知行地を有しており、在府したままで勝頼を補佐し、とくに他大名との外交交渉についての取次を担当している。

次いで支城主として上野・国峰城主（群馬県甘楽町）の小幡信定の場合をみておくと、天正八年六月十一日付けで多胡郡の冨田主計助に宛てた知行宛行判物を示すと、以下のものとなる。

［文書2］小幡信定判物（冨田家文書、同前三三五六号）（図版2）

任望於于黒熊・馬庭廿弐貫文之所、並嶺分之拘出置之候、近所可走廻者也、仍如件、

天正八年庚辰

六月十一日（小幡信定）（木版刻花押）

冨田主計助殿

小幡氏は初め山内上杉氏の被官であったが、信定の祖父憲重の代に武田

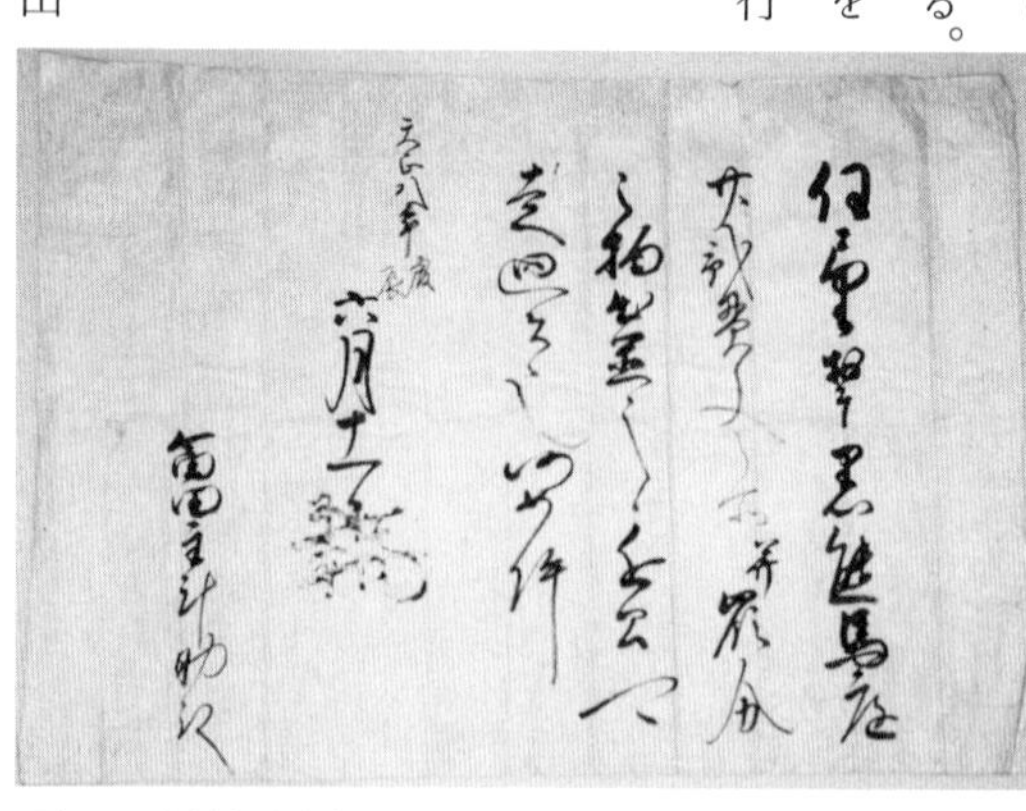
図版2　小幡信定判物

氏に従属し、上野国内で最大の支城主になっている。従って独自の領域支配を行っており、その発給文書は武田氏の影響を受けておらず、上杉氏時代からの独自性が維持されている。筆跡は右筆書きと思われるが流暢なものであり、付年号の書式や書札礼も厳格に実施されている。とりわけその署判が木版刻の花押である点は、武田氏では見られないものであって、独自性を示している。他の支城主の場合も、武田氏文書の模倣をせず、独自の伝統性を維持している場合が多く、そのため地方色が強く、一見して武田氏当主のものよりは稚拙な印象のものが多い。

城代の発給文書については、城領内の同心衆宛の軍事指揮権に関するものと、在城領の支配に関するもの、訴訟などについて甲府へ取次いだ書状がみられるが、その数は少なく、大部分は武田家朱印状の奉者として城領内の諸氏に取次いだものである。具体的にはかつて検討した海津城代・春日虎綱と箕輪城代・内藤昌秀の場合があり、(32)城領域内宛の武田家当主書状の奉書と、竜朱印状を奉じたものの多い点が特徴である。

次いで行政の実務担当者としての譜代家老衆や奉行人層の文書は相当数のものが残っており、本人の独自文書のほか武田家朱印状の奉者として政務に関与しているものが多くみられる。このうち最もその残存例が多い跡部勝資の場合、信玄・勝頼期の二代にわたって旗本側近の宿老として政務の中核を担っていた。勝資には印判使用例はなくすべて花押署名であるが、その大部分が書状形式であり、わずかに三点のみが書止文言を「仍如件」とする文書がある。(33)天正三年六月十六日付けで、浦野義見斎宛に草津の湯本善大夫の湯屋敷と手作田地の遺領相続について、三ケ条にわたって裁許した結果を通告したものであって、最後部分に「染一筆」とある。しかしこれが勝資自筆文書とは断定できず、武田家右筆の可能性を残している。他の一通は判物形式ではあるが、奉書と思われる内容のものである。

勝資の本領地や給恩地などは、前述した『軍鑑』の「惣人数」では「御譜代家老衆三百騎」とあるものの一切不明であり、発給文書の中にも自領内の維持経営に関するものは皆無である。従って本文書は武田家の職制として出したものである。同様に多く残っている書状形式の文書についても、例えば天正七年と推定される次の文書は、

［文書3］跡部勝資書状（北条家文書、同前三二一七号）（図版3）

今度以荒井蔵人方蒙仰間、具及披露候処、被対当方無二可被励忠勤之間、一段被感入候、自今以後者、異于他入魂可被申候条、追日御忠志肝心ニ候、仍刀一腰送給候、珍重候、如何様以使可申候間、令期其時候、尚倩彼口上候条、令省略候、恐々謹言、

　　　　　　　　　　　　跡部大炊助
（天正七年）十二月廿五日　　　勝資（花押）
　小中彦兵衛尉殿御報

これは天正七年十二月に、西上野沼田衆の小中氏が武田氏に帰属した際の確認状であり、同年十二月十五日付けの同人宛の勝頼書状（北条家文書、同前三二一四号）の副状である。ほぼ勝頼書状と同文であり、筆跡も同じ右筆の可能性の高いものである。これにはもう一通の関連文書が残っており、図版4に掲示した翌日付けの武田家朱印状（北条家文書、同前三二一八号）では、本文掲示は省略するが、勝資が奉

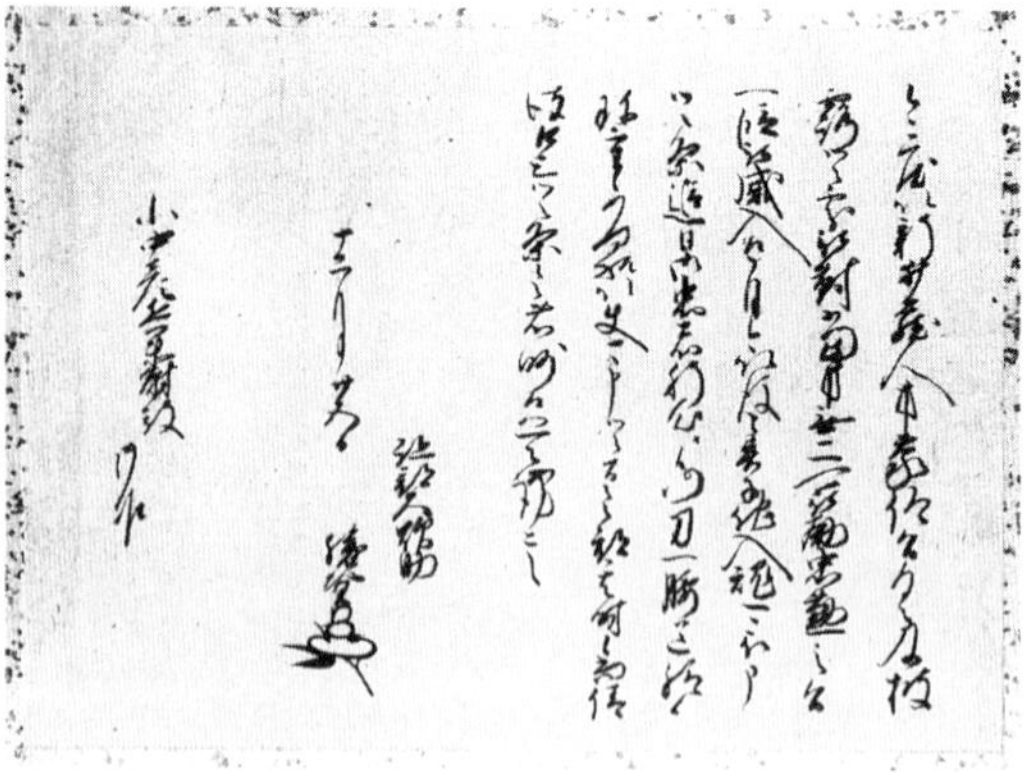

図版3　跡部勝資書状

者となって具体的な知行宛行を行っている。ここでは官途が尾張守と変わっているが、筆跡は図版3と同筆であり、同じ右筆が書いている。この場合のように、一門や親族と宿老については、その一部のものを武田家の右筆が代筆しているものがある。

勝資書状の大半はこうした勝頼書状の副状が多いのが特徴であり（上杉家文書の中の天正八年三月の『武田遺文』三二九〇号と三二九一号文書）、在府して側近宿老として勝頼を補佐しており、家老として奉行人層の上位の立場を占めていたと思われる。この場合の上杉景勝方の竹俣慶綱への取次役は、勝頼書状によれば小山田信茂が担当している。なお奉行人層の文書としては、この他に跡部勝忠・市川昌房・土屋昌続昌恒兄弟のものが比較的多く残っているが、以下に跡部勝忠の場合を示す（図版5）。

［文書5］跡部勝忠証文（大滝家文書、同前三四四九号）

其元御恩地五拾貫文之高辻ニ而、当年
拾壱貫八百所務之由候、彼内之増分弐
百五拾貫有之由候、軍役衆之事候之間、
土右へ令申理、可有所務者也、
辰　霜月廿三日　跡越◯（朱印）
大滝和泉守殿

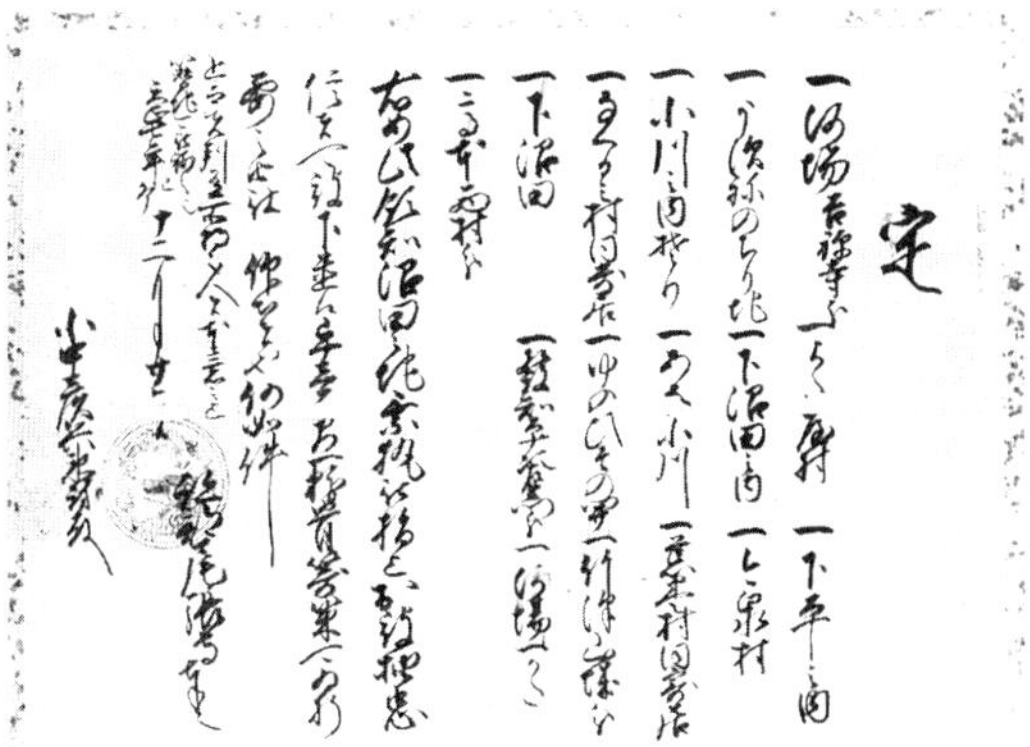

図版4　武田家朱印状

これは北信大滝（飯山市）の国衆である大滝信安に対して、恩地の検地増分の所務を安堵したものであって、勘定奉行として対処したものである。本文も自筆書きであり、天文末年から用例のみられる二重郭円印を使用している。とりわけ勝忠には市川家光との連署で所領や諸役に関する証文が多く残っており、財務関係の実務担当者であったことが判明する。なお奉行層の文書には自筆と思われるものが多くみられる。

次いで支城主や城代に至らない帰属在城主の場合、一例をあげると武蔵三ツ山城主（藤岡市）の長井政実の場合がある（図版6）。

［文書6］長井政実判物（飯塚家文書、同前三〇六三号）

猶々弐貫ニ落着、預ケ置候、以上

大奈良源左衛門分、只今弐貫五百文ニ
雖落着候、侘言候間、弐貫文ニ相定
預ヶ置候、殊自余ハ為合力出置候間、
無々沙汰年貢可被相済候、為後日以手
形申者也、仍如件、

（天正六年）
戊刁
極月廿九日　政実（花押）

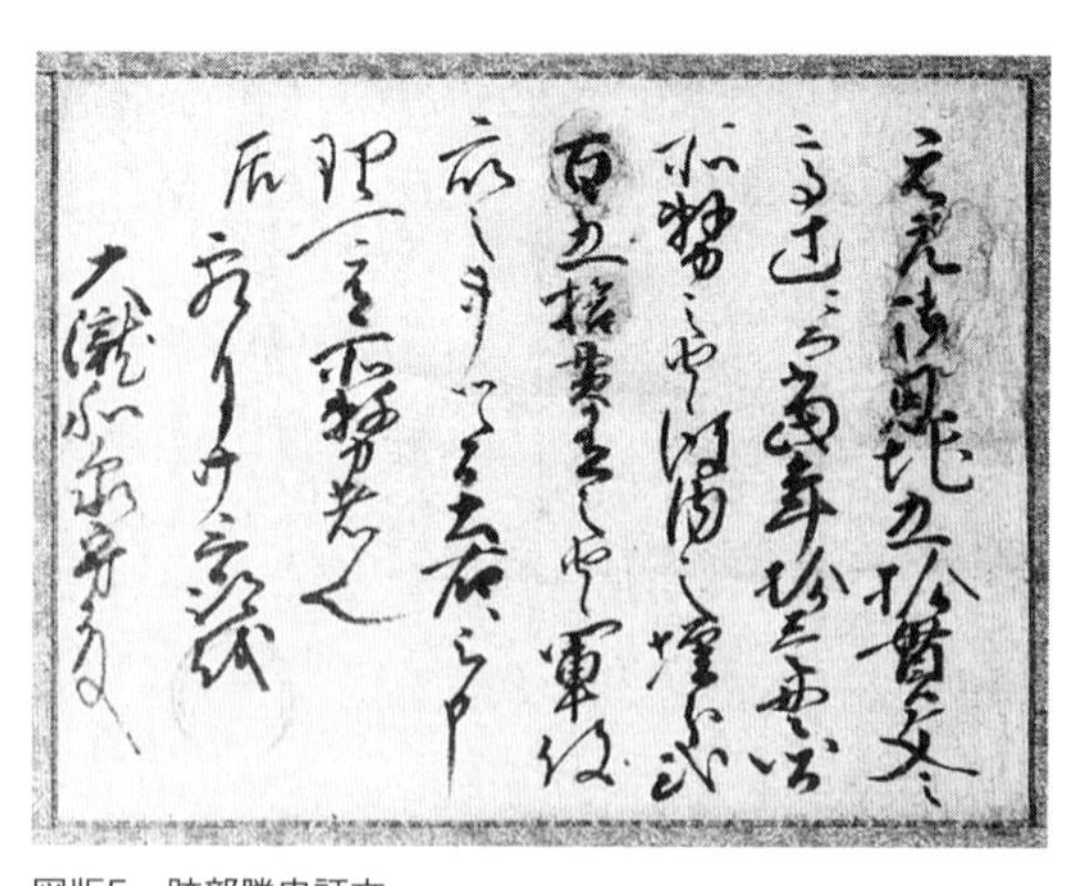

図版5　跡部勝忠証文

飯塚弾正忠殿

これはもと上杉憲政被官であった武蔵・御嶽城主の長井政実が、武田氏に帰属後に三ツ山城に移され、その地内（鬼石町）の地侍の飯塚氏の知行分を確定安堵したものである。政実自身が小領主であるが、独自の判物形式を維持しており、筆蹟も流暢なものなので、自前の右筆を抱えていた可能性が高い。

以上のような上層家臣に対して末端の家臣による文書は極端に少なく、わずかに残るものについても形式的には貧弱なものであり、一例をあげると、以下のものがある（図版7）。

［文書7］小田切秋連寄進状（聖応寺文書、『武田遺文』六八号）

上意を申請、於于聖応庵、御所はたけ、同見たう山南平、末代きしん申し候、よく〳〵はやさせるへく候、内まえ田・中むら進候者也、
享禄第二十月日
　　小田切平六左衛門尉
　　　秋連（花押）
金慶軒江寄進申候

図版6　長井政実判物

署名者の小田切秋連についてはこの一点のみしか確認されず、聖応寺のある御坂町大黒坂（笛吹市）の地侍と思われ、文中に「上意」とあるから家臣であることは確かであり、その花押型をみても武田氏流に属するものである。内容は菩提所と思われる聖応寺への寺領寄進状であるが、全く個性的な書式であり、自己完結した内容のものである。こうした末端の家臣層については、日常的には文書作成の必要性は少なく、政権との関係は奏者や取次を介しておこなっており、それも口頭でのものが多かったと思われる。

図版7　小田切秋連寄進状（聖応寺文書）

四　家臣団の花押と印章

これまでに武田家臣の花押について検討した成果は皆無であるが、印章については平山優氏が言及したものがある。(34) しかし別に家臣の花押と印章を図版として一覧化した成果はいくつかみられる。(35) 最新のものである注（35）の③の成果によれば、一門衆以下の家臣の花押が四六七点と、印章が七四点収録されている。もちろんこの中には一人で数種のものを使用している者もいるので、実人数はともに少し少なくなる。この数量は驚異的なものであり、今後の研究に資するところが大きい成果である。ただ残念な点は、一部を除いてその典拠が示されていないことである。それに対して注（35）の②『山梨県史』の方では、収録数は若干少ないものの、そのすべてに本編での出典が明記されており、本文との確認作業が可能になっている。

まず花押についての研究史であるが、体系的にその歴史と特徴をまとめたものはまだみられない。わずかに佐藤進一氏が発表したそれまでの小論をまとめたものがあるにすぎない。(36)ここでは武田氏家臣団の花押について、その特徴を二、三述べておくと、従来より指摘されているように、将軍足利義輝の花押型に準じたとされる武田信玄の花押型を踏襲したものが多いことに気付く。一門衆の中の実子にそれが顕著に表れているが、信繁以下の兄弟らにはそれがみられず、父信虎の花押型をも継承している形跡はみられない。ただし駿府城代であったとされる武田信堯は、信玄の花押型を忠実に踏襲しており（図版8）、その出自についても検討の余地が残っている。(37)

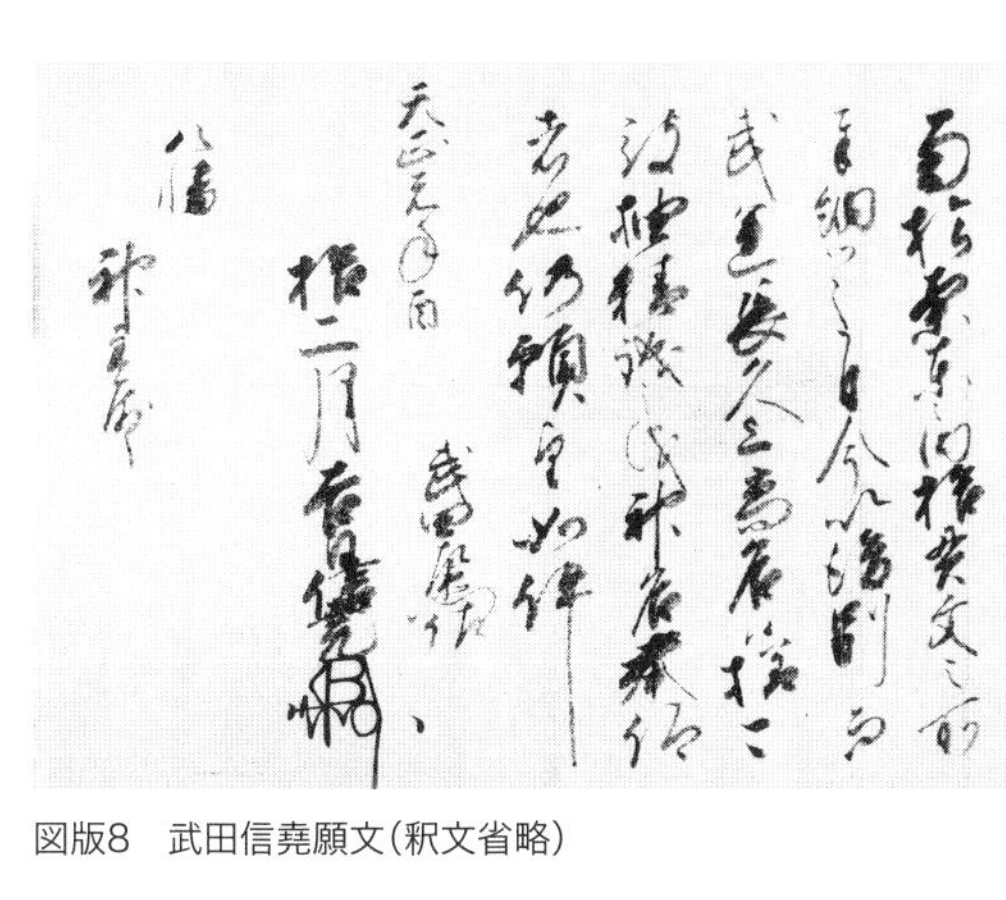

図版8　武田信堯願文（釈文省略）

これは天正元年のものであり、駿府の八幡神社に宛てて社領を寄進して、武運長久を祈願したものである。

穴山信君は全く信玄型を踏襲していないが、小山田信茂はその影響を受けているようである。重臣や他国衆の中にも甘利信家・春日虎綱・真田昌幸・長井政実・伴野信守・御宿友綱・藤田信吉・横田康景らに、信玄型の継承と思われるものもみられるが、それもごく一部の家臣であって、大きな広がりはみせていない。従って家臣の花押については、個々の家臣の家系の伝統性に任されており、厳格な規制はなかったものと思われる。下層家臣では一層その傾向が強く、独自性が強く出されている。ただし他国衆の中には武田氏帰属以前の主家当主の花押型の影響を残したままのものが確認できる。

次いで印章であるが、その研究史についてはかなりの蓄積があり、そ

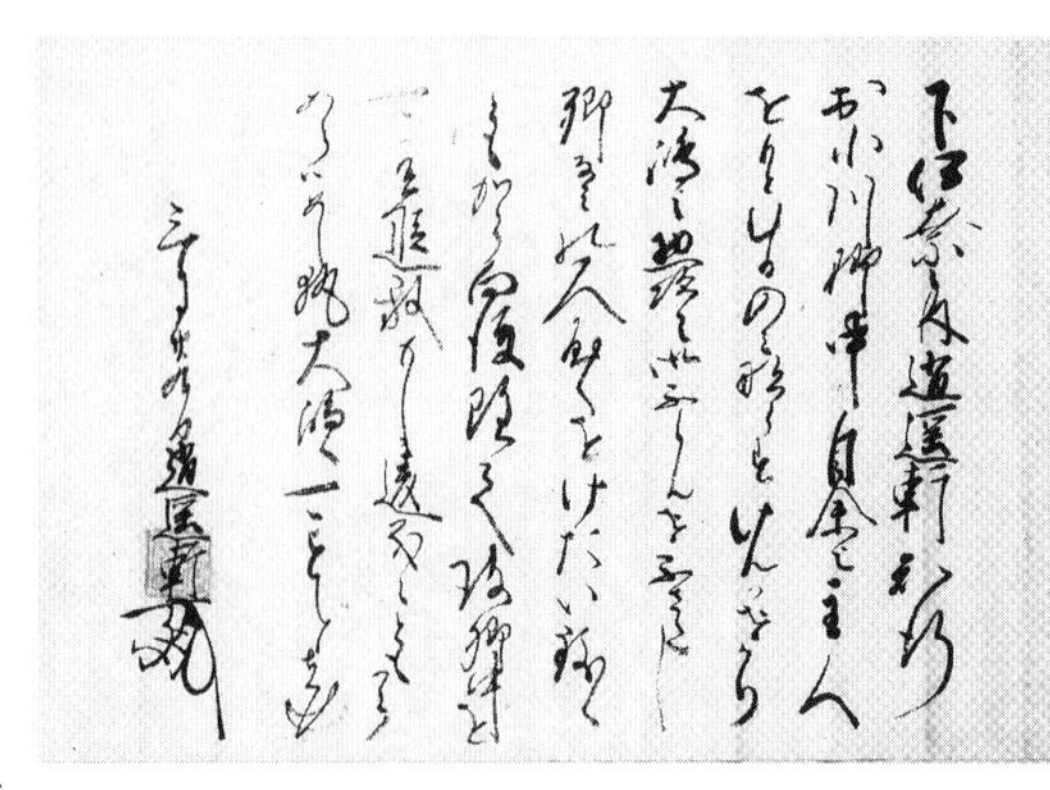

図版9　武田信綱判物（釈文省略）

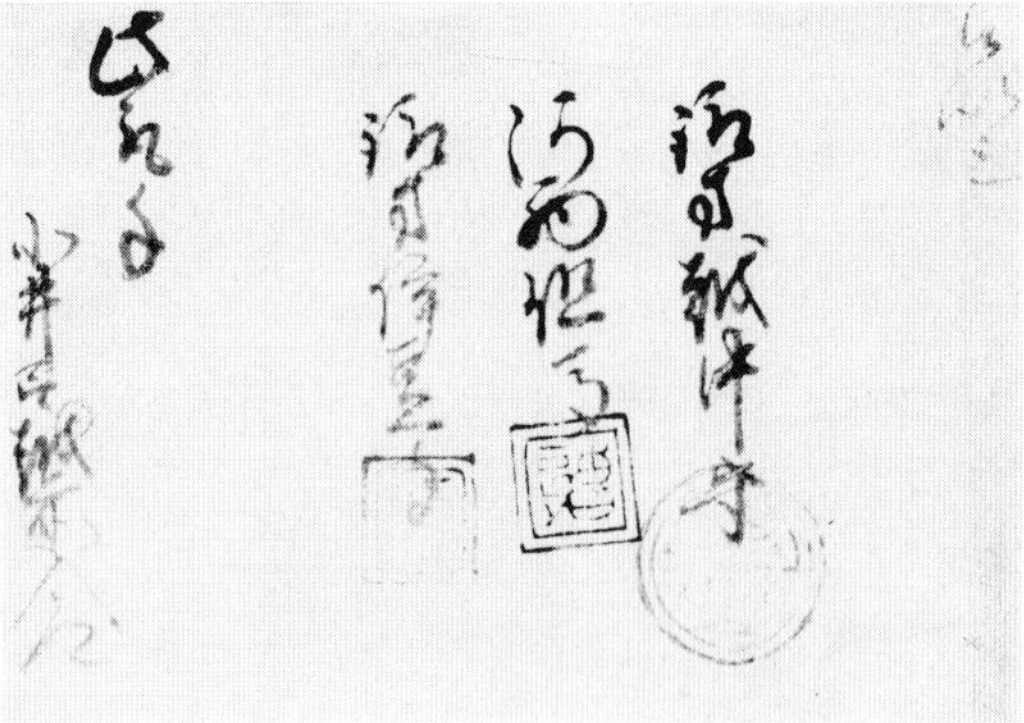

図版10　武田家奉行人連署手形（本文省略、署判部分のみ）

の進化の概要も明らかにされている。[38] 武田氏家臣団の印章についても、前述した平山優氏の考察があり、研究史のまとめと今後の課題が述べられている。そこでは穴山氏と小山田氏の印章と印判状が詳しく述べられているが、この部分は従来の成果を整理したものであって新見解はみられない。ただし武田家の職掌印として、従来の「伝馬印」「船印」のほかに勘定所印としての「精」朱印を認知している点と、御親類衆（一門衆）の印判使用について、武田信綱のように一族でも城代でありながら独自の印章の印判状を作成せず、花押との重判で印章を使用している点に特徴があるとしている（図版9）。

さらに城代層には高天神城（掛川市）の小笠原信興以外に印判使用例はみられないともいうが、小幡憲重（国嶺城）と内藤昌月（箕輪城）、朝比奈信置（田中城）には印判が確認されている。次いで武田氏家臣での印章所持の希少性が際立っているとし、残存しているのは円印・方印ともに小型であり、印文も難読のものが多いとする。しかし前述したように現状で確認できた家臣印章が七十四点という数字は、他大名家臣の場合と比較しても決して少ないものではなく、花押に代わる署名手段として印章が家臣層にまでかなり浸透していたと判断される。平山氏は最後に武田家印判状の奉者についても言及しているが、この部分は前述した片桐昭彦氏の成果の追認となっている。

また家臣団のものにはこの時期の禅僧などにみられる形象印や異形印はみられない。朱印使用のものは重臣層の一部のみに確認できるが、大半は黒印として使用されている。さらに花押との重判で使用されているものや（湯沢家文書、『武田遺文』三五二七号、図版9）、同一文書内での奉行連署証文では、朱印と黒印が併用されているものもあるので（矢島家文書、同前二九五三号）（図版10）、まだ大名による印章使用についての諸規制はなかったものと思われる。

まとめとして

以下、本章の要点をまとめて結論にかえたい。まず家臣団文書を検討する前提として、現状までの家臣団研究についてその概要を述べた。そこでは従来の研究が『軍鑑』の「惣人数」の内容に依拠しすぎた点を反省すべきかと指摘した。

次いで家臣団の存立状況と実態を検討したものとして、まず「家中論」を取り上げ、家中概念は武田氏との知行被官関係を有した主従関係のあった者に限定し、単に奉公関係にあった在郷被官とは区別するべきであるとした。

次いで家中と限定される家臣各層について、具体的に軍制・行政両面での大名とのかかわりについて、その職制に基づく機能を中心とした実態について検討した。ここでは従来から問題となっていた「両職」の問題や、郡代と「郡司」の問題についても検討を試みた。

本題としての家臣団文書の検討は、現状ではその全体像がまだはっきりしない部分もあり、中間報告的なものになるが、少なくとも分郡領主とされる穴山・小山田氏についてはかなり確定的な結果が得られており、それ以外の一門・親族・宿老層や奉行人層についても、徐々にその残存例が増加しつつあり、とりわけこれらの者達が関与した武田氏の家印としての奉書式の竜朱印状との関係が問題にされていて、多くの見解が出されているが、まだその法則性と実態には不明な点が多く、なお検討を重ねる必要があるとした。

確かにこの問題は家臣団の武田家の文書行政への関与の仕方をみる場合の重要な要因となるが、これらの家臣には奉者としてのものの他に、独自の花押や印判をもって発給したものもかなりのものがあり、それらとの関係も検討する必要があり、とくに職制との関わりでの印判状奉者の位置付けが問題であるとした。

次いで家臣団各層文書には、少なくとも奉行人層以上のものについては、その職制や格式に応じて自筆か代筆の違いとか、印判の有無とかといった書式上の違いが確認されるが、帰属した他国衆としての支城主・城代や、それ以下の在城主については、帰属以前の独自の書式が踏襲されており、花押や筆跡などに武田氏譜代家臣層の文書との差異が認められる。さらに各地域での末端の家臣層の文書には、独自性の強い稚拙な書式や筆跡のものが多く、日常的に文書作成の必要が少なかったことの反映と思われる。

家臣の使用した花押と印章については、花押については一門・親族や重臣の一部に信玄の花押型を踏襲したものがみられるものの、それは一門の子供らに限られており、一門・親族の大半や重臣の多くはまったく独自の花押型を使用している。この点は印章の使用についても同様であり、花押や印章の作製や形状についての武田家としての規制は一切なかったと判断される。

注

（1）服部治則『武田氏家臣団の系譜』（岩田書院、二〇〇七年）。初出は一九七〇年代～八〇年代のものであるが、家臣団各層についての個別研究であり、その系譜と実績について実証的な検討がされている。

（2）平山優「武田信玄の家臣団編成」（柴辻編『新編・武田信玄のすべて』、新人物往来社、二〇〇八年）。

（3）別名『甲陽日記』の名で『山梨県史 資料編6 中世3上 県内記録』（山梨日日新聞社、二〇〇一年）に収録。

（4）内閣文庫所蔵。同じ内容のものが、東北大学図書館の狩野文庫にも所蔵されており、これはその写と思われる。

（5）武田信登署判写（『戦国遺文』武田氏編四三三四号）。以下、同書は『武田遺文』と略記する。

（6）平山優『新編・武田二十四将正伝』（武田神社、二〇〇九年）。

（7）山梨県立博物館編『武田二十四将――信玄を支えた家臣達の姿』（二〇一六年）。

（8）丸島和洋『戦国大名武田氏の家臣団――信玄・勝頼を支えた家臣たち』（教育評論社、二〇一六年）。

（9）①平山優『穴山武田氏』（中世武士選書5、戎光祥出版、二〇一一年）。②丸島和洋『甲斐小山田氏』（論集戦国大名と国衆5、岩田書院、二〇一一年）。③同『郡内小山田氏』（中世武士選書19、戎光祥出版、二〇一三年）。

（10）「武田信玄陣立書」（山梨県立博物館所蔵）。この文書については、乃至政彦「戦国期における旗本陣立書の成立について――「武田信玄旗本陣立書」の構成から」（『武田氏研究』五三号、二〇一六年）があり、陣立書の出現は、永禄年間より東国大名領でみられるようになり、戦闘形態の変化に伴い兵器種別の隊編制が進み、その中心となってきた旗本が強化される過程で作成されたものと言及している。

（11）柴辻ほか編『武田氏家臣団人名辞典』（東京堂出版、二〇一五年）。

（12）黒田基樹「武田氏家中論」（平山優・丸島和洋編『戦国大名武田氏の権力と支配』岩田書院、二〇〇八年に収録）。

(13) 語句別のデータベースによる検索結果。『武田遺文』三一九号、九一二、一〇〇七、一五二六、一五九〇、二〇一〇、二二二九、二五一四、二五五五（以下省略）。

(14) 長坂昌国起請文（『武田遺文』一〇〇七号文書）。

(15) 「戦国期武田氏領での御印判衆について」（本書の第二部第二章に掲出した）。

(16) 柴辻①「領国諸城と領域支配」（『戦国期武田氏領の展開』岩田書院、二〇〇一年に収録）。②「信玄・勝頼期の領国支配機構」（『戦国期武田氏領の形成』校倉書房、二〇〇七年に収録）。初出は二〇〇五年。

(17) 酒井憲二編『甲陽軍鑑大成』（本文編上、汲古書院、一九九四年）。

(18) 須藤茂樹『武田親類衆と武田氏権力』（岩田書院、二〇一八年）。

(19) 柴辻「戦国期信濃仁科氏領主制の史的考察」（『信濃』四八巻一二号。一九九六年）。後に著書『戦国期武田氏領の展開』（岩田書院、二〇〇一年）に再録した。

(20) 丸島和洋「武田家『両職』小考」（柴辻編『戦国大名武田氏の役と家臣』岩田書院、二〇一一年に収録）。

(21) 丸島和洋「戦国大名武田氏の一門と領域支配」（『戦国史研究』五三号、二〇〇七年）。

(22) 丸島和洋「戦国大名武田氏の領域支配と『郡司』――信濃国諏方郡を事例として」（『史学』七五巻二・三合併号、二〇〇七年）。後に著書『戦国大名武田氏の権力構造』（思文閣出版、二〇一一年）に再録。

(23) 平山優①「戦国大名武田氏の領国支配機構の形成と展開――川中島四郡支配を事例として」（『山梨県史研究』二号、一九九四年）。②「戦国大名武田氏の海津領支配について――城代春日虎綱の動向を中心に」（『甲斐路』八〇号、一九九四年）。

(24) 柴辻「戦国期信濃海津城代春日虎綱の考察」（『信濃』五九巻九号、二〇〇七年）。後に著書『戦国期武田氏領の地域支配』（岩田書院、二〇一三年）に再録した。

(25) ①柴裕之「武田氏の領国構造と先方衆」（平山優・丸島和洋編『戦国大名武田氏の権力と支配』岩田書院、二〇〇八年）。②鈴木将典編『遠江天野氏・奥山氏』（論集戦国大名と国衆8、岩田書院、二〇一二年）ほか。

(26) 早川春仁『武田氏遺臣の研究』（アドヴァンス社、二〇〇九年）。

(27) 柴辻①「武田氏家臣文書の特色」（『戦国大名領の研究』名著出版、一九八一年に収録）。初出は一九七五年。②「武田氏発給文書の考察」。③「家臣団編制とその文書」。共に『戦国大名武田氏領の支配構造』（名著出版、一九九一年）に収録。初出は一九八八年。

（28）注（8）と（9）の②と③を参照。

（29）片桐昭彦「武田氏の文書発給システムと権力」（『戦国期発給文書の研究』高志書院、二〇〇五年）。初出は二〇〇〇年。

（30）柴辻「戦国期武田氏の印判状奉者――片桐論文に関連して」（『信濃』五五巻一〇号、二〇〇三年）。後に著書『戦国期武田氏領の形成』（校倉書房、二〇〇七年）に再録した。

（31）丸島和洋「武田氏の領域支配と取次――奉書式朱印状の奉者をめぐって」（平山優・丸島和洋編『戦国大名武田氏の権力と支配』岩田書院、二〇〇八年）。後に一部修正して著書『戦国大名武田氏の権力構造』（思文閣出版、二〇一一年）に再録。本章ではこれを参照した。

（32）注（16）の①論文参照。

（33）①跡部勝資裁許証文（浦野家文書、『武田遺文』二四九九号）。その図版は『温泉草津史料』第一巻（中沢温泉研究所、一九七五年）に掲載されている。②天正六年二月五日付の西光寺（上田市）記の寺領安堵状（西光寺文書・長野県立歴史館所蔵）、③同年二月七日付の下之郷神主宛の社領安堵状（依田家文書、『武田遺文』二九二〇号）。

（34）平山優「戦国大名武田氏の印章・印判状」（有光友学編『戦国期印章・印判状の研究』岩田書院、二〇〇六年に収録）。

（35）①柴辻編『武田信玄大事典』（新人物往来社、二〇〇〇年）。②『山梨県史 資料編4 中世1下 県内文書』、『同5 中世2下 県外文書』の別冊写真集（山梨日日新聞社、一九九九・二〇〇五年）。③柴辻ほか編『武田氏家臣団人名辞典』（東京堂出版、二〇一五年）。

（36）佐藤進一『花押を読む』（平凡社、一九八八年）。

（37）武田信堯願文（静岡・八幡神社文書、『武田遺文』二二五〇号）。

（38）①荻野三七彦『印章』（吉川弘文館、一九六六年）。②相田二郎『戦国大名の印章・印判状の研究』（名著出版、一九七六年）。③石井良助『印判の歴史』（明石書店、一九九一年）。

図版出典

図版は2・6・7・8・10を除き、すべて『山梨県史 資料編5 中世2下 県外文書』（山梨日日出版社、二〇〇五年）より引用した。

付　武田信廉（信綱）文書の再検討

戦国期武田氏の一門衆である信玄弟の信廉（天文元年～天正十年）については、すでに須藤茂樹氏の考察があり、その経歴と家臣としての位置付けや権限に関して検討された成果がある。(1) そこでは関連史料もほぼ網羅されており、十六点の関連文書表を作製して、主要な文書の内容が検討されている。うち二点は除外すべきものであり、また年未詳文書の年代比定にも問題点が多い。そこで新たに九点を追加したものが、後掲の「武田信廉関係文書表」である。以下、本文での記述は「別表の文書No.」と略記する。

信廉の経歴については、須藤氏の論考の他に、近年まとめられた『武田氏家臣団人名辞典』(2) にも詳細な記述があるので省略するが、ともに修正する点が多い。初めに二点だけ略歴を再確認しておくと、信廉は元亀四年（一五七三）四月の兄信玄の病死を契機として出家し、逍遙軒信綱と改名したことと、父母の画像（別表No.２・10）のほか、晩年には信玄の武者画像を描いて高野山成慶院に奉納したことでも著名である。(3) しかしその一門衆としての政治的動向に関しては、まだ不明な部分が多く残っている。

従来、信廉の初見文書としては、別表のNo.４を天文十七年と推定して充てていた。これは宛名の千野左兵衛

(1)　花押1型 　(2)　花押2型 　(3)　花押3型

(1)　朱印1型 　(2)　朱印3型

図版1　武田信廉の花押・印章一覧

尉昌房が、同年七月の諏訪西方衆の反乱を鎮圧したことから、これに懸けて同年としたものであるが、その花押型は「信廉花押・印章型図」（図版1）に示した「花押2」であり、その前に№1の「花押1」があるので、これはそれより後のものと判断される。年未詳の№19・23もこの前後のものと思われる。従って初見文書は№1の勝沼・大善寺宛の本堂再建奉加帳となり、「花押1」はこの一点のみである。この文書については、年未詳であるものの、天文二十四年と奥書のある「柏尾山造営記写案」によれば[4]、天文十九年三月の薬師堂再建修復時の奉加帳であり、その原本が同寺に残されており、すでに年次は確定されている。

同様に年未詳文書について、その花押と印章型を編年化してみると、従来、天正九年と推定されていた別表№13・14には「花押2」が用いられているので、天正五年以前のものと判断される。従来は天正九年に逍遙軒信綱が下伊那郡の大島城代（松川町）に移ったとすることからの推定であった。しかし大島城との関係はもっと早い時期のこととして再検討の必要があることとなる。ちなみに№13・14を、その本文とともに図版2・3に表示する。

№13　逍遙軒信綱判物（長野県喬木村・湯沢家文書）（図版2）

彼於田屋々敷、竹木剪候者あらは、
きせんをゑらはす、きり物を取候
か、剪てをめしつれ参へく候者也、
（年未詳）二月廿七日　（武田信綱）逍遙軒（花押2）

（長野県喬木村）
小川田屋守

No.14　武田逍遙軒重判物（同前）

下伊奈之内逍遙軒知行於小川郷中、自余之主人をもとむるのミならす、けんいをかり、大島之惣次之御ふしんをふさたし、郷なミの人やくをけたい致候ともから、向後改雖之、彼郷中を可有追放、もし違義候ともからあらハめし執、大島へ可進之候者也、

（「信綱朱印」1）

（年未詳）
三月廿九日　逍遙軒（花押2）

二通とも同時期の物と推定されるが、その年次の確定には、さらに前後の信廉の動向と、この地域の政治情勢などを勘案して推定し直す必要がある。しかしこの問題はかなり困難な作業が想定されるので、後日を期したいと思う。

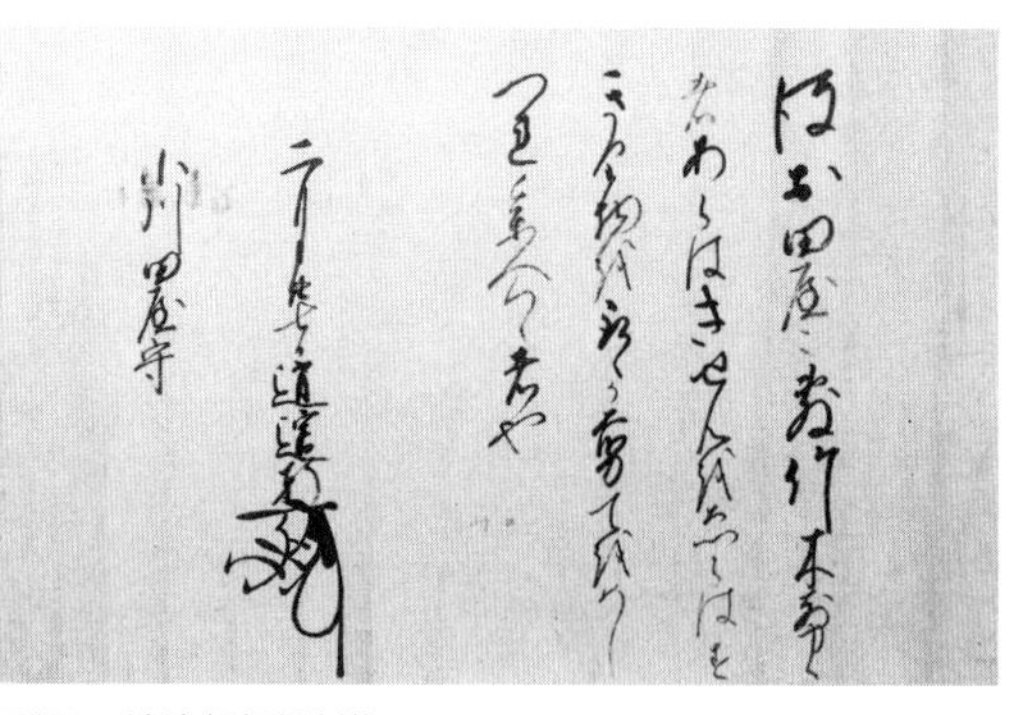
図版2　逍遙軒信綱判物

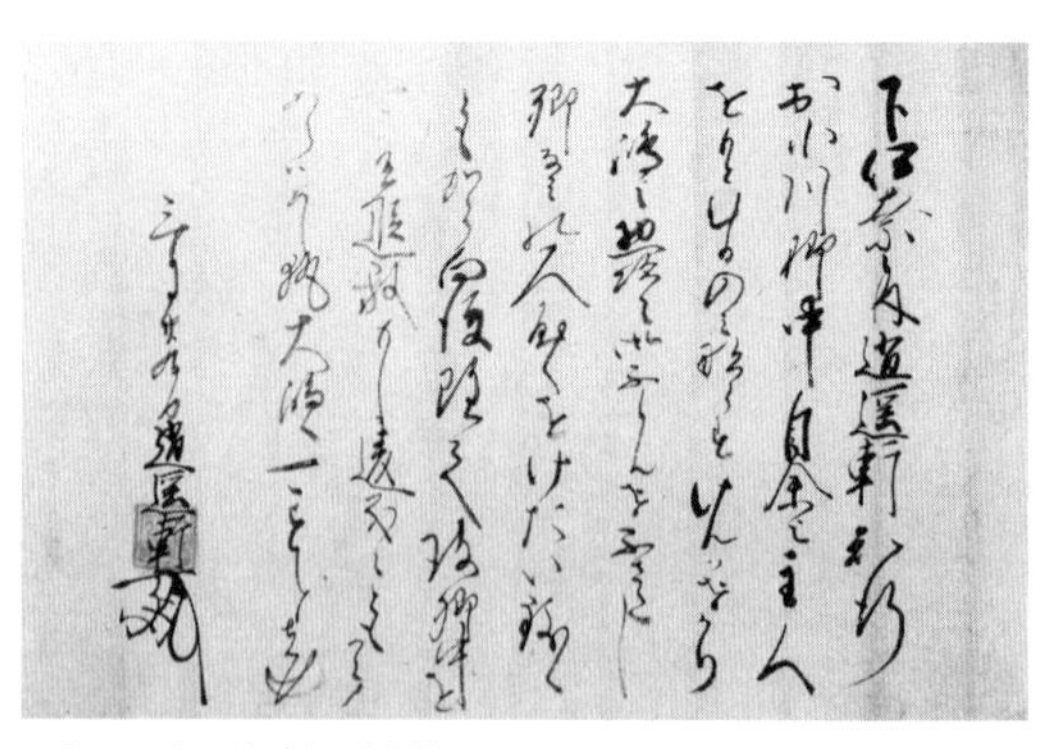
図版3　武田逍遙軒重判物

注

（1）須藤茂樹「武田逍遙軒信綱考」（『甲府市史研究』八号、一九九〇年）。最近、著書『武田親類衆と武田氏権力』（岩田書院、二〇一八年）に再録されたが、修正は行われていない。

（2）柴辻ほか編『武田氏家臣団人名辞典』（東京堂出版、二〇一五年）。

（3）①藤本正行『鎧をまとう人びと』（吉川弘文館、二〇〇〇年）。②同『武田信玄像の謎』（吉川弘文館、二〇〇六年）。③柴辻「武田信玄画像の各種について」（『日本史攷究』三七号、二〇一三年）、本稿は本書第一部第三章に収録した。

（4）『山梨県史 資料編4 中世1 県内文書』六二八号（山梨日日出版社、二〇〇五年）。

武田信廉関係文書表

	年月日	署名	宛名	文書名	出典
1	(天文19)—	信廉(花押1)	(大善寺)	再建奉加帳	305
2	(　　)霜・14	信廉(花押2)	千野左兵衛尉	書状(西方衆逆心)	282
3	天文22・遁月	安之玄穏	(長禅寺)	長禅寺殿画像銘	374
4	永禄3・8・10	信廉□(朱印1)	小井天藤四郎	書状(知行宛行)	705
5	永禄10・8・7	信廉(花押2)	吉田・浅利	諸士起請文	1101
6	(元亀4)5・10	信綱(花押2)	千野左兵衛尉	書状(近日出勢)	2124
7	元亀4・5・28	逍遙軒(花押2)	千野神三郎	判物(遺跡安堵)	2126
8	(天正元)8・25	勝頼(花押)	山県三郎兵衛	書状(長篠後詰)	2155
9	天正2・3・2	勝頼(花押)	逍遙院大益和尚	書状(寺領安堵)	2272
10	天正2・端午	春国光新(朱印)	(大泉寺)	武田信虎画像賛	2290
11	天正3・8・19	信綱(朱印1)	正覚院	朱印状(寺領寄進)	2517
12	天正5・3・25	小原継忠(花押)	印首座	書状(逍遙軒に訴訟)	2791
13	(　　)2・27	逍遙軒(花押2)	小川田屋守	判物(屋敷地安堵)	3803
14	(　　)3・29	逍遙軒(花押2)(朱印1)	(欠)	重判(小川郷中定書)	3527
15	(天正5)—	逍遙軒信綱(花押3)	(富士大宮社)	神馬奉納目録	3963
16	天正7・吉辰	信綱(花押3)	(逍遙院)	逆襲位牌銘	3227
17	天正9・9・11	逍遙軒信綱(花押3)(朱印2)	牛伏寺	重判(寺領寄進)	3609
18	天正9・9・15	逍遙軒信綱(花押3)(朱印2)	大嶋蔵人	重判(知行宛行)	大島家文書
19	(　　)正・12	信綱(花押)	千左兵・小又	書状(火急の出馬)	3781
20	(　　)2・—	信綱(花押3)	上杉景勝	書状(改年の挨拶)	3805
21	(　　)3・12	信綱(花押)	引導院	書状(石塔日牌造立)	3810
22	(　　)7・5	信綱(花押)	小坂坊	書状(奥院に常灯)	3874
23	(　　)8・23	信綱(花押)	千野左兵衛尉	書状(有賀方被官)	3896

(注)　出典は『戦国遺文』武田氏編での文書番号

第三部　武田氏領の崩壊と継承

第一章　永禄・元亀年間の「甲越和与」交渉

はじめに

永禄八年（一五六五）五月の三好義継らによる将軍足利義輝殺害事件以降の幕府体制の崩壊と、その再興を目指して奈良・興福寺一乗院を脱出した義輝弟の覚慶（後の足利義昭）が、三年後の永禄十一年九月に、織田信長に擁立されて入京し、幕府を再興するまでの経過については、すでにいくつかの先行研究があり、かなり詳細な経過が明らかにされている。(1) 本章ではこの事変の直後から、義昭が政権の復活と維持のために展開した外交策のうち、とくに甲越和与策について、その経過と実態を検討し、さらに上洛後に関連してくる織田信長の武田氏への対応策をも検討しておきたい。

戦国初期以降、長期にわたって対立していた甲斐の武田晴信（信玄）と越後の上杉輝虎（謙信）との講和交渉については、すでに永禄元年（一五五八）三月段階で、足利義輝によって計画されたことがあり、若干の関連文書を残している。この時には義輝の御内書が、信玄・義信父子と長尾景虎（上杉輝虎）のほか、今川義元・北条氏康父子へも与えられている。[2] しかしその後の経過からみて「甲越和与」が実現した可能性は皆無である。その後も義輝による東国諸大名宛への和睦調停策は継続されており、永禄四年正月にも、信玄・氏康・今川氏真宛に御内書が与えられ、今川氏と徳川家康との和睦調停交渉への助力が要請されている。

義昭の一乗院脱出後の永禄八年八月からみられる「甲越和与」調停策も、その流れを継承したものであり、その実態については、丸島和洋氏がすでに言及している。[3] そこでの論点は、A従来は甲越和与の実態がないとされていたが、永禄十二年二月頃よりみられる「越甲和与」の経過を再検討し、この和与は実態として成立しており、元亀元年（一五七〇）七月頃まで、ほぼ一年余にわたって一定の内容のあるものとして機能していた。Bこの甲越和与交渉は「越相同盟」と同時進行しており、上杉氏の二面外交を示すものであり、上杉氏側は「甲越同盟」を「越相同盟」交渉の取引材料として、政治的に活用するために存続させていた。C甲越同盟破綻後も両者間での和与交渉は断続的に続けられており、その間にみられる「手切之一札」は、当事者だけでなく、境目国衆に去就を迫ったものであるとする。これらの指摘については、本文の中で改めて検討をしたい。

なお「甲越同盟」については、後の武田勝頼と上杉景勝の代になって、「越後御館の乱」の進行過程で、天正六年（一五七八）六月に成立したものが著名であるので、それとは区別してここでは「甲越同盟」とは表現せず、「甲越和与」とのみ表記しておく。この点はこの時期には「甲越同盟」の実態はなく、外交交渉のみに終始したとの判断による。詳細は本論で述べていく。

なおこの永禄八年以降の「甲越和与」交渉と関連して、元亀年間の甲越関係と、その交渉実現に深く関与した義昭と信長の動きについても、再検討しておく必要がある。とりわけ元亀三年（一五七二）十月の武田信玄による上洛戦略に関連して、義昭・信長との折衝経過について、最近、新見解を示した論考がいくつか出されているので、(4) この時期の動向についても再検討をしておきたいと思う。

一　永禄八年段階での義昭と甲越両国の動向

永禄八年（一五六五）五月十九日、三好義継・同長逸・松永久秀が、将軍足利義輝を急襲し殺害した（永禄の政変）。この政変に関しては種々の見解が出されているが、これによって明応の政変（一四九三年）以来内在していた「二つの将軍家」問題が再燃してくることとなり、その一方の当事者として、義輝の弟で興福寺一乗院に入っていた覚慶（後の義昭）の動向が浮上してくることになる。政変後の七月末に、覚慶は一乗院を脱出して、和田惟政らの支援により、翌九年二月には還俗して名を「義秋」と改め、八月には武田義統を頼って若狭に遁れている。次いで越前の朝倉義景を頼って一乗谷に入る。永禄十一年四月に、元服して「義昭」と名を改めるまでの経過については、すでにかなり詳細な点が明らかにされているので省略する。(5)

この義昭の政権への復帰運動の過程で、義昭が畿内周辺から東国にいたる諸大名に支援要請の働きかけを展開させていたことも、すでに明らかになっている点が多いが、その中でも上杉輝虎への働きかけが際立っている。その初見文書は、政変直後の永禄八年と推定されている八月五日付けの輝虎宛の覚慶名での書状であり、(6) それでは政変により一乗院を脱出して和田氏館（近江国甲賀）へ逃れたことを伝え、今後の支援を要請している。この覚慶書状には、同日付けの大覚寺義俊の副状も添えられており、京都周辺での覚慶支援の諸勢力も多かった中で、上杉輝虎への支援要請が最優先されていた状況が読み取れる

以下、覚慶（義昭）の発給文書については、久野雅司氏が編年でまとめた「足利義昭文書目録」があり、文禄

二年（一五九三）までのものについて、年未詳も含めて三九三点を表出している。これを参考にして、まず永禄十一年九月に、織田信長に供奉されて入京を果たすまでの外交文書について、若干の追加文書と共に表出しておくと第一表となる。(7) 以下の叙述での義昭文書の引用については、（第一表、○○）と略記していく。

第一表で明らかなように、この時期での義昭の外交文書では、上杉氏関係のものが突出している。(8) しかもその中には「甲相講和」・「相越和談」・「甲相越三和」・「越甲無事」といった東国大名間の同盟交渉関係を明記したものがいくつかみられる（第一表、4・5・6・9～15・17～23・29～31・34）。この内、No.4・5は出典注に「永禄十一年」との注記があり、信玄の越国乱入や輝虎の沼田出陣の記事から、永禄十一年とみるべきものであるから、年号推定を訂正する必要がある。No.6と9～14では、「相越和談」「相越無事」とあるものの、これは義秋方から上杉輝虎に上洛を促すための要請文言であって、いわゆる永禄十二年の「越相同盟」の成立とは異なる時期のものであって、実態のないものとみるべきものである。

No.4・17～20・29・30には「甲相越三和」などとあるが、これらもNo.4は内容から永禄十一年のものであり、No.17については、No.16の義秋より輝虎への要請をうけて、北条氏や武田氏へも義秋側からの働きかけがあったことを示すものではあるが、その実効性は不明である。但しこの段階の八月二十五日に、北条氏政が細川藤孝に宛てた書状は注目され、氏政が武田氏側への取り成しを義秋に要請しているので、一時的にせよ交渉がかなり具体化していたことが明らかである（「上越」一、五八一号）。「上越」ではこれを永禄十年とするが、第一表のNo.17との関連から同九年の方がよいと思われる。

永禄十年に至ってのNo.18以降についても、同様な記述がみられるので、「三和」の成立はこの時には実現せず、義昭の上洛が現実味を帯びてきた段階になっても、なお進展していなかった状況を示すものである。それらには、

第一表　永禄八年八月～永禄十一年八月までの関係文書

No.	年月日	差出人	（署判）	宛名	敬称	書止	内容	出典
1	（永禄8年）8月5日	（一乗院覚慶）	（花押A）	上杉弾正少弼	殿	穴賢穴賢	和田に取り退き進退任す	上越1-467
2	（永禄8年）8月5日	（大覚寺義俊）	（花押）	上杉弾正少弼	殿	穴賢穴賢	一乗院南都御座所儀、種々調略依頼	上越1-468
3	（永禄8年）8月5日	（一乗院覚慶）	（花押A）	花前宮内大輔	とのへ	候也	息智光院事、輝虎使者	上越1-470
4	（永禄8年）12月2日	（一乗院覚慶）	（花押影）	不識庵		可申也	越甲相講和、入洛要請	覚上公御書集
5	（永禄9年）正月21日	（武田信玄）	（方朱印）	小田切治部少輔ほか	殿	以上	長尾沼田在陣、相甲和談	上越1-482
6	（永禄9年）3月10日	（足利義秋）	（花押A）	上杉弾正少弼	とのへ	候也	相越和談之事、	上越1-493
7	（永禄9年）3月10日	（足利義秋）	（花押A）	上杉弾正少弼	とのへ	候也	当家再興の基	上越1-494
8	（永禄9年）3月10日	（足利義秋）	（花押A）	（上杉弾正少弼）		候事	入洛之儀覚え、輝虎参洛遅々	上越1-495
9	（永禄9年）3月10日	（大覚寺義俊）	（花押影）	上杉弾正少弼	とのへ	以上	相州之事和与、尾濃和睦之事	上越1-496
10	（永禄9年）3月10日	（足利義秋）	（花押A）	長尾喜平次	とのへ	候也	この度相越無事、不日参洛	上越1-497
11	（永禄9年）3月10日	（足利義秋）	（花押A）	色部修理進	とのへ	候也	この度相越無事、不日参洛	上越1-499
12	（永禄9年）3月10日	（足利義秋）	（花押A）	斎藤下野守	とのへ	候也	この度相越無事、不日参洛	上越1-501
13	（永禄9年）3月10日	（足利義秋）	（花押A）	泉弥七郎	とのへ	候也	この度相越無事、不日参洛	上越1-502
14	（永禄9年）7月1日	（足利義秋）	（花押）	河田豊前守	とのへ	候也	越相和睦	吉川金蔵所蔵
15	（永禄9年）7月13日	（足利義秋）	（花押B）	武田彦五郎	とのへ	候也	尾濃無事之段、今度参洛	尊経閣文庫
16	（永禄9年）9月13日	（足利義秋）	（花押A）	上杉弾正少弼	とのへ	候也	京表儀織田出勢相違、北条と和平	上越1-526
17	（永禄9年）12月3日	（足利義秋）	（花押影）	武田大膳大夫入道	とのへ	候也	甲相越三国和睦	武田遺文4035
18	（永禄10年）2月24日	（足利義秋）	（花押A）	上杉弾正少弼	とのへ	候也	三ケ国和睦の事、輝虎存分	上越1-550

No.	年月日	差出		宛所		書止	内容	出典
19	永禄10年　2月24日	(足利義秋)	(花押A)	上杉弾正少弼	とのへ	候也	起請文、急度参洛	上越1-551
20	(永禄10年)2月24日	(足利義秋)	(花押A)	上杉弾正少弼	とのへ	候也	越相甲無事、七ケ条書き	上越1-552
21	(永禄10年)7月1日	(聖護院道澄)	(花押)	上杉弾正少弼	殿	穴賢穴賢	三好と松永間正体なし	上越1-569
22	(永禄10年)7月1日	(足利義秋)	(花押A)	直江大和守	とのへ	候也	北条方へ和睦申し遣わす	上越1-570
23	(永禄10年)7月1日	(足利義秋)	(花押A)	河田豊前守	とのへ	候也	北条方へ和睦申しわす	上越1-571
24	(永禄10年)7月1日	(足利義秋)	(花押B)	智光院		候也	参洛儀専用申し下す	上越1-573
25	(永禄10年)7月12日	(足利義秋)	(花押影)	智光院		候也	美濃移座、義景別状なし	覚上公御書集
26	(永禄10年)8月5日	(足利義秋)	(花押B)	花前宮内大輔	とのへ	候也	参陣辛労	居多神社文書
27	(永禄10年)9月13日	(足利義秋)	(花押影)	上杉弾正少弼	とのへ	候也	越前敦賀移座、義景馳走	覚上公御書集
28	(永禄10年)9月24日	(足利義秋)	(花押)	上杉弾正少弼	とのへ	候也	参洛要請	上杉家文書
29	(永禄11年)3月6日	(足利義昭)	(花押)	上杉弾正少弼	とのへ	候也	越甲相和与の事	上越1-596
30	(永禄11年)3月6日	一色藤長ら連署状写		(上杉輝虎)	殿	恐々謹言	越甲相和与の事	上越1-597
31	(永禄11年)4月15日	永順	(花押)	直江政綱ほか	殿	恐々頓首	信玄表裏、越後へ甲より書状、	上越1-602
32	(永禄11年)6月24日	(足利義昭)	(花押影)	朝倉左右衛門督	とのへ	候也	越前退座	足利李世記
33	(永禄11年)7月12日	(足利義昭)	(花押)	上杉弾正少弼	とのへ	候也	入洛之儀、信長供奉	上越1-609
34	(永禄11年)7月29日	信長	(花押)	上杉弾正少弼	殿	恐々頓言	越甲間属無事、天下之儀御馳走	上越1-610
35	(永禄11年)8月16日	(足利義昭)	(花押影)	甲賀諸侍中		候也	入洛之儀、信長供奉	米田家文書

例えば、

［史料1］足利義秋御内書（第一表、No.20の抜粋）

一、越相甲就無事、輝虎存分、様子委聞届度事、
一、和睦之儀遅々、互存分旨、於難相調者、各矢止之事

とあって、これが義昭の上洛を前提とした一方的な要望事項であって、何ら具体的な裏付けのあるものではなかったことが読み取れる。

この論調は、翌永禄十一年三月段階になってようやく具体的な動きがあったようであり、「度々被仰出候、越甲相和融事、被対両国、被加御下知候処、御請之趣宜候」（第一表、No.30の抜粋）と、義昭側が武田・北条氏側へも「三和」を働きかけていたことが確認される。しかしこれも輝虎の上洛を促す手段としてのものであって、実際にはどこまで交渉が進展していたのかは疑問である。ましてや三者間での具体的な交渉経過を示すものは少なく、わずかに四月十五日付けで、武田氏の右筆の永順が上杉側の直江政綱・柿崎景家宛に宛てた書状には、

［史料2］遊雲斎永順書状（第一表、No.31）

旧冬為使罷下候処、種々御懇之儀共忝存候、仍被仰越候趣、即披露申し候処、三浦次郎左衛門尉・朝比奈備中守、有様被申入候、雖如此候、信玄表裏程有間敷候間、左候ハヽ、如先途之筋目、様躰重而可被申入候、将又貴国江甲より計策之書状にと御座候ハヽ、急度可被仰越候事、尤存候、恐々頓首、

（永禄十一年）
四月十五日　　永順（花押）

直江大和守殿
柿崎和泉守殿
　　貴窓下

とあって、甲越間でも直接交渉があったことは確認できるが、これによってもこの段階で「甲越和与」が成立していたとは思われず、これについては、次の永禄十二年段階での甲越和与交渉として後述したい。

一方で義昭が上杉輝虎とともに、上洛への支援を期待したのが織田信長である。信長との折衝に関しては、前述したように、すでにかなりの経過が明らかにされているが、（第一表、15・16）にみられるように、永禄九年七月の義昭による濃尾同盟交渉の不調により、信長供奉による義昭上洛は実現不能となり、義昭は一旦上洛を断念して若狭へ下向していくことになる。これによって上杉輝虎への支援要請が一層重要視されることとなり、代わって前述した「越甲相三和」交渉が進められることとなる。義昭は永禄十年にはこの運動を中心に、一方では八月に斎藤氏の稲葉山城を攻略した信長への再接近となっていく。

この間における武田・上杉・北条氏間の関係実態について、三者間の永禄十年までの主な動きをまとめてみると、第二表となる。[9]

第二表　永禄八年～十年の甲越相の動向

【永禄八年】

武田氏……八月、信玄は上野衆の和田業繁が、上杉勢の攻撃に対して籠城奮戦したことを賞す。九月、信長の使者として、織田忠寛が信長養女と勝頼の婚姻を申し入れる。十月、武田義信らの謀反が露見し、飯富虎昌らが成敗される。十一月、真田幸綱、上杉方の上野国・嶽山城を攻略する。

上杉氏……六月、義輝刺殺の報が届く。八月、覚慶、輝虎に支援を要請するも、輝虎は動かず。十一月、輝虎、関東に出馬。

北条氏……八月、忍領攻めの開始。九月、上杉方の横瀬成繁らが忍城支援のため利根川を超える。十月、氏康、忍より退陣。上杉方の長尾景長が深谷城を攻撃。

【永禄九年】

武田氏……三月、信玄、義秋の一乗院脱出を賞す。**同月**、北条氏と連携して西上野で上杉氏に対抗するため出陣。**五月**、松井田・和田に出陣。輝虎と対戦。**閏八月**、岩櫃・大戸城の防衛を指示。**十月**、輝虎の沼田入城により、倉賀野へ兵を集める。**十二月**、上野・箕輪城に入る。

上杉氏……**正月**、輝虎、下野・佐野に進攻、**三月**、下総・臼井城を攻めるも敗退。**五月**、願文を掲げ関東管領としての関東支配を表明し、武田氏との徹底抗戦を表明、北条氏とは和睦を受け入れる。**八月**、新田金山城を攻める。**十月**、この年三度目の越山、上武国境付近で北条氏と対戦。**十二月**、厩橋城の北条高広が上杉氏より離反。

北条氏……**三月**、下総・臼井城を防衛。**六月**、安房の里見氏と三崎沖で海戦し勝利する。**八月**、氏政、忍領成田に進攻し勝利。義秋より「三和」の要請があり受諾。**十一月**、氏政、輝虎の出陣に対抗して利根川端まで出陣。そのまま留まって武田勢と協調して輝虎と対陣する。

【永禄十年】

武田氏……**三月**、真田幸綱の働きにより白井城を攻略。**四月**、信玄、白井城に入り、惣社城を攻略し、信越国境の野尻で上杉勢と対戦。**八月**、家臣団から起請文を徴収。**十月**、軍役条目を領国内に公布。**十二月**、今川氏真が武田氏と断交し、上杉輝虎と同盟交渉。

上杉氏……**正月**、佐野出陣中の輝虎に佐竹義重が合流。**四月**、沼田城の松本景繁らに、離反した北条高広への攻撃を命ず。**五月**、野尻城が武田氏に攻略される。**八月**、太田資正に佐野への出陣を伝える。**十月**、佐野城を攻略。

北条氏……**正月**、氏政、佐野城の攻略に失敗。**四月**、北条氏照、関宿城の簗田氏に起請文を与え、足利義氏の進退保証を促す。**五月**、佐竹・宇都宮・小田氏らと計って佐野城を攻略。**八月**、里見義堯の久留里城を攻め、三船台合戦で敗退。**九月**、岩付領に出陣し、岩付領を接収。**十月**、佐野城を攻撃するも退陣。**十一月**、北条氏の仲介により武田義信の妻（今川氏真の妹）の駿河帰国が実現。

以上の状況からみると、この段階での義昭による東国大名への支援要請が、上杉輝虎を中心に進められていたことは確認できるが、それが武田氏や北条氏側にまで確実に伝えられていたかは疑問である。現実には北関東での上杉氏に対する武田・北条連合戦線での対決状況が続いており、義昭の意向が実現する客観状勢は成立していなかった。従ってこの時期に出された義昭の上杉氏をはじめとする武田・北条氏宛の御内書類は、あくまでも輝虎の上洛支援への外交的な支援要請文書であって、なんら強制力を持ったものではなかった。この点は上洛を果たして将軍職就任後に、信長の後援を得て発給した段階での御内書類とは異質のものといえる。

二　永禄十一年以降の義昭の甲越和与交渉

次いで義昭が信長に擁立されて上洛を果たした永禄十一年（一五六八）九月以降の「甲越和与」交渉の進展状況をみておきたい。この時期の動向については、前述した丸島和洋氏の先行論文があり[10]、その論点をA～Cに提示しておいたので、併せてその検討もしておきたい。

和与交渉の流れとしては、前述してきた義昭から上杉氏への働きかけが依然として基調になっており、それに加えて織田信長の意向が大きな働きをしてくるので、信長関連の文書も加えて、この「甲越和与」交渉が終結する元亀二年（一五七一）までの関連文書を第一表と同じ手法で示すと第三表となる。とりわけ永禄十二年に入ると、それまでの「甲駿相三国同盟」の破綻によって、北条氏側から上杉氏への「越相同盟」の働きかけが具体化し、その関連の文書が急増しているが、この問題に関しては別に論究したものが多いので[11]、本表では省略した。以下、同表をもとにその経過を追っていきたい。本表からの引用表記は（第三表、〇〇）とする。

第三表　永禄十一年十月～元亀二年十二月までの関係文書

No.	年月日	差出人	(署判)	宛名	敬称	書止	内容	出典
1	(永禄11年)10月24日	(足利義昭)	御判	父織田弾正忠	殿	可申也	禁制	立政寺文書
2	(永禄11年)10月24日	(足利義昭)	御判	父織田弾正忠	殿	可申也	紋桐・引両筋遣わす	信長公記
3	(永禄11年)10月24日	(足利義昭)	在判	織田弾正忠	殿	候也	勘解由小路家督	古今消息集
4	(永禄12年)正月7日	北条氏照	(花押)	越府江		恐々謹言	信玄と手切れ、駿越ト合	上越1-637
5	(永禄12年)正月27日	氏真	(欠)	上杉輝虎	殿	恐々謹言	相甲弓矢、越相間如何	上越1-647
6	(永禄12年)2月8日	(足利義昭)	(花押)	上杉弾正少弼	とのへ	候也	越甲和与の御内書、天下静謐	上越1-655
7	(永禄12年)2月10日	信長	(花押)	直江景綱	殿	恐々謹言	越甲和与の御内書、信長快然	上越1-656
8	(永禄12年)2月27日	(三木)良頼	(花押)	山内殿		恐々謹言	駿甲取合、岐阜へ甲州挨拶、	上越1-666
9	(永禄12年)3月6日	(足利義昭)	御判	上杉弾正少弼	とのへ	候也	越甲講和	上杉家御年譜
10	(永禄12年)3月10日	武田信玄	(方朱印)	岐阜江		已上	越甲和与の御内書、信長御異見	武田遺文1376
11	(永禄12年)3月18日	氏康	(花押)	天用院ほか		恐々謹言	越相和融	上越1-690
12	(永禄12年)3月23日	信玄	(花押影)	市川十郎右衛門	殿	謹言	甲越和融、信長媒介	武田遺文1379
13	(永禄12年)4月3日	(足利義昭)	(花押A)	武田大膳大夫入道	とのへ	候也	畿内静謐、信長と申し談ぜよ	武田遺文4037
14	(永禄12年)4月7日	(足利義昭)	(花押)	上杉弾正少弼	とのへ	候也	甲越無事、信長申す	上越1-698
15	(永禄12年)4月7日	信長	(花押)	直江景綱	殿	恐々謹言	輝虎と信玄の間の儀催促	上越1-700
16	(永禄12年)4月7日	信玄	(花押)	徳川	殿	以上	甲越和与儀、公方下知、信長媒介	武田遺文1389

17	(永禄12年)4月20日	(足利義昭)	(花押)	上杉弾正少弼	とのへ	候也	甲越無事、信長申す	上越1-706
18	(永禄12年)5月9日	信玄	(花押)	宛名欠		恐々謹言	公方御下知、甲越和与過半落着	武田遺文1403
19	(永禄12年)閏5月10日	輝虎	朱印	(欠)		以上	甲使者追払い、相越無事	上越1-744
20	(永禄12年)7月朔日	(足利義昭)	御判	直江大和守	とのへ	申也	越相講和	覚上公御書集
21	(永禄12年)8月10日	義昭公	御判	上杉弾正少弼	とのへ	候也	越甲無事の儀申し含候、	上越1-786
22	(永禄12年)9月10日	藤田氏邦	(花押)	山吉豊守	殿	恐々謹言	信玄西上州へ出張、	上越1-807
23	(永禄12年)11月9日	法性院信玄	(花押)	起請文		者也	越後潰乱、信上三国へ干戈	武田遺文1471
24	(永禄12年)11月晦日	信玄	(花押)	梶原源太・三楽斎	殿	恐々謹言	輝虎厩橋着陣、利根川を超える	武田遺文1477
25	(永禄12年)12月10日	信玄	(花押影)	(織田)弾正忠	殿	恐々謹言	輝虎沼田に出陣、貴所御扱い半に候	武田遺文1481
26	永禄13年　1月23日	「義昭宝」方黒印袖印		日乗上人・明智十兵衛	殿	已上	信玄入道より鷹巣到来	お茶の水図書館
27	(永禄13年)3月5日	輝虎	(花押)	北条氏康・氏政	殿	以上	信玄と手切れ無き以前に三郎人質、	上越1-888
28	(永禄13年)3月26日	北条氏康・氏政	(花押)	山内	殿	以上	信玄に内通停止せしむべく	上越1-900
29	(永禄13年)4月7日	(義昭之居判)		上杉弾正少弼	とのへ	候也	甲越無事、上杉出勢	上杉御書集成
30	(永禄13年)4月10日	信玄	(花押)	一色式部少輔	殿	以上	御料所進献、相越種々申妨分別	武田遺文1535
31	(元亀元年)5月26日	(足利義昭)	(花押A)	織田弾正忠	殿	候也	信玄入道より鷹巣到来	安土城考古博物館
32	(元亀元年)7月19日	山吉豊守	(欠)	藤田氏邦	殿	以上	甲府の使僧成敗	上越1-920
33	(元亀元年)8月22日	輝虎	(花押)	酒井忠次	殿	恐々謹言	家康より使僧、無二申合せ	上越1-931

No.	年月日	差出	判	宛所	書止	内容	出典
34	(元亀元年)8月22日	直江景綱	(居判)	石川家成　殿	以上	相越一和、信玄を討つ所存、家康談合	上越1-933
35	(元亀元年)9月14日	(足利義昭)	(花押A)	松平蔵人　とのへ	候也	摂津中島へ参陣要請、	武田神社所蔵
36	(元亀元年)10月8日	家康	(花押)	上杉　殿	如件	信玄へ手切れ、甲尾縁談事切れ	上越1-942
37	(元亀2年)2月6日	信長	(御居判)	直江景綱　殿	恐々謹言	謙信への取り成し快然	上越1-1021
38	(元亀2年)2月17日	謙信	(花押)	佐竹義重　殿	恐々謹言	甲相甚深、信長入魂申す由大慶	上越1-1025
39	(元亀2年)3月5日	家康	(花押)	上杉　殿	恐々謹言	駿州口働きの儀油断有べからず	上越1-1032
40	(元亀2年)4月15日	氏康	(朱印)	山内　殿	恐々謹言	相甲一和申し入る事、讒言の所行、	上越1-1041
41	(元亀2年)5月17日	信玄	(花押)	岡周防守　殿	恐々謹言	公方信長敵対、信玄上洛	武田遺文1710
42	(元亀2年)7月27日	信長	(花押)	不識庵	恐々謹言	越甲間和与然べし旨上意、天下儀馳走、	上越1-1053
43	(元亀2年)10月5日	信長	(花押)	法性院　殿	恐々謹言	甲越和与申し扱い	武田遺文4039
44	(元亀2年)10月6日	謙信	欠	鮎川孫次郎　殿	謹言	越甲一和、以上意信長取り扱い	上越1-1126
45	(元亀2年)11月10日	謙信	(花押)	北条高広　殿	以上	相甲一所、越甲無事、相越運くらべ	上越1-1068
46	(元亀2年)12月17日	跡部勝資	(花押)	北条高広父子	恐々謹言	相甲入魂、無二申し合わせ、三和一統	上越1-1076

当然のことながらこの時期には、義昭から織田信長宛のものが多くなる。その背景としては、第三表No.6・7にみられるように、義昭の御内書への副状の形で、信長が副奏する場合が多くなっているからであり、その経過の中で、信長による輝虎・信玄との外交交渉も強化されていく点が確認される。例えば、

［史料3］織田信長宛の武田信玄朱印条目（第三表、No.10）

条目

一、就于越甲和与、成御内書候、即及御請候之事、
一、別而得信長御異見候之条、信玄分国中、無相違様ニ御扱事、付、条々有口上、
一、関東之事、付、条々

已上、
（永禄十二年）三月十日　（「晴信」朱印）

岐阜江

これによれば、信長の副奏があって、信玄は初めて御内書の「甲越和与」の意向を受け入れると表明している。ところが上杉氏側では、この時期にはまさに「越相同盟」の交渉が進行中であり、さすがに信長に対して受諾の返事はしておらず、信長から再度の催促を受けている（第三表、No.14・15）。丸島氏はこの段階で「甲越和与」が成立し、上杉氏側はこのことを同時進行していた「越相同盟」の交渉材料に利用したとし、「甲越同盟」成立を示すものとして、同年五月九日付けの信玄書状に、「以公方御下知、甲越和与過半落着」とある文書（第三表、No.18）をあげている。

しかしこれは信長と信玄の間での一方的な認識であって、この時期の甲越関係は「越相同盟」の成立によって、北関東では以前にもまして緊迫状態を迎えていた。そのため当然、武田・上杉氏の当事者間交渉は行われておらず、甲府よりの使者は追い返されている（第三表、No.19）。それで義昭も「越相同盟」を認めざるを得なくなり（第三表、No.20）、和与要請を繰り返すのみであった。前述したように「和与交渉」と「同盟」とは異質のものであ

り、「甲越同盟」は一時的にもありえなかったというべきである。

丸島氏は、翌永禄十三年（元亀元）七月頃までの一年余にわたって「甲越和与」は一定の実態があったとし、その根拠史料を（第三表、No.31）とするが、永禄十三年に入ると、例えば（第三表、No.27・28）にみられるように、上杉方では「越相同盟」が優先されてきており、併せて信玄への対抗のために徳川家康との連携が具体化している（第三表、No.32・33）。

しかし丸島氏が指摘しているように、その後も義昭・信長による「甲越和与」交渉の仲介工作は続けられており、翌年と推定される次の信玄宛の信長書状には（第三表、No.43）、以下のようにある。

［史料4］織田信長書状（切紙）

今度以赤沢申展候処、回報之旨、快然之至候、甲・越和与之儀、申曖候趣、都鄙可為其聞候き、然而於御出馬者、外聞如何之由、及其理候皃、御同心之条、大慶不少候、無事模様之儀付而、双方使者通路、信・越堺目向雪候間、不自由之故、難相究候歟、来春可申償候、是非共御入眼所希候、随而江北敵城之儀、弥無正体候、然間、押之諸城ニ番勢淘々与入置候、依之敵閇山下式候間、信長不及在城候之条、横山与岐阜程近候間、切々令往還、分国之儀承合候・於様体者可御心易候、猶以今度御働御遠慮候、為其御礼啓達候、恐々謹言、

（元亀二年カ）十月五日　（織田）信長（花押）

謹上　法性院

本文書については、すでに染谷光廣氏と奥野高廣氏が紹介と検討をされており[12]、ともにこれを元亀三年と推定している。染谷氏はこれを前年に破綻していた「甲越和与」交渉を、義昭が元亀三年になって再燃させ、信長も再度両者の間を取り持ち、十月には謙信の同意を取り付け、その結果をもって信玄に働きかけた書状であるとす

る。信長の花押形が元亀三年のものである点も根拠にしているが、この点は判断が難しい。

しかしこの年代比定には問題があると思われ、後述するように、元亀三年十月段階としたのでは、義昭・信玄と信長との関係は、すでに破綻寸前の状況であり遅すぎる。本文書はまだ義昭・信長による和与工作が進行中の元亀二年のものと思われ、文中の信長の江北攻め状況としても、元亀三年では遅すぎると思われる。

元亀二年七月段階になって、再び義昭・信長による「甲越和与」交渉が再開されていることは、次の上杉謙信宛の信長書状によっても明らかである。

［史料5］織田信長書状（第三表、No.42）

越甲間和与可然之旨、去春被加　上意候き、以其筋目、只今使節被差下之条、自此方両人相添進之候、貴辺之儀、多年申通候、信玄亦無等閑候、其次第申旧候、然而、数年之御執相可見除申事、外聞実儀如何候間、不預遠慮啓達候、　上意之処難被黙止候、此節被遂一和□□ハ、余□五期候、旁被拗万事於和談者、可為弥重候、越甲共以被対　公儀、連々無御疎略候、同者内外共ニ有純熟、天下之儀、御馳走所希候、猶友閑斎・佐々権五衛門可申候、恐々謹言、

（元亀二年）七月廿七日　　（織田）信長（花押）

（上杉謙信）不識庵

進覧之候

本文書も『大日本史料』（十編九巻）のほか、元亀三年とするものが多いが、やはりそれでは遅すぎると思われる。元亀二年十月段階で「甲越和与」が義昭と信長によって再提案されていることは、十月六日付けで謙信が、越中の鮎川守長に宛てた書状でも（第三表、No.45）、「越甲一和、以　上意織田信長被取噯候間、定可有一途候」と

述べている。「上越一」ではこれを元亀三年としているが、前出した［史料4］と［史料5］との関係からみても、元亀二年と見るべきと思われる。

この時期に義昭が朝山日乗を甲斐に派遣して「天下之儀」について信長と談合するよう通達しており、こうした義昭・信長による甲越和与交渉再開の背景としては、越相同盟の成立によって、謙信からの信玄への牽制攻撃を期待した北条氏康の謙信への不信感があり、甲相同盟復活の噂が流れ始めていたことと、本願寺との関係悪化による信長からの謙信への急接近の必要性といった周辺状況があった。

これに対する謙信の反応は、十一月十日付けの北条丹後守（高広）宛の謙信書状には（第三表、No.45）、「相甲有一所、取懸候得共、身之滅亡者、不申候条見詰、小田原者信玄心懸候者、明日縦身之前へ信玄及手切候共、先越甲令無事、相豆ヲ信玄可撃候条、爰者相越運くらべニ候、」とあって、信玄が越・相のどちらと手を結ぶかは「相越運くらべ」として、甲越同盟の可能性のあることを伝えている。武田側でもこの状況を受けて、「甲相同盟」が復活したからには、越後をも加えた「三和一統」とするほかはないだろうとの提案を上杉方に伝えている（第三表、No.46）。

この「三和一統」構想は、前述したように、当初より義昭が上杉輝虎に対して上洛供奉要請のために提唱したものであり、それが非現実的なものであったことはすでに述べたが、それが当事者間ではまだ願望として存在していたことになる。

以上で見てきたように、義昭の上洛後も信長の後援のもとに「甲越和与」交渉は続けられていたが、当事者間ではほとんど実態のないまま、外交戦略上の交渉手段としてのみ浮上してきていたと思われる。この間の甲越関係の実態を、前段階と同様に、甲越双方の年表で確認してみると、沼田を中心とした北関東での攻防戦は依然と

して続いており、それが信越国境からさらには飛騨・越中にまで拡大している状況がみられる。(13)

三　元亀三年の義昭・信長と信玄

元亀三年（一五七二）の動向として注目されるのは、義昭・信長と信玄との関係に加えて、本願寺との関係が加わってくる点である。前年より越中において上杉氏に対抗し、近江では信長との対立を始めていた本願寺の顕如上人は、元亀三年正月十四日、徳栄軒（信玄）に対して、謙信の出馬によって窮地に落ち入った越中・松倉城の椎名康胤への救援要請を行っており、(14)その月の末には、信玄は久方ぶりに信長への書状によって、以下の書状のように甲相同盟の復活を告げ、徳川家康の讒言があったとしても、信長に対しては他意のないことを表明している。

［史料6］武田信玄書状写（『武田遺文』一七七五号）

依遼遠之堺、無音意外候、如露先書候、甲・相存外遂和睦候、就之例式従三・遠両州、可有虚説歟、縦扶桑国過半属手裏候共、以何之宿意、信長へ可存疎遠候哉、被遂勘弁、佞者之讒言無油断信用候様、取成可為祝著候、仍近日者輝虎甲・相・越三国之和睦専悃望候、雖然存旨候之間、不致許容候、委曲市川十郎右衛門尉可申候、恐々謹言、

（元亀三年）正月廿八日　　信玄（武田）（花押を欠く）

夕庵（武井）

併せてこの書状の後半では、近日に輝虎（謙信）より「甲相越三和」の懇望があったが、信玄にはすでにその意志はないと伝えている。これは前述してきたように、「三和交渉」は義昭の意向を受けて信長が謙信を通して

推進していたことへの返信でもある。

この時の謙信の対応としては、同年閏正月三日に武田方の石倉城（前橋市）を攻略しており、越相同盟の破綻によって、再び上野国内での武田・北条氏との対戦を余儀なくされており、その対応策として常陸の佐竹氏や安房の里見氏との連携を強めている。四月十六日付けの厩橋城の北条高広宛の謙信書状（『上越』一、一〇九四号）では、「扨亦越・甲一和之儀、織田信長・朝倉義景ニ付而、信玄色々候、乍去不本候間、重而模様聞届、如何様ニ急度以使者、諸事可尋意見候」（前後略）とあり、先の信玄書状とは異なって、「甲越一和」は信玄が信長や義景への働きかけによって進められたものとし、やはりこれには同調しないとしている。どちらの言い分が正しいのかは、ともに外交文書であり、真相を述べているとは思われない。真相は以前からの経過からみて、「甲越和与」構想は義昭の意向であったと思われる。

その義昭の意向を示したものとして、次の法性院（信玄）宛の書状がある。

［史料7］足利義昭御内書（大槻家文書、『武田遺文』四〇四九号）

対当家可抽忠節由、翻法（宝）印言上、慥被聞召訖、寔無二覚悟、最感悦候、然者無親疎通、進誓詞、弥々忠功肝要、急度及行天下静謐之馳走、不可有油断事専一候、猶一色駿河守（昭秀）可申候也、

（元亀三年）五月十三日　（足利義昭）（花押）

法性院

これによれば、信玄がこの段階で義昭に対して誓詞を出している点が重要であり、さらにこれに続いて次の信玄書状がみられる。

［史料8］武田信玄書状（荒尾家文書、『武田遺文』一七一〇号）

珍札披見快然候、如来意、今度到遠参発向、過半属本意候、可御心安候、抑公方様被対信長御遺恨重畳故、為御追伐、被立御色之由候条、此時無二可被励忠功事肝要候、以公儀御威光信玄も令上洛者、異于他可申談候、仍寒野川弓三十張到来、珍重候、委曲附与彼口上候之間、不能具候、恐々謹言、

（元亀三年）五月十七日　　信玄（武田）（花押）

岡周防守殿（国高）

本状については、早くに奥野高広氏が元亀三年のものとして、反信長に転じた大和信貴山城の松永久秀が信玄の上洛を督促したものと位置付けている。(15)これを元亀二年とするものもあるが、義昭が信長に対して「遺恨重畳」など外交上の過大表現があるものの、元亀三年のものとみるほかはない。

ところが以上の二通の文書の年代推定について、近年に鴨川達夫氏より異論が提示され、いずれも信玄没後の元亀四年のものとされた。(16)その論点は、すでに『山梨県史』（通史編中世、二〇〇七年）で叙述していた、元亀年間の信玄の動向を再確認したものであって、元亀二年には信玄の三河侵攻はなかったとか、元亀三年十月の信玄の出陣は上洛が目的ではなく、信長との対戦が目的だったとみる考えによる。前者については反論をしたことがあるが、(17)ここでは後半の点に関して、前出の二通の文書の年代比定と関連させて、鴨川氏の見解を検討しておきたい。

鴨川氏は［史料7］・［史料8］ともに元亀四年のものとし、信玄没後に、勝頼が信玄の三年秘喪の遺言を守って信玄の死を公表しなかったために生じた現象であるとする。しかし実際には信玄の死は四月末には近隣に知れ渡っており、［史料8］のように、花押まで据えて代書したというのは問題が多い。確かに信玄死後に出された文書は他に数点が確認されているが、それらは遺言によって予め用意されていた「晴信方朱印」を押した判紙を使用したものであって、花押を用いた代書は確認できない。(18)

柴裕之氏の論調も大筋では鴨川氏の見解に沿ったものであり[19]、特に［史料8］の年次を元亀四年と強調している。その根拠は文中にみえる「公方様　対信長御遺恨重畳故」といった状況は、元亀四年二月以降のことであるからという。しかしこれは義昭と信長が最終的な決裂に至った段階のものであって、それ以前に両者の関係には紆余曲折があり、元亀三年九月の段階では、信長が十七カ条にわたって義昭を糾弾している（発給年次については翌四年正月との説もある）ほか、義昭はそれ以前から周辺の諸大名宛に反信長を基調とした幕政への糾合を呼びかけている。従来はこの文書を元亀二年としてきたが、［史料7］との関連からも元亀三年と訂正したい。元亀四年としたのでは、信玄が死去して義昭が京都退去後のこととなり、こうした内容のものを松永久秀に送る必然性がない。

柴氏はさらに元亀三年十月初旬の信玄の三河・遠江への出兵は、義昭による反信長連合のもとでのものではなく、義昭政権内部で対立していた反信長連合に同調したものであったといい、この段階では義昭と信長との連携はまだ維持されていたという。しかしその結合実態は極めて政治的・外交的な戦略的なものであって、並行して進行していた反信長連合と義昭との二面的な外交関係にも注目する必要がある。

確かに義昭の動きとしては、信長と反信長連合との政争の当事者としてではなく、例えば毛利氏に働きかけて「豊芸和与」や「備芸講和」を画策したり、同年八月には信玄に本願寺と信長との和睦交渉を依頼したりしており（本願寺文書）、紛争の調停者としての上位意識が強く働いている。

ここでは従来から義昭が提唱していた「甲越和与」交渉が、この段階でどうなっていたかを確かめておきたい。元亀三年に入って関係者間の書状で「甲越和与」の文言がみられるのは、七月七日付けで、義昭が謙信の臣の河田長親に宛てた書状のみであり、その中で義昭は「甲越無事」について、謙信に使者を送っているので、相談馳走をするようにと通知している（『歴代古案』四）。つまりこの頃までは義昭の交渉が続いていたことになる。

ところが信玄は九月末になって、越中での謙信との対立関係から、北信濃から越後への侵攻を宣伝し、謙信を牽制している。この段階になって反信長として結束していた本願寺や浅井・朝倉氏との連携が具体的となり、越後出兵の予定を急遽変更して三河・遠江出兵に切り替えている。これは信長との対立が先鋭化してきた本願寺などの反信長陣営からの出陣要請に応えたものであって、義昭の対応もこの段階では、信長との関係が不安定で流動的な状況に変化してきている。

ともかく信玄の三河侵攻により、信長との同盟関係は解消され、同時に信長が後援してきた「甲越和与」交渉も終息した。十一月二十日に信長が不識庵（謙信）に宛てた書状によると（『上越』一、一一三一号）、信長は信玄の無道振りを非難し、遺恨重畳により義絶したことを伝え、改めて謙信に誓詞を出して同盟し、信玄を退治したいとして、遠州表・上信越・越中富山表などへの出陣攻勢を要請している。これによって、義昭の意向に反して「甲越和与」交渉は、実質的に終息したことになる。

四　足利義昭の挙兵と「甲越和与」交渉の終結

元亀四年に入ってまず問題となるのが、『甲陽軍鑑』所収の信玄と信長の相互文書である。この問題については、すでに黒田日出男氏と共に筆者も検討したことがあり[20]、収録文書の大部分は信頼できるものとの結論に達している。しかしその後に、谷口克広氏がこの問題に再検討を加えており[21]、元亀四年正月の日付のある信玄・信長に関する四通の文書のうち、前半の二通は偽文書との見解を示されている。残る二通の信玄・信長の相互弾劾状については、従来説を支持して肯定的な結論にしている。偽文書とみる理由も示されているが、この点では信玄・信長の手切れの時期や、この時期での義昭による信玄と信長の和睦調停の動きも、成功はしなかったが、実際にはあった動きとして承認して良いであろう。

また後半の信玄・信長が、共に義昭側近の上野中務大輔を通して、義昭に絶縁に至った経過を述べて、相手を非難し自らの正当性を訴えている点も、この時期の義昭の立場を示すものとして興味深い事実である。

義昭と信長との決別が決定的となったのは、元亀四年二月末とされている。この段階では義昭も反信長陣営に同調しており、信長からの講和提案を謝絶している。これによって両者の対決は決定的となり、三月二十九日の信長の二条城攻撃となる。(22)その直前の三月十九日付けで、信長が謙信に宛てた条目写では、

［史料9］織田信長条目写（『上越』一、一一四三号）

条目

（前四ヶ条省略）

一、信玄此中ハ三州奥郡信州堺に候間、去十二日引散之由候、士卒共一も一円隠密候而、物紛に退候旨候、諸勢ハ十六日に退散之由、堺目方々より告来候、猶慥之儀追而可申事、

一、信州御働之事、無御弓(油)断之由簡要候、自然聊尓之躰候てハ、越・濃・三(上杉氏・織田氏・徳川氏)紕繆に可成之旨、尤之御分別に候、能々可被示合事不及申候、従此方伊那口働之儀、存分両人に申渡候、信玄武篇之儀、手なミ洞底之条、難為何時、御利運勿論、愚亦不余猛候、今度於遠州無功之者共失少利候、口惜候、五畿内迄江北之儀ニ付而、信長手前取紛不能出軍之故、信玄を不討果候、無念申に不足之事、

一、近日、公儀(足利義昭)御普請者心易候、不慮之次第歎敷候、去年以来種々様々非道而已候、外聞をも無御顧為躰に

候、既洛中洛外寺庵・僧坊・町人已下迄及難儀候、此分に候者、天下破滅之由万民令迷惑候、誠無勿躰子細候、御入洛無幾程、左様に候てハ、信長忠功も徒に成候由存候而、不可然之趣申上候シ、無道を好佞人共加へ様に申成に依て、此節信玄を方人に御覧し候、無是非候、（以下四ヶ条省略）

已上

（元亀四年）三月十九日　信長

越府　朱印

と、信長は少しも動揺しておらず、義昭・信玄との対決は想定内のこととして、謙信に対して境目での防衛強化の要請を行っている。その翌日付けで、義昭が謙信に宛てた御内書では、「甲・越並本願寺門跡半儀、此節遂和与、天下再興儀頼入候、令三和於上洛者、諸国輝虎可任覚悟事案中候、然末代可為名誉、（下略）」（上越一、一一四四号）と、この段階になっても、なお義昭は「甲越和与」を働きかけ、本願寺とも和睦して上洛するよう要請している。これは信長に対抗するための手立てであったが、時局を認知しない非現実的な要請であったといえる。

この後の義昭の動向については、すでにその経過が明らかにされているように、四月七日には勅命により信長と和睦したものの、五月には本願寺や朝倉氏らと連携し、六月十三日には毛利輝元に挙兵のための兵糧米を請求し、七月三日には宇治の槙島城に籠城して、信長との対戦に備えている。同月十八日に織田勢が槙島城を攻め、義昭は二歳の子を人質として降伏し、山城・久世郡を経て、三好義継の居城である河内・若江城に避難した。その後の経過についても、慶長二年（一五九七）八月に大坂で死去するまでの動向が明らかにされているが省略する。(23)

その後の経過の中で、かつて標榜していた「甲越和与」や「甲相越三和」政策による義昭の幕府再興の動きが、丸島和洋氏により検討されている。(24)義昭が備後の鞆浦（福山市）に移った後の天正四年（一五七六）二月より、再び毛利氏の支援を得て信長に対抗する過程で、東国でも武田勝頼・北条氏政・上杉謙信間での「三和」交渉を進めたことを明らかにしたものであり、その際に武田勝頼と毛利輝元との同盟関係も成立したという。「三和要請」に関しては、天正三年八月六日付けの関連文書がいくつか残っており、すべてが新しいものとして収録紹介されている。この「三和」交渉と関連して、同年十一月には「甲越同盟」のみは成立していたというが、「同盟」の実態は不明で、単に義昭に対する「和睦要請受諾」の表明に過ぎなかったと思われる。この「三和」の試みも、結局は北条氏政の同意を得られず実現しなかった。

因みに文字どおりの「甲越同盟」が成立するのは、天正六年（一五七八）三月の上杉謙信の死去を契機として起こった越後の「御館の乱」により、武田勝頼が上杉景勝の提案に応じて、六月二十九日の段階で、それを受諾したことによって同盟が成立している。平山優氏はその前提として、天正三年時点での「甲越和与」がすでに機能していたというが、(25)「御館の乱」の勃発は全く新しい政治状勢下のものであって、敢えて義昭と関係付ける必要はないと思う。つまり当初より義昭が進めていた「甲越和与」や「三和」構想とは全く次元の異なるものとして成立した「甲越同盟」である。

まとめにかえて

以下、本論での要点を箇条的に再説してまとめに変えたい。

一、足利将軍家による東国大名間に対する和睦調停交渉は、将軍固有の権限として永禄初年から義輝によって始められており、その中心に「甲越和与」策があった。

二、義昭は一乗院脱出後に、まず上杉輝虎に働きかけて、「甲越和与」を実現させ、将軍職就任への足掛かりを意図した。

三、一時期に義昭による「甲越同盟」に実態があったとの見解もあるが、事実関係として同盟の実態はみられず、「和与交渉」のみに終始しており、それも実態としては実現されていなかった。

四、義昭の将軍職復帰によって、元亀年間には義昭の要請により、織田信長がこの交渉を推進するが、これは自身の政権構想の実現のために、甲越に対する外交策に利用した側面があった。

五、義昭の上杉氏宛への文書は突出しており、東国大名間での同盟や和与交渉を要請したものが多く確認される。その中で「甲相越三和」を提唱したものが、永禄九年十月頃よりみえ始める。

六、義昭は永禄九年七月頃から、織田信長にも上洛供奉を働きかけるが、これは「濃尾同盟」の不調により頓挫している。

七、信長への働き懸けが不調となり、上杉氏を通しての「三和」交渉が再開される。永禄十一年三月になって、それが具体的な動きとなるが、輝虎の上洛がその前提であったために輝虎は動かず、これも実効性のないものとなっている。

八、永禄八年より同十年の間での、東国の政治情勢は、客観的にみて義昭の提言を受け入れるような状況ではなく、北関東を廻っての武田・北条連合と上杉氏との抗争が激化していた。

九、義昭の入京後も、「甲越和与」交渉は上杉氏への働きかけを中心に進められており、義昭を補佐した信長の意向が強くなり、義昭に代わってこの問題を推進していく。

一〇、信長はその交渉の経過の中で、上杉・武田氏の双方と個別の外交関係を強めており、信玄も一旦は「甲越和与」を受け入れると表明している。

一一、しかし上杉側では、この時期に「越相同盟」を交渉中であり、「甲越和与」は一時的にもありえなかった。

一二、元亀二年七月になって、義昭・信長による「甲越和与」交渉が再開され、「天下之儀」のためとして、上意を前面に出しているものの、現実には飛騨や越中を廻っての両者の対立や、本願寺との関係悪化による信長の謙信への接近などに対処するための信長の外交策であったと思われる。

一三、元亀三年に入ると、義昭と信長との連携に齟齬が生じ、義昭は信玄や反信長勢力との連携に傾斜していく。体制的には信長との関係を維持していたが、両者の関係は破綻に向かう。

一四、信玄は信長が推進していた「三和」策を拒絶し、謙信も「甲越一和」を拒否し、上信地域や越中での信玄との対決を強めていく。

一五、同年五月十三日の段階で、信玄は義昭に対して誓詞を提出し、「天下静謐」のために、奔走することを誓っており、それを受けて信玄の上洛に向けた外交策が始められる。

一六、同年十月初旬の信玄の出兵は、反信長連合に同調した上洛戦略であり、義昭は信長との関係も維持しながら、上位権力者として反信長連合との両面作戦を意図していたといえる。

一七、信玄の出兵により、信長との同盟関係は解消され、それによって信長が後援していた義昭の「甲越和与」策も終息した。

一八、義昭と信長との連携が、最終的に破綻したのは、通説どおりの元亀四年二月末で良いであろう。この段階では、義昭の反信長連合への荷担は顕在化しており、両者の決別対戦は決定的になっている。

一九、義昭はその後の亡命中にも、幕府の再興を企図して反信長の画策を続け、その経過の中で、かつての

「甲越和与」や「三和同盟」策の再現を試みているが、実現させることはかなわなかった。

以上、本論での要点を列記してきたが、特に課題となった点は、関連文書の多い割りには無年号書状が多く、その年代比定がまだ一定しておらず、それによって状勢判断が大きく異なってくる点と、さらに個々の書状の内容解釈について、外交的な書状としての限界があり、解釈の相違から事実関係の認定が変ってくるといった点もあり、更に検討の余地が多いことを付記しておく。

注

（1）①奥野高広『足利義昭』（吉川弘文館、一九六〇年）。②馬部隆広「信長上洛前夜の畿内状勢——九条植通と三好一族の関係を中心に」（『日本歴史』七三六号、二〇〇九年）。③久野雅司編『足利義昭』（戎光祥出版、二〇一五年）収録の諸論文。④谷口克広『信長と将軍義昭』（中公新書二二七八、二〇一四年）。

（2）この経過の詳細については、拙稿「戦国期武田氏の京都外交」（『武田氏研究』二六号、二〇〇二年）を参照。後に著書『戦国期武田氏領の形成』（校倉書房、二〇〇七年）に再録した。

（3）丸島和洋「甲越和与の発掘と越相同盟」（『戦国遺文』武田氏編、第六巻月報、東京堂出版、二〇〇六年）。

（4）①鴨川達夫『武田信玄と勝頼』（岩波新書、二〇〇七年）。②同「元亀年間の武田信玄——打倒信長までのあゆみ」（『東京大学史料編纂所研究紀要』二二号、二〇一二年）。③柴裕之「足利義昭政権と武田信玄」（『日本歴史』八一七号、二〇一六年）。

（5）注（1）の諸論文の他、①渡辺世祐「上洛前の足利義昭と織田信長」（『史学雑誌』二九巻二号、一九一八年）。②久保尚文「和田惟政関係文書について」（『京都市歴史資料館紀要』創刊号、一九八四年）。③久野雅司「足利義昭政権の研究」（『足利義昭』戎光祥出版、二〇一五年）。

（6）『上越市史』（別編1、上杉氏文書集一、上越市、二〇〇三年）の四六八号文書。以下、同書は「上越一」と略記する。

（7）義昭の発給文書については、久野雅司「足利義昭文書目録」（同氏編『足利義昭』収録、戎光祥出版、二〇一五年）を参照した。なお内容欄の表記については、改めて本文を読み直して、久野氏が示した内容を訂正したものが多いことをお断りしておく。これを第一表とする。
（8）上杉家文書（『上越市史』別編1、上杉氏文書集一、上越市、二〇〇三年）。
（9）いずれも高志書院刊行の『武田氏年表』（武田氏研究会編、二〇一〇年）。『増補改訂版　上杉氏年表』（池享・矢田俊文編、二〇〇七年）。『北条氏年表』（黒田基樹編、二〇一三年）による。
（10）注（3）参照。
（11）①岩沢愿彦「越相一和について――『手筋』の意義をめぐって」（『郷土神奈川』一四号、一九八四年）。②市村高男「越相同盟の成立とその歴史的意義」（『戦国期東国社会論』吉川弘文館、一九九〇年に収録）。③遠藤ゆり子「越相同盟にみる平和の創造と維持」（『定本　北条氏康』高志書院、二〇〇四年に収録）。
（12）①染谷光広「武田信玄の西上作戦小考――新史料の信長と信玄の文書」（『日本歴史』）三六〇号、一九七八年。②奥野高広「武田信玄二度の西上策戦」（『日本歴史』三六八号、一九七九年）。
（13）柴辻「飛騨進攻と織田信長」（『戦国期武田氏領の地域支配』収録、岩田書院、二〇一三年）参照。
（14）「顕如上人文案」（『真宗史料集成』第三巻収録、同朋舎、一九七九年）。
（15）奥野高広「武田信玄の西上作戦」（『日本歴史』一九八号、一九六四年）。
（16）鴨川達夫、注（4）の①・②参照。
（17）柴辻「武田信玄の上洛戦略と織田信長」（『武田氏研究』四〇号、二〇〇九年）。
（18）唯一検討の要のあるものとして、七月三日付けの信玄書状（千野家文書、『武田遺文』一七二五号）を元亀四年のものとする見解もあるが、この文書については宛名を欠いており、真偽も含めて年代推定にも検討の余地が残っている。
（19）柴裕之①「戦国大名武田氏の遠江・三河侵攻再考」（『武田氏研究』三七号、二〇〇七年）。②「足利義昭政権と武田信玄――元亀争乱の展開再考」（『日本歴史』八一七号、二〇一六年）。
（20）①黒田日出男「『甲陽軍鑑』の古文書学」（『「甲陽軍鑑」の史料論――武田信玄の国家構想』校倉書房、二〇一五年に収録）。②柴辻「『甲陽軍鑑』収録の信長文書」（『織田政権の形勢と地域支配』戎光祥出版、二〇一六年に収録）。

(21) 注（1）の④を参照。

(22) 注（1）の③の三六頁。

(23) 注（1）の①ほか。

(24) 丸島和洋「武田・毛利同盟の成立過程と足利義昭の『甲相越三和』調停」（『武田氏研究』五三号、二〇一六年）。

(25) 平山優『武田氏滅亡』（角川選書、二〇一七年）。

第二章　長篠合戦以降の信長攻勢と武田勝頼

はじめに

織田信長と甲斐武田氏との勢力関係は、元亀四年（天正元年、一五七三）四月の武田信玄の死去により、形勢は一気に逆転した。継嗣の勝頼は、信玄死去時の三年秘喪の遺言を遵守したため、当初は積極的な戦略を自重しており、その間に徳川家康によって、三河・長篠城（新城市）を奪還されている。しかし東美濃の信長領下の岩村城（恵那市）の支配は確保しており、信長との緊張関係は継続していた。

勝頼は翌二年二月に、東美濃に侵攻して明智城（可児市）を攻略した後、さらに三河・遠江へも進攻して、四月に三河・足助城（足助町）・野田城（新城市）を攻略し、六月には遠江の高天神城（掛川市）を攻略した。高天神城へは信長からも援軍や兵糧が送られたが、間に合わなかった。これより勝頼は家康への反攻を強め、服喪中の鬱憤を晴らしている。

勝頼は信玄喪明けの天正三年四月、大軍を擁して再度三河へ出兵し、長篠城の奪還を試みるが、攻めあぐんでいる間に、家康・信長による後詰軍との決戦となり（長篠の戦い）、五月二十一日に長篠城外の設楽ケ原で大敗を喫することになる。

本章ではその長篠敗戦以降、天正十年三月の武田氏滅亡に至るまでの、信長による武田氏攻めの経過を具体的に論述し、併せて武田氏側の対応の経過をもみておきたい。

一　長篠の戦いでの敗戦と問題点

長篠の戦いについては、これまでにもかなりの研究史があり、論点もかなり整理されてきている。[1] その最大の関心事は、織田・徳川の連合軍の鉄砲隊の実態と、武田軍の騎馬戦略についての評価の問題である。まず織田軍の鉄砲隊の問題であるが、小瀬甫庵の『甫庵信長記』に、織田軍の鉄砲は三〇〇〇挺が用意され、千挺ずつの三組に編成され、三組が交替で三段撃ちをしたとの記述である。これに対して武田軍は騎馬隊で突撃し、馬防柵に阻まれて多くの犠牲者を出して敗走したというものである。この状景は江戸時代になって描かれたいくつかの『長篠合戦図屛風』によってもよく知られている。

これが長いこと通説になっており、信長の戦術革命・軍事革命と評価されていた。しかし近年になってこの点に疑義が提示され、織田勢に鉄炮三千挺はなく、従って三段撃ちもなかったという。また武田側に騎馬隊は存在しなかったともいう。さらにその後この問題は、通説の否定説の再否定への論争にまで進展しており、通説批判をした藤本正行・鈴木真哉氏は、通説が依拠した諸史料を史料批判して、良質史料ではありえない状況とした。これに反論した平山優氏は、信長の鉄炮隊と武田氏の騎馬隊について、主に同時期の関連文書を駆使して、一定

の実態があったものとして、反批判している。(2)

他にもこの合戦の進行に即して、いくつかの問題点が提示されているが、同じ史料や文書の解釈の相違といった部分も多くあり、この論争には決着がついていない。とりわけ双方が論拠とする『信長公記』や『甲陽軍鑑』(以後、『軍鑑』と略称)の解釈と評価には相違点が多い。『軍鑑』については、近年その見直しが進められており、「是々非々」での利用が進んでいる。『軍鑑』については、長いこと「史学に益なし」と評されて、二次史料としても使えないとの評価がなされていた。ところが戦後になってその史料的な見直しと再評価が検討されるようになり、現在では二次史料としての利用が認知されるようになった。

この合戦での要点は、一つには決戦前に勝頼が、大軍で攻囲しながら長篠城を攻略できなかった点と、合戦後の問題として、織田政権の形成過程での同合戦の位置付けの点と、武田氏領国のその後の展開過程にどういった影響と結果をもたらしたかであり、この観点からすれば、従来の通説的な見解には、なお存在感があると思われる。

二　第二次の信長包囲網

信玄没後の天正元年(一五七三)七月、足利義昭が信長に反発して京都を脱出し、宇治の槇島城で挙兵したが、即時に信長に攻められて降伏した。義昭は三好義継の居城である河内・若江城(東大阪市)に避難した。これにより室町幕府は政権基盤を失い崩壊したが、義昭はなおその再興を目論んで、その後も多方面への外交交渉を展開している。一説によると、勝頼による長篠の戦いは、信長に対抗していた本願寺支援の背景があったとされ、その背後には義昭の意向があったという。

天正四年二月、義昭は備後の鞆浦（福山市）へ移り、毛利氏に支援要請を行うが、その経過の中で、武田勝頼・北条氏政・上杉謙信へも働きかけ、「甲相越三和」の交渉を進めていたことが明らかにされている。(3) 具体的には、信長が長篠合戦勝利後の同年十一月、東美濃の岩村城を奪還し、後顧の憂いを払拭している。その直前の十月には、越前の一向一揆を制圧した結果、本願寺の顕如より講和が求められ、誓詞を取って受諾している。しかし翌四年四月にはこの講和は破れ、信長による本願寺攻めが再開される。同年七月十三日には、毛利氏の水軍が兵糧を本願寺に運び入れようとし、木津川口で織田勢と海戦して大勝している。こうして再び信長包囲網が形成されつつあった。

その一ケ月後の八月末の義昭側近の真木島昭光ほか宛の勝頼書状では（「大村家史料」）、それ以前より義昭側と交流のあったことを述べ、毛利氏の信長への攻勢に呼応して、勝頼が遠江に出兵したと伝えている。同日付けの毛利輝元宛の勝頼書状も残っており（同前）、それにはすでに本願寺や義昭と連携していると述べ、毛利氏との同盟を要請している。さらに東国では、義昭の意向でかつて計画され頓座していた「甲相越三和」交渉を改めて進めているとも伝え、信長との対決を促している。

しかもこの義昭による「三和」調停は、前年の八月から始められたとし、北条氏政の真木島氏宛の交渉受諾文書も残されている（『戦国遺文』後北条氏編、一八六五号ほか）。この「三和」調停は、甲越間では同年十一月に一応成立していたが、謙信が北条氏との講和に応じなかったことから破綻している。しかし長篠合戦敗北後に、義昭が主導して本願寺や毛利氏へも働きかけており、信長への対抗勢力が一時的に再結集したことは確かである。元亀年間の第一次信長包囲網に対して、この第二次包囲網は、織田政権の外交策により個別に撃破されていくが、長篠敗戦後の勝頼の動向としては注目される。

三　信長の東国経略策と武田勝頼の対応

信長は長篠での大勝利直後に、武田氏領へ進攻する予定で、上杉謙信に出兵を要請しているが、この時点では東美濃が武田氏に押さえられていたために断念している。しかし同年十一月に岩村城を攻略した直後には、再び武田氏攻めを予定し、武田氏領の周辺諸大名宛に出兵を要請している。十一月二十八日付けで、常陸の佐竹義重・下野の小山秀綱・陸奥の田村清顕や、流浪していた信濃大名の小笠原貞慶らに、「向彼国、令出馬、可加退治候、此砌信長一味、為天下為自他、尤候歟」と呼びかけており（『信長文書』六〇七号ほか）、十月二十五日付の伊達輝宗宛では「東八州之儀、是亦畢竟可任存分候」といって武田氏領進攻への助成と今後の親交を求めている。(4)

しかしこの時には信長自身が出兵しなかったために、これらの書状は空手形に終わっているが、信長が本格的に東国大名との交渉を開始したものであり、その後も断続的にこれらの諸大名とは交渉を保っている。

武田氏側では、こうした信長による武田氏領への進攻を察知しており、その危機感から、勝頼は同年八月十日に、伊那郡高遠城主（伊那市）の保科正俊宛に二十八カ条に及ぶ伊那郡・木曽郡での諸城防衛を指示した条目を与え、防衛体制を強化している。(5)

さらに十二月十六日付けの信濃国衆宛の「軍役条目写」では、「来歳者無二ニ至尾濃三遠之間、動干戈、可遂当家興亡之一戦之条、（下略）」として、武器指定までした十八ケ条の軍役条目を定めて（『武田遺文』二五五五号）、信長・家康に再挑戦する準備を始めている。しかし現実問題としては、多くの宿将を長篠合戦で戦死させており、この動員令が命令どおりに機能したとは思われず、この時の出兵は実現していない。

その後も信長自身は、加賀での上杉謙信との反目や、中国地域での毛利氏や本願寺との対戦などによって、東国に出兵する余裕はなく、家康のみが武田氏領へ攻勢を続けており、遠江の二俣城（浜松市）や犬居城（春野町）を奪還している。勝頼はこうした状況に危機感を強め、その対策として天正五年（一五七七）正月に、北条氏政の妹を正妻として迎え入れ、甲相同盟の強化を計っている。しかしこの同盟も、翌年三月の上杉謙信の死を契機として始まった越後御館の乱で、勝頼が甲越同盟に走ったことにより破綻し、外交策の一貫性を欠くものに終止している。

四　信長への和睦交渉

天正五年十一月、信長より勝頼に和睦を求める使者があったという。これは『軍鑑』にのみみえる記事であるが、信長が京都・六角堂の山伏である輝善院を使者として、勝頼に和睦を持ちかけたが、勝頼は長篠敗戦後ゆえにそれを拒否したという内容である。他に徴すべき文書はないが、謙信との対決を直前にした信長の状況からすれば、可能性のある動向と思われる。

次いで東国での大きな政治的変革は、天正六年三月に急死した上杉謙信の後継者争いとなった「越後御館の乱」後の動向である。当初、勝頼は甲相同盟の立場から、北条氏政の弟で謙信の養子となっていた景虎を支援するために越後へ出兵していたが、景虎と景勝との和睦調停を進める過程で、景勝からの同盟交渉に応じてしまった。これによって甲相同盟は破綻し、北関東や駿河での北条氏や徳川氏との対戦が激化していく。景勝との同盟は信長・家康に対抗するためのものであったが、実際にはその後にほとんど機能していない。

その後、勝頼は北条氏と北関東で対戦するため、天正八年八月、常陸の佐竹義重と同盟した（甲佐同盟）。その同盟交渉の過程で、勝頼は義重を通じて信長との和睦交渉を始めている。その交渉条件となったのが、岩村城攻略の際に武田方への人質となっていた信長六男の御坊丸の返還であった。『軍鑑』には御坊丸（源三郎信房）に武田信豊の娘を嫁がせて、信長の元に送り返したとある。これに対して信長は尊大な態度で謝辞を述べただけで、勝頼の要請した信長との「甲江和与」交渉は全く無視している。勝頼側からのこの交渉は、翌九年になっても続けられているが、信長はすでにまったく取り合わなかった。

天正八年閏三月二十三日付けの小笠原貞慶宛の柴田勝家書状写によれば、「従甲州御侘言之使者、御馬・太刀、去年より雖相詰、無御許容候」とあり（『信長文書』補遺二〇八号）、『軍鑑』の記述とは異なり、この「甲江和与」交渉は、勝頼の方から積極的に働きかけていたもののようである。天正九年に入って、勝頼が父祖の築いた甲府館と城下町を捨てて、韮崎の台地上に本格的な山城である新府城を構築し始めたのも、すでに信長の来襲を実感してきたからであろう。

天正九年正月二十九日、信長は三河・刈谷城主の水野忠重宛の書状で（『信長文書』九一三号）、高天神城の攻落の近いことを伝え、遠江の諸城への攻撃を指令している。同年閏三月には、遠江支配の拠点城であった高天神城が家康に攻略され、勝頼はそれを救援することができず、家臣団の信望を失った。

五　武田氏制圧戦と信長の武田氏領仕置

天正十年の正月を、勝頼は未完成の新府城で迎えている。『甲乱記』という江戸中期にまとめられた勝頼滅亡について記された軍記によると、正月二十七日に親族の木曽福島城主・木曽義昌が信長に内通したとの一報が入り、勝頼は二月二日に木曽氏制圧のために出陣した。その翌日には、信長が嫡男信忠を総大将とした先陣を木曽口と岩村口に向かわせ、武田氏制圧戦が始められた。ほぼ同時期に、徳川家康も駿河に進攻し、同月二十一日に駿府城（静岡市）に入っている。江尻城主の穴山信君は、城を明け渡して投降し、家康の甲州攻めを先導している。

鳥居峠合戦で大敗した勝頼は新府城へ戻り、三月二日に最後の軍議を行った。この段階ではすでに家臣団内での逃亡者も多く、千余人の兵しかなく織田勢には対抗できないと判断し、城を捨て逃避するほかなかった。一旦、真田昌幸の岩櫃城（中之条町）への避難と決したが、その後に重臣等の反対により郡内領主の小山田信茂の岩殿城（大月市）への避難と変更した。三月二日には、伊那郡で最後の砦となって唯一の抵抗をしていた高遠城が、織田信忠に攻略され、翌日、勝頼は新府城を焼き払って逃避行を開始した。しかし笹子峠越えを小山田氏に阻まれ、日川を遡上して天目山（甲州市大和村）に向かった。その手前の田野（甲州市）で織田の追撃軍に追いつかれ、十一日にその地で一族・従者らと共に自害している。

信長はようやく三月五日に安土城（近江八幡市）を出陣し、途中から先陣の武将宛に多くの書状を出しており、三月十三日付けで留守部隊の柴田勝家ほかに宛てた書状では、「武田四郎勝頼・武田太郎信勝・長坂釣竿（光堅）・典厩（武田信豊）・小山田（信茂）初とし而、家老者悉討果し、駿・甲・信無滞一篇、被申付候間、不可有気遣候」と、武田氏攻めの終了したことを伝えている（『信長文書』九七七号）。とりわけ十七日付けで松井友閑に宛てた黒印状の条目は詳しく、甲州攻めの次第がすべて記述されている（同前九七八号）。さらにこの経過は『信長公記』（巻一五）にも詳しく記述されており、その後、信長は三月十九日に上諏訪に到着し、法華寺を本陣として、そこで穴山信君ら投降者の挨拶を受けている。二十九日には武田氏旧領の仕置を行い、その新たな知行割りと、十一ケ条にわたる「甲信国掟」を定め、東国支配のスタートを切っている。(6)

以上の経過については概説にとどめたが、その詳細については、近年、平山優氏が『武田氏滅亡』として大著にまとめている(7)。

まとめとして

武田氏領の仕置を終えた信長は、四月二十一日に安土城へ凱旋している。五月には朝廷より信長に「三職推任」の沙汰があったが謝絶し、毛利氏と対陣中の秀吉よりの援軍要請に応えるため、その準備に取りかかっている。二十九日には上洛して本能寺に入り、六月二日未明に明智光秀の襲撃を受けて自害する(本能寺の変)。

信長の死を契機として、仕置きを終えた旧武田氏領へ入部したばかりの織田氏重臣等は、その対応に追われ、関東管領として厩橋城(前橋市)に入った滝川一益をはじめとして、その多くは新領国を放棄して本領地へ逃げ帰っている。甲斐国を与えられた河尻秀隆のみは徳川家康に同調した武田旧臣らの一揆によって謀殺されている。

長篠敗戦後の勝頼の評価に関して、長篠合戦後に領国規模を最大規模とし、主に信長・家康への対抗状況などから、その領国維持策を肯定的にみる見解と、逆に家臣団の不掌握や、外交策の失敗などから否定的にみる考えとが対立している。この点は大名としての信長と勝頼の諸政策と、その資質とを比較してみれば明らかなように、分権的な中世末から、統一政権期に移行する時代の変わり目への対処の仕方の差違として、結論は自ずと明らかである。

注

（1）①藤本正行『信長の戦国軍事学』（ＪＩＣＣ出版局、一九九三年）。②『長篠の戦い』（洋泉社、二〇一〇年）。③『再検証　長篠の戦い』（洋泉社、二〇一五年）。④鈴木真哉『鉄炮と日本人』（洋泉社、一九九七年）。

（2）平山優①『長篠合戦と武田勝頼』（吉川弘文館、二〇一四年）。②『検証　長篠合戦』（吉川弘文館、二〇一四年）。

（3）丸島和洋「武田・毛利同盟の成立過程と足利義昭の『甲相越三和』調停」（『武田氏研究』五三号、二〇一六年）。

（4）岡本文書（奥野高広『増訂　織田信長文書の研究』下巻、五七一号）。以下、本書は『信長文書』と略記する。

（5）武田神社所蔵文書（柴辻ほか編『戦国遺文』武田氏編二五一四号）。以下、本書は『武田遺文』と略記する。

（6）丸島和洋「武田勝頼の外交政策」（『武田勝頼のすべて』新人物往来社、二〇〇七年）。

（7）平山優『武田氏滅亡』（角川書店、二〇一七年）。

第三章　「天正壬午甲信諸士起請文」の再検討

はじめに

「天正壬午甲信諸士起請文」は、天正十年（一五八二）三月に甲斐・武田氏が滅亡した後に、その遺臣の多くが新しく甲斐国主となった徳川家康に臣従した際に、大挙して提出した起請文である。ここには「甲信諸士」と表記されているが、後述するように、これは後世に仮称されたものが、そのまま残ってしまったものであり、本来は「甲斐諸士」のみというべきものである。

この史料については、唯一、中村孝也氏がその編著の中で言及しているのみであって[1]、その後に検討したものはみられなかった。筆者はかつて『「天正壬午甲信諸士起請文」の考察』と題して検討したことがあるが[2]、そこでの検討は残存諸写本を羅列して比較したのみであって、十分にその背景や内容にまで踏み込んで検討したものではなかった。

その後においても本史料に論及したものはほとんどなく、近年完了した『山梨県史』でも、資料編に写本の一つが採録されているのみであって、通史編ではこれを天正十年七月のこととして、伊那衆の起請文と同列のものとみて、簡略な解説で終えている。(3)

本史料については、その後、平山優氏が『天正壬午の乱』でやや詳しく言及しているにすぎない。(4) そこで新たに指摘されている点は、まず本史料成立の背景として、本能寺の変後の天正十年六月以降の武田氏旧領の領国化をめぐる徳川家康と北条氏直との対立経過の中で、八月十二日の甲斐・黒駒合戦での徳川方の勝利によって、優位に立った家康が、甲斐衆（武田遺臣）の調略に積極的となり、八月二十一日に甲斐衆から臣従を誓う起請文を出させ、この時に提出された起請文と、すでに七月の段階で下伊那の下条頼安が下伊那衆より徴収していた起請文を合わせて「天正壬午甲信諸士起請文」（以下、「諸士起請文」と略称）と呼んでいたとする。この背景説明に関しては、後述するように起請文作成時期・作成場所や形態などについては訂正が必要である。

以下の「諸士起請文」の内容説明については、①武田氏の職制ごとの衆、②在地の衆結合集団、③特定の寄親の指揮下にあった寄子衆、④信玄・勝頼の直参旗本衆、⑤生き残った武田親族衆の五類型の家臣団が、①〜④は衆中一紙で、⑤のみが単独で個別の起請文を出したものという（この区分の仕方については後述したい）。さらにこれらを括る「衆名」は、本来原本にあった名称ではなく、写本の作成時に付せられたものともいう、この点については賛同する。

次いで起請文の提出時期と場所については、八月二十一日の一斉提出とは別に、十二月提出のものもあり、この分は七十名であるとする。八月のものは甲斐で作成したものが、浜松秋葉神社別当の叶坊によって秋葉神社に奉納され、十二月の分は提出者を秋葉神社に集めて書かせたとする。

ここではかつて疑問を呈しておいたいくつかの問題点についても、一定の見解が述べられているが、賛同出来ない点もいくつか残されており、改めて次の点について再検討をしておきたいと思う。
一、諸写本の成立経過の検討。二、起請文の作成時期と史料名の成立。三、提出時の起請文の原初形態。四、起請文の作製場所と奉呈先。五、起請文言の本文検討。六、起請文の衆分けと総人数。七、起請文と家康の本領安堵状との関連。以下、これらの問題について具体的に再検討を進めていく。

一　諸写本の成立経過の検討

本史料の元になった原本の起請文類は、今次大戦の際に所蔵先の浜松市内の秋葉神社で焼失したことが明らかなので、(5)次善の方法としては、現在までに知られている諸写本の概要と特徴を検討して、比較しておく必要があると思われる。かつて八種の写本を提示して、その記述の相違点などを検討したことがあるが、この八種の写本は単にその時点で確認できたものを羅列したにすぎず、なんら内容的な比較検討を試みたものではなかった。

その後も新たな写本の紹介などもみられるが、(6)すでに紹介されているものと同類のものである。改めて数多くある諸写本や、それをもとに活字化された刊本類を比較検討してみると、その形式や記述の特徴から、以下の三種に整理することができる。

(A)「天正拾壬午年甲信両国信玄衆被召抱時指上誓紙写」（一冊袋綴）内閣文庫所蔵。
（表紙付箋）「松平伊豆守領分　遠州敷知郡浜松秋葉別当　持主　木部叶坊」
（年紀）天正十壬午年七月六日・十二日と、天正拾四丙戌年八月廿一日
（内容）初めに天正十年七月六日付けの下条兵庫助宛の三ケ条（神文付き）の伊那衆起請文と交名一覧六通と、

七月十二日付けの下条兵庫助宛の大嶋助之丞の別文三ケ条（神文略）一通の二種の起請文。次いで天正十四年八月二十一日付けの、成瀬・日下部宛の駒井昌直・今福新左衛門連署の七ケ条の成瀬・日下部宛の甲斐諸士の起請文（神文略）。以下、衆別の交名が続く、この方の起請文の実数は大量と推定されるが不明。

（活字本）『大日本史料』十一編之三収録の「浜松御在城記」（「家忠日記追加」で校訂している）。『山梨県史』（資料編六、県外記録）。

（B）「家康公武田信玄旗本本領安堵被仰付事并起請文之事」（巻子一巻）恵林寺所蔵。

（年紀）天正十壬午年七月六日・七月十二日、天正十壬午歳八月廿一日

（奥付）元文二年（一七三七）書写本。

（内容）ほぼ（A）に準ずるが、後半の甲斐衆の年紀を天正十歳八月廿一日とし、冒頭の「親族衆」を「侍大将」と表記するほか、衆の記述順序も若干異なるので異本といえる。伊那衆と甲斐衆の間に「家康公武田信玄旗本本領安堵……」（後述）の一文を挿入している。

（活字本）『甲斐叢書』八巻、『甲斐志料集成』四巻収録。

（C）「甲信両国諸将起請文之留」（一冊袋綴）東大史料編纂所々蔵

（年紀）天正拾四丙戌年八月廿一日

（内容）前半の伊那衆の起請文部分はなし。甲斐衆の起請誓文七ケ条のほか、神文部分も記録されている。年季は天正十四年八月二十一日で、A本と同じ。交名部分の記載順序は（A）・（B）と大きく異なるから異本といえる。

（奥付）　なし
（活字本）　なし

まず最も成立が早いと思われる（A）であるが、天和年間（一六八一～八三）の成立とされる「浜松御在城記」には、[7] すでにそのままの形で収録されているから、この写本はそれ以前の成立である。その写本の表紙付箋にあるように、本来これらの起請文の原本が奉納されたのは浜松城内の秋葉神社で、奉納された原本類の起請文の整理と控えのために、秋葉神社の別当の叶坊が作製し所蔵しておいた帳簿であることが判明する。

これには大きく内容・年代の異なる三種の起請文が収録されており、最初は天正十年七月六日付けで、下条頼安宛の飯島衆七名連署起請文のほかの下伊那衆の起請文が六通、次いで誓文の異なる天正十年七月十二日付けの、下条頼安宛の大島助之丞の起請文が一通、三種目が天正十四年八月二十一日付けで、七ケ条に及ぶ甲斐両奉行の成瀬正一・日下部定好宛の駒井昌直・今福昌常を見本とする起請文を載せ、続けて甲斐衆の交名を衆ごとにまとめている（但し「浜松御在城記」収録のものは誓文一ケ条を脱す）。

ところでこれら三種の起請文は全く別物の集まりであって、特に下条頼安宛の伊那衆の二種の起請文と、後半の両奉行宛の甲斐衆の起請文とは、本来直接的な関連性はないものであって、この写本作成段階で同類とみなされて一緒にされ、書名の「甲信両国信玄衆被召抱時指上誓紙写」が新たに付されたものである。とりわけ甲斐衆の起請文にある天正十四年八月二十一日の年紀は後述するように不適切なものであり、同系統の異本では、天正十年八月二十一日とするものもあり、この方が事実に近いとは思われるが、これも後述するように正確なものとはいえない。

（C）は、（A）本の伊那衆部分の起請文を省略して、甲斐衆のみに限定した本であり、この写本の特徴は、甲斐衆の七ケ条の誓文の後に、以下のような神文が記されている点である。他の写本類では神文はすべて省略されている。神文は以下のものである。

右条々於違背、親子兄弟被加御成敗候共、御恨存間軸候、若於偽此旨者、蒙梵天帝釈四大天王、堅牢地神、閻魔法王、五道冥官、別而八幡大菩薩、熊野三所大権現、富士浅間大菩薩、伊豆箱根両所権現、三嶋大明神、諏訪上下大明神、御嶽蔵王権現、殊当国一二三大明神、国立橋立両大明神、惣而日本国中大小神祇御罰、今生受子々孫々迄、黒白二病、至来世者、可致堕在阿鼻無間地獄者也、仍起請文如件、

天正拾四丙戌年八月二十一日

神文には特別な特徴はないが、年紀をみると（A）の流れに属するものであるが、衆配列や衆交名の記載などは（A）とは全く異なっており、別系統の写本と思われるが、奥付もなく正確な成立事情は不明である。

以上（A）・（C）の二種は、浜松秋葉神社の叶坊蔵本をもとに、江戸の幕府周辺で作製されたものと思われるが、（B）については、（A）系統のものを参考にして、甲斐国内で享保十三年（一七二八）に書写されたものであり、伊那衆のものと甲斐衆の間に、以下の説明文が挿入されている。

家康公武田信玄旗本本領案堵被仰付事、並起請文之事天正壬午歳八月　家康公江大久保七郎右門忠世奉諫、甲州流浪之諸士を被召出可然云云、公欽命有之能にはかろふへし仰に依て、則国中之諸士に謂之、毎度織田家之催促に依て馳参、信長是を殺害、悉名絶す、此旧例に被任之謀こともやと召に不応、公此旨を高聞の上、井伊・大久保の良弼に謂而、彼等疑念を散んに何か有んやとの欽命に依て、甲陽之諸士に従公、無御疎意の條御謹文被下置へしとの上意有之而、昨今召出さるゝと雖無他事、御普代之歴士御同意に可被召仕之御契書被下之段、誠に難有御恵慮、天下之主に立せ給ん良大将と、及感涙に及御読文頂戴、各御本陣馳参御禮を勤

仕、起請文を差上け、本領案堵之御朱印頂戴仕候

とあり、これが前書となって甲斐衆の起請文が始められており、ここではっきりと天正十年八月に家康が大久保忠世の諫言を聞き入れて、甲斐衆に起請文を出させて本領安堵の朱印状を与えたとあり、年紀も天正十年八月二十一日としている。ただしこれでは冒頭の「親族衆」部分を「侍大将」と表記しているほか、衆名表記や衆の掲載順序は、A、Cとは大きく異なっている。これには奥書も二つ記されており、初めは享保十三年（一七二八）年に、甲府藩士の田沢源太郎義章が松下明当公の世話により一巻に写しおいたものを、元文二年（一七三七）四月に、田沢氏が恵林寺に奉納したとある。その原本は明らかでないが、記述の内容はAに近い物である。

（A）～（C）の諸本について、正確な転写年代や相互の関連性などは明らかにできなかったが、浜松城内の秋葉神社に奉納されていた起請文類が、江戸初期になっての幕府創業記の編纂段階で、神社内で所蔵の起請文を整理した結果として、まず（A）の原本となったものが作成され、その写の（A）が江戸にもたらされ、それが「浜松御在城記」に収録されたほか、各種の諸写本へと拡散していったものと推定される。

二　起請文の作成時期と史料名の成立

まず最初に確認しておくことは、天正十年七月段階の下条頼安宛の伊那衆の起請文と、同十四年八月二十一日の年紀のある甲斐国両奉行宛の甲斐衆の起請文とは、本来全く関係性のない別個のものであった点である。それが写本作成段階で合綴され、その時点で「甲信諸士」と冠されたものである。従って前半の伊那衆の起請文を除いたものが本来の姿であり、それは武田家遺臣である「甲斐衆」に限定されるものである。

なぜここに伊那衆のものが混入してきたのか、その経緯ははっきりしないが、最初に浜松・秋葉神社に所蔵されていた甲斐衆の起請文を整理して一覧表を作製した際に、信濃衆の欠落に気付いた者が、すでに知れ渡っていた下条頼安宛の数通の伊那衆の起請文を追加して、「甲信諸士」と命名したものと思われる。

因みにこの追加された下条頼安宛の伊那衆の起請文については、本能寺の変後の徳川家康による甲信地域の領国化の問題として、すでにかなり詳細な経過までが明らかにされているが、甲斐と信濃とではだいぶ状況は異なっていた。甲斐国内では、すでに六月十八日に河尻秀隆が一揆衆に謀殺されており、いち早く徳川氏主導での国内掌握が進められていた。家康は七月九日になってようやく甲府へ参着し、その仕上げを進めることになるが、信濃の場合には、武田氏滅亡後には地域ごとに旧領主が復活の動きをみせており、加えて越後上杉氏と小田原北条氏の信濃進攻もあり、極めて流動的な政治情勢になっていた。

下伊那郡では旧領主の知久頼氏・下条頼安・小笠原信嶺らが旧領復活を目指しており、いずれも徳川家康への接近を謀っている。七月六日付けの下条頼安宛の下伊那衆の起請文類はこうした状況下で出されたものであって、その三ケ条の条文の中には、「家康様江兵庫助（頼安）殿、御無沙汰御座候者、同心申間敷候」とあって[8]、この起請文の作成が、家康の意向にそって、下条頼安が下伊那衆に働きかけたものであることがはっきりする。

これらの起請文はすべて下伊那衆の衆団者連名で一紙との注記があり、その原型が「衆中一紙起請文」であったことを示している。これに続く、同年七月十二日付けの同じ下条頼安宛の大嶋介之丞起請文のみは単独のものであり、しかも誓文の三ケ条は先の「衆中一紙」の内容とはまったく別物であって、これには家康の名は出てこず、単に下条氏との被官契約の起請文であることが判明する。「衆中一紙」の方は、後半の甲斐衆のものとの同一性があるが、宛名が家康近臣でないところに決定的な違いがある。この時期の信濃では、下条頼安が唯一徳川方として対処していたことを示すものである。

以上により下伊那衆の起請文七通は、甲斐衆のもとは直接的な関係のない点がはっきりしたので、以下の考察では言及を省略する。甲斐衆の起請文でまず問題になるのが、いくつかみられる年紀の違いである。まず前述の（A）に見える「天正十四丙戌年八月二十一日」であるが、「浜松御在城記」では、これを「天正十戊戌年八月二十一日」と訂正しているが、干支も誤記しており、参考にはならない。（B）では天正十壬午年八月二十一日」としており、十四年では余りにも遅すぎると判断して十年と修正したものと思われる。

確かに天正十四年八月の家康の動向としては、秀吉との大坂城への出仕交渉の最中であり、すでに甲斐国内の掌握は一段落している。あえてこの年の動きとして特記されるのは、十二月に浜松城から駿府城に本拠を移していることであって、この動きと関連して浜松城内の秋葉神社で、甲斐衆の起請文が整理された際の年代である可能性は残っている。

次いで天正十年八月二十一日の年紀であるが、家康は同年七月以来の北条氏直との甲信国境付近での対決が長期化しており、併せて酒井忠次による諏訪頼忠の制圧に失敗して窮地に立たされていた。しかし八月十二日に甲斐・御坂峠の黒駒合戦で徳川方の鳥居元忠が、北条氏忠勢と戦い勝利したことによって、甲斐国衆の徳川氏への帰属化が急進展したことは、この時期に家康から出された大量の本領安堵状が残っていることでも明らかである(9)。従ってそれと並行して甲斐衆から起請文が徴収された可能性はあるが、実際には以下の諸史料が示しているように、同年十二月十二日に一斉に出されたもののようである。

（イ）「家忠日記追加(10)」

十二月大、十二日条、三州ノ諸将甲州ノ古府ヲ発テ本国ニ赴ク、今度大神君麾下ニ属スル、甲・信両国ノ諸士ヲ甲府ニ召テ、忠士心ノ軽重ヲ糺サレ、或ハ全ク本領ヲ安堵シ、或ハ旧領ヲ減セラル、（中略）今度大神君ノ幕下ニ属スル甲信両国ノ諸士等、自今以後忠信ヲ尽スヘキノ旨、遠州秋葉寺ニ於テ各連署ノ起請文ヲ書シメ玉フ、成瀬吉右衛門尉・日下部兵右衛門尉是ヲ奉ル、連署ノ誓盟ヲナス輩、今福新右衛門尉・曽根下野守

（以下、武田親族衆より各衆の人名あるも省略、写本（A）と同一）。

（ロ）「井伊年譜」[11]

天正十年条、又按ニ、同年八月より十月迄、若神子原対陣、十月和儀調リ御馬入也、十二月十一日、家康公古府ニ在陣、三州ノ諸将ニ各暇ヲ賜リ、翌十二日諸将発足し本国へ帰ル、今度麾下ニ所属ノ甲信ノ諸士を甲州ニ被召、忠志ノ軽重ヲ被糺、或ハ全く本領を安堵シ、又ハ旧領ヲ被減、自今以後、忠信を可尽之旨、遠州秋葉寺に於て、各起請文を被仰付、成瀬・日下部奉之、此輩ノ内当家へ奉仕ノ輩多シ。

（ハ）「寛政重修諸家譜」[12]

山本弥右衛門忠房、十二月十日、甲斐国の知行安堵の御朱印を下さる。是月遠江国秋葉寺において、忠房等同列の者九人とともに一紙の起請文をたてまつり。

以上のように、武田遺臣の甲斐衆が、一斉に家康宛に起請文を出すような状況は、北条氏との対決状況下では流動的で実現しにくく、両者の講和後に初めて具体化したことが明らかである。因みに起請文の宛名になっている成瀬正一・日下部定吉が甲斐国での両奉行となるのは、北条氏との講和後の十二月七日に、平岩親吉が甲府城代として入部したことに伴ったことによるものである。

三　提出時の起請文の原初形態

次に甲斐衆が家康に差し出した起請文の体裁であるが、原本が一点も残っていないことから、残されている写本や後世の記録類から推測するほかはないが、冒頭に起請文の見本として載せられている両奉行宛の駒井昌直・今福新左衛門連署のものが原型と思われ、以下に羅列されている諸士の場合も、これらが単独のものか連署のものかの区別は付けにくいが、原則的には連署により、武田氏との親族関係のある複数の起請文を集め、それらを一括して「武田親族衆」と命名してまとめたものであろう。従って当初に元「武田親族衆」として何通かの起請文が出されていたものと思われる。

同様にこれに続く「近習衆」以下についても、その人数の多さからみても、これが「衆中一紙」で出されていた可能性もあるが、何通かに分割されて出されていた可能性もある。ただし単独のものはなかった可能性が高く、連署された複数通のものが、「近習衆」として整理されまとめられた結果であろう。以下の諸衆の場合も同じであり、従って当初に提出された起請文の総数は推定不能といわざるをえない。さらに前述の（ハ）にみえる山本弥右衛門忠房の場合は、「小十人組」に属していたが、他の九人と共に「衆中一紙」で出していることが明らかであり、少人数の場合には「衆中一紙」で提出のものが多かったと思われる。

以上、推定の域を出ない点が多いが、当初においては、二つの型式、つまり武田家旧臣のうち、比較的多人数の衆中は、数名ずつの小グループ別にまとめたものと、当初より少人数の衆は「衆中一紙」であったと思われる。この型式の差異は、前者については、武田氏滅亡後での寄親寄子制の解体度が激しかったことを反映し、後者の場合には、まだ衆中の結束度が強く残っていたことによる。後者に属するものとして、直参衆・御蔵前衆・小人頭衆・同子供衆・女人衆・寄合衆などの、武田氏の直臣団であった衆と、御嶽衆・津金衆などの山岳地域の地侍衆が該当すると思われる。さらに起請文の用紙や個々人の署名表記や血判の有無などの問題もあるが、原本が残っていないので推定となるが、当時の政治情勢から判断して、極めて不徹底・不完全な状態部分の残ったままのものであったかと思う。

敢えて同時代での類似の事例をあげるとすれば、永禄十年（一五六七）閏八月に、武田信玄が全家臣団に忠誠臣従を誓わせた「永禄武田諸士起請文」が、一番近い状態のものと思われる。これについては一部原本も残存しており、別に検討したものがあるので参照されたい。(13)また他家の場合でも、同時期のものとして、「衆中一紙」で出されている家臣団の起請文はいくつか確認されている。(14)

次いでに後世の記録となるが、起請文提出時の状況を伝えるものを二、三あげて参考としたい。

（ニ）「**浜松御在城記**」(15)

天正十壬午年条、此年、信長公御父子、権現様、甲州ニ御攻入、勝頼父子ヲ初、甲陽ノ諸士御討果被成候、信長公ハ甲州方ノ士ヲ根ヲ断様ニ被成候得共、権現様ハ御憐愍ヲ被加、剰信長公ニ御隠シ、甲州衆ヲ遠州ノ内ニ御入置被成、御扶持被下候、依之三河衆・遠州衆同前ニ御用ニモ立被申候、遠州ニ於テ甲州衆・信州衆ニ被仰付候御誓詞、秋葉ノ社ニ納リ御幽候ヲ、少納言（青山忠雄）其写ヲ借候テ記上申候、（以下写本Aが続くも省略）。

（ホ）「**井伊家伝記**」(16)

於浜松軍勢御催之節、直政公於甲州大名一方の大将ニ御取立、一条、山県、土屋、原四人之武士、其外甲州勢被成御付候、右甲州衆江神誓文ニて直政公江信玄之軍配不残相伝、可致旨被仰付候、（中略）又外ニ甲州衆七拾人遠州浜松秋葉山ニ而、血判夘遊候、右血判之書付ハ、今に浜松叶坊ニ有之、血判之処は腐り申候由、右人数覚、井伊兵部少輔同心前土屋衆（以下七十人の交名省略）。

（へ）「功刀君章」（「井伊家伝記」の編纂者）の註記

君章曰、元文丁巳六月五日、予浜松秋葉別当叶坊浄算方へ行、起請文ノ写拝見之、本紙ハ社頭へ奉納有之由、「信玄親類衆譜代衆惣家衆家康様へ被召抱候時之起請文」ト有之、天正十四丙戌八月廿一日、御奉行成瀬吉右衛門殿・日下部兵部助殿ト有之、（以下、写本系統のAと同一）

これらによると、原本は浜松城下の秋葉神社に収納されていたが、その後に浜松城主となった青山忠雄がその写本を借りて作成したものが（A本）であるといい、井伊直政同心衆となった前土屋七十人分は、浜松の秋葉山で血判を据えて奉納したものであり、「井伊家伝記」作成時の享保十五年（一七三〇）には、その血判のある書付が、浜松秋葉神社別当の叶坊の所に残っており、血判の部分は腐りかけていたといい、この前土屋氏分は「衆中一紙」であったような書き方をしている。さらにこの井伊家の伝記類の作製を担当した藩士の功刀君章の覚書によると、彼は実際に浜松へ行き、秋葉別当の叶坊浄算の所で、起請文の原本と写本を実見しており、その写本にはすでに「信玄親類衆譜代衆惣家衆家康様へ被召し抱候時之起請文」との書名が付されていたというから、この場合も、予め神社が整理して作成しておいた写本（A）を参照したことになる。

四　起請文の作成場所と奉呈先

次にこれら起請文の作成場所と、その奉呈先であるが、書式上ではこれら起請文の宛名は、この時点で甲府城代となった平岩親吉を補佐する立場の両奉行に任ぜられた成瀬正一と日下部定吉宛である。ほかのすべても同人宛であったと思われる。両奉行は家康の浜松城帰還後の甲府城の留守居役であり、実質的にはすでに列記した後世の諸記録が記している様に、家康への帰属忠誠を誓約したものである。この観点からみると、七ケ条に及ぶ誓文の内容に不徹底な部分が残されているが、誓文と神文の検討は後述する。

起請文の奉呈先については、前述した（イ）（ロ）では「甲府」とあり、それ以外の記録では「浜松・秋葉神社」とある。浜松市内には古来から火防の大神として著名な秋葉神社本宮（旧・周智郡春野町領家）があるが、この起請文の奉納先として出てくる秋葉神社は、家康が元亀二年（一五七二）に、岡崎城から浜松城に居城を移した際に、城内に秋葉神社を勧請したものであって、城内の鎮守社として機能していたものである。

図版1　現在の秋葉神社

この秋葉神社は現在も浜松城跡の西南部に現存しており、『濱松市史』（一九二六年版）の同社の説明によると、家康が浜松在城の節、当社の旧神主の先祖の叶坊浄全の案内で、天正二年（一五七四）八月に、家康が光明山で武田勝頼と対戦して勝利した時、武田方が犬居の秋葉山本宮の堂社に放火した。その時に家康が別当職を一時叶坊に命じ、後に叶坊を召し出して、浜松城内に秋葉神社を勧請し、家臣の奥平信昌の屋敷地を与えて末社にしたと記している。

従って起請文の最終的な奉納場所は、浜松城内の秋葉神社で問題がないと思われるが、これらの起請文が書かれてまず集められた場所については、甲府であった可能性の方が大きいと思われる。最終的に起請文の総通が何通になったかはわからないが、その多くのものに血判のあったことよりすれば、署名者が一同に会したか、持ち回りによって血判を加えたかのどちらかであり、当時の政治情勢からしても、署名者がわざわざ浜松城まで赴いたとは考えられず、家康の浜松城帰還に間に合わせるように、甲府城内で調進したものと思われる。それらがまとめられて浜松城に持たらせられ、城内の秋葉神社に奉納してそこに伝存したことから、後世の記録では、浜松城で作成させたと記すものが多くなったのであろう。

同じような記録となるが、以下のような記録もある。

（ト）「御年譜微考」

十月晦日条、公の御威風盛にして、甲信諸士草のことくに偃し、縁にふれて使を求め参上せしかは、其忠志の軽重を糺し給ひ、或は本領安堵の御朱印を賜はり、或は旧領を減せらる、（中略）今福新右衛門、曽根下野守（以下、写本Aと同一）、皆悉く遠州秋葉寺において、自今以後、忠信を尽し奉るべき旨、連署の起請文を書しめらる、成瀬吉右衛門・日下部兵右衛門両人奉行也、（以下、十二月十一日の記事が続く）。

（チ）「武徳編年集成」巻二五[17]

天正十年十二月十一日、頃日甲信ノ先方ノ士ヲ甲陽古府ニ召テ拝謁ヲ遂サセ忠ノ軽重ヲ糺サレ、或ハ全ク本領ヲ賜ヒ或ハ旧地ヲ減ゼラル、二十一日、神君甲信ヘ令ヲ下シ玉ヒ、古府ヨリ御凱旋有、先達テ軍功ノ将ニ御感状ヲ賜フ、大久保忠世一通同従者三通、（中略）神君ノ寵臣井伊兵部直政弱年ト云ヘ共、英雄ノ鬱タルヲ以テ、先亡山県昌景・原胤広・一篠信就・土屋昌恒ガ旧士ノ内、精鋭ノ誉アル族七十四人関東ノ浪客勇名ノ聞ヘ有者四十三人、彼是惣テ百十七人、直政ガ同心ト成シ、其食邑四万石ヲ賜フ故、山県三郎兵衛ガ上州ノ先方小幡上総介ガ備大旗六具ノ色、鞍鐙迄赤色也、（中略）麾下ニ奉仕スル甲陽ノ士、向後軍忠を謁スベキ旨、遠州秋葉山ニ於テ成瀬・日下部ヲ以テ起請文ヲ書シメ玉フ、所謂連署ノ族ハ、（以下、今福新左衛門ほか連署名省略）

これらの記録にも起請文は各自が浜松の秋葉寺で書いたとあるが、後世の者が、原本が秋葉神社に残っていた状況から判断した記述であり、この他にも、『寛政重修諸家譜』の中には、天正十年十二月に、遠江国秋葉寺に於いて連署の誓詞を奉納したとの記事が何人かの家譜に散見している。それらには秋葉寺とある場合が多いが、これは秋葉神社の別当寺を指してのものであって、起請文の取りまとめの段階から、別当寺住職の叶坊の関与が明らかにされている。起請文の宛名となっている甲斐の両奉行は、すでにみたようにこの直前に就任したばかりであり、これら起請文の取りまとめが初仕事に相当するものであったといえよう。ここに見える「井伊直政同心前土屋衆」の記事は「井伊の赤備え」として著名な事実である。

五　起請文言の本文検討

前述したように多くの写本では神文が省略されており、「浜松御在城記」収録のものは誓文が一つ欠けて六ヶ条であり、第六条目が脱落したままである。第三条の末尾が欠落している点はすべての写本に共通している。まず写本（C）によって誓文をみておくと、以下のようになる。

敬白起請文之事

一、逆心申儀不可有之、縦雖爲親子兄弟、存別儀者、則言上可申事、

一、御働之節、虚病并不相構自由、御日限次第、出陣可申事、
一、軍法相背申間敷事、
一、御使被下置候刻、其仁不存貴賎、違背「申間鋪事」
一、自然為御使者、何方江被仰付候共、様躰之趣、無依枯有様可申上事、
一、喧嘩口論之時、荷担申間敷事、
一、御國を見限、何国仕候者ニ、一切合力已下、申間鋪事、
右之條々、於相背者、親子兄弟被成御成敗候共、御恨存間鋪候事、若此旨偽於申ニ者、可蒙梵天（以下略）――

天正十四年丙戌八月廿一日　駒井右京進昌直
　　　　　　　　　　　　　今福新右衛門
御奉行　成瀬吉右衛門殿
　　　　日下部兵部助殿

見本としてはこの一通のみしか例示されていないので、予め雛形としてこの誓文のみが関係者に渡されており、それをもとに衆団ごとに起請文が調整されたのであろう。誓文・神文部分のみの用紙は、牛王宝印紙であったと思われるが、それらしきものは一通も現存していない。宝印紙も作成者側で用意し、予め雛形として提示されていた誓文を写し、それに添付する連署・血判部分のみ別紙で用意して、ある程度目標に達した段階で、宝印紙に書いた誓文・神文に貼り繋いだものと思われる。

誓文条文の中には、直接、家康に忠誠を誓うような条文はなく、いずれも武家としての一般的な主従関係を重視する倫理規定が多く、これが極めて形式的・儀礼的なものであったことを物語っている。つまり家康から本領

安堵を得るための儀式であって、起請文に署名と血判をしたことに意味があるのであって、条項の内容は二の次であったことになる。とくに使者としての心得条目が二ケ条も入っている点からみると、この起請文の取り集めについて、各武田旧臣団内部で起請文の取りまとめに奔走した使者としての世話人への配慮がなされている。

六　起請文の衆分けと総人数

前述した（A）〜（C）の写本について、その衆名と記載人数を比較したものが第一表である。この他にもいくつかの写本が存在しているが、[18] それらはいずれも（A）か（C）を基にした写であり、いずれも衆別は二十八で同一であるが、総人数はこれらのものよりかなり少なく、脱落の多いものと判断できるので省略した。

これによると衆名表記・人数共にかなりの相違がみられ、とりわけ総人数については微妙に相違するものが多い。その要因が何かは判然としないが、書写段階での単純な誤記や脱漏とは思われない相違点があり、それぞれの写本成立にかかわる問題かも知れないが、その理由ははっきりしない。因みに人数が同一数の「武田親族衆」と、人数がほぼ同数の「甘利同心衆」と、人数がかなり異なる「二十人衆」の場合での実名表記を表示すると、第二表のようである。

これによっても（A）と（C）には類似点がかなり認められるものの、「二十人衆」の場合では人数も大きく異なり、人名にも読み違いが多く確認される。従って写本ごとの異同を検討することには余り意味がないかと思われる。ただし衆名表記の微妙な違いは気になる点であり、各写本作製者の主観が反映されているように思われる。この点は特に（B）本に顕著に表れている。

第一表 各写本の衆名表記と人数表

	A		B		C	
No.	家臣団名	人数	家臣団名	人数	家臣団名	人数
1	武田親族衆	16	侍大将	16	武田親族衆	16
2	信玄近習衆	71	近習衆	71	直参衆	7
3	遠山衆	36	遠山衆	36	近習衆	62
4	御嶽衆	20	御嶽衆	20	今福筑前守(昌和)同心衆	24
5	津金衆	5	津金衆	5	甘利(左衛門尉)同心衆	15
6	栗原衆	26	栗原衆	24	駒井右京進(昌直)同心衆	12
7	一条衆	70	一条右衛門大夫信竜衆	70	城織部(景茂)同心衆	50
8	備中(小山田昌成)衆	24	備中守(小山田昌成)衆	22	青沼助兵衛(忠重)同心衆	18
9	信玄直参衆	7	直参衆	7	跡部大炊助(昌出)同心衆	18
10	(小十人頭)	9	後典厩(武田信豊)衆	27	跡部九郎右衛門(昌忠)同心衆	23
11	同子共衆	11	山県三郎兵衛昌景衆	60	今福新右衛門(昌常)同心衆	47
12	典厩衆	28	駒井右京佑(昌直)衆	12	曾根下野守(昌世)同心衆	37
13	山県(昌満)衆	58	城織部衆	50	井伊(直政)同心前土屋(昌恒)衆	70
14	駒井右京進同心衆	12	飯富兵部少輔(虎昌) 前土屋衆	69	三枝平石衛門(昌吉)同心衆	41
15	城織部衆	49	今福筑前守衆	23	寄合衆	24
16	井伊兵部少輔(直政) 同心前土屋衆	70	今福新右衛門尉(昌常)衆	45	栗原(日向守昌治)衆	24
17	今福筑前守同心衆	24	青沼助兵衛尉衆	18	一条(信龍)衆	70
18	今福新右衛門同心衆	48	跡部大炊助衆	18	前山県(昌満)衆	56
19	青沼助兵衛同心衆	18	跡部九右衛門尉(昌忠)衆	22	原隼人(貞胤)衆	47
20	跡部大炊佑(昌出)同心衆	18	曾根下総守衆	34	小山田備中(昌成)衆	24
21	跡部九郎右衛門同心衆	23	原隼人佐(貞胤)衆	47	御嶽衆	22
22	曾根下総守(昌世)同心衆	34	甘利左衛門尉衆	15	遠山(飯狹間右衛門尉カ)衆	38
23	原隼人同心衆	47	三枝平右衛門衆	41	典厩(武田信豊)衆	33
24	甘利同心衆	16	寄合衆	18	津金衆	8
25	三枝平石衛門同心衆	42	蔵奉行衆	13	御蔵前衆	11
26	寄合衆	18	二十人衆	15	二十人衆	23
27	御蔵前衆	11	小人頭横目衆	17	御小人頭衆	9
28	弐拾人衆	16	小人頭衆子供	11	御小人頭衆之子供	13
	合　計	827	合　計	826	合　計	842

第二表　写本別の衆名の実名表（部分摘記）

A	B	C
武田親族衆（十六名） 駒井右京進昌直・今福新右衛門（ママ） 青沼助兵衛忠吉・跡部民部助昌秀 曽根下総守昌世・三枝監物吉親 同平右衛門昌重・小菅又八郎信有 跡部九郎右衛門昌忠・油川弥平豊子 栗原日向守昌頭・川窪新十郎信正 油川刑部信守・大井監物信言 岩手助九郎信真・下曽禰源六郎信辰	**侍大将**（十六名） 駒井右京進昌道・今福新右衛門 河久保新十郎信将・栗原日向守昌治 三枝監物吉親・青沼助兵衛忠吉 油川弥平豊子・曽根下総守昌世 油川刑部信守・大井監物信吉 小菅又八郎信有・跡部九郎右衛門昌忠 下曽根源六信辰・跡都民部昌秀 三枝平右衛門昌重・岩手助九郎信真	**武田親族衆**（十六名） 跡部民部助昌友・曽根下野守昌世 跡部九郎右衛門昌忠・駒井右京進昌直 青沼助兵衛忠吉・油川刑部助信守 大井監物信重・岩手助九郎信実 小菅又八信有・河窪新十郎信昌 下曽禰源六信辰・油川弥平豊子 今福新右衛門昌常・栗原日向守昌次 三枝平右衛門昌重・三枝監物吉親
甘利同心衆（十六名） 経島平五郎・竹川監物 田部新兵衛・太田兵衛次郎 大村新八郎・丸山次兵衛 朝比奈権右衛門・飯嶋半右衛門 辻次郎兵衛・谷場弥八郎 五味四郎右衛門・羽中田庄五郎 松山・森出雲守 三井清右衛門・小林内蔵	**甘利左衛門尉衆**（十五名） 矢場弥八郎・五味四郎右衛門 志村新八郎・丸山二郎兵衛 三井清右衛門・辻二郎兵衛 田部新兵衛・太田兵衛太郎 横山・森出雲守・小林内蔵 竹川監物・飯島半右衛門 羽中田庄五郎・朝比奈権右衛門	**甘利同心衆**（十五名） 経島平五郎・竹河監物 田沼新兵衛・太田兵部丞 大村新八郎・丸山次兵衛 朝比奈権右衛門・飯嶋半右衛門 辻次郎兵衛・谷崎弥四郎 五味四郎右衛門・松山 森出雲・三井清左衛門 小林内蔵
弐拾人衆（十六名） 三沢四郎兵衛・竹井伝兵衛 雨宮彦左衛門・窪田平太 鮎河甚五兵衛・嶋田外記 野呂瀬彦助・奥山与右衛門 小池主計・甘河兵部之助 功田訓左衛門・宮沢善兵衛 河西喜兵衛・岩下又左衛門 小田切源太・三沢作門	**二十人衆**（十五名） 三沢四兵衛・雨宮彦左衛門 小田切源太郎・島田外記 奥山与右衛門・切田新右衛門 川西喜兵衛・三沢左衛門 窪田平太郎・竹井伝兵衛 小池主計・野呂瀬彦介 岩下又左衛門・宮沢善兵衛 鮎川甚五兵衛	**廿人衆**（二十三名） 三沢四郎兵衛・雨宮彦左衛門 竹居伝兵衛・窪田平太 鮎河神五右衛門・野呂瀬新左衛門 小池主計・河西喜兵衛 小田切源次郎・島田外記 奥山十右衛門・天河兵部助 宮沢善三・橘田新左衛門 岩下又左衛門・三沢左門 七沢佐左衛門・竹居江右衛門 窪田弥三右衛門・秋山藤四郎 白坂伝三・天河平次・今井弥四郎

因みにこの起請文を最初に検討された中村孝也氏は、「浜松御在城記」により、二十七衆で八九五人との数値を出しているが、[19]衆数は二十八の単純な誤りであり、総人数も正確なものとは思えない。総人数が最も多い写本は（C）の八四二人であるが、（A）・（B）との出入りが多く、どちらが事実に近いのかは判断できない。

いずれにしても衆名は、解体しかけていた武田旧臣団について、その元の職制と軍団編成に依拠して、[20]再結集した結果と思われる。

七　起請文と家康の本領安堵状との関連

家康による武田旧臣の調略による抱え込みは、江尻城主の穴山梅雪を上げるまでもなく、武田氏滅亡以前から進行していた。とりわけ信長による武田遺臣の処断に際して、前出した（二）の「浜松御在城記」にみられるように、家康は事前に甲斐衆の一部を遠州内に避難保護をさせており、その代表的な者が遠江・二俣城主であった依田信蕃や武川衆であった。かれらは本能寺の変後に、いち早く家康に帰属し、旧領の回復や新規の知行宛行を受けている。

その初見は六月十七日付けの窪田助丞宛であり、[21]これは家康に先行して甲斐へ入った大須賀康高ほかの連署によるものであった。窪田氏は起請文の中では「小十人衆」の中にみえており、同年十二月九日付けでは、改めて家康より安堵状を受けている。家康自身が甲斐衆に直接与えたものは、六月二十一日付けの小池筑前守宛の感状であって、[22]小池氏は甲斐北部の地域地侍集団である津金衆であり、その頭目である小尾監物には、九月七日付けで本領安堵が行われており、[23]起請文には共に「津金衆」として名を連ねている。以下、八月以降には、武田旧臣の中核部を構成していた者達への本領安堵が急増しており、それは十二月十二日に家康が浜松へ帰陣するまで続けられており、こうした本領安堵状を受けた大部分の者の名が起請文でも確認できる。

こうした経過の中で一つ不可解な現象は、津金衆と同じく甲斐西部の山岳地帯の地域地侍集団であった武川衆についてであるが、津金衆と同じく早く天正十年七月初めには家康に帰属し、その保護を得て遠江の桐山に一時避難していたが、家康が北条氏直と若神子で対陣するに及んで帰郷し、その最前線で活躍し、その結果、衆中が個別の感状を拝領しており、さらに八月には本領安堵状も受けており、十二月七日付けでは、改めてその再確認の安堵状を得ているにも関わらず、武川衆は一人も起請文には登場していない点である。この問題は、武川衆の動向として別に検討する必要があり、課題としておく。

以上の点をまとめておくと、家康は本能寺の変後の甲斐入国に際して、まず先発隊として大須賀康高らの重臣層を派遣し、武田旧臣層の調略を進めさせており、それに応じて帰属してきた将士を北条氏との対戦の最前線に送り込み、そこで戦功を上げた者にまず感状を与えている。次いでそのもの達の徳川家臣化を進め、その保証として取り敢えず本領安堵状を与えている。その上でさらに戦功のあった者に対しては新知宛行も行っており、そうした感状・本領安堵状・新知宛行状を所持していた者を対象として、改めて臣従を確認するために、家康の浜松帰陣に際して、甲府城代の平岩親吉に命じて、その両奉行である成瀬正一・日下部定吉が実務担当者として、これら甲斐衆から起請文を提出させたものと思われる。その作業がいつから開始され、いつそれが終わったのかははっきりしないが、その原型は家康の浜松城帰陣までには終っていたと思われ、それが一括して浜松城内の秋葉神社に奉納されたものであろう。

まとめとして

従来、『大日本史料』（十一編之三）に、「浜松御在城記」をもとにそれを「増補家忠日記」で校訂した「天正壬午甲信諸士起請文」が収録され、天正十年三月の武田家滅亡と、六月の本能寺の変後における、甲信地域の武田家旧臣団の徳川家康への帰属経過を示した史料として位置付けられてきた。これによって起請文の対象者を「甲信諸士」として、同年八月二十一日にこの起請文が作成されたとして利用されてきている。

しかしまずこれに信濃衆を加える必然性はなく、この史料を書写作成した際に混入させたものであって、本来は「甲斐衆」のみの起請文であり、その作成提出も、家康の浜松城への帰還に間に合わせるように、十二月十二日頃までにとりまとめられたものとした。またこれら起請文の原初形態は、単独のものはなく連署が基本であって、衆中が多人数の場合には複数の起請文に分散して差し出された可能性もあり、少人数の場合は「衆中一紙」で出されていた。したがって当初の起請文の総数は判然としないが相当数に及んだと思われ、それらがまず甲府城内の両奉行によって集められ、次いで浜松城内の秋葉神社に奉納されたと推定した。

秋葉神社では、江戸初期になって徳川創業記類の編纂が盛んとなった段階で、その編纂史料として起請文類の整理と書写が行われ、武田氏時代の家臣団別にまとめ直されたものが、その後に成立する諸写本の元本になったものと思われる。原本の起請文類やこの元本も今次大戦で焼失したとのことで、推定部分が多くなってしまうが、現存するものでこれに最も類似しているものは、前述したように現在、上田市の生島足島神社に所蔵されている、永禄十年閏八月の「武田将士起請文」であろう。これには単独署名のものも多くみられるが、「壬午起請文」の場合には、単独のものはなく、衆内で連署したものが基本であったと思われる。

さらにその作成動機としては、解体しかけていた武田旧臣の徳川家臣団への登用が目的であり、それまでに本領安堵によって家臣化が進められていた諸士について、その見返りとして徳川家臣化の最終的な従属確認を自覚させるために提出させたものであろう。

注

(1) ①中村孝也『徳川家康文書の研究』上巻（日本学術振興会、一九五八年）三〇八頁以下。②『家康の臣僚』武将編（人物往来社、一九六八年）では、「八百九十五に上る彼らの氏名は、天正十年八月二十一日附をもって、総代たる駒井右京進昌直・今副新右衛門昌常が家康の奉行成瀬吉右衛門正一・日下部兵右衛門尉定吉に対し、連署して提出した誓書」と記述している。

(2) 柴辻「天正壬午甲信諸士起請文の考察」（『古文書研究』三号、一九七〇年）。後に著書『戦国大名領の研究』名著出版、一九八一年）に再録した。

(3) ①『山梨県史 資料編6 中世3下 県外記録』（山梨日日新聞社、二〇〇二年）。②『山梨県史 通史編2 中世』（山梨日日新聞社、二〇〇七年）。

(4) 平山優『天正壬午の乱』（学研パブリッシング、二〇一一年）。

(5) 浜松市・秋葉神社の袴田宮司の証言によると、今次戦災で社記等は悉く焼失したが、戦前に起請文の存在は聞いていたが、実見はしていないという。江戸期に原本が現存していたことは、「井伊家伝記」などに記録されている。

(6) 飯沼宏仁『「天正壬午甲信諸士起請文」について』（『風林火山』二九号、二〇一六年）。

(7) 徳川家康の浜松在城期の事績を編年でまとめたもの。著者は不明であるが、浜松藩主青山忠雄の家臣である永井随庵と想定されており、延宝の末か天和年間（一六八一～八三）の成立と推定されている。内閣文庫所蔵本により『濱松市史』史料編第一巻（浜松市、一九五七年）に収録。

（8）『大日本史料』十一編之三（東京大学出版会、一九八八年）。
（9）注（1）の①に収録の天正十年八月十三日の有賀式部助宛の本領安堵状以下。
（10）「家忠日記追加」巻之八（早大図書館所蔵本）。
（11）「井伊年譜」（元文頃、功刀君章著、東大史料編纂所々蔵本）。
（12）『寛政重修諸家譜』第三巻、九七頁（続群書類従完成会、一九六四年）。
（13）柴辻「『永禄武田将士の起請文』の歴史的考察」（『武田氏研究』四一号、二〇一〇年）。後に著書『戦国期武田氏の地域支配』（岩田書院、二〇一三年）に再録。
（14）①天文十九年七月二十日、毛利家家中連署起請文（『毛利家文書』三巻）。②天正十五年六月二十一日、豊臣家奉行人連署起請文（細川家文書）ほか。
（15）「浜松御在城記」、注（5）参照。
（16）「井伊家伝記」（享保十五年に龍沢寺祖山著、内閣文庫所蔵本）。
（17）「武徳編年集成」木村高敦編、元文年間（一七三六～四〇）の成立。家康の一生を編年で追った私撰の徳川創業記。（刊本は名著出版、一九七六年）。
（18）注（2）論文で検討した、早稲田大学図書館所蔵本ほか。
（19）注（1）の①の三〇八頁。
（20）『甲陽軍鑑』品一七にみえる「武田法性院信玄公御代惣人数之事」での家臣団書き上げによる。
（21）注（1）の①の二九三頁収録。
（22）注（1）の①の二九七頁収録。
（23）注（1）の①の三六七頁収録。

第四章　武田氏と地域的同族武士団武川衆

はじめに

武士団の形成とその時期的な変化に関しては壮大な研究史がある。(1)この問題についての研究史の現状がどうなっているかについては十分には把握していないが、その初期に形成された血縁的同族武家集団が、地域によってはその結合を強めながら地域的武士団として中世の戦乱を生き残り、近世初頭の兵農分離状況の中で、その大部分がその党的結合の解体を迫られて帰農していく状況が、すでに明らかにされている。

そうした状況の中で、例外的に近世になっても幕臣や大名家臣として、従来の族的結合と地域的な結集を維持しながら、武家として存続し続けた一族もいくつか検証されている。(2)そうした事例の一つとして、甲斐国西北部山間地の武川筋（釜無川支流の武川流域）に、武田氏庶流として鎌倉末期より蟠踞し続けた武川衆が知られている。

甲斐国内では武川衆と同類の同族的な地域結合による武士団としては、他に津金衆・御嶽衆・九一色衆・西海衆などが知られているが、武川衆も含めて、かつてこれらの武士団は「辺境武士団」と位置付けられて検討され

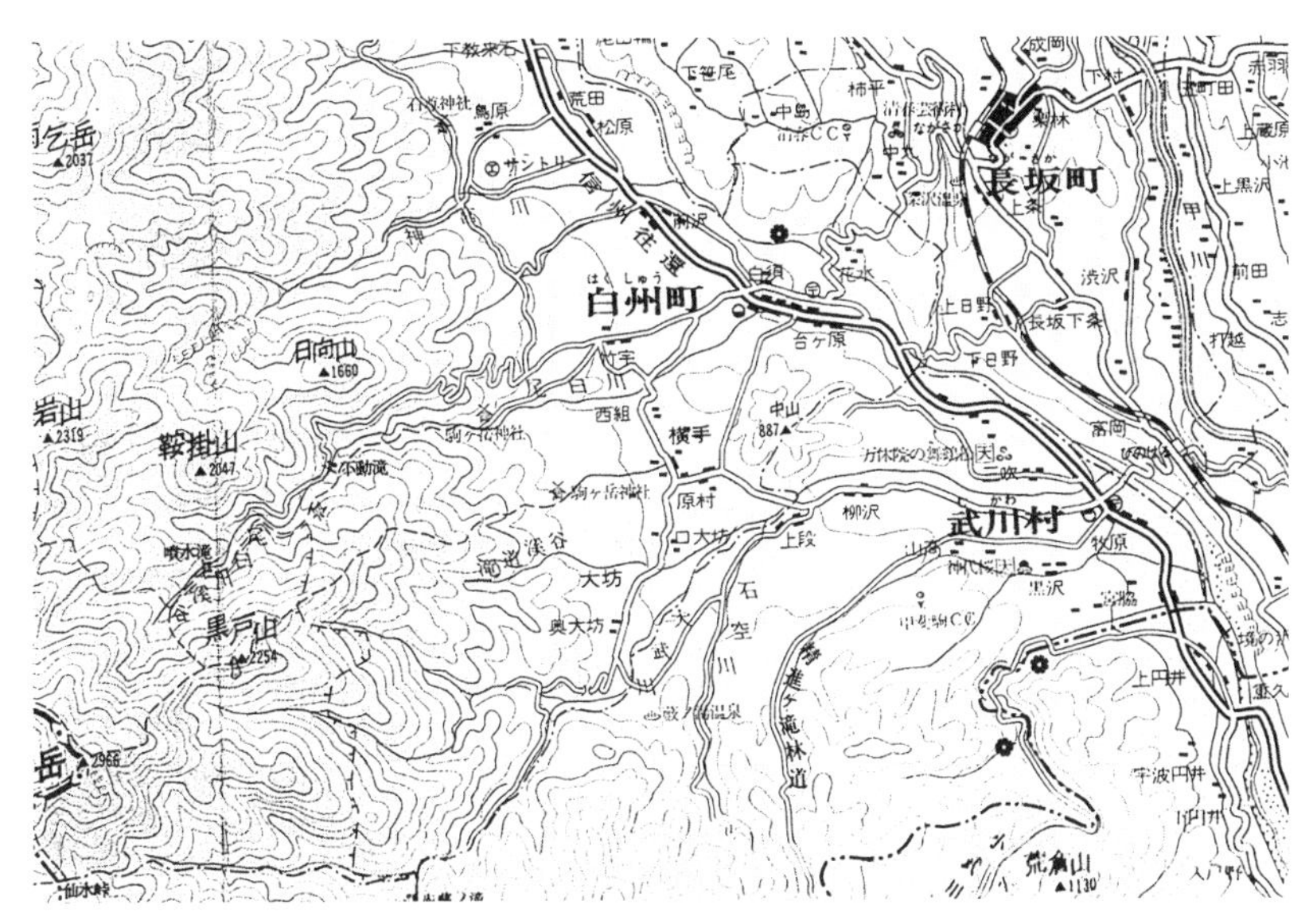

図版1　武川筋の村々

ている。[3] 後述するように「辺境」との概念は適切ではないが、そこでは共通する性格として、山間部の狭隘地での血縁的・地縁的結合による武士団であることと、武田家臣団として国境警固役を担当していたこと、武田氏滅亡に際して徳川氏家臣団に再編成されていることなどが指摘されている。

武川衆の場合も、近世初頭に徳川家康に召し抱えられて旗本として存続した氏族が多いこと、その後の徳川氏の知行地再編成や関東移封、慶長六年（一六〇一）二月の徳川氏の甲斐再領などによって知行高は順次縮小され、帰農したものも多い中にあって、その一部が旗本として存続できたのは、かなり特異なことである。とりわけ武川衆の頭目であった折井・米倉氏については、旗本として幕府内でも一定の役割を果たしている。ここではこの内の折井氏について、その末裔が関連史料を所蔵されており、[4] その調査報告書もまとめられているので、[5] それらを参考にして、折井氏をを中心に、武川衆の動向を再検討しておきたいと思う。

武川衆に限定した研究史としては、すでに戦前に、伊東多三郎氏が、武田氏家臣団を事例として兵農分離状況を検討した中で、武川衆にも言及している[6]。そこでは武田氏滅亡に際して徳川家康に帰属し、その後の徳川氏の関東移封に伴って武蔵に知行替えとなり、それを契機として衆内での兵農分離が一気に進行した状況が明らかにされている。

次いで村上直氏が徳川家康の甲斐入国と関連させて、武川衆の動向を詳しく論証しており[7]、現在でもこれを越えるものはない。主として江戸幕府の創業記類に収録されている武川衆関連文書を駆使して、徳川氏家臣団として定着していく過程を論証しており、その所領構成などの変化をまとめている。関連の史料紹介としては、筆者が「記録御用所本古文書」[8]に収録されている武川衆関連文書六十点弱を翻刻紹介しており[9]、これが基本史料となる。佐藤八郎氏はそれをもとに、武川衆の各氏についてその由緒と末裔の動向を明らかにしている[10]。

しかし近年では武川衆をはじめとする甲斐国内でのこうした同族的地域武士団に言及したものはみられず、関心は薄らいでいる。

一　武田氏一族の分立

平安末期に甲斐源氏の中心となった武田氏が、国内に一族を分出させて勢力を拡大させていく経過については、すでに多くの点が明らかにされている。その中で武川衆の祖と目されている青木氏については、かつて以下のような略系図を示して、その系譜を説明したことがある[11]。

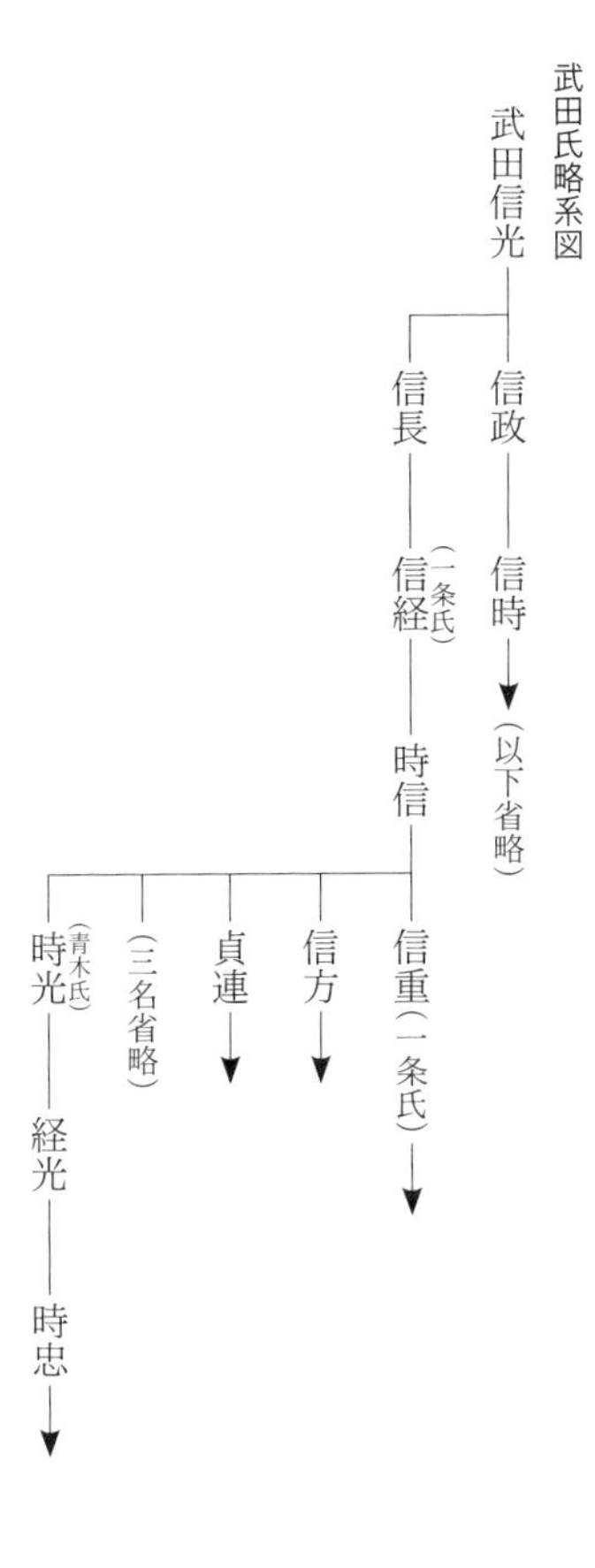

系図によって若干の差異があるものの、この内の時光系から青木氏が出て、さらにそこから折井氏が分出したとされている。信方系からは同じく武川衆に属す山高氏が派生しており、青木氏からは後に折井氏のほか柳沢・山寺・横手氏らが分立している。戦国期に武田信玄の重臣として活躍する馬場信春も、初名は教来石氏であって武川衆の一員であった。この外にもやはり武田氏の末流として、隣接地域に進出していた奈古義行末裔の米倉氏や、一条忠頼の子の甘利行忠末裔の曽雌氏らが、武川衆を構成していた。

以上のように、分立当初においては、武田氏の一族構成員として、一定の地域支配を担っていたのであるが、歴代を経るに従い、武田氏との関係は希薄となり、分立した諸氏族は地域に埋没していく。この頃になると武田氏自体も弱体化していき、鎌倉末期には守護権の行使さえも危うくなっている。分立していた諸氏は武田氏衰退の中で自力救済を迫られ、かつての同族関係による地域的な再結合を強めざるを得なくなっていく。

武川衆については、各氏の系譜以外に鎌倉末から南北朝期の状況を示すものはみられず、唯一、貞治二年（一三六三）の奥書をもつ「一蓮寺領目録」に、上掲の略系図中の一条信方・時光らの名がみえているにすぎない。これは一条小山の地（甲府市）に時宗の一蓮寺を創建した一条時信の子等が、一族と共に同寺に寺領を寄進した際の寺領目録であり、(12) この段階ではまだ一条郷（甲府市）周辺地が寄進されており、武川筋への分出が実現していたかについては疑問が残っている。

次いで南北朝初期に、安芸国から甲斐守護に復帰した武田信武によって、守護武田氏の復権が進められていくが、内乱の経過の中で家臣団内での惣領制は解体に向かい、庶子の自立化が進行していく。武川筋に分立し始めていた氏族についても、その地域での生き残りをかけた、新たな族的地域的結合を迫られることになる。

次いで武川衆に属する諸氏の動向がやや具体的に分かるのは、応永二十三年（一四一六）に室町幕府の関東支配の拠点であった、鎌倉府内で起こった上杉禅秀の乱に関連してのものである。鎌倉公方足利持氏に対して、それを補佐すべき関東管領の上杉氏憲（禅秀）が反乱した事件であるが、これに関東の守護大名らが関与して、乱の鎮圧後も各地で争乱が続くことになる。とりわけ甲斐国では、禅秀に荷担した守護の武田信満が足利持氏に攻められて敗死し、その子らは高野山に逃亡したことから守護不在の状態が、永享十年（一四三八）まで二十年間続くことになる。

この間に国内では鎌倉府に属した一族の逸見氏や、守護代として入部してきた跡部氏らと、幕府側に属して鎌倉府に対抗した武田信満の次男信長とが対立し、内乱状態が続くことになる。この対立状況の中で、武川筋に土着した庶子のうちで、守護方である武田信長に味方した者が相当数みられ、各地の戦いで戦死した諸士の名が『一蓮寺過去帳』にみられる。(13) その姓氏のみを拾ってみると、柳沢・山寺・山高・白州・馬場・米倉・青木・曲淵・入戸野氏らの名がみられる。この中には一条氏の庶流のほかに、出自を異にする米倉氏や曲淵氏なども見えており、この時点ではすでに同族的結合を越えて、在所の地縁によって一揆結合していたことが明らかである。

二　戦国期の武川衆

次いで武川衆の動向のわかるものとして、戦国期に入って、武田信玄の時代の永禄十年（一五六七）の「永禄武田将士起請文」がある。(14) 分立後約一二〇年を経てのものであり、この間の武川衆に関する直接的な史料はほとんど存在しないので貴重なものとなる。これは武田信玄の全盛期に、嫡男の義信とその側近が信玄への謀反を企て、それが事前に発覚して義信ほかが処断された後、家臣団の再結束を図るために、領国内の全家臣団に忠誠を誓わせるために提出させたものである。現在、八十余通のものが、上田市の生島足島神社に残されているが、その中の一通に「青木・山寺・柳沢、六河衆」と包紙上書きのあるものがある。

本文の誓文六ケ条と神文は、他の大半のものと同文であり、信玄への忠誠を誓った内容である。差出人は馬場小太郎信盈・青木右兵衛尉信秀・山寺源三昌吉・宮脇清三種友・横手監物満俊・青木兵部少尉重満・柳沢壱岐守信勝の七名であり、宛名は他の起請文の多くが武田家の奉行人であることと相違して、「六郎次郎」となっている。これは武田親族衆筆頭の武田信豊で、信玄弟の信繁の嫡男であり、川中島合戦で父が戦死したために家督を継いでいた。これにより差出人の七名は、武田信豊の与力同心衆であったことが判明する。「衆中一紙」で出している点が重要である。

つまり当時の軍団編成上の寄親・寄子制によって、与力として信豊に附属させられていた者達である。ここには折井・米倉氏らの有力者の名のみえないことから、これは武川衆のごく一部の者である。信豊はこのほかに複数の武士団を同心としており、武川衆についても、これがその全体でない点は明らかである。ここに名の見えない武川衆については、別に信豊宛に起請文を書いているか、または他の大将格の武将の寄子になっていたと思われる。因みにこの起請文のすべての包紙は受け取った側で後補して上書きしたものであるから、便宜的なものである。

従ってこの段階での武川衆の全貌ははっきりしないが、同族的地域武士団としての武川衆については、各氏族ともに自立性が強く、一族内でも別の寄親に従っていたような状況があったと思われる。起請文の残り方が少なく、その大半が亡失している現状からは、武川衆の全貌は不明であるが、信豊への起請文にみられる七名が、伝存する各氏の系図や系譜で確認できない者が多いことなどによって、その広がりの大きかったことを推定させる。ただしこの七名が「衆中一紙」で出している点より見て、その族的・地域的結合は強固であったと思われる。

因みに武田氏滅亡後の天正十年（一五八二）十二月になって、武田遺臣らが徳川家康に忠誠を誓った際の起請文が伝わっているが、(15) そこでは「典厩衆」として、武田信豊の同心衆三十三名が書き上げられているが、その中にはすでに武川衆に属する氏族の名はみられない。この点は寄親・寄子関係自体が流動的なものであったことと、後述するように、武川衆の徳川氏への帰属は、他の武田遺臣に先行して実現していたことによる。

前述した永禄起請文のほかに、この時期の武川衆に関する史料も若干みられるが、いずれも断片的なものであって、その実態に迫りうるようなものは少ない。

武田氏時代のものとして、やや具体的な状況を示す文書が残っており、その経営内容の一端を示すものなのでその全文を示す。(16)

［史料1］　武田家朱印状写

父折井内匠助名田之事、不残被下置候、然者武具等令支度、無疎略可陣参、若父為私曲、名田於渡他之子息者、於内匠助者、可有追放分国之旨、被仰出者也、仍如件、

丁卯（永禄十年）
三月十一日　〇（竜朱印）　山県三郎兵衛尉
奉之

折井七郎右衛門尉殿

宛名の折井七郎右衛門尉は、その父内匠助と共に系図上では確認できないが、七郎右衛門尉は、この時期の折井氏惣領の市左衛門次昌に近い人物と思われる。内容は武田氏が折井氏に、永禄十年（一五六七）段階で、父内匠助の名田を宛行うので、陣参せよといい、もし父が名田を他の子に渡すことがあれば、分国を追放するとしている。この時に内匠助家内で何が起こっていたのかはわからないが、世代交替を命ぜられたことが明らかである。

ここで重要な点は、武田氏が折井一族の名田安堵をして、その代償として軍役を負担させていることである。武田氏のこの方式は、他地域で家臣化していた地侍と全く同一であり、武田氏は個別にこうした地域の地侍を掌握した後、前述したように寄親・寄子制によって、特定の親族や国衆の与力・同心として編成していた。従って、武川衆などを「辺境武士団」と位置付ける必要はなく、むしろその同族的・地縁的な結合性の強さの残存に注目すべきかと思う。「辺境」の概念は現在の状況から想定したものであって、当時においては他地域との格差はあまりなかったと想定すべきである。

ほぼ同時期に、武田信玄から武川衆の一員である横手監物宛に対しても、次の文書が宛てられている。(17)

［史料2］　武田信玄判物

横手遺跡相渡候、然者知行・土貢、雖為闕乏、厚恩之上者、所領役之人数・武具等、自当陣、無懈怠令支度、

可被軍役者也、仍如件、

永禄十年丁卯

三月十五日　信玄（花押）

横手監物殿

これによれば、横手氏でもこの時期に世代交替があり、宛名の監物が遺跡を安堵されて、相当の軍役を負担させられている。これが信玄の判物で出されている点も重要である。

次いで天正九年（一五八一）三月とある境川村（笛吹市）の八幡神社の寄進札銘があり、[18] その寄進者名として折井市左衛門次忠・秋山但馬守光重・山本新八郎昌吉・青木弥三左衛門満定・（以下五名省略）・曽雌民部助景秀・（二名省略）・折井九郎次竜安・山本内蔵助・（一名省略）・曽雌新九郎秀定・矢崎長助の十七名がみえており、その大部分が武川衆とその隣接地の諸氏である。その背景ははっきりしないが、八幡神社の修築に寄付をしたものである。

次いで米倉丹後守重継については、『寛政重修諸家譜』にやや詳しい記述があるが、[19] その子の主計助忠継に関しては、次の文書がみられる。[20]

［史料3］　武田家朱印状写

鉄砲薬抹奉行

一番　依田左近助

赤岡源左衛門尉

二番　小山田因獄

米倉主計助
三番　跡部十郎左衛門尉
鎌田孫左衛門尉
右二日宛、以輪番、堅可相勤者也、仍如件、
(天正八年)
庚辰
閏三月十四日　(竜朱印を欠く)

これは天正八年閏三月十四日付けの武田家朱印状であり、駿河方面での北条氏政との対戦に際して、鉄砲薬抹奉行として、米倉氏が二番組を小山田因獄と共に勤めたものである。これによれば武川衆も他地域の家臣団と同等に、行政や軍制の一端に関与していたことが明らかである。

ほかには天正八年十二月の宇波戸神社（韮崎市）の戸帳寄進札銘にも、米倉主計助の名がみえており、在所に近い神社へ戸帳を寄進している。(21) このほか柳沢・白州・馬場氏などのみえる文書もあるが、これらが同姓であっても他地域での氏族もあり、武川衆に属する者との確証が得られないので省略する。

なお『寛政家譜』所載の「山高家譜」によると、(22) 山高氏十代とされる「親之」の記事には、親之も武田信繁に属し、武川十二騎の随一として、信繁が川中島合戦で戦死した折には、その首を敵から奪い返したとあり、その孫の「信直」の説明には、同じく武田信繁・信豊父子に属し、武田家滅亡の際には、徳川家康より遠江・桐山（浜松市）に保護され、本能寺の変後には、新府城の家康の元で活躍し、以後は武川衆と行動を共にしたとある。

近年刊行され始めた柳沢吉保の日記である「楽只堂年録」によれば、(23) 青木時光の末裔の信定から記録を書き起こしており、信定は武田信縄・信虎に仕えて戦功を立て、永楽七十貫文を知行し、武川十二騎の随一であり、十

二騎とは青木・馬場・柳沢・山高・山寺・三吹・横手・教来石・新奥・宮脇・牧野原・白須であるという。この他に武川並衆もあって、出自は必ずしも一つではないともいう。信定の子信立は尾張守と称して、信虎・信玄に仕え、武田信豊の与力という。その次男の信俊が源次郎と称し、後に柳沢兵部丞に改め、吉保の祖父であるという。

三　武川衆折井氏の動向

次に武川衆の内で、武田氏滅亡後の徳川氏への帰属経過の中で主導的な役割を果たした折井氏について、やや詳しく見ておきたい。まず『寛政家譜』（第三巻）所載の「折井系譜」であるが、その略系は以下のようである。

時次（三郎、青木十郎時光が男）―信衛―（四代略）―次俊（左衛門尉、武田信縄・信虎父子につかふ）―次久（向左衛門、内記助、永正六年、父を継いで折居を知行、弘治二年三月死す）―次昌（五郎次郎、淡路守、市左衛門、弘治二年より信玄・勝頼に仕え、足軽を預かり、元亀元年正月、駿河花沢で軍忠、天正十年、勝頼没落し、東照宮、市川に御座の時、米倉忠継とともに拝謁し、遠江・桐山に潜居、以下略）―次忠（九郎次郎、市左衛門、天正十年七月、甲斐国樫山陣で東照宮に拝謁、同十八年八月遺跡を継ぎ、武蔵国比企郡に移封、以下略）―（以下省略）

ほかにも分家として、次昌の次男の次吉や、次久の次男の次重家を載せており、特に後者は信玄代での分かれであるという。なお、『寛政家譜』の前提となる『寛永諸家系図伝』[24]では、次久の一代前の次俊から書き起こしており、「左衛門尉、武田信縄・信虎に仕う」とあり、次昌以降については、『寛政家譜』よりは簡略であるが、ほぼ同内容が記述されている。

これらに対して、「折井家文書」中の寛政十年（一七九八）の奥書のある「先祖書」では、「源姓折居、後改折

井、家紋割菱・三ツ井桁、源姓従六孫王経基公出、武田大膳大夫信義後胤、青木十郎時光三男折居三郎時次、七代折居内記助久惣領、（中略）市左衛門次昌儀、氏祖折居三郎時次以来、代々折居郷受領之、弘治二年三月十日、父内記助病死、市左衛門継其家督」とあり、以下は『寛政家譜』と同一の記事が続く。

これらによって、次昌は天文二年（一五三三）生まれで、弘治二年（一五五六）に家督を継ぎ、武田信玄・勝頼に仕え、足軽を預かり、武川衆の旗頭として各所での軍役を務めた後、武田家滅亡に際しては、いち早く徳川家康に従属し、武川衆存続の中心になったことが明らかである。

この中では武田氏滅亡後の徳川家康への帰属経過を示す記述が詳しく、家康が天正十年三月十日に甲斐・市川宿（市川三郷町）に到着した際、成瀬正一の取り成しにより、折井次昌と米倉忠継の両人が隠密に召し出され、扶持を与えられて遠州・桐山（浜松市）に匿われ、織田氏による武田遺臣の追討から遁れている。本能寺の変後、両名は三河に帰参した家康を出迎え、即時に甲斐へ帰国して武川衆の動員を命ぜられている。同年七月より始まった家康と北条氏直の若神子（北杜市須玉町）対陣では、武川衆を糾合して北条方に属した諸砦を攻略しており、七月十五日付けで家康から米倉忠継との連名宛で最初の感状判物を貰っている。[25]

本文書が徳川家康から武川衆に与えられた初見文書となり、以下、慶長年間までに徳川氏からの武川衆宛文書を整理したものが、本章末尾の別表となる。約六十点が確認でき、この表中で太字で表記したものが、「折井家文書」として原本が現存しているものである。以下の叙述に際しては、その番号を№で示す。因みに同時期に武川衆と同じような武士団を構成し、釜無川の対岸の塩川流域を根拠地としていた津金衆も、家康に対して武川衆とほぼ同様の動きをしており、その頭目であった小池筑前守信胤宛には、武川衆より一足早く六月二十一日付けで、家康の感状判物が与えられている。[26]

最初は感状付与のみであったが、八月段階になると若神子での北条氏直との対陣に加えて、都留郡より北条氏忠勢が押し寄せ、十二日に御坂峠の黒駒で徳川の別動隊と合戦になり、鳥居元忠らの活躍によりそれを撃退している。家康は新府城に入り、氏直の進攻に備えていた。この経過の中で北条方から武川衆に対して従属要請があり、折井・米倉両人が主導して、一同の家康への臣従を取り付けている。

その功績により、八月十七日付けで、折井次昌は単独で初めて家康からの本領安堵を受けている（別表No.8）。その内容をみると、折井南分二〇貫文・新奥の内二貫文・折井北分一七貫四百文・甘利の内土屋出雲分一六貫文・同所南分二七貫文・同所竹内分五貫文・同所御前分二〇貫文・六科山下分一〇貫文・甘利の内卯七免一〇貫文・同所相良分六貫文・甘利北方夫一人である。

その内容は十ケ所で合計一三三貫四百文であり、夫丸一人も付与されている。どの部分までが本領であったのかははっきりしないが、これには最後に「右本知為改替、宛行也」とあって、この全部が武田氏時代の知行地ではなく、すでに一部の改替地も含まれている。さらに遠州在住の際に約束した分は追って加増するともある。いずれにしてもその所領構成は小規模知行が周辺地に散在しており、これは山間地といった地理的な要因によるものではあるが、本領部分を折井南北とみても三七貫文余であり、やはり平坦部の給人の本領規模とくらべると小規模である。しかし知行地全体の一三三貫余は武田家臣団としては平均的な知行高であり、併せて親族の折井次正が新知宛行として二九貫文を与えられており（別表No.12）、折井次忠にも五二貫文余を分与している点からみて（別表No.25）、一族として武田家臣団の中では一定の役割を果たしていたと推定される。

次いで徳川氏と北条氏との和睦が成立した同年十一月以降には、家康による武田旧臣の再掌握が図られており、改めて本領安堵と新知宛行などが一斉に実施されている。これは家康が一旦浜松に帰国する十二月十二日までに集中して行われており、二度目の本領安堵状では、その内容が当初のものと若干異なっているものが多くなっている。

折井次昌の場合でこの点を確認すると、十二月七日付けの家康判物では（別表No.11）、折居南分三五貫文・折居内五貫文・六科内綱蔵分五貫五百文・同所山下分一〇貫文・亀沢内渡辺分六貫九百文・甘利内土屋出雲分一六貫文・同所寺分二七貫文・同所竹内ひかへ前五貫文・御前分二〇貫文・卯時免一〇貫文・相良分六貫文・新奥内二貫文・甘利内北方分夫丸一人であり、下線部分は前回のものと同じであるが、前回にくらべて十二ケ所と二ケ所多くなり、合計も一四八貫四百文と増加している。増加分は遠州での加増約束分であるとの断り書きもある。

この折井氏の場合には、八月段階の内容と目立った差異はなく加増のみに留まっているが、他氏宛の二通目のものでは、その内容が大きく異なり、明らかに替地宛行と減額が行われた結果のものもあり、すでにこの時期から徳川氏による知行地再編成が始められていたことの証左である。家康は知行地再編の実施の結果をもとに、浜松帰還に際して、帰属した武田旧臣から忠誠を誓う起請文を徴収している。これについては別に検討しているので参照されたい。[27]ただしその起請文の中には武川衆のものは収録されておらず、同じような動きをした津金衆や御嶽衆のものが収録されているのと対照的である。武川衆は前もってすでに八月頃までに個別の起請文を出していたためであろうか。

次昌はその後も天正十二年四月の長久手の戦いや、翌十三年閏八月の真田氏の上田城攻めに従軍し、その賞として同年五月二十七日に、家康判物により再度の本領安堵と加増を受けている（別表No.26、図版2）。この安堵状の知行地は、前述した天正十年十二月七日のものとすべて同一であり、亀沢分内渡辺分で一〇貫文と、甘利内竹内ひかえ前で二〇貫文が加増されている。この時期に他氏については知行地の改替や減少などの再編が進攻して

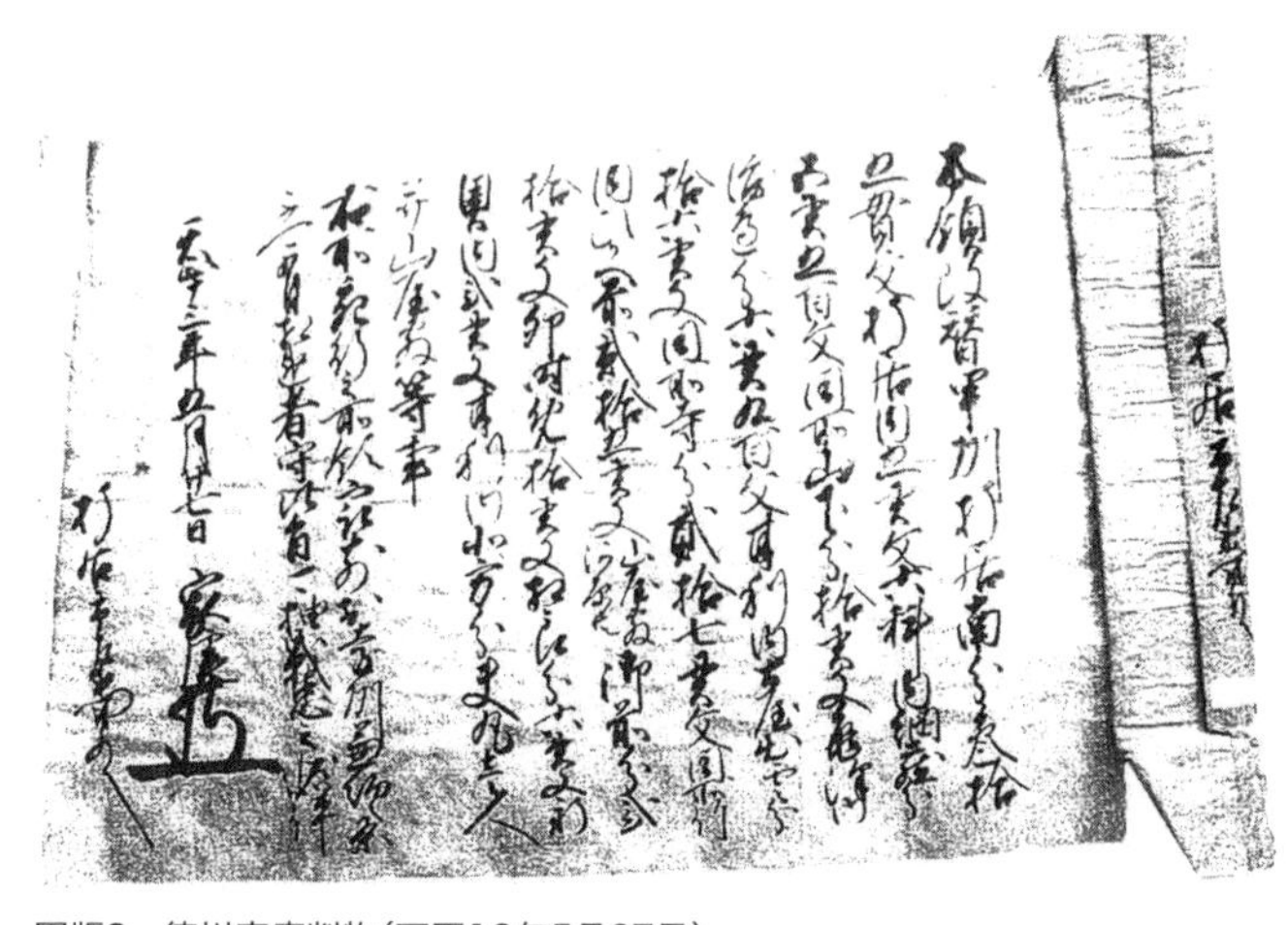

図版2　徳川家康判物（天正13年5月27日）

いた状況の中で、三〇貫文の加増を得ている点は特筆される。

翌天正十四年正月十三日には、「武川衆」宛に、家康は人質提出を命じており、それに応じて兄弟親類を駿河・興国寺城（沼津市）へ送ってきたことを賞している。これには大久保忠隣・本多正信の副状も添えられている。(28) これは石川数正の豊臣方への出奔に伴う秀吉の攻勢への対応のための家臣団の引き締めであろう。

天正十七年（一五八九）八月、家康は甲斐の新府に入り、伊奈熊蔵忠次に命じて、領国五ヶ国の総検地の一環として検地を実施している。それと並行して九月には、五ヶ国の郷中宛に七ヶ条の定書を示して、年貢・夫役の納め方を指示している。検地の実施状況ははっきりしないが、それが給人・寺社からの差出しによるものであった点は確認されており、それが終了した所から、順次、伊奈熊蔵の名で知行書立状が出されている。

天正十七年十一月二十一日付けで折居次昌に宛てられたものを示すと、図版3となる（別表No.29）。

これによると、それまでの十二ヶ所で一四八貫四百文と夫一人であった知行が、

一、参百四拾俵七升七合弐夕九才　　折居之郷

一、参百九拾壱俵壱斗二升弐合七夕一才　　北武田郷郷

の二ケ所に整理統合されている。数値表記も貫高から石高に変わっており、しかも実際に知行地の百姓から納入される年貢高が俵数で示されている。「寛政家譜」ではその知行高を七三〇石余としているが、これは前記二ケ所の合計の七三二俵の誤りであろう。俵高が年貢高である点は、本文中に「百姓請負一札」とあることによる。貫高と石高の換算率や知行高と年貢高の関係が分からないので、その増減を確かめられないが、一般的にはこの時の知行地再編成で、給人領・寺社領共に分散していたものが数カ所に集められ、知行規模も極端に縮小されたとされている。(29)

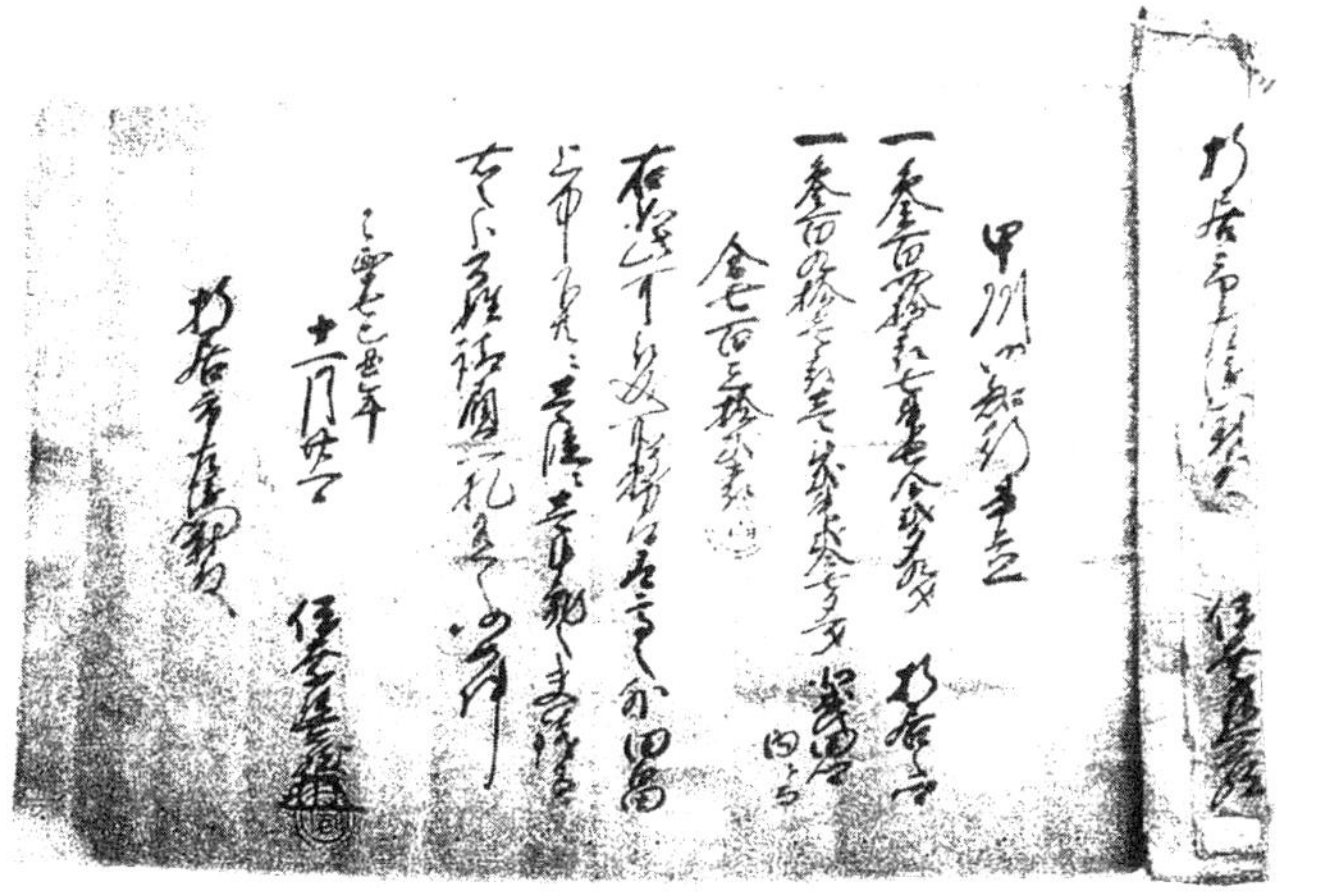

図版3　伊奈熊蔵知行書立状

注目される点は、この点に関連して、この二ケ月後の天正十八年正月十九日付けで、衆中の青木満定ほかが折井次昌と米倉忠継に対して、欠落人や追放人に同調しないとの起請文を出しており（別表No.33〜36）、伊奈検地による知行地再編に際して衆内で欠落・追放人が出たことを示している。こうした動きに対応するため、折井・米倉の両名は知行高の加増を申請しており、その結果、正月二十七日付けで、両名宛に合計二九六〇俵の年貢地が渡され、衆中二十四人に「配当」すべしとある（別表No.39）。これとは別に翌日付けで、折井次昌に甘利下条北割（韮崎

市）で四百俵、米倉忠継に三吹郷ほかで四百俵が与えられている（別表No.41）。これらには「重恩」とあるが、実態は改変前の不足分の追加補充であったことになる。伊奈熊蔵の検地と知行地再編がそれほど厳しかったことを示す。

次昌は天正十八年四月の小田原の陣に従軍し、帰陣後の八月四日に五十八歳で病死している。嫡男の次忠が家督を継ぐが、この時に家康の関東移封があり、武川衆は武蔵国大里・男衾・児玉郡内に替地を給付されて武蔵へ移転する。「寛政家譜」では、その知行高は、比企・児玉郡の内で八〇〇石とあり、内一四〇石を弟次吉に分与したとある。しかし二年後の天正二十年（一五九二年）三月の伊奈熊蔵・大久保長安連署知行書立状写によれば（別表No.43）、次忠・次吉兄弟宛に武蔵吉田郷（大里郡嵐山町）で五〇六石余・西冨田郷（本庄市）二五九石余、四方田郷（本庄市）一四三石余の合計九〇八石余の知行地が与えられている。同日付けで、他の武川衆宛にはその周辺地十ケ所で、合計三一四〇石余が与えられ、「振分け」せよとされている（別表No.44）。

天正十九年（一五九一）四月に、相方の米倉種継が御使番となって在府したため、次忠が一人で武川衆を統率することになり、同年七月の奥州九戸陣では大久保忠世に属して陸奥・岩手沢まで出陣している。翌年の朝鮮出兵時には、武川衆を率いて造船用の木材切り出しのために伊豆山に出張している。慶長三年（一五九八）四月には、伊奈熊蔵によって武川衆の知行地替えが行われており、従来の「鉢形城廻」が遠隔地に替地されている（別表No.45）。その替地は御正本郷（大里郡江南村＝熊谷市江南町）の一〇二一石のほか四ケ所で合計一五三〇石余になっており、かつて三一四〇石であった知行が、この時点でまた大幅に減少している。

次忠は慶長五年八月の第二次上田合戦に、大久保忠隣の手に属して出陣しているが、これに関連しての加増はみられない。関ヶ原合戦の勝利により、甲斐国は徳川氏が再領することとなり、慶長六年二月、平岩親吉が甲府城代となり、大久保長安による国内総検地が行われる。これを機として武川衆と津金衆の一部が甲斐国の旧地に復活して知行替えになった者もあり、折井氏は移転した者の武蔵の給地を預かっている。次忠の弟の次吉も甲斐へ戻り、同八年正月に甲斐国主となった徳川義直に仕えている。

慶長九年三月二日には、武川衆への知行加増が行われており（別表No.49）、その中には甲斐へ移った者の名も載っており、その者達の甲斐での知行状況を示すものが残っていないので問題はあるが、この時点で「武川衆御重恩之覚」として、柳沢信俊の一二〇石を初めとして十四名宛に、合計一二五一石余が加増されている。これには知行地名は記されていないので詳細は不明であるが、折井次忠の二百石も含まれており、次忠宛には別に単独で宛行状が与えられており（別表No.49）、それによれば男衾郡千代村（寄居町か）・大里郡春原村（？）とあり、都合千石である。他に移転者の預り分もあったとある。

次忠は慶長十九・二十年の大坂冬・夏両陣には病気のため出陣できず、代わりに養子となっていた政次が出陣している。以下、寛政年間の六代目の吉三郎正客までについて、折井家文書中の「先祖書」に詳細な記事があり[30]、記事は「寛政家譜」とほぼ同内容であるが、記述はより詳しいものになっている。

四　徳川政権下での武川衆

折井氏とともに武川衆統率の中心となった米倉氏にも触れておく必要がある。「寛政家譜」（巻一六九）によれば、折井氏らの一条氏流とは系譜を異にし、逸見清光の子奈胡義行の子孫であり、義行の孫の信継が八代郡米倉郷（笛吹市）に分封して米倉姓を名乗ったのに始まるという。その後裔が武田家臣の甘利氏に仕え、甘利荘内で知行を得て、以後歴代が武川筋に住むようになり、重継（宗継とも）の代には信玄の信濃進攻戦に参陣しており、長篠合戦で戦死している。その嫡男の晴継は永禄十二年（一五六九）四月の北条氏との薩埵山合戦で戦死したため、次男の忠継が家督を継ぎ、天正十年三月の武田氏滅亡時には、前述した折井次昌と共に徳川家康に拝謁して、遠江・桐山に匿われている。

米倉氏についての武田氏時代の関連文書は少なく、その動向ははっきりしない。一つは天文十四年（一五四五）八月に、武田晴信と武田氏一族・家臣団十六名が境川村（笛吹市）の若宮八幡宮拝殿の再建に奉加した際の棟札銘写に米倉丹後守の名がみえており、丹後守重継は同社の氏子であったようである。[31]本貫地の米倉に近いことによるものかと思われる。次いで天文十六年二月、米倉丹後守重継が本願主となって、宇波刀神社（韮崎市）の造営に奉加した棟札に名がみられる。[32]これは武川筋に近い所の神社である。もう一点は前述した天正八年閏三月の「鉄砲薬抹奉行」番役定書に、折井氏らと共に米倉忠継の名がみえるのみである。[33]

忠継に関しては徳川氏帰属後のものは相当数の文書が残されており、前述した折井次昌と連名での家康感状判物を初見として、慶長四年四月に死去するまで、十通余の家康判物・徳川氏重臣連署状を残している。

前述した天正十年十二月七日の武川衆への家康による一斉の本領安堵状であるが、不思議なことに米倉氏についてのは、その家督であった忠継のもののみ見当たらず、弟の豊継・満継・養子の信継のもののみ三通が残っているにすぎない。豊継のものは、「宮脇村百五拾貫文・同所小沢分重恩弐貫五百文」で（別表No.14）、満継のは「河原部五拾貫文」で（別表No.15）あり、養子として家督を継ぐことになる信継は、「白州内拾参貫文・宮脇内拾貫文・二日市場内三貫文蔵出替・浅利内三貫弐百文・窪八幡内鶴田分五貫文・三條内拾弐貫五拾文・宮沢内三貫文・蔵田内拾貫文・鹿野川内五百文・田村内六拾貫文・円井内五貫文・同所拾俵」とあり、本文には「本給」とある（別表No.13）。

米倉氏については、当主の忠継のものがなく、養子とした信継分も一時的な給分であり、この時点での一族全体の知行高は不明であるが、後の史料では常に折井氏の石高を上回っているので、この時点での忠継の知行貫高も一八〇貫前後はあったものと推定される。因みに「寛政家譜」（巻一六九）は、この時に忠継が円井郷（韮崎市）で四三〇貫文の本領を安堵されたとしているが、その根拠となる文書を探索したが、該当するものが見つからなかった。なお同書によると、この時の養子信継（種継）の知行高は一二五貫文であったというから、一族全体では折井氏一族を遙かに上回っていたことは確かなようである。

忠継はその後の徳川氏の合戦である小牧・長久手の戦や第一次上田合戦で、折井次昌とともに武川衆を動員して軍役を勤めている。天正十七年正月十一月、他の将士と共に伊奈熊蔵によって、知行地の再編成が行われ、円井郷内で七百俵が書立てられている（別表No.31）。これでは折井次昌の七三二俵とほぼ同額になっている。

天正十八年七月の小田原の陣後、家康は関東移封となり、武川衆の大部分も武蔵国へ移動した。米倉忠継は大里郡御正郷（江南町）で堪忍分として七五〇石を与えられている。弟の信継（種継）・豊継・利継・満継（定継）もそれぞれ忠継とは別の給地を与えられて共に移転している。このうち忠継の死後にその嗣子となった信継のみは相模国足柄郡に采地を移され、慶長四年四月の兄の死去により継嗣となり、その遺領も吸収することとなった。併せて一二五〇石を領し、丹後守と称して旗本として御使番・大坂御蔵奉行などを勤めている。この系統を貞享元年（一六八四）に昌尹が継ぎ、本領は武蔵国金沢区（横浜市金沢区）へ移り、武蔵・相模・上野国で併せて一万石の大名になっている。

なお前述した関ヶ原合戦後の徳川氏の甲斐国再領に際して、武川衆の内から旧地への知行替えを望んで、甲斐国へ帰国した者について触れたが、米倉氏では忠継の弟の豊継・満継が帰郷しており、甲府城番を勤めた後、駿河大納言忠長の家臣となったが、忠長の失脚と共に浪人するが、後に旗本に復帰している。

以上、武川衆の頭目となった折井・米倉氏について、その一族の概略をみてきたが、本来は甲斐源氏一族でありながら、その後の武田氏の隆盛によって出自の異なる両氏が、その一族の生き残りを図るために、地域連合を形成することによってその存在感を示し、まず武田家臣団として一定の職制・軍制の中で地位を得た。そして武田氏滅亡期にはいち早く入国して来た徳川家康のもとに走り、本能寺の変後の天正壬午の乱では、真っ先に家康の甲斐経略の先頭に立って働き、その功績によって徳川家臣として存続することができた。

他の武川衆の構成員についても、この頭目となった両氏の場合のように、折井氏のもとに結集した人々には、依然として一条氏以来の血族意識での結合性が強く残っており、一方、米倉氏に結集した人々については、武田家臣団としてはより強力な者が多く、知行地の在所となった地縁による結合によって、先行していた折井氏を中心としていた旧武川衆に同調していったものと推定される。こうした形は、すでに「永禄武田将士起請文」の中に唯一残っている「武河衆」差出しのものにも現れており、この中には一条氏流ではない、馬場氏や横手氏の名もみえている。

次に徳川期に入ってからの武川衆の構成員とその全体的な動向をみておくと、まず初期での全体構成を示すものとして、天正十年十二月十一日付けの徳川家康印判状（図版4）が注目される（別表No.23）。これには宛名がなく、表題に「武川次衆事」とあるのみで、本文には二十六名の名が書上げられており、「右各武川衆所定置也、仍如件」とあるのみである。これはこの時点で武川衆に準ずるものと追加認定された人々の書上げであり、これをこの時点での武川衆の全貌と見るのは誤りである。これにはすでに武川衆として活動していた折井氏や米倉氏を初めとする先行組の人々の名は上がっていない。つまりこの段階で新規に二十六名が武川衆に合流した者達である。この人名をみると先行した者との地縁による者が多く見られ、一部に米倉・青木氏などの血縁による者もみられる。それ程にこの時点での武川衆の存在感が大きかったことを示すものである。

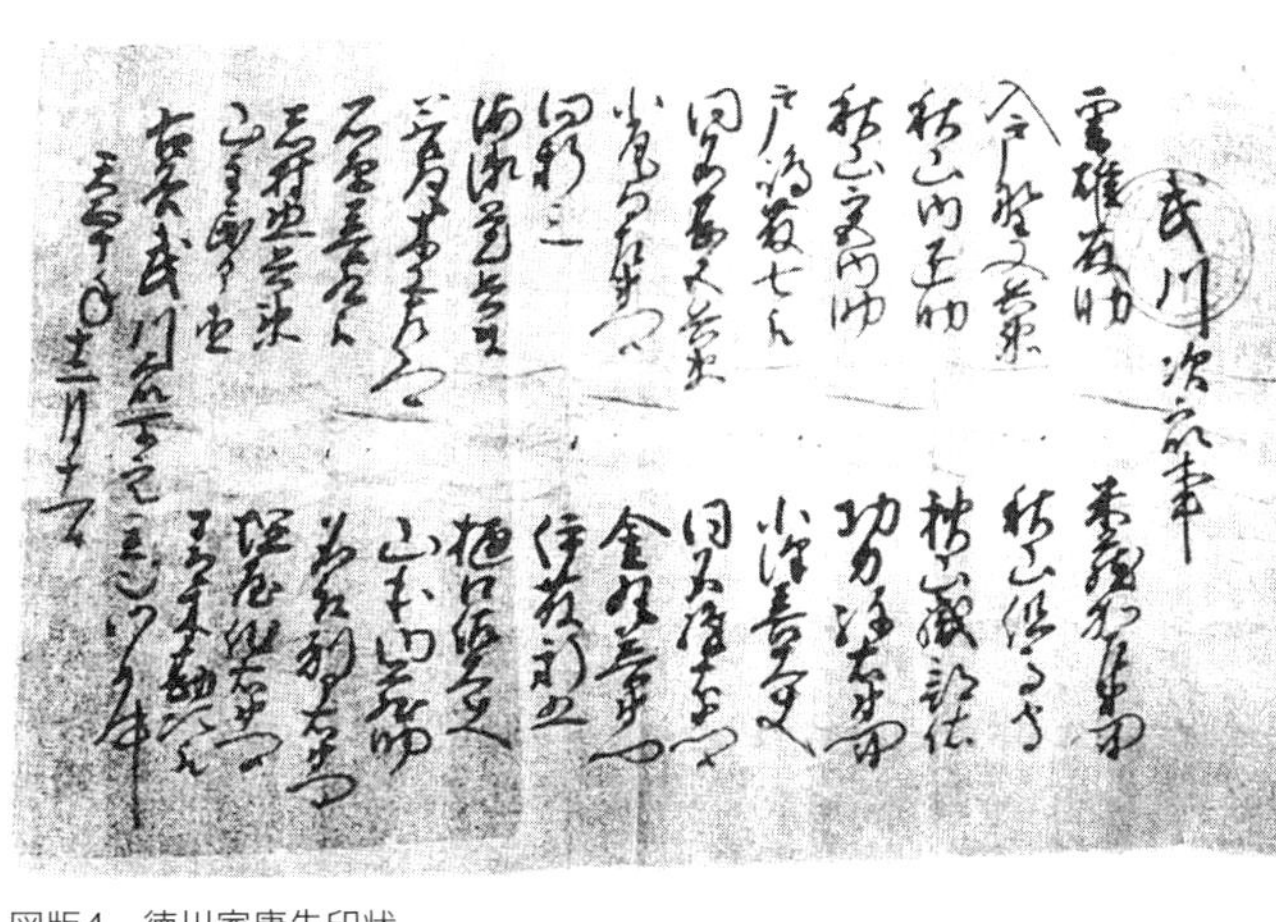

図版4　徳川家康朱印状

次に「武川衆中」宛になっている家康文書は、天正十四年正月十三日付けの判物であって（別表No.27）、これは前述したように、豊臣秀吉との緊張関係によって、家臣団から人質を取って引き締めを図った時のものである。この時点での武川衆の全貌は不明であるが、天正十七年八月の伊奈熊蔵による国内総検地と、知行地の再編成後による十二月十一日付けの武川衆宛知行書立状（別表No.32）によると、衆中が所有する知行地が村別に集計されており、二十五ケ村で合計七三三五俵余とある。但し米倉忠継・折井次昌・米倉彦次郎・折井次忠の四人には個別の書立状を出すとあり、別格扱いになっている。この村々を前掲の図版1で確認すると、さらに武川衆の知行地の周辺部に拡大したものとなっている。

ここでは武川衆の構成員はわからないが、その一ヶ月後の天正十八年正月二十七日付けの成瀬正一ら連署の「御重御之地」によれば（別表No.40）、先の伊奈熊蔵の書立が大幅な減額となっていたためか、各自が不服を申し立て、その結果追加知行が与えられている。これには先に別扱いとなっていた四名の者も含まれており、これがこの時点での武川衆の全貌であることがはっきりする。それによれば二十四名に合計二九六〇俵が加増されている。これを先の「武川次衆」の人名と比較してみると、その名の一致する者は、入戸野又兵衛と伊藤新五郎のみであり、他はこの間に武川衆から離脱していたことがはっきりする。ここに残った二十四名が、武蔵へ国替えとなる直前の武川衆の構成員であったことが判明する。

武蔵へ移転後の武川衆については、その大部分の文書の宛名は折井氏宛となっており、折井氏がその中心にあり、文禄元年（一五九二）三月三日付けの大久保長安・伊奈熊蔵の武川衆宛の知行書上状では（別表No.44）、折井氏を除いた武川衆宛に武蔵大里・男衾・児玉郡内の十村で三一四〇石余が安堵されている。ここでは個々の衆の知行地と石高は明記されていないが、石高表記に切り替えられており、一人平均で一三〇石前後と、折井氏と同様に大幅な減額が実行されたようである。

前述したように、慶長三年（一五九八）四月二日には、伊奈熊蔵より「鉢形城廻替知行之覚」が渡され（別表No.45）、桜沢郷（寄居町）六一五石余と、折原郷（同前）九一五石余の二ケ所の一五三〇石余が、御正本郷（江南町）一〇二一石余・三ツ木（鶴ケ島町）四〇八石余・今市分二一石余・成沢之内（江南町）七八石余の、四ケ所での同額に替地されている。これは鉢形城防衛のための知行地の移動であり、鉢形城廻り警固強化のために他氏が配置され、そのため武川衆はその遠隔地へ移されたためであろう。

慶長九年三月には、折井次忠宛に成瀬正成・大久保長安より「武川衆御重恩之覚」が渡されており（別表No.48）、折井次忠の二〇〇石をはじめとして、十四名の武川衆に一二〇石から二〇石の合計で一二五一石余が加増されている。これには郷名は記されていないが、成瀬正成が担当している点から、徳川氏の甲斐国再領後での甲斐国内での加増であり、旧地の一部の返還といった意味合いのものであろう。この時に米倉豊継には、甲斐国内の八代郡石橋郷（笛吹市境川）ほか二ケ所で二〇〇石が与えられており（別表No.50）、青木長三郎にも八代郡内ほかで二十二石余が個別に与えられており（別表No.51）、米倉・青木氏らはすでに武川衆からは離脱していたことが明らかである。つまりこの段階になると、武川衆の規模は大幅に縮小され、本来の使命はなくなりつつあったことが判明する。

その後の武川衆に関しては関連文書も少なくなり、慶長十五年十二月二十七日付けの土井大炊助利勝ほかの老中連署による折井次忠宛の上納金受取状があり（別表No.52）、それによれば、武川衆の慶長十年から十四年の五ケ年分の知行役として、三二四両余を小判で受け取り、蔵へ収納したとある。折井氏がとりまとめて納入したものである。

次いで慶長二十年三月には、大坂夏の陣への軍役賦課に関して、老中連署で五通の指令が出されている（別表No.53～57）。これらによれば、一万石に鎗一〇〇本の役であるが、その内の五十本分は鉄砲二十挺とすること、夫役を忌避して欠落する百姓の取り締まりを厳重にし、四月十一日までに近江の勢多まで出張すること、夫食として一万石につき三〇〇人分の扶持米を渡す事などが指令されている。これらはすべて武川衆宛となっているが、実質的には折井氏三代の政次が取り仕切っている。

以上のほかにも「記録御用所本古文書」（内閣文庫所蔵）には、元和・寛永期の折井氏宛の知行書立や覚書も収録されているが、大きな変動を示すものではないので省略する。

まとめとして

武田氏家臣団の中で、従来「辺境武士団」と位置付けられてきた武川衆であるが、少なくとも中世においては、武川筋の村々は自然に守られた安定的な地域であり、そこに血縁的な同族武士団が根付いたのは当然な成り行きであった。その出自が甲斐源氏である武田氏に結びついているのは、他の大方の武田家臣団と同様であり、当初は血縁による同族的武士団であったことは間違いないであろう。

ところが守護であった武田氏の衰退と共に、その自立性を強めざるをえなくなり、内乱状況の中で血縁的結合のほかに地縁的な再結集の必要に迫られ、同族的な地域武士団に発展していったのが武川衆である。

武田氏が戦国大名として再生した後には、かつての一族意識も機能して、家臣団として登用されている。その実態は譜代的な国衆家臣ではないものの、それに準ずる中核的な家臣層として、武田氏の行政組織や軍役の一端を担っていた。永禄十年（一五六七）の「武田将士起請文」に残っている「六河衆」の起請文はその片鱗であり、主要メンバーのものは残っていない。信玄の折井・横手氏宛の武田家印判状や判物などによれば、名田安堵などにより軍役が課されており、他の家臣層と同列の扱いになっている。従って、かれらを「辺境武士団」と評するのは適切ではない。

本章では武川衆の中核となっていた折井氏に焦点を合わせ、その動向を中心として武川衆について検討した。特に史料的な制約から、天正十年（一五八二）三月の武田氏の滅亡後、徳川家康が甲斐に入国して以後、慶長二十年（一六一五）までの動向について検討した。徳川氏の入甲当初からすでに折井次昌と米倉忠継が武川衆の中心になっており、その後もこの両氏が徳川氏との折衝役を勤めている。

折井氏に結集した氏族については、武田一族の一条氏以来の伝統的な同族的結合によるものであり、米倉氏に結集した氏族は、武田氏の再生した戦国期になって、武川筋で新知行を与えられた譜代家臣の庶流が地縁によって結集したものである。この二つが地縁によってさらに結合し、地域武士団としてまとまったのが武川衆である。

家康入甲当初には、武川衆は優遇され、「武川次衆」と表現されている新規入党者もみられるほどであったが、徳川氏の甲斐支配が安定してくるとともに、国内での知行地の再編成が進められ、天正十七年九月には、五ヶ国総奉行の伊奈熊蔵によって総検地が実施され、その結果、知行地の大幅な再編成が行われ、武川衆についても知行地の集約と減額が実施され、これを期に帰農した者も多く出現している。

次の変革は翌天正十八年八月の徳川氏の関東移封時であり、武川衆も武蔵国西部に国替えしている。これを期にまた帰農したものもあり、武川衆の規模はさらに縮小している。

天正十九年（一五九一）には相方の米倉種継が御使番として幕臣に転出したため、武川衆は折井次忠が一人で統率することになっている。慶長三年四月には、再度、伊奈熊蔵によって武川衆の知行地替えが行われており、それまでの鉢形城廻りから、その遠隔地に知行替えとなっている。これによって当初の武川衆の使命であった鉢形城警固役は終わったことになる。

さらに慶長六年（一六〇一）二月には、関ヶ原合戦後の徳川氏の甲斐国再領となり、それにともなって武蔵へ知行替えとなっていた氏族の甲斐旧地への復帰が認められ、それに応じて帰国したものもある。武川衆でも折井次忠の弟の次吉を始めとして帰国した者が出ている。これによって武蔵に残った者はさらに半減し、その内、旗本として存続し続けた者は、折井氏のほかには、青木・曲淵・山高・山寺・馬場氏などの数名になってしまっている。

注

（1）武士団研究の研究史については、関幸彦『武士団研究の歩み』Ⅱ戦後編（新人物往来社、一九八八年）に詳しくまとめられている。
（2）いわゆる「党」結合による地域武士団として、肥前の松浦党、紀伊の隅田党、湯浅党などがみられる。
（3）村上直「甲斐における辺境武士団について」（『信濃』一四巻一・二号、一九六二年）。
（4）折井氏の末裔である埼玉県寄居町赤浜在住の田中家の所蔵。寛政十年（一七九八）の「先祖書」、同年の「系譜」のほか、文末の別表の「徳川期武川衆関連文書一覧」に示したもののうち、ゴチックで表記した文書のほか、寛永以降の文書十点を「折井家文書」として継承している。
（5）『嵐山町文化財調査報告』第二集「旗本折井家文書集」（嵐山町教育委員会、一九九四年）。
（6）伊東多三郎「所謂兵農分離の実証的研究」（『社会経済史学』一三巻八号、一九四三年）。
（7）村上直「徳川氏の甲斐経略と武川衆」（『信濃』一三巻一号、一九六一年）。
（8）国立公文書館内閣文庫所蔵。
（9）柴辻『新編甲州古文書』第二巻所収「武川衆所蔵文書」（角川書店、一九六八年）。
（10）佐藤八郎「武川衆の発祥とその活動」・「武田氏没落後の武川衆」（『武川村誌』上巻第五章の四・五節、武川村、一九八六年）。
（11）柴辻『甲斐武田一族』（新人物往来社、二〇〇五年）。
（12）一蓮寺文書。『山梨県史 資料編4中世1県内文書』（山梨日日新聞社、一九九九年）二八五頁。
（13）『影印対照　一蓮寺過去帳』（一蓮寺過去帳刊行会編、二〇〇六年）。
（14）通称、その所蔵箇所から「生島足島神社起請文」ともいわれているが、現在その原本一〇〇余通が残されている。全文を紹介したものも各種あるが、『戦国遺文』（武田氏編、第二巻）に収録されており、一一一七号文書が「六河衆」のものである。その個別研究も多くあるが省略する。
（15）通称「天正壬午甲信諸士起請文」といい、『大日本史料』（十一編之三）に収録されている。それについては、別に検討している。「天正壬午甲信諸士起請文の再検討」（『信濃』六九巻五号、二〇一七年）。本書第三部第三章に収録した。

(16)『戦国遺文』(武田氏編)一〇五八号文書。以下、同書の引用は『武田遺文』〇〇号と表記する。
(17)同前、一〇六〇号文書。
(18)同前、三五二八号文書。
(19)『新訂　寛政重修諸家譜』第三巻(続群書類従完成会、一九六四年)。以下、本書は『寛政家譜』と略記する。
(20)『武田遺文』三三〇四号文書。
(21)同前四二九二号。
(22)「寛政家譜」第三巻、二三〇頁。
(23)『楽只堂年録』第一巻(史料纂集古記録編、八木書店、二〇一一年)。
(24)「寛永諸家系図伝」「清和源氏辛七甲州支流」の折井氏の項(『寛永諸家系図伝』第五巻、続群書類従完成会、一九八二年)。
(25)「武徳編年集成」巻二二ほか収録。別表の№1。
(26)中村孝也編『徳川家康文書の研究』上巻二九七頁(日本学術振興会、一九五八年)。
(27)注(15)に同じ。
(28)佐藤八郎注(10)参照。
(29)注(7)の村上論文。
(30)注(4)「先祖書」参照。
(31)『武田遺文』一九二二号文書。
(32)同前、四一四六号文書。
(33)同前、三三〇四号文書。

別表　徳川期の武川衆関連文書一覧

	年月日	署判	宛名	内容	出典
1	(天正10)7・15	家康　御判	米倉忠継・折井次昌	感状	武徳編年集成
2	(天正10)8・7	名乗　直判	曲淵吉景	感状	譜牒余録後編
3	(天正10)8・7	本多正信・山本成氏　判	曲淵吉景	宛行約束	譜牒余録後編
4	(天正10)8・8	成瀬一斎　判	曲淵勝左衛門	宛行約束	譜牒余録後編
5	天正10・8・11	御朱印(井伊直政奉)	山本忠房	本領安堵	御庫本古文書
6	天正10・8・16	御朱印(大久保忠隣奉)	柳沢信俊	本領安堵	記録御用所本
7	天正10・8・16	御朱印(大久保忠隣奉)	青木信時	本領安堵	記録御用所本
8	天正10・8・17	御印状(大久保奉)	折井次昌	本領安堵	御庫本古文書
9	天正10・8・17	御印状(大久保奉)	名執清三	本領安堵	記録御用所本
10	天正10・9・1	朱印状(成瀬・日下部奉)	山本忠房	本領安堵	記録御用所本
11	**天正10・12・7**	**家康　御判**	**折井次昌**	**本領改替安堵**	**折井家文書**
12	**天正10・12・7**	**御朱印**	**折井次正**	**本領安堵**	**折井家文書**
13	天正10・12・7	御朱印	米倉信継	本領安堵	記録御用所本
14	天正10・12・7	御朱印	米倉豊継	本領安堵	記録御用所本
15	天正10・12・7	御朱印	米倉満継	本領安堵	記録御用所本
16	**天正10・12・7**	**御朱印**	**小沢善大夫**	**本領安堵**	**折井家文書**

17	天正10・12・7	御朱印	青木信時	本領安堵	記録御用所本
18	天正10・12・7	御朱印	柳沢信俊	本領安堵	記録御用所本
19	天正10・12・7	御朱印	横手減七郎	本領安堵	記録御用所本
20	天正10・12・7	御朱印	曲淵正吉	本領安堵	記録御用所本
21	天正10・12・9	御朱印	名執清三	本領安堵	記録御用所本
22	天正10・12・10	御朱印（成瀬・日下部奉）	山本忠房	本領安堵	記録御用所本
23	**天正10・12・11**	**御朱印**	**武川次衆**	**武川衆補充**	**折井家文書**
24	天正11・4・21	御朱印	青木信安	本領安堵	譜牒余録後編
25	**天正11・4・26**	**御朱印**	**折井次忠**	**本領安堵**	**折井家文書**
26	**天正13・5・27**	**名乗　居判**	**折居次昌**	**加増宛行**	**折井家文書**
27	（天正14）正・13	家康　御判	武川衆中	証人提出	譜牒余録後編
28	（天正14）正・13	大久保忠隣・本多正信	武川衆中	証人提出	譜牒余録後編
29	**天正17・11・21**	**伊奈熊蔵　印・書判**	**折井次昌**	**知行安堵**	**折井家文書**
30	**天正17・11・21**	**伊奈熊蔵　印・書判**	**折井次忠**	**知行安堵**	**折井家文書**
31	天正17・11・21	伊奈熊蔵　印・書判	米倉主計	知行安堵	譜牒余録後編
32	天正17・12・11	伊奈熊蔵　判	武川衆中	知行安堵	記録御用所本

33	天正17・12・21	山寺信昌　血判	御奉行衆	起請文	記録御用所本
34	天正18・正・19	青木満定　血判	米倉忠継・折井次昌	起請文	記録御用所本
35	天正18・正・19	青木信時・信安　血判	米倉忠継・折井次昌	起請文	記録御用所本
36	天正18・正・19	山寺信昌　血判	米倉忠継・折井次昌	起請文	記録御用所本
37	(天正18)正・19	平岩親吉　判	武川衆中	御勤の触れ	記録御用所本
38	(天正18)正・20	米倉六郎右衛門　血判	折井次昌	起請文	記録御用所本
39	(天正18)正・27	成瀬・大久保・日下　印	米倉忠継・折居次昌	重恩宛行	記録御用所本
40	**(天正18)正・27**	**成瀬・大久保・日下　印**	**馬場信吉ほか**	**御重御之地**	**折井家文書**
41	(天正18)正・28	成瀬・大久保・日下　印	折居次昌・米倉忠継	重恩宛行	記録御用所本
42	(天正18)2・24	成瀬・大久保・日下　印	折居次昌・米倉忠継	重恩宛行	記録御用所本
43	(文禄元)3・3	大久保・伊奈　判	折井次昌・次吉	替地宛行	記録御用所本
44	**(文禄元)3・3**	**大久保・伊奈　判**	**武川衆**	**替地宛行**	**折井家文書**
45	**(慶長3)4・2**	**伊奈熊蔵　判**	**武川衆**	**替地宛行**	**折井家文書**
46	(慶長3)4・10	大久保長安	小左	伏見城普請	譜牒余録後編
47	(慶長6)正・19	平岩親吉　判	武川衆中	直書拝領	記録御用所本
48	慶長9・3・2	成瀬正吉・大久保　判	折井次忠	重恩加増	記録御用所本

49	（慶長9）3・3	成瀬小吉　書判	折井次忠	重恩宛行	譜牒余録後編
50	慶長10・5・15	徳川家康　印	米倉豊継	替地宛行	記録御用所本
51	慶長10・5・15	徳川家康朱印状	青木長三郎	替地宛行	徳川林政史所蔵
52	**慶長15・12・27**	**老中連署状　御判**	**折井次忠**	**金子受取状**	**折井家文書**
53	（慶長20）3・23	老中連署状　判	武川衆中	鉄砲持参	記録御用所本
54	**（慶長20）3・23**	**老中連署状　判**	**武川衆中**	**陣夫役厳命**	**折井家文書**
55	**（慶長20）3・28**	**老中連署状　判**	**武川衆中**	**欠落百姓穿鑿**	**折井家文書**
56	**（慶長20）3・28**	**老中連署状　判**	**武川衆中**	**大御所様上洛**	**折井家文書**
57	**（慶長20）4・朔**	**老中連署状　判**	**武川衆中**	**出陣軍令状**	**折井家文書**

初出一覧（原題・掲載誌・発表年次）

第一部　戦国期武田氏領研究の動向

第一章　武田氏研究と信濃
↓「最近の武田氏研究と信濃」（『信濃』六六巻一一号、二〇一四年）

第二章　常陸北浦武田氏の検討
↓「常陸武田氏についての検討」（『甲斐』一四五号、二〇一八年）

第三章　論争点での研究成果、一　信玄画像↓「武田信玄画像の各種について」（『日本史攻究』三七号、二〇一二年）・二　第三次川中島合戦↓「第三次川中島合戦の上野原の地について」（『戦国史研究』六七号、二〇一四年）・三　真田氏宛初見の晴信書状↓「真田氏宛初見の晴信書状」（『武田氏研究』五九号、二〇一八年）

第四章　『甲陽軍鑑』にみえる合戦記事の検討
↓「『甲陽軍鑑』にみる合戦記事の検討」（『武田氏研究』五四号、二〇一六年）

第五章　武田氏領での伊勢御師幸福大夫
↓「戦国期武田氏領での伊勢御師幸福大夫」（『甲斐』一三五号、二〇一五年）

第二部　戦国期武田氏領の支配構造

第一章　武田氏領の軍役と軍役新衆　↓　新稿

第二章　武田氏領の御印判衆　↓　新稿

第三章　戦国期武田氏領での足軽の様態

↓「戦国期武田氏領における足軽の様態」（『十六世紀史論叢』九号、二〇一八年）

第四章　武田氏領「代官」の諸様態

↓「戦国期武田氏領における『代官』の諸様態」（『武田氏研究』五八号、二〇一八年）

第五章　武田氏発給文書右筆の考察

↓「戦国期武田氏発給文書の右筆について」（『信濃』六九巻一二号、二〇一七年）

第六章　武田氏家臣団文書の考察

↓「戦国期武田氏家臣団文書の考察」（『信濃』七〇巻一〇号、二〇一八年）

付　武田信廉（信綱）文書の再検討　↓　新稿

第三部　武田氏領の崩壊と継承

第一章　永禄・元亀年間の「甲越和与」交渉

↓「永禄・元亀年間での足利義昭『甲越和与』策の実態」（『織田権力の構造と展開』歴史と文化の研究所、二〇一七年）

第二章　長篠合戦以降の信長攻勢と武田勝頼　↓　新稿

第三章「天正壬午甲信諸士起請文」の再検討

↓「『天正壬午甲信諸士起請文』の再検討」(『信濃』六九巻五号、二〇一七年)

第四章　武田氏と地域的同族武士団武川衆

↓「同族的地域武士団武川衆の考察」(『甲斐』一四三号、二〇一七年)

あとがき

私は旧姓を斎藤といって、一九四一年（昭和十六）九月十日に、山梨県中巨摩郡竜王町（現・甲斐市竜王町）で生まれた。戦国期武田氏の研究を志したのは、一九六四年（昭和三十九）に早稲田大学大学院文学研究科修士課程（日本史学専修）に進学した直後からである。修士論文は「戦国大名の諸役体制――甲斐武田領国の支配構造の検討」であり、副査を担当された故・北島正元先生より細部にわたるご指摘と修正意見を頂戴したことが、その後の本格的な武田氏研究活動の出発点となった。

一九八一年（昭和五十六）に、それまでに学会誌などへ発表した論文を第一論集として一冊にまとめ、『戦国大名領の研究――甲斐武田氏領の展開』と題して公刊して戴いた（名著出版）。それを二年後に早稲田大学へ学位論文として申請し、文学博士号を授与された。

その序文で、書名を『戦国大名領の研究』としたのは、単に武田氏領のみならず他大名領や戦国期研究との関連性を重視しようとの意識からであったと述べている。この点はその後も意識し続けたが、まだ十分にその点が達成されているとは思われない。反面、武田氏領の事例研究に集中したことによって、先行研究の再検討が進められ、新たな史料発掘と事実関係の蓄積、および問題関心の拡大が進展した。

それから約四十年後の二〇一三年（平成二十五）に、第五論集として『戦国期武田氏領の地域支配』を上梓し（岩田書院）、武田氏に関する論集は五冊となった。それらの目次のみを表示すると以下のようになる。

第一論集『戦国大名領の研究』（名著出版、一九八一年、四〇一頁）

第一章　戦国大名領の形成

第一節　上杉禅秀の乱と東国状勢
第二節　守護武田氏と戦国初期動乱
第三節　武田信虎の領国支配
第四節　戦国期の甲・相関係

第二章　戦国大名領の構造

第一節　甲州法度の歴史的性格
第二節　武田氏直轄領の構造
第三節　武田氏の知行制と軍役
第四節　戦国期の棟別役
第五節　武田氏の海賊衆
第六節　郡内領小山田氏の性格

第三章　戦国大名領の展開

第一節　武田領の伝馬制度
第二節　武田領の人返し法
第三節　戦国期の水利灌概と開発
第四節　戦国期の築堤事業と河原宿の成立

第五節　戦国期社家衆の存在形態
第六節　戦国期寺領の特質
第四章　戦国大名領の解体と統一政権
第一節　織田政権東国進出の意義
第二節　武田家臣団の解体と徳川政権
第三節　慶長一国検地の歴史的意義
付、武田氏関係史料の考察
第一節　甲斐武田氏文書の再検討
第二節　武田氏の領国形成と感状
第三節　武田氏家臣文書の特色
第四節　『妙法寺記』の諸本について
第五節　『新編甲州古文書』について

第二論集『戦国大名武田氏領の支配構造』（名著出版、一九九一年、三七五頁）
第一章　武田氏研究の成果と課題
第一節　武田氏研究の概要
第二節　武田氏研究の現状と問題点
第二章　武田本領の支配構造

第三論集『戦国期武田氏領の展開』(岩田書院、二〇〇一年、四四二頁)
第一編　権力編成と地域支配
第一章　天文二十一年段階の武田氏権力
第二章　領国諸城と領域支配
第三章　信濃真田氏の領主制
第四章　信濃仁科氏の領主制
第五章　武田勝頼の高遠領支配
第六章　武田・穴山氏の駿河支配
第七章　越相同盟と武田氏の武蔵侵攻
第八章　川中島合戦の虚像と実像
第二編　領国支配と領内諸階層
第一章　郷村内諸階層の展開
第二章　助馬制と印判衆
第三章　伝馬制度の展開
第四章　「捧道」論の問題点
第五章　曹洞宗支配
第六章　武田勝頼と新府築城
第三編　関連史料の考察

第一章　武田信玄自筆文書の考察
第二章　同文二通の武田信玄自筆書状
第三章　武田家の勘定所印
第四章　『勝山記』（『妙法寺記』）の成立
付一　武田信綱と直江信綱
付二　『高白斎記』の諸問題
付三　添状・糊付封式

第四論集『戦国期武田氏領の形成』（校倉書房、二〇〇七年、二九四頁）

第一部　武田領国の支配機構
第一章　信虎期の領国支配機構
第二章　信玄・勝頼期の領国支配機構
第三章　武田家印判状の奉者について
第四章　武田信玄の傷病と文書署判

第二部　武田氏の外交戦略と領域支配

第一章　朝廷・幕府外交
第二章　本山系大寺院外交
第三章　信濃依田芦田氏の支配

第五論集『戦国期武田氏領の地域支配』（岩田書院、二〇一三年、四一六頁）

第二章　地域支配と在地状況
第一節　武田氏領の諸役
第二節　武田氏領の普請役
第三節「永禄武田将士の起請文」の考察
第四節　武田親族衆穴山信君の江尻領支配
第五節　富士参詣をめぐる関所と交通
第六節　領国境界域の土豪と地侍
第三章　関連史料の検討
第一節　史料編纂と古文書研究
第二節　武田信玄の起請文
第三節　山本勘助の虚像と実像
第四節　武田遺臣榎下家文書の紹介

各論集の内容は以上であるが、なかにはその後の研究進展により、大幅な修正を求められているものも二、三ある。しかし現状ではそれらを修正改訂する余力はなく、残念ながらコメントも付記できないままになっている。しかし問題関心としては、多角的に武田氏の領国体制の形成経過とその諸要因について検討しており、一定の成果となっている点もあるものと自負している。

最近ではすでに後期高齢期をすぎ、気力・体力ともに目立って減退してきており、最後のまとめをしておく必要性を強く感じている。そのためこれまでに発表したものの読み直しや、近年に公刊された後進者の研究成果の確認と吸収に努めている。その経過の中で新たな論文をまとめる必要性が生じ、最後のまとめにかえて、そうしたものを一冊にしたのが本書である。

なお本書でも当初の課題としていた他大名領との比較検討や、戦国期での社会構造などとの関連性にまで言及した論考は依然として少なく、わずかに隣接する北条・上杉・今川氏など東国大名の事例を参考にしたにすぎない。西国大名領に関しての研究は皆無であり、唯一、最新の著書として『織田政権の形成と地域支配』（戎光祥出版、二〇一六年）をまとめたにすぎない。

これは尾張で戦国大名として出発した織田信長が、短期間に支配領域を拡大させ、統一政権への端緒を切り開いていく戦国大名領の形成過程と、信玄期の領国拡大策とに共通する政策や展開が多くあったとの認識からである。但し上洛後の織田政権の展開過程については、武田氏とは権力編制の異なる異質なものと結論した。

ここで第五論集発刊後のほぼ七年間での研究活動の概要を報告しておくと、大学等への出講は二〇一二年度（平成二十四）末の古稀（満七十歳）をもってすべて退任となり、以後は早稲田大学エクステンション（八丁堀校）への出講と、練馬区文化財審議会会長のみが職務として残ったにすぎない。そのためこれ以後、時間の余裕が多く生じ、年に二、三回の遠隔地への旅行ができるようになり、念願の地に足を踏み入れることができた。

研究会活動としては、従来どおりに戦国史研究会・武田氏研究会・練馬区古文書研究会への定期的な例会出席を続けながら、日本古文書学会は、年度大会に出席するのみとなっていた。幸い二〇一六年度大会を久しぶりに早稲田大学で実施することになり、その際「古文書学研究の現状と課題」と題して、記念講演をさせて戴いた。その講演内容は、『古文書研究』八六号（勉誠出版、二〇一八年十二月）に掲載して戴いている。

この間の自身の研究活動としては、これまでのほぼ十年間に、関心をもって検討を続けてきた織田政権の権力編成と地域支配について発表してきた論文が蓄積してきたので、それらを前述した著書『織田政権の形成と地域支配』にまとめて刊行することができた。これは武田氏以外での唯一の専著であり、武田氏領研究との対比の点でも大変に役立った。これが一段落した後は、この間一時期休止していた武田氏研究の未検討問題への関心が高まってきて、武田氏関係の論文執筆を再開するようになった。主テーマは特に設定せず、従来の研究史で課題となったままになっていた事項や、まったく取り上げられなかった問題について検討してみた。その結果の一部が本書の内容になっている。

私生活では二〇一六年末に、心臓の検査入院をするまでは、なんら従前と同じように活動できていた。しかし精密検査の結果、翌十七年三月に狭心症の心臓手術を実施することとなり、その経過は順調で早期に退院することができた。しかしこれを機に外部の職務はすべて辞退させて戴いた。その後は回復も順調であり、外出が制限されたため、もっぱら自室で論文を書いていた。ところが術後の再検診で、新たに動脈瘤が大きくなっているといわれ、その処置手術を一八年正月に実施した。今度は術後の経過が思わしくなく、歩行困難となりほとんど外出ができなくなり、予定していた本書への最終部分の論文執筆も滞りがちになった。執筆ペースは極端に低下したが、何とか一八年十月頃までには、それらの作業を終えることができた。

さらにそれまでは順調に作業を進めていた自宅の庭木の手入れや、菜園での野菜づくりも思うようにできなくなり、樹木の成長や雑草の勢いについていけなくなってきた。しかし時間はあり余るほどあり、これまでに集めてきた史料や写真版などを整理し、今後利用する見込みのないものについては、関心のありそうな方に順次進呈している。蔵書に関しても、いずれは挑戦するつもりで、テーマごとに同類のものをかなり集めてきたが、これも最早消化できそうにもないと観念し、同じく同学の士に進呈している。ただし二〇〇一年（平成十三）十一月に早稲田大学図書館を選択定年制で退職した頃から集め始めた原物の中近世の古文書類については、一括しておくことの方がよいと思い、「柴屋舎文庫収集文書」と題して三〇〇点余を同館に寄贈した。

以上のように、最近はもっぱら身辺整理をすすめており、余命がどれくらいかは予測はつかないが、幸い愚妻の槙子をはじめとして家族は元気なので、家族に支えられながら、なるべく長生きしたいと思っている。再度、体力を鍛え直して研究会などへも出席し、若い研究者の成果にも触れたいと思っている。

一応、一区切りをつける意味で本書をまとめてみたが、これまでに公刊した論集掲載分も含めてなお不十分な点が多いものと思われる。忌憚のないご批判とご叱正を戴ければ、今後の指針になるかと存じます。

最後になるが、改めてすでに物故された諸先生や諸先輩への改めての感謝の表明と、現在も第一線で活躍しておられる同学の研究者や後進の研究者にも、さらなるご厚情をお願いして、もう少し研究活動を継続したいと念願している次第である。

またこの度も千葉篤志氏（日本大学非常勤講師）に、初校段階での文章表現や内容点検ほかについてご助力を戴いた。この場をお借りして御礼を申しあげたい。

なお本書の公刊については、勉誠出版の吉田祐輔氏にご依頼した。幸いご理解を得て、出版を引き受けて戴くこととなり、こうした形でまとめることが出来た。末筆で誠に恐縮ながら、深謝の意を表する次第である。

二〇一九年（令和元）七月一日

柴辻俊六

著者略歴

柴 辻 俊 六（しばつじ・しゅんろく）

1941年生まれ。元日本大学大学院非常勤講師。文学博士。
主な著書に『戦国大名領の研究』(名著出版、1981年)、『戦国大名武田氏領の支配構造』（名著出版、1991年）、『戦国期武田氏領の展開』（岩田書院、2001年）、『戦国遺文』武田氏編第一〜六巻（共編、東京堂出版、2006年）、『武田信玄合戦録』（角川書店、2006年）、『信玄の戦略』（中央公論新社、2006年）、『戦国期武田氏領の形成』（校倉書房、2007年）、『戦国期武田氏領の地域支配』（岩田書院、2013年）、『織田政権の形成と地域支配』（戎光祥出版、2016年）などがある。

戦国期武田氏領の研究
——軍役・諸役・文書

著者　柴辻俊六
発行者　池嶋洋次
発行所　勉誠出版㈱
〒101-0051 東京都千代田区神田神保町三―一〇―二
電話　〇三―五二一五―九〇二一㈹

二〇一九年八月二十日　初版発行

印刷 製本　太平印刷社

ISBN978-4-585-22248-4　C3021